高等学校公共基础课系列教材

大学体育健康教程

郭志勇
本书编写委员会 编

西安电子科技大学出版社

内 容 简 介

本书依据《全国普通高等学校体育课程教学指导纲要》《学生体质健康标准》和《学校体育工作条例》，以终身体育、健康教育为宗旨，结合新时代高等学校学生的特点而编写。书中内容涉及面广，主要运动技术图示精美，技术要求符合全民健身、大众体育的特点，具体讲述的体育项目包括田径、游泳、篮球、足球、排球、乒乓球、羽毛球、网球、武术、跆拳道、健美操、体育舞蹈、形体训练、瑜伽、野外生存等，基本可以满足高等学校学生体育与健康教育课程教学的需要。同时，本书注重对运动项目形成历史、发展及规则的介绍，对于学生拓展体育运动与健康教育知识视野以及培养科学体育锻炼的习惯和终身体育锻炼的意识有重要的促进作用。

本书的读者对象主要是高等学校的体育教师和学生，教师可利用本书进行系统教学，学生可凭此书自学，将其作为科学锻炼的依据。本书亦可供体育爱好者阅读。

图书在版编目(CIP)数据

大学体育健康教程/郭志勇，本书编写委员会编. —西安：西安电子科技大学出版社，2022.8(2025.8 重印)
ISBN 978-7-5606-6549-8

Ⅰ. ①大… Ⅱ. ①郭… ②本… Ⅲ. ①体育—高等学校—教材 ②健康教育—高等学校—教材 Ⅳ. ①G807.4 ②G647.9

中国版本图书馆 CIP 数据核字(2022)第 119356 号

策　　划 成　毅
责任编辑 成　毅
出版发行 西安电子科技大学出版社(西安市太白南路 2 号)
电　　话 (029)88202421　88201467　　邮　　编 710071
网　　址 www.xduph.com　　电子邮箱 xdupfxb001@163.com
经　　销 新华书店
印刷单位 陕西天意印务有限责任公司
版　　次 2022 年 8 月第 1 版　2025 年 8 月第 7 次印刷
开　　本 787 毫米×1092 毫米 1/16 印　张 24
字　　数 569 千字
定　　价 59.00 元
ISBN 978-7-5606-6549-8
XDUP 6851001-7
如有印装问题可调换

《大学体育健康教程》编写委员会

主　编　郭志勇　王志强　邓宏涛　霍小虎

副主编　牛　峥　雷耿华　马德厚　常桂玲

　　　　于雪梅　李　蕊　石　滢

编　委　陈冬平　张锦锦　刘利锋　刘　毅

　　　　张战涛　周　强　郭鹏举　金　马

　　　　赵欣莹　杜　峰　王　峰　任丽娟

　　　　雷　旭　王　鹏　李　玲　张　云

　　　　张嘉伟　刘　宁　黄铁英　司　宇

　　　　文英利　乔　林　霍　琳　尹　伊

　　　　沈　贺　万　超　汪　虎　杨　帆

　　　　吕　超　李长友　卢大欢　蔡祥雨

　　　　张　宇　安乃明　王　军　焦　阳

前　言

作为全面发展教育的重要组成部分，体育在大学教育中有着重要的地位和意义。大学阶段是人生观和世界观形成的关键时期，在这个期间所建立的观念和养成的习惯对一个人的人生之路有着至关重要的意义。相对来说，大学校园里有良好的体育锻炼氛围以及完备的体育设施，而学生们则有着较为充足的锻炼时间，因此学生们在校期间应该努力学习体育技能，积极锻炼身体，养成良好的体育习惯，形成终身体育锻炼的意识，使体育锻炼行为贯穿于自己的一生。

为了能使在校学生通过体育课的学习，树立健康第一的理念，掌握体育的基本理论、基本技术和基本技能，养成经常锻炼的良好习惯，培养终身体育锻炼的意识，实现高等学校体育教育的目的，我们依据《全国普通高等学校体育课程教学指导纲要》《学生体质健康标准》和《学校体育工作条例》，以“全面推进素质教育”“健康第一”为基本指导思想，立足于现实及实际需要，总结多年体育教育改革的理论和实践经验，参考不同版本的教材，结合高等学校体育教学的实际情况和具体特点，编写了本书。

本书为普通高等学校本、专科学生体育教学用书。全书共19章，书中配有大量的运动技术图片，系统地讲述了体育的基本理论、体育与健康、科学锻炼方法、运动生理、卫生保健、运动损伤、大学生体质健康与测评等方面的知识，详细介绍了田径、游泳、篮球、足球、排球、乒乓球、羽毛球、网球、武术、健美操、体育舞蹈等大学体育课程中的常见项目，同时增加了野外生存、跆拳道、形体训练、瑜伽等深受广大学生喜爱的新兴运动项目，为大学生的体育学习和运动锻炼提供了内容丰富的知识及切实可行的方法。

本书是《大学体育健康教程》编写委员会全体人员通力合作的成果，在编写过程中我们参阅了众多的专业书籍，采用了部分专家学者的研究成果，在此向相关人员表示诚挚的谢意。

由于编者水平有限，书中不足之处在所难免，恳请读者批评指正。

作　者

2022年6月

目　录

第一章　体育发展概述 1
第一节　体育的起源与发展 1
第二节　体育的组成与功能 2
第三节　学校体育概况 6
第二章　体质与健康 12
第一节　健康的定义 12
第二节　体质与健康的关系 13
第三节　体育锻炼基本知识 14
第三章　运动保健 19
第一节　运动与人体卫生 19
第二节　运动中的生理反应与处理 22
第三节　运动损伤与处理 28
第四章　田径 32
第一节　田径运动概述 32
第二节　田径基本技术（径赛部分） 33
第三节　田径基本技术（田赛部分） 40
第四节　田径比赛规则简介 47
第五章　游泳 52
第一节　游泳运动概述 52
第二节　游泳基本技术 53
第三节　竞技游泳比赛规则简介 68
第四节　游泳运动的安全与卫生及救护 70
第六章　篮球 74
第一节　篮球运动概述 74
第二节　篮球基本技术 75
第三节　篮球基本战术 90
第四节　篮球比赛规则简介 97
第七章　足球 100
第一节　足球运动概述 100
第二节　足球基本技术 101
第三节　足球基本战术 114
第四节　足球比赛规则简介 120
第八章　排球 125

第一节　排球运动概述 125
第二节　排球基本技术 126
第三节　排球基本战术 134
第四节　排球比赛规则简介 139
第九章　乒乓球 144
第一节　乒乓球运动概述 144
第二节　乒乓球基本技术 145
第三节　乒乓球基本战术 154
第四节　乒乓球比赛规则简介 155
第十章　羽毛球 157
第一节　羽毛球运动概述 157
第二节　羽毛球基本技术 158
第三节　羽毛球基本战术 168
第四节　羽毛球比赛规则简介 170
第十一章　网球 175
第一节　网球运动概述 175
第二节　网球基本技术 178
第三节　网球基本战术 186
第四节　网球比赛规则简介 188
第十二章　武术 192
第一节　武术运动概述 192
第二节　武术基本功 192
第三节　武术基本套路 198
第四节　武术套路比赛规则简介 235
第五节　竞赛礼仪 236
第十三章　跆拳道 238
第一节　跆拳道运动概述 238
第二节　跆拳道实战（竞技）基本技术 245
第三节　跆拳道比赛（竞技）规则简介 256
第四节　品势训练 259
第十四章　健美操 270
第一节　健美操运动概述 270
第二节　健美操基础知识 271
第三节　健美操基本技术 274
第四节　大众健美操创编 283
第五节　健美操大众锻炼标准 286
第十五章　体育舞蹈 292
第一节　体育舞蹈概述 292
第二节　体育舞蹈基本知识 296
第三节　体育舞蹈基本技术与套路组合 299

第四节　体育舞蹈比赛规则简介 304
第十六章　形体训练 306
第一节　形体训练概述 306
第二节　形体训练基本动作 307
第三节　基本步法和舞步组合 319
第十七章　瑜伽 324
第一节　健身瑜伽概述 324
第二节　瑜伽的起源与历史发展 325
第三节　瑜伽基本技术 326
第四节　瑜伽经典拜日式 328
第十八章　野外生存 335
第一节　野外生存运动概述 335
第二节　野外生存的基本技能 336
第三节　野外生存的装备器材 347
第四节　野外危险的防护 352
第十九章　国家学生体质健康标准 359
第一节　《国家学生体质健康标准》的制定 359
第二节　《国家学生体质健康标准》中的大学生评价指标与分值 363
参考文献 373

第一章

体育发展概述

第一节　体育的起源与发展

一、体育产生的动因

人的本能需要是体育产生的源泉，也是体育赖以发展的根本前提。任何一种社会现象，其生命力都离不开社会的需要——人的需要，体育也不例外。劳动是人类谋取生存最基本的实践活动，因而劳动便成为满足人类生活需要的最主要的方式。原始人类不仅需要劳动，而且更需要生活。在他们水平还很低的社会需要结构中，单就体育产生的动因而言，除了劳动的需要以外，还有适应环境的需要、对付同类袭扰的防卫需要、同疾病作斗争的生存需要、表述和抒发内心各种感情的心理需要等等。这些需要归纳起来，就是需要健康的身体，需要进行强身健体的活动，由此也就构成了体育产生的动因。体育作为人类有目的、有意识的一种社会活动，正是为了满足社会的需要（包括社会生产和生活的需要）和人体自身的需要（包括人的生理和心理的需要）而产生的。

二、体育产生的社会根源

体育是在原始社会条件下萌芽和产生的。它与原始人类的其他社会活动如劳动、教育、军事、娱乐、医疗卫生、宗教祭祀等有着密切的关系。

(1) 原始体育在生活和劳动过程中萌生，是原始社会教育活动的主要手段和内容。

(2) 在战争中，为了提高战斗技能，体育成为人们进行军事训练和身体训练的手段。

(3) 原始人的生活条件非常艰苦，自然灾害和各个部落之间的侵扰，使人们的健康和生命都没有保障。阴康氏的“消肿舞”和《黄帝内经》中的“导引按跷”等都是治疗由于环境、气候所造成的身体疾病而进行的身体活动，这些既是医疗手段又是健身活动，以后逐渐发展成各种成套的保健体操，健身的目的更加明确，体育的因素也进一步加强。

三、现代体育的发展

现代体育源于 19 世纪的英国。现代体育的创始人——英国教育家托马斯 •阿诺德第一个把体育列入学校课程，对现代体育的产生和发展起到了决定性的作用。在英国，1844 年举行了大学生田径运动会，1857 年又成立了田径协会并在剑桥大学举办了世界上的第一次大学生田径比赛。1863 年起源于英格兰的现代足球运动，在短短的一百多年的时间里征服了世界，让无数人为之疯狂。现在，足球已成为世界第一运动。为现代体育的产生和发展奠定了重要的理论与实践基础的现代奥林匹克创始人——法国著名社会活动家皮埃尔·德·顾拜旦先生，其所倡导的现代奥林匹克运动已成为全世界规模最大的综合性体育盛会。

现代体育不仅是强身健体和娱乐身心的手段，而且是现代文明的重要象征，已成为人们生活的重要组成部分。

第二节　体育的组成与功能

一、体育的概念

据相关资料记载，“体育”一词最早是法国人于 1760 年在法国的报刊上论述儿童身体教育（Education Physique）问题时首先启用的。19 世纪末 20 世纪初，“体育”一词经日本传入中国，当时还有从德国传入的“体操”一词。体育（Physical Education，缩写为 PE 或 P.E.）是一种复杂的社会文化现象，它是以身体与智力活动为基本手段，根据人体生长发育、技能形成和机能提高等规律，达到促进全面发育、提高身体素质与全面教育水平、增强体质与提高运动能力、改善生活方式与提高生活质量的一种有意识、有目的、有组织的社会活动。随着国际交往的扩大，体育事业发展的规模和水平已是衡量一个国家、社会发展进步的一项重要标志，也成为国家间外交及文化交流的重要手段。体育包括体育文化、体育教育、体育活动、体育竞赛、体育设施、体育组织、体育科学技术等诸多要素。

体育可分为广义的体育（亦称体育运动）和狭义的体育（亦称体育教育）。

1. 广义的体育（体育运动）

广义的体育是以身体练习为基本手段，结合日光、空气、水等自然因素和卫生措施，以增强体能、增进健康、丰富社会文化生活为目的的一种社会活动。体育对于促进身体的正常发育和发展，提高心理健康水平，增强社会适应能力，培养全面发展的人才具有重要的作用。

2. 狭义的体育（体育教育）

狭义的体育是指在学校教育环境中，指导学生学习和掌握体育的基本知识与技能，使他们形成体育锻炼意识，提高体育活动能力，增进健康的教育活动。体育既是教育的有效手段，又是教育的重要内容。

二、体育的组成

现代体育主要由学校体育、竞技体育和社会体育三部分组成。

1. 学校体育

学校体育是学校教育的重要组成部分，也是全民体育的基础。它作为教育和体育的交叉点和结合部，已成为国家体育事业发展的战略重点。它是按照学校的育人规律，围绕增强体质这个中心，在教师的指导下，有组织、有计划地传授体育知识、技术和方法，全面提高学生身体素质和运动技术水平，并与德育、智育、美育相结合，从而使学生成为德、智、体、美、劳全面发展的高素质人才。

2. 竞技体育

竞技体育是指在全面发展身体素质的基础上，最大限度地挖掘体力、智力和运动才能，以取得优异成绩为目标而进行的科学训练和竞赛活动。其特点是技艺高超和竞争性强，有严格的规则和场地要求，是人的智能与运动才能的极端表现形式。由于竞技体育极易吸引观众，极富感染力又容易传播，因而其在活跃社会文化生活，振奋民族精神，提高本国国际威望，促进各国人民之间友谊、团结和交流等方面有着特殊的作用。

3. 社会体育

在我国，社会体育是指人们为了达到健身健美、休闲娱乐等目的而进行的内容丰富、形式多样的体育活动。社会体育作为我国体育事业的重要组成部分，关系到人民体质的增强、健康水平的提高和生活质量的改善，是现代社会文明、健康、科学的重要标志之一。随着现代科学技术的飞速发展及生产力的不断提高，现代生产方式和人文环境的变化等客观条件将对社会体育的性质、内容、范围、结构、对象以及时空关系产生巨大影响。

三、体育的功能与作用

体育是社会发展与人类文明进步的一个标志，体育事业发展水平是一个国家综合国力和社会文明程度的重要体现。在现代化建设的进程中，体育伴随着经济、社会的发展而发展。为了深入地分析和认识体育对人与人类社会的功能及作用，可以把体育的功能分成体育的独特功能和体育的派生功能两大类。

（一）体育的独特功能和作用

体育的独特功能和作用是指体育所独有的本质功能和基本作用，是区别于其他社会现象和事物对人与人类社会所产生的功能和作用的根本点，并且具有独特性和其他事物不可替代性的基本特征。

体育的独特功能和作用主要表现在以下几个方面。

1. 强身健体，强国强民

“强身健体，强国强民”是体育的本质功能，也是体育能在人类社会长盛不衰和持续不断存在的原因。人类通过体育手段来实现增强人的体质的目的，促进人自由、全面地发展。人的身体素质是思想道德素质和科学文化素质的物质基础，也是一个民族和国家强盛的基础。毛泽东在《体育之研究》一文中指出：“体育一道，配德育与智育，而德智皆寄于体。无体是无德智也。”还指出：“体者，载知识之车而寓道德之舍也。”通过体育达到强身健体、强国强民的目的，已经成为人类社会一种普遍的做法。这也是当今世界各国普遍重视体育运动的根本原因。

2. 培养人们勇敢顽强、克服困难、超越自我的意志品质

人们在进行体育运动时，特别是在运动训练过程中，要克服许多由体育运动产生的特有的身体困难，体验到很多在正常条件下不可能获得的身体感受。这也是人们在从事其他活动过程中很难体会到的身体感受。它对一个人的内在意志品质具有特殊的培养和陶冶作用。强筋骨、强意志、调感情是体育的特殊功效，可以起到“文明其精神，野蛮其体魄”的作用。体育的这些功能对青少年的意志品质的培养尤为重要。

3. 培养人们竞争、团结、协作的社会意识

体育有利于人的“社会化”。竞赛是体育运动的一个最显著的特征。体育竞赛能有效培养人们的竞争意识和团结协作精神。没有强烈的取胜欲望和良好的团结协作精神，在体育竞赛中就不可能取得胜利。现实中的人类社会是一个充满着激烈竞争的场所，需要团结和协作精神。体育竞赛，特别是在集体项目的竞赛过程中，要想取得胜利，既要有力争胜利的顽强竞争意识，又要懂得与同伴和队友的团结协作，才可能达到目的。而体育的这种“模拟社会”的功能，是体育运动所独有的。

4. 丰富个人和社会的文化生活，提高生活质量

人们通过参加和欣赏体育运动不仅能增强体质，而且能够愉悦身心和丰富文化生活。世界上还没有其他任何一种活动能像体育竞赛那样有规律地举行，特别是以奥运会为最高层次的国际体育竞赛，已经成为现代人们关注的焦点和欣赏的热点。各种不同形式和类型的体育竞赛，以其独有的形式和方式为人类社会生产出丰富多彩的精神文化食粮，提高了人们的生活质量。

5. 为社会提供和构建公平、公开、公正的价值体系及价值标准

公平是人类社会所共同追求的一种理想社会状态。竞赛是体育最鲜明的特点，通过竞赛，优胜劣败，决出名次，可以激发荣誉感，鼓舞上进心。这是其他任何形式的社会活动和手段所不能代替的。在一定意义上说，没有竞赛，就没有体育运动。体育竞赛就是在公平的规则下，在公开场合通过最大限度地发挥个人和集体的体力及智力来获取胜利，优胜者会得到奖励和人们的尊重。体育运动向人们和社会所展示的以公平、公开、公正为核心的价值体系和价值标准，得到了不同民族和国家的普遍尊重和推崇。“阳光下的公平竞争”正是现代人类社会所需要重新构建的价值体系和价值标准的道德核心。

（二）体育的派生功能和作用

体育对人和社会的派生功能与体育的独特功能不同，主要区别在于这些功能和作用不是体育所独有的，在其他社会现象及活动中也能产生类似的功能和作用。

体育的派生功能和作用主要有以下内容。

1. 体育的教育功能和作用

体育是学校教育的一个重要组成部分，是教育的一个重要手段和方面。几乎所有国家都把体育作为教育的内容之一。体育在培养人们健康合理的生活方式、集体主义精神、爱国主义精神、刻苦耐劳而顽强拼搏的精神等方面有着重要作用。

(1) 体育中的身体教育。身体教育就是指对身体的锻炼和训练，又称为“育体”。科学证明，人出生后在本能方面比不上动物，适应环境的能力较差，连最基本的坐、立、站等都不会，这些基本的生活技能都要靠后天学习获得。因此，学习基本的生活技能和从事身体锻炼的过程，就是发展身体和增强体质，即“育体”的过程。

(2) 体育中的思想品德教育。体育本身就是一个有章可循的社会活动，它是在一定的“执法人”，即教师、教练或裁判员的直接监督下有组织地进行的。这对培养青年一代遵守社会生活的各种准则，树立良好的道德观念，增强团结合作的集体主义精神，培养大局观和责任感等优良品德是一个很好的强化教育过程。

(3) 体育中的心理品质的培养。体育活动能使人进入一种超凡脱俗的境界，它能陶冶情操，培养坚韧不拔的意志品质。紧张而激烈的竞赛既是对心理品质严峻的考验，也是培养良好的心理素质的有利时机。

(4) 体育中的智能教育。体育本身就是一种文化，并蕴含着丰富的科学知识。通过体育教学和身体锻炼，学生可学习和掌握一定的体育知识、技能和技术，并使思维能力、记忆力、观察力、想象力等构成智力的各种能力得到发展。因此，体育在传授知识、培养技能、增强体质的过程中，还包含着培养、开发和提高智能的教育因素。

2. 体育的交流功能和作用

体育能增强人与人之间的交流和交往，也是促进人们的友谊和增强人们的团结的重要手段。通过体育活动，能够扩大人们的情感交流，增加人与人之间的相互了解，改善人际关系，共同创造和谐文明的社会环境。国际间的体育交流，还能够促进国家与国家之间、不同民族之间的相互了解和相互信任，从而有利于人类社会的和平与发展。

3. 体育的娱乐功能和作用

体育活动不仅给人以强健的身体，而且能消除人们在学习、工作和劳动过程中产生的紧张情绪，使疲劳的大脑得以恢复。

现代体育特别是能最大地发挥人的体力、智力潜能的竞技体育，其技术不断地向高、难、新、尖的方向发展。运动员能够在一定的时间和空间展现出优美的造型、高超的技艺、巧妙的配合，使健、力、美高度统一，再加上和谐的韵律与鲜明的节奏，表现出芭蕾的轻柔、歌剧的抒情、雕塑的沉稳、书法的潇洒，以及有别于这些门类的猛烈、迅速、刚健、惊险……这一切使观赏体育竞技和表演的人们产生炽热、激动和忘我的情绪，不断地激发起人们的审美情感，强化人们的美感神经。由此可见，体育的确是一种积极而健康的娱乐方式，有助于人们愉快地度过闲暇时间，满足心理需求。体育运动由于其技术的高难度性、刺激人感官的惊险性、造型的艺术性、配合的默契性和易于接受的朴素性，已成为人们闲暇生活的重要组成部分，丰富了社会文化生活，满足了人们精神的需要。

4. 体育的政治功能和作用

(1) 为国增光，提高民族、国家威望和地位。随着竞技体育的发展，竞技场被称为没有炮火的金牌争夺战场。在当今国际赛场，金牌在某种意义上是一个国家的力量、地位、政治、经济、民族精神等综合实力的标志。例如：我国体育健儿连续在七届亚运会上取得金牌榜第一的优异成绩，成为亚洲第一体育强国；在 2000 年第 27 届悉尼奥运会上，中国体育健儿共夺得 28 枚金牌，金牌总数名列第三，跻身世界体育强国之列；在 2008 年第 29 届北京奥运会上，中国体育代表团勇夺 51 枚金牌、21 枚银牌、28 枚铜牌，第一次夺取了奥运会金牌榜首席位置。这些成绩极大地激励了中华民族的意志，振奋了民族精神，提高了中华民族的威望和国际地位。

(2) 加强爱国主义教育，增强民族凝聚力。在当代，一次国际体育大赛会像巨石击水一样，在国民心中产生巨大的影响，使千百万人甚至整个民族、国家沸腾起来，使民族精神得到升华，爱国情感得到激发，为国家的腾飞、民族的昌盛提供难以比拟的精神力量。例如：在1984年洛杉矶奥运会上，许海峰为中国人夺取了奥运历史上第一枚金牌，中国体育代表团勇夺15枚金牌、8枚银牌、9枚铜牌，跃居金牌榜第四位；1981—1986年中国女排连续获得世界杯排球赛、奥运会排球赛和世界女排锦标赛的“五连冠”。此类佳绩当时在国内引起了巨大的轰动。

(3) 改善和促进国家间的关系，增进友谊。体育可以促进各国人民相互了解，尤其是现代体育运动的国际化，使体育成为国家间重要的交往手段。运动员被称为“穿着运动衣的外交家”“和平的使者”和“外交先行官”，通过比赛互相学习和交流，加强国家间的相互理解和联系，缓和、协调国际关系与冲突，对维护世界和平起着十分重要的作用。

5. 体育的经济功能和作用

体育是人的活动，特别是体育成为一种很多社会成员参加的经常性活动后，总是在一定的物质消费的基础上进行的，必然要消耗一定的人力、物力和财力。因此，与体育活动相关的服装、器材、装备和场地设施等就会随之产生，体育服务等社会行业就必然出现。特别是在现代社会，体育中的很多内容已经发展成为人类社会的第三产业，在社会经济生活中发挥着越来越大的作用。许多国家的政府还出台了体育产业发展纲要等政府文件。

第三节　学校体育概况

学校体育是根据国家制定的德、智、体、美、劳全面发展的教育方针以及社会的需要，依据学生身心发展的特点，以适当的身体练习和卫生保健措施为手段，通过多种组织形式所进行的一种有计划、有组织的教育活动。其目的是使学生身体得到有效锻炼，增强学生体质，培养学生的体育能力，进行思想品德教育，提高运动技术水平，为培养身心全面发展的社会主义现代化建设人才服务。学校体育是体育的重要组成部分，是随着人类社会的不断进步而发展起来的。

一、学校体育的发展

1. 国外学校体育的发展

国外体育教学发展水平比较高，在实际教学中能够以健康第一为教学理念，并且由于文化差异，在国外体育教学中的体育活动元素比较多。而我国体育教学受到教师素质能力、教学条件等多方面因素的影响，体育教学总体水平不高。为了从国外学校体育教学中得到良好的经验，需要对国外学校的体育教学现状进行分析，研究其体育教学发展路径，借鉴其先进教学模式。

在美国，体育教学中以学生为中心，开展俱乐部式的教学模式，学生能够在灵活而自由的教学模式中，感受到体育运动的益处。体育俱乐部以服务学生为目标，帮助学生形成完整而健全的性格，并鼓励学生在健全的身体状态下服务于国家与人民。

在日本，体育教学中首先向学生灌输一个教学理念，就是“团结”。在日本新课程改革中，提出了体育保健、安全教学以及身心统一的思想。以学生身心健康为发展根本，并谋求体育和健康之间的紧密联系。

在德国，在体育教学中引入教学评价方式，该评价方式在实际体育课程中的应用能够鼓励学生积极参加课堂活动，并迅速地融入教学活动氛围中，帮助学生树立体育学习的信心。同时该评价机制还能够促进学生进行自我评价，在自我评价中，学生能够在体育活动中反省自己。

在法国，学生评价中注重学生能力的培养，在体育教学中采取持续评价的方式，教师在学生小学一年级时就对学生的表现进行评价与观察，并将学生的体育表现记录在学生手册中，定期交给父母。该种形式并不是向家长告状，而是对学生表现进行客观评价，评价中关注的是学生综合素质能力的提升。

2. 我国学校体育的发展

我国学校体育发展史可追溯到奴隶社会，早在西周就有贵族子弟学校实行文武合一的“文艺”教育。“文艺”教育有“礼、乐、射、御、书、数”，包括德、智、体多方面的教育因素，既强调道德精神，又注重强健的体格，文武并重。其中的“射”即射箭；“御”为驾驶战车，是进行军事技能和身体训练的科目；而“礼”“乐”中的舞蹈也具有锻炼身体的作用。这些都是我国学校体育的萌芽。

我国近代学校体育是从清朝末期开始的。鸦片战争后，学校教育开始引进西方近代体育。洋务派在开办的西式学堂里开设体操科，并规定为必修课程。维新派代表康有为在《大同书》中，把体育列为各级学校的教育内容，并根据不同年龄确定体育内容。清政府在颁布《奏定学堂章程》中规定各级学堂均开设体操科。这些对学校体育思想的发展起到了积极的促进作用。

1949 年以后，我国学校体育翻开了崭新的篇章，党和政府十分重视学校体育，1950 年和 1951 年毛泽东同志先后两次指示教育部，提出“健康第一”的观念。1951 年政务院颁布了《关于改善各级学校学生健康状况的决定》，并在教育部设立了体育指导处，国家体委设立了群众体育司，团中央设立了军事体育部，使学校体育有了组织保证。学校体育从此得到了蓬勃发展。1962 年以后学校体育建立了学习国外并结合我国实际的学校体育体系，为学校体育的进一步发展奠定了一定的基础。

党的十一届三中全会后，学校体育进入到新的发展阶段。其主要表现如下：

(1) 学校体育指导思想有了新的发展。在改革开放的方针下，在学习世界各国学校体育的过程中，我国学校体育指导思想有了新的内涵，在进一步强调增强学生体质的同时开始重视学校体育为终身体育打基础，为竞技体育培养人才，为培养全面发展的社会主义现代化建设者的作用。

(2) 学校体育科学研究出现新局面。各体育研究会的相继成立，《学校体育》专业刊物的创刊，体育类专著的大量出版，学校体育国际间学术交流的加强，都使得该领域的学术气氛空前活跃，出现了理论探讨的新局面。

(3) 体育课和课外体育活动的改革逐步深化。1978 年和 1989 年教育部两次对颁布的十年制中小学生体育教学大纲及教材进行了修订，并在此基础上编写了九年义务教育教学大纲。同时，改革还深入到体育教学的各方面，促进了体育教学质量的提高。各种形式的体育协会及已形成制度的大中学生运动会与体育竞赛定期举行，使课外体育活动的内容和形式更加丰富多彩。

(4) 加强了学校体育工作的领导。1977 年教育部设立了体育司，各地也相继建立了学校体育卫生机构，加强了对学校体育工作的领导和管理。随着《中华人民共和国义务教育法》的颁布，教育部和国家体委、卫生部联合颁布了《学校体育工作条例》，给学校体育工作指明了方向，提供了依据。

(5) 体育教师队伍建设得到了加强。通过体育院、系培养了一大批新的体育教师，同时通过脱产学习、业余进修等多种形式，提高了在职体育教师的政治和业务水平，使体育师资队伍在数量和质量上都得到了明显的提高和发展。

二、学校体育的地位和意义

1. 学校体育是学校教育的重要组成部分，是培养现代化建设人才的重要内容

我国学校教育的目标是按照“面向现代化，面向世界，面向未来”的战略方向，把学生培养成德、智、体、美、劳全面发展的社会主义新人。其中“体”的发展就要通过学校体育工作来加以实现，因此学校体育成为学校教育的重要组成部分是社会的要求、历史的必然。

当今时代是知识经济时代，是充满了机遇和挑战的时代，高新技术的发展日新月异，大大促进了社会生产力的飞跃和社会生活的变化，日益激烈的竞争形势，对学生的体质提出了更高、更新的要求。没有一个健康的体魄，不仅难以完成在校的学习任务，而且更谈不上毕业后走上社会，为社会经济建设发挥应有的作用。因此，我们要不断深化学校体育改革，努力培养出既具有强健体魄，又具有坚定的社会主义信念和现代化知识的全面发展的人才，使其能够在竞争激烈的社会环境中生存，在高速度、高强度的工作条件下为建设中国特色社会主义发挥重要作用。

2. 学校体育是国民体育的基础，对增强民族体质和提高运动水平有重要的战略意义

一个国家的体育基本上是由学校体育、社会体育和竞技体育所组成的，而学校体育是国民体育的基础。中共中央《关于进一步发展体育运动的通知》中指出“重点抓好学校体育”，最新颁布的《全民健身条例》也把学校体育作为开展全民健身的重点。由此可见，学校体育已成为发展体育事业和增强全民体质的战略重点。

(1) 学校体育对增强全民体质有深远意义。国民体质的强弱关系到国力的强弱和民族的兴衰。学生时期正是长身体的关键时期，而体育锻炼则是影响人体生长发育的重要因素。学生时期加强体育锻炼，能促进身体的正常发育及增强体质，为完成学业和一生的健康打下良好的基础。

(2) 学校体育对发现和培养体育后备人才，提高运动技术水平有重要意义。竞技体育水平的高低，反映了一个民族的体质水平及一个国家的经济水平和科技实力，关系到国家的声誉。而竞技项目的运动员要经过常年、系统的训练，才能达到世界水平。因此，从青少年中发现和培养竞技运动的大批后备人才，是提高我国体育运动水平的主要途径。

(3) 学校体育对推动全民健身运动的发展有重要作用。青少年和儿童是我国人口的重要组成部分，学校体育的发展程度已成为我国全民健身运动发展水平的重要标志之一。如果在学生时代受到了良好的体育教育，则其毕业后走上社会就可以成为全民健身运动的骨干力量，从而推动全民健身运动的蓬勃发展。

综上所述，学校体育对我国体育事业的发展具有重要的战略意义，发挥着长期性、全局性和基础性的作用。

3. 学校体育是建设社会主义精神文明的积极因素

社会主义精神文明建设大体可分为文化建设和思想建设两个方面。体育既是文化建设的一项重要内容，也是思想建设的重要手段之一。

(1) 学校体育对促进学生智力发展有重要的作用。身体的运动能使整个大脑的神经系统的功能得到改善和提高，还可以培养敏锐的感知能力、灵活的思维能力、丰富的想象力、良好的注意力和记忆力。体育锻炼能消除疲劳、焕发精神，提高学习效率。科学的体育锻炼可以促进智力的发展，使学生从中学到许多体育方面的知识、技术与技能，大大丰富了社会主义文化建设的内容。

(2) 学校体育对美育有很好的促进作用。体育本身就是健与美统一的活动。体育锻炼能使学生体魄健美、体形匀称、仪态端庄、身手矫健，这些既是健康的标志，也是人体美的表现。学校体育能使学生树立正确的审美观，发挥创造美的能力。

(3) 体育是一项群众性的娱乐活动。学生参加体育锻炼，既陶冶了情操，又丰富了课余文化生活，能有效地抵制精神污染，得到高雅的精神享受。

(4) 学校体育是进行思想品德教育的重要手段之一。学校体育的内容丰富多彩，积极参加体育锻炼，有助于培养勇敢、顽强、坚毅等意志品质以及团结拼搏、创新进取和艰苦奋斗的精神，并在体育锻炼中不断受到爱国主义的思想教育以及理想、道德、纪律教育。

4. 学校体育丰富了现代社会生活

现代社会精神文化生活离不开体育，学校体育起着积极的、承前启后的作用。学生时代受到良好的体育教育，以后将成为体育运动的骨干，进而大大推动全民健身运动的发展，使社会上越来越多人的生活更加文明、健康、幸福。

加强学校与家庭、社会的体育方面的联系，可促使社会生活更加丰富。对外开放学校完善的体育设施，能为社会体育活动提供条件，活跃学校和社会的精神文化生活。另外，学校体育的发展，带动了学校以及社会的体育消费的增加，促进了体育相关产业的发展。

总之，随着社会的进步和时代的发展，学校体育的作用越来越大。其作用不仅仅局限于学生时期，而且具有终身的意义；其范围超出了学校教育的范畴，具有广泛的社会价值。它既有增强学生体质的独特功能，又具有全面促进身心协调发展的功效。学校体育正以其旺盛的生命力，在社会主义两个文明建设中发挥着积极的作用，日益显示出其重要的地位和意义。

三、学校体育的目的和任务

我国学校体育的目的是增强学生体质，培养学生的体育能力以及良好的思想品德和意志品质，促使其成为德、智、体全面发展的社会主义现代化的建设者。这一目的是根据社会的需要、教育的方针、体育的目的和学生身心发展的特征而提出的，它反映了学校体育的本质特征。

为了达到学校体育的目的，应实现以下基本任务。

(1) 全面锻炼学生的身体，促进学生身体的正常发育，全面发展学生的身体素质和基本活动能力，形成健美的体魄和正确的姿势，促进生理机能水平的提高，增强对自然环境的适应能力和对疾病的抵抗力。这是学生完成学业以及将来工作、生活所必备的身体条件。锻炼学生身体和增强学生体质是学校体育的根本和首要任务。

(2) 使学生掌握体育与保健的基本知识、基本技术和基本技能，培养学生体育能力和锻炼身体的习惯，为终身体育锻炼奠定良好的基础。

(3) 通过体育运动对学生进行思想品德、意志品质和美的教育，培养学生的自信心、独立性、创造性和集体主义精神，丰富精神生活，促使学生个性全面发展。

(4) 发展学生的体育才能，提高学校运动技术水平，积极开展课余专项训练，进一步增强学生的体质。有条件的学校应为国家培养竞技体育和其他体育人才及后备力量。

以上所述的学校体育的目的和任务，概括了各级学校体育的共同点。但根据各级学校学生的不同年龄阶段的身心发展特点，不同的需求、发展的可能性和接受能力的差异，各级学校体育的任务也有不同要求。

对于高等学校的学生，身体发育已接近完成，就应进一步加强锻炼，提高要求，并发展其专业所需要的身体素质和基本活动能力，增进其体力的使用效率和适应能力；要加强体育理论知识的学习、巩固和提高，提高他们所学的运动技能，使其掌握身体锻炼的方法和一两项有兴趣、有特长的运动项目，培养其终身体育锻炼的能力和习惯。

四、学校体育的组织形式及实施

学校体育的目的和基本任务的实现要靠有效的组织形式来保证。学校体育的组织形式有体育课、课外体育活动、运动训练、课余体育竞赛和《国家学生体质健康标准》（以下简称《标准》）达标等。这些形式有各自不同的特点和所要完成的主要任务。

(1) 体育课。国务院批准颁布的《学校体育工作条例》中规定，普通高校一、二年级必须开设体育课，三年级以上开设体育选修课，并规定体育课为学生毕业和升学考试科目。上好体育课是实现学校体育目的和任务的基本途径，是高校体育教育的主要组织形式。体育课包括体育课、体育选修课和体育保健课三种类型。

(2) 课外体育活动。课外体育活动是增强体质的有效途径，是体育课的延续。《标准》中规定认真上好体育课、积极参加体育活动、每天锻炼时间达到一小时者，奖励 5 分，计入学年《标准》总成绩。课外体育活动的主要形式有早操、课间操、课后运动、全校性运动会、冬季越野赛及各种体育竞赛。

(3) 运动训练。普通高校学生的运动训练指利用课余时间，对部分热爱体育运动、身体素质好又有专项运动特长的学生，进行系统训练的体育教育过程。运动训练的主要任务是提高学校体育竞技运动水平，进一步推动群众性体育活动的开展。

(4) 课余体育竞赛。体育竞赛是促进群体活动的有效手段，是素质教育的良好阵地。

通过比赛，可以调动学生参加体育锻炼的积极性，活跃课余生活，培养顽强拼搏的勇敢精神，同时也是检查体育教学、体育锻炼及运动效果的一种手段。

(5)《标准》的达标。在教育部、国家体育总局的领导下，于 2007 年在全国各级各类学校全面实施《标准》。《标准》要求由各级教育行政部门管理、体育行政部门指导、学校组织实施。《标准》是对每个大学生接受体育教育状况进行检验的具体尺度，是对大学生进行个体评价的依据。《标准》的实施是实现学校体育的目的和任务的重要保障，也是落实学校体育教育目标的重要手段，较全面地反映了学生的体质和健康水平。《标准》的实施，能促使学生掌握体育的基本知识和终身体育锻炼的技能，学会科学锻炼身体的方法，养成自觉锻炼身体的习惯。

上述五种形式存在着相互补充和相互促进的关系，只有协同配合才能更好地完成学校体育的目的和任务。

第二章 体质与健康

“科学的基础是健康的身体”，居里夫人的这句名言道出：有了健康就有了希望，失去健康就失去一切。随着人类文明的进步和科学技术的飞速发展，人类对健康的认识和评价从医学和生物学的范畴逐渐延伸到心理学和社会学的领域，并逐渐认识到健康和生命实际上是掌握在每个人自己手中的。

第一节 健康的定义

世界卫生组织原总干事马勒博士曾指出：“必须让人们认识到，健康并不代表一切，但失去了健康，便丧失了一切。”健康的重要性不言而喻。那么“健康”究竟意味着什么?是不是“没病就等于健康”？

“健康（Health）”一词在几百年前的古代英语中有“强壮（Hale）”“结实（Sound）”和“完整（Whole）”的意思。也就是说，健康历来就被人们看作一种强健完满的状态。世界卫生组织于 1948 年在其宪章序言中指出：“健康不仅是没有疾病，而且是个体在身体上、精神上、社会上的完满状态。”1978 年 9 月，国际初级卫生保健大会所发表的《阿拉木图宣言》又对健康的定义作了重申，提出了“健康不仅是没有疾病及体质虚弱，而且是身心健康、社会幸福的完满状态”的概念。这一定义的积极意义就在于把健康看成不仅是没有疾病和身体虚弱，而且还包括心理和社会生活的良好状态。世界卫生组织还进一步提出了有关健康的如下 10 条标志：

(1) 精力充沛，对所担负的繁重工作和日常生活不感到过分紧张疲劳。

(2) 乐观、积极，勇于承担责任。

(3) 善于休息，睡眠好。

(4) 应变能力强，适应环境能力良好。

(5) 能抵抗一般性感冒等传染病。

(6) 体重适当，身体匀称。

(7) 反应敏锐，眼睛明亮。

(8) 牙齿清洁，无龋齿，不疼痛，牙龈颜色正常，无出血现象。

(9) 头发有光泽，无头屑。

(10) 肌肉丰满，皮肤富有弹性。

世界卫生组织还提出了人类新的健康标准。这一标准包括肌体和精神健康两部分，具体可用“五快”（肌体健康）和“三良好”（精神健康）来衡量。

- “五快”：

(1) 吃得快：进餐时，有良好的食欲，不挑剔食物，并能很快吃完一顿饭。

(2) 便得快：一旦有便意，能很快排泄完大小便，而且感觉良好。

(3) 睡得快：有睡意，上床后能很快入睡，且睡得好，醒后头脑清醒，精神饱满。

(4) 说得快：思维敏捷，口齿伶俐。

(5) 走得快：行走自如，步履轻盈。

- “三良好”：

(1) 良好的个性人格：情绪稳定，性格温和；意志坚强，感情丰富；胸怀坦荡，豁达乐观。

(2) 良好的处世能力：观察问题客观、现实的能力，能适应复杂的社会环境。

(3) 良好的人际关系：助人为乐，与人为善，对人际关系充满热情。

还有一些学者认为健康就是适应。他们认为：“健康是一种人类对其生活中面临的所有生物的、生理的、心理的和社会刺激因素的一系列连续的适应。”总之，健康的概念及定义是由不同历史阶段的科学发展和社会进步所决定的，而随着现代科学的发展和社会的进步，人们对健康的认识必将更为确切，更符合其内在规律。

第二节　体质与健康的关系

一、体质的概念

体质的简单概念就是指人体的质量。它是人的有机体在遗传变异和后天获得性的基础上所表现出来的机能和形态上相对稳定的特征。也就是说，人的体质受遗传变异和后天的营养、劳动、生活环境、体育锻炼等条件的影响，因而是可变的。体质包括体格、体能和适应能力以及精神状态等几个方面。

体格是指人体的形态结构，包括人体生长发育的水平、身体的整体指数与比例（体型）以及身体的姿态。

体能是指人体各器官系统的机能在肌肉活动中表现出来的能力，它包括身体素质（力量、速度、灵敏、柔韧、耐力等）和身体基本活动能力（走、跑、跳、投、攀登、爬越、举起重物等）。

适应能力是指人体在适应外界环境时所表现的机体能力，它包括对外界环境的适应力和对疾病的抵抗力。

身体和精神是密不可分的。列宁说：“健全的精神寓于健全的身体。”体质强壮、精力充沛、生命力旺盛对一个人的精神状态具有重大影响。

以上几个方面相互依存、相互影响、相互制约，构成人的不同水平的体质。遗传是人的体质发展变化的先天条件，物质生活条件是决定体质强弱的基本因素，而体育锻炼是增强体质最积极和最有效的途径。

二、体质与健康的关系

健康是指人体与外界环境关系协调和统一的程度，即人体各器官系统对外界环境适应能力的大小。狭义的健康是指人体各器官系统发育正常、功能完好、无疾病；广义的健康则还应该包括强壮的体格、充沛的精力、健全的心理和高度的社会适应能力等内容。

因此，健康与体质属于两个不同的概念，它们之间既有区别又有联系，它们反映身体状况的两个不同水准。所以，评价一个人的体质时，首先要考虑其健康状况，然后再从形态、功能、身体素质、运动能力、心理状态等方面进行综合评价。身体健康是体质好的最起码条件，虽然同是健康人，但是其体质状况却千差万别。

三、体能与体质的区别

体能主要是指人体各器官系统在肌肉活动中表现出来的机体能力、身体素质和运动能力，它包括速度、力量、耐力、灵敏、协调、柔韧等身体素质及走、跑、跳跃、投掷、攀爬等运动能力。

体能与体质有着密切的关系。有研究表明，体能和体质的相关程度最高，其相关系数男生高达 0.9119，女生可达 0.8263。可见体能是衡量一个人体质水平的重要因素。体能是体质的一个重要组成部分，但不是全部，所以不能等同，也不能相互代替。

四、体格与体质的联系

体格是指人体的形态结构，包括生长发育水平、人体各部位的比例、身体姿势和组成成分等。如身高、体重、胸围等指标的生长发育水平，体重、胸围、坐高与身高的比例关系等也有密切的联系。体格是体质的外在表现，是人体机能和适应能力的物质基础。相关研究表明，人体的形态结构与体质强弱的相关系数男生为 0.7814，女生为 0.6412。可见体格也是衡量体质的一个重要因素，但体格和体质属于两个不同的概念。

第三节 体育锻炼基本知识

体育是通过身体运动的方式进行的，它要求人体直接参与活动，这是体育最本质的特点之一。坚持不懈地进行体育锻炼，不仅可以掌握一些体育锻炼的基本知识和基本的运动技能，而且更重要的是可以改善运动系统的血液供应，加速新陈代谢，从而提高身体各系统的生理机能，提高人体的自身免疫力和对外界环境的适应能力，保持身心健康。

一、体育锻炼对增强体质的意义与作用

1. 体育锻炼对改善和提高中枢神经系统的作用

进行体育运动时，特别是到大自然中去活动，可以改善大脑供血、供氧情况，可以促使大脑皮层兴奋性增加，能提高神经过程的均衡性、灵活性以及中枢神经系统对所有系统

与器官的迅速调节能力，从而使其对外界刺激的反应更加迅速、准确，大脑分析综合能力加强，整个有机体的工作能力提高。

2. 体育锻炼对提高身体素质的意义与作用

体育锻炼对提高身体素质有着明显的作用。身体素质是在先天的基础上和后天的劳动中及从事各种体育活动中获得和发展起来的。在后天的劳动和体育活动中，肌肉的紧张收缩都会表现出一定的力量、速度、耐力、灵敏度和柔韧度等能力，这些能力统称为身体素质。

任何一种体育锻炼，都在一定程度上可以改善人们的身体素质，同时又主要影响着其中的一种或几种素质的发展。例如：短跑练习主要是发展速度，但同时也可改善人体的力量和耐力；发展力量和灵敏素质的竞技体操，也能够影响速度和耐力的发展。

经常进行体育锻炼是增强人体健康最积极有效的手段，所以说“生命在于运动”。经常参加体育锻炼，能使骨骼变粗、变厚，骨密质增强，肌肉丰满，身材匀称，体重增加，身体结实健壮，灵活性和柔韧性也明显增强，从而可以提高劳动强度和运动的持久性。

3. 体育锻炼对人体内脏器官构造的改善和机能提高的意义与作用

体育运动能使人体内能量消耗增加，代谢产物增多，新陈代谢旺盛，血液循环加速，从而使血液循环系统、呼吸系统、消化系统、排泄系统的机能都得到改善，使主管这些系统工作的器官——心脏、肺等，在构造上得以改善，而且机能得到提高。同时经常锻炼还可以改善体内物质代谢等过程，减少脂肪在血管壁的沉积，使小动脉紧张度降低，保持与增进血管壁的良好弹性，使血压比一般人低，而且能使血液中的血红蛋白含量增多，携氧量增大，这些都对心血管疾病起到了积极的预防作用。体育锻炼对消化器官的机能也有着良好的作用，它可使胃、肠蠕动力增强，消化液的分泌增多，从而使消化和吸收的能力提高，使人的食欲增加，有利于增强体质。经常参加体育锻炼能提高中枢神经系统对这些器官的调节作用，使肺脏更好地排出二氧化碳；使肾脏更合理地排出酸性物质和水分，以保持人体的酸碱平衡和水盐平衡；使大肠排粪畅通。运动时，交感神经兴奋，使汗腺活跃而排出大量的汗，可调节人的体温，同时将体内的代谢物带走。

4. 体育锻炼对提高人体适应环境能力的意义与作用

体育运动能增强人体的免疫力，提高人体对疾病的抵抗能力。它能够提供许多使人体处于非常态的状况（如倒立、滚翻等），提高人体适应现代生活的能力。体育锻炼能够提高有机体在外界与身体内部之间的平衡能力。例如，无论在严寒的冬天还是炎热的夏天，我们进行体育锻炼，首先都要适应气候变化的条件，以提高机体抗寒抗热的能力。在实现人体与环境的适应关系上，皮肤起着重大作用。皮肤里面有无数感受外来刺激的神经结构，而外界环境的因素（空气、水、阳光）对皮肤感受器官反复经常作用，使皮肤在调节体温上起到了重要作用。根据实验证明，人体在气温下降时皮肤血管收缩，使热量储存增加70%；在气温升高时，皮肤血管扩张，使热量散失增至 90%。因此，无论在严寒的冬天还是炎热的夏天都能一样工作、学习。由此可见，人体对自然环境有一种先天的适应能力，而体育锻炼是获得这种更高能力的积极有效的手段。

5. 体育锻炼对防病、治病的保健意义与作用

体育锻炼可以防病、治病，延缓衰老，延年益寿。生物体从胚胎、生长、发育、成熟直至衰老、死亡，这是一个不可改变的客观规律。但是一个人体质的好坏、衰老的快慢却是可以控制的。实践证明，人体的发展变化可以向不同的方向发展：在有利的条件下（生活方式科学、合理）可以延缓衰老，健康长寿；在不利的条件下，人的体质削弱较快，甚至未老先衰。

二、体育锻炼对心理健康的意义与作用

体育锻炼具有提高心理功能和促进心理健康的作用。经常参加体育锻炼，能调节人的心理，使人朝气蓬勃，充满活力。从事运动能使人心情舒畅，精神愉快，调节人的某些不健康情绪和心理，如意志的消沉和情绪的沮丧。美国一位心理学家德里斯考发现，跑步能成功地减轻大学生们在考试期间的忧虑情绪。人们还发现有紧张烦躁情绪的人，只要散步15分钟后，紧张情绪就会松弛下来。

1. 体育锻炼对智力的影响

经常从事体育锻炼对于保证智力的正常发展和开发大脑的潜力有积极作用，主要表现在：可以锻炼平时很少活动的左手，使右脑得到充分的锻炼，从而提高人的记忆力和形象思维能力；可有效地促进血液循环，提高呼吸系统的功能，使大脑获取更多的养分，这样有助于大脑的记忆、思维和想象，从而提高脑力劳动的效率。

另外，大学生体质的增强和健康水平的提高不仅可以使其精力充沛，而且更能持久地完成比较繁重的文化学习任务，不断挖掘与开发学习的潜力。

2. 体育锻炼对情绪的影响

经常从事体育锻炼可以转移个体的不愉快情绪和行为，使之从烦恼中摆脱出来。适度负荷的体育锻炼能促使人体释放一种多肽物质——内啡肽，它能使人们在进行锻炼之后，直接感受到舒适愉快的心情。

大学生参加体育锻炼，尤其是参加自己喜爱和擅长的体育锻炼与比赛，可以从中得到乐趣，振奋精神，陶冶情操，从而消除紧张、焦虑的心理，产生良好的情绪状态。

3. 体育锻炼对意志品质的影响

经常从事科学的体育锻炼是培养坚强意志品质的有效手段。一个人在参加体育锻炼中要不断地克服客观困难（气候条件变化、动作难度等）和主观困难（胆怯、畏惧和紧张等），不同的运动项目可以制造不同的困难，通过战胜困难从而达到锻炼自己果断、勇敢、坚韧、顽强的意志品质的目的。

三、体育锻炼对增强社会适应能力的意义与作用

随着社会迅速发展和科学技术不断进步，人们所面对的工作压力和生活节奏也在相应地增加，许多生活在大城市的人越来越缺乏适当的社会交往的机会，不良的社会适应对人的身心健康会产生消极的影响。激烈的社会竞争和生活压力使人可能产生悲观失望的情绪，

从而导致忧郁、孤独等心理障碍的产生。社会适应能力差的人常因人际关系等矛盾而产生心理上的烦恼，并持续地出现焦虑、压抑、愤怒等不良情绪，而不良情绪可使人的免疫能力下降，令生理疾病发生的可能性大大增加。

体育运动把人们汇聚在运动场上，进行平等、友好、和谐的练习与比赛，使人们相互之间产生亲近感。他们无需用语言，只需一个手势或一个眼神，就可以直接或间接地沟通信息，交流心声，产生一种默契。尤其是集体竞赛项目，可以使直接参与者和间接参与者通过体育运动结识更多的朋友，使每个人都融入集体中，为自己成为集体中的一员而心情舒畅和精神振奋。体育运动能使参加者获得心理满足，产生积极的成就感，从而增强自信心，摆脱压抑、悲观等消极情绪，消除心理障碍。体育运动已被公认为是一种良好的心理治疗方法。

四、体育锻炼的内容与方法

体育锻炼的内容与方法是多种多样的，选择体育锻炼的内容与方法是否恰当，直接关系到锻炼的效果和锻炼的积极性。因为参加体育锻炼的人，由于年龄、性别、健康状况、体质特点、锻炼水平、兴趣爱好以及锻炼目的不同，所以在选择和确定锻炼的内容和方法上也不一样。为了达到锻炼的目的和预期的效果，在选择内容与方法时应注意以下几点。

（一）内容的选择

1．有针对性地选择

由于人的体质状况、健康水平、体型条件、兴趣爱好等存在着这样或那样的差异，因此在选择内容和方法上应因人而异，以期达到预期的效果。例如：一些体质强壮和健康水平较高的人，可以选择比较激烈与运动负荷较大的运动项目，如足球、篮球、中长跑等；一些体型单薄和健康水平稍差的人，可根据自己的实际情况，选择能促进肌肉发达的力量练习和健美操练习，以及负荷较轻、节奏较缓的项目，如太极拳、小型球类游戏、慢跑、保健体操等。具有不同性格的人，选择恰当的锻炼内容有助于自己情操的陶冶。例如：性情急躁、爱激动的人，可选择棋类和太极拳运动，有利于培养耐心；性格内向的人，可选择对抗激烈的球类运动，有助于激发活泼开朗的个性；性格优柔、胆怯的人，可选择竞技体操、足球等运动以培养勇敢、果断的精神。

2．根据锻炼的实效性进行选择

在选择锻炼内容时，要注意它的锻炼价值，不要贪多，不要好高骛远，力求少而精，求实效。

3. 选择要注重促进身体各器官系统机能的全面发展

选择锻炼内容要考虑能达到全面锻炼身体的作用。锻炼内容的全面性并不是选择的内容越多越好，而是要有利于促进身体各器官系统机能的全面发展。在全面锻炼的基础上，还可选择某个自己喜爱的运动项目，作为健身的主项。

4. 选择内容还要注意季节性和趣味性

锻炼的内容比较有趣味，不仅能调动锻炼者的积极性，而且有利于提高锻炼效果，同时也要考虑季节、气候和环境条件，因时、因地选择锻炼内容。

（二）锻炼方法的应用

1. 重复锻炼法

在一定的时段内，采用某个项目进行锻炼时，一定要恰当地安排重复次数、时间、负荷强度和休息时间，这样才能使身体产生生理变化，达到锻炼的效果。否则，不仅使身体得不到益处，反而会损害身体。重复次数、时间和负荷强度的调节，一般是以脉率的变化来掌握的。运动后，脉率达到本人最高脉率的 80%以上为大运动量，70%～80%为中等运动量，60%以下为小运动量。

2. 间歇锻炼法

为了不使身体连续承受密度较大的刺激，消耗过多的能量而有损身体，负荷与休息应交替进行，间歇锻炼法与持续锻炼法可交替进行安排，使身体始终处于积极状态，对心血管系统机能提高极有好处。

3. 持续锻炼法

在一定时间内采用较稳定、持续不停的重复运动，使身体在耐久力方面得到提高。一般可用 60%的强度，如定时跑或长时间的球类游戏等。

4. 循环锻炼法

循环锻炼法是为了促进身体全面发展而采用综合运动的一种方法。在一次锻炼中可安排一组多个项目的运动依次进行，重复循环。如负重下蹲、变速跑、卧推杠铃、跨步跳、仰卧起坐、立卧撑等为一组，轮流刺激身体不同部位，避免造成局部负荷过重。应根据自己身体情况，每次锻炼 30～40 分钟，每个项目 7 分钟左右，重复次数约 20～25 次，负荷量最大为自己所能承受的 50%。每个星期锻炼 2～3 次，周期一个月，根据效果调整项目内容。

第三章

运 动 保 健

实践证明，体育锻炼能够增强体质，使身体的发育水平和健康水平，对疾病的抵抗能力，对缺氧、高温、寒冷等外界环境的适应能力得到不同程度的提升。体育锻炼与其他科学事物一样，有其客观规律性。人们只有熟悉和掌握这些客观规律，并将其应用到锻炼实际中，才能达到增强体质的目的。因此，必须在遵循体育科学规律的前提下，坚持长期的、不间断的锻炼，体质才能得到改善和增强。

第一节 运动与人体卫生

讲究卫生可减少致病因素对机体的作用，从而预防疾病、保障健康。体育锻炼可增强机体对疾病的抵抗力，进而达到保障健康的目的。卫生保健的目的在于运用卫生学和医学的知识和技能，对参加运动者进行医务监督和指导，使体育锻炼达到最佳效果。

一、个人卫生

(1) 生活制度。稳定而有规律的日常生活制度，对于增进健康，提高工作和学习效率，提高运动成绩有良好的作用。在条件允许的情况下，一般应尽量保持生活制度的相对稳定。当然，随着工作、学习、锻炼情况的改变，生活制度也可进行相应的调整。

(2) 早锻炼。早锻炼的目的在于消除因睡眠留下的抑制状态，提高机体各系统的机能活力，为一天的学习、工作做好准备。大学生应养成良好的生活习惯，早晨起床后，应进行早锻炼。早锻炼的内容可根据自己的健康状况来安排，如做操、跑步等，运动量不宜过大。

(3) 皮肤和牙齿卫生。皮肤既是身体的感觉器官又是保护器官。皮肤里的汗腺排出一部分代谢产物能调节体温；皮肤里的皮脂腺分泌皮脂以保持皮肤的滑润。当汗腺和皮脂腺孔堵塞时，细菌繁殖就会引起皮肤上的毛囊炎或疖肿，所以皮肤必须清洁干净。脚趾间皮肤易脏，最易产生糜烂，也易感染脚癣，要特别注意清洁。患脚癣要积极治疗，不要与他人共用鞋袜和洗涤用具，以免传染。牙齿上经常有食物残渣，是细菌繁殖的基础，易引起牙病和口腔疾病，应早晚各刷牙一次。刷牙时应沿着牙缝上下刷，切忌用力横刷，以免损伤牙齿表面的牙釉和牙龈。

(4) 睡眠。睡眠是生理要求，是消除机体各器官疲劳最有效的方法。睡眠之前不宜做剧烈运动，避免进食有刺激性的饮料，如浓茶、咖啡等；卧室空气应流通；应保证一定的睡眠时间。白昼较长、运动量较大或学习负担较重时，应适当增加午睡时间。

(5) 心理卫生。心理卫生是根据心理活动的规律，采取各种措施保护和增强心理健康，提高对社会的适应能力，预防身心疾病的发生。心理健康的主要标志有以下几个方面：情绪稳定，没有压迫感和不安感；具有较强的适应能力；具有同情心和丰富的感情；能表现出与生理发育阶段相适应的情绪；能够克制个人需要和受客观环境限制的欲望；热爱生活并能与人和睦相处；具有自信心，有坚强的意志；具有敏捷的智慧等。

如果情绪变化无常，信仰破灭，有压迫感，多疑，骄傲或自卑，说谎，嫉妒，忧郁，无端恐惧等，均为不健康心理的表现。青年人讲究心理卫生，应从树立崇高的理想，陶冶高尚的情操，培养良好的情绪、感情和性格，协调人际关系等方面入手。

二、女性生理卫生

(1) 体型。女性体型一般似纺锤形，即肩部较窄，骨盆较宽，下肢较短，躯干相对较长，身体重心低，有利于做下肢支撑平衡的动作，如体操的平衡木等，但对速度运动、跳高、跳远等动作不利。

(2) 肌力。女性骨骼肌重量占体重的比例较男性小 5%左右，且肌肉力量较弱，特别是女性的肩带部和上肢肌力较差，加之肩部较窄，故女性做悬垂、支撑、摆荡等动作较为困难。因此，应加强发展肩带肌力的练习，练习时需加强保护。

(3) 脂肪。女性体内脂肪约占体重的 28%（男性约占 18%），皮下脂肪较多，利于游泳等运动。但女性下腹部对冷的刺激很敏感，故在月经期及冬季锻炼时要注意下腹部的保暖。

(4) 骨盆。女性骨盆较男性大而轻，除了承重外还容纳有子宫及附件。子宫的正常位置依靠子宫三对韧带、腹腔、盆腔一定的压力来维持。因此，一方面女子从事体育运动时不宜做过多的从高处跳下的练习，做此练习时也要注意落地时的缓冲，以免过分震动影响子宫的正常位置；另一方面要多做增强腹壁肌、骨盆底肌的练习，如仰卧起坐、仰卧举腿、直立前后踢腿、大腿绕环、提肛练习等，以维持一定的腹压和盆腔压力，从而维持子宫的正常位置。

(5) 关节韧带。女性各关节韧带的弹性及伸展性较好，特别是脊柱椎间盘较厚，因此女性身体的柔韧性及各关节的灵活性较男性好，体育活动中适宜做“桥”和“劈叉”等动作。但女性身体的柔韧性会随着年龄的增长而降低，在体育锻炼中应注意保持和发展其柔韧性和灵活性。

(6) 心血管系统和呼吸系统。女性心脏的体积、容积、每搏输出量、心肌收缩力均较男子小而弱，运动时主要靠加快心率来增加心脏的每分钟输出量。此外，女性的血容量、红细胞、血红蛋白含量都低于男性，因此女性血液运输氧的能力不及男性。女性胸廓、肺容积较男性小，肺活量、最大摄氧量也小于男性，女性呼吸肌力较弱，以胸式呼吸为主且胸廓活动度较小，所以女性在安静或运动时的呼吸频率较快。鉴于女性心血管系统和呼吸系统的功能较男性差，因此运动量应比男性相对小些。

综上所述，女性应该根据自己的特点，自觉、合理地参加体育锻炼，以促进身体的生长发育，提高各器官、系统的机能水平，保持匀称健美的体型。

三、体育运动中的医学保健问题

(1) 运动与心血管疾病。一般慢性心脏病患者只能从事中小运动量的体育活动。在心肌炎等疾病的急性期应停止运动，并进行治疗。心脏杂音应区别是有害性杂音还是无害性杂音，后者不应限制体育活动。高血压患者能否参加运动，应视高血压程度以及合并症情况而定。若血压轻度增高，无自觉症状，心、肾亦无病变，则限制不必过严，可参加适当的运动并配合积极治疗。血压较高且有自觉症状者应避免激烈运动，特别要避免用力闭气、低头、旋转头颈等运动，可参加慢跑、游泳等运动。

(2) 运动与呼吸系统疾病。肺结核患者呼吸循环机能极易疲劳，因此肺结核患者的运动必须十分慎重。肺结核活动期禁止参加运动，若陈旧性病灶已钙化多年又无自觉症状，则多数人可从事剧烈运动，但仍要十分注意定期体检。淋巴结核原则上同于肺结核。

胸膜炎急性期应积极治疗，使积液完全吸收，以免发生胸膜粘连，妨碍呼吸机能。患结核性胸膜炎病愈后一年内禁止参加运动，已形成胸膜肥厚时，可参加一般性体育活动。

慢性气管炎、肺气肿、哮喘病患者均应避免大运动量活动，冬季过度寒冷或大风天气时，应避免长时间的室外活动。平时可多做呼吸体操，以改善呼吸机能。咯血者必须停止一切体育活动。

(3) 运动与消化系统疾病。溃疡病、胃炎常反复发作的患者，在病情不稳定或有合并症时应停止运动进行医治，间歇期可参加正常体育活动，平时应注意饮食习惯。

传染性肝炎急性期应隔离治疗，停止运动，卧床休息，肝炎愈后 1～2 月内尽量保持安静，避免运动。以后根据肝功能检查结果和患者自我感觉，逐渐增加运动量。

胆囊炎的急性期严禁运动，慢性期可参加轻微活动。

(4) 运动与骨关节病。骨折已完全愈合的患者可参加正常体育运动。风湿性关节炎患者在急性期严禁运动，但治愈后无关节肿痛，无活动障碍，全身情况正常且“血沉”现象正常时可参加正常运动。

关节风湿症患者若运动后或天气变化时有疼痛，但无关节肿胀畸形，可做小量活动，病情好转后可逐渐增加运动量。

类风湿性关节炎应进行医疗体育活动，增强肌力，防止肌肉萎缩，预防或矫正畸形。

骨关节结核患者治愈后一般不能参加大运动量的活动。

(5) 运动与其他疾病。急性中耳炎和慢性中耳炎发作时，禁止参加体育运动。慢性中耳炎应设法根治，根治前可参加中小运动量的活动，游泳时要防水入耳。慢性鼻窦炎患者不宜在严寒、大风气候下从事室外运动。冬季室外运动时应注意正确的呼吸方法，且运动时间不宜过长。

高度近视者，应避免参加激烈运动，特别是跳跃运动，以免发生视网膜剥离。腹股沟症患者，只能参加小运动量的活动，避免增加腹压运动，但术后 3 个月可开始参加一般运动，6 个月后可参加激烈运动和比赛。急性肾炎患者应绝对休息，一年以内或者轻度慢性肾炎者，均应避免长时间的剧烈运动。月经不规则、痛经的女生，如果经体格检查无其他异常，以往又有运动习惯者，可参加正常体育活动，但月经期运动量应酌减，症状较重者应进行医疗体育和临床治疗。

神经官能症患者中，轻者可参加正常体育活动，较重者只能从事中小运动量的活动，症状严重者应进行医疗体育。

四、体育锻炼应注意的事项

(1) 剧烈运动后不要立即停止活动，以预防“重力性休克”。人在疾跑时，为了使下肢得到充分的氧气和养料，下肢血管几乎全部开放，流往下肢的血液量大大增加。在跑步过程中，肌肉持续而有节奏地收缩，挤压静脉血管，促进血液返回心脏。如果疾跑后突然站住，肌肉停止收缩，心脏仍然把大量血液送到下肢，而下肢血液回流因肌肉收缩的停止而发生困难，导致下肢血液积聚，回心血量减少，使心脏血液输出量突然减少，从而发生急性脑贫血，以致出现“重力性休克”。因此剧烈跑步后，应结合深呼吸慢跑一阵，再走一走，然后停下来，以防止上述现象出现。

(2) 运动中或运动后不要大量饮水。在运动中或运动后，立即大量饮水，会使血液稀释，反而增加出汗。同时，血量增加后加重心脏的负担，使心脏不能很好地休息。经一小时体育锻炼后，出现口渴的感觉，并不一定反映机体缺水，需要用意志去克服，或用水湿润一下喉咙，待出汗停止后，再饮水比较科学。

(3) 剧烈运动后不能立即进行冷水浴或游泳。剧烈运动时，人体的新陈代谢增强，各器官的功能都处于较高水平，体温也较高。运动后立即进行冷水浴或游泳，体温会迅速下降，身体的抵抗力也会因此减弱，容易发生感冒、关节痛。另外，运动时扩张的皮肤血管，受到冷水刺激后会立即收缩，使循环阻力迅速加大，也增加了心脏负担。同时，还会因冷水的直接刺激或神经反射作用引起恶心、呕吐、腹胀、四肢软弱等不良反应。所以剧烈运动后不能立即进行冷水浴，也不能游泳，可用毛巾擦擦汗，休息一会，或用温水冲洗。

(4) 饭后不要立即剧烈运动。饭后血液大部分聚集在胃肠，立即剧烈运动对消化器官有不利影响，也妨碍食物的消化吸收。此外，饭后立即剧烈运动，会使人体血液分配不当而感到疲乏无力，运动效果也不好。一般体育锻炼应在饭前半小时至一小时结束或饭后一个半小时开始。

第二节　运动中的生理反应与处理

人体在运动时必须承受运动负荷(简称运动量)。运动量犹如作用于人体的一个刺激量，正常情况下这种刺激量对促进人体的健康都是有积极作用的，但它并非在任何情况下对人体都是一种良性刺激。承受同一刺激量时，由于人体处于不同的生理状态，甚至有时已处于病理状态，就会引起不同的生理反应。锻炼者必须分清这些反应是正常的生理反应还是疾病，以便及时做出正确的处理或者有效的防治，并相应地调整训练计划或运动量。只有这样才能避免不当运动造成的不良后果，使锻炼者保持健康的体魄。

一、肌肉酸痛

1. 症状与原因

在一次运动量较大的锻炼以后，或间隔较长时间未锻炼而又刚开始锻炼之后，往往会出现肌肉酸痛。这种肌肉酸痛不是即刻发生在运动结束后，而是发生在运动结束后 1～2 天，因此称为延迟性酸痛。

肌肉酸痛的原因是运动时肌肉运动量大，引起局部肌纤维及结缔组织的细微损伤，以及部分肌纤维的痉挛所致。由于这种肌纤维细微损伤及痉挛是局部的，因此就整块肌肉而言，仍能完成运动功能，但会存在酸痛感。酸痛后，经过肌肉内局部细微损伤的修复，肌肉组织会变得较之前强壮，以后同样负荷将不再发生损伤（酸痛）。

2. 处理方法

(1) 对酸痛的局部肌肉进行热敷，以促进血液循环及代谢，有助于损伤组织的修复及痉挛的缓解。

(2) 对酸痛的局部肌肉进行静力牵张练习，保持伸展状态 2 分钟，然后休息 1 分钟，重复进行。每天做几次这种伸展练习，有助于缓解酸痛。

(3) 对酸痛的局部肌肉进行按摩，使肌肉放松，促进肌肉血液循环，有助于修复损伤及缓解酸痛。

(4) 口服维生素 C 有促进结缔组织中胶元合成的作用，有助于加速损伤组织的修复和缓解酸痛。

3. 预防措施

(1) 根据不同体质和不同健康状况科学地安排锻炼负荷。

(2) 锻炼时，尽量避免长时间集中练习身体某一部位，以免局部肌肉负担过重。

(3) 做准备活动时，注意负荷重的局部肌肉活动要更充分。

(4) 整理运动，除进行一般性放松练习以外，还应重视进行肌肉的伸展牵拉练习，这有助于预防局部肌纤维痉挛。

二、肌肉痉挛

1. 症状与原因

肌肉痉挛是肌肉不自主地强直性收缩，俗称抽筋。运动过程中肌肉痉挛最易发生在小腿腓肠肌，其次为足底部的屈趾肌。痉挛的肌肉疼痛难忍，触之僵硬，邻近关节因疼痛会出现暂时性功能障碍。其原因主要有以下四方面：

(1) 低温刺激。在未做准备活动或准备活动不充分的情况下，处于低温环境中运动、训练，肌肉会因低温寒冷的刺激而兴奋性增高，以致引起肌肉强直性收缩，发生痉挛。这种现象多见于游泳时受到冷水刺激，以及冬季户外活动时受到了冷空气刺激的情况。

(2) 电解质的过多丢失。维持肌肉的应激性是电解质的主要生理功能之一，体内电解质的平衡可维持正常的肌肉兴奋性。当在运动中大量出汗，如高温环境中运动或长时间剧烈运动时或运动员急性减轻体重，使体内的电解质（Ca^{2+}，Na^{+}，Cl^{-}）随汗液大量流失，则会造成体内电解质平衡失调，肌肉兴奋性增高而发生肌肉痉挛。

(3) 肌肉的收缩频率过快。紧张剧烈的运动，肌肉连续过快地收缩而放松不够或放松时间过短，可破坏肌肉收缩与舒张的协调性，使肌肉发生强直性收缩引起痉挛，如在短跑、自行车运动中会经常出现这种情况。

(4) 肌肉损伤。运动所致肌肉损伤的结果是 Ca^{2+} 进入细胞，使细胞内 Ca^{2+} 增多，从而造成肌纤维收缩失控，引起局部肌肉痉挛。同时，损伤性疼痛亦会反射性地引起肌肉痉挛。

2. 处理方法

牵引痉挛的肌肉是常用的缓解办法，例如：小腿腓肠肌痉挛时，可取坐位或仰卧位，伸直膝关节，缓慢用力地将足部背伸；屈拇、屈趾肌痉挛时，则将足和足趾用力背伸。牵引过程中注意用力宜缓，切忌暴力，以防肌肉拉伤；同时可配合局部按摩（如按压、揉、揉捏）、点穴（如承山、委中）等措施，有助于痉挛的迅速缓解。

3. 预防措施

平时要加强身体锻炼，提高机体抵抗力和对低温环境的适应能力。冬季运动注意防寒保暖；夏季运动注意及时补充水、盐、维生素 B_1。运动前做好准备活动，游泳时若水温较低，则时间不要过长。对容易发生痉挛的肌肉，可在运动前适当按摩。

三、极点和第二次呼吸

1. 极点

人体在剧烈运动时，由于内脏器官的活动能力落后于运动器官的需要，从而产生了一种特殊的机能障碍，特别是运动器官缺氧，酸性物质堆积在血液中，从而引起呼吸和循环系统活动失调，使人产生一种非常难受的感觉，如呼吸困难、胸闷难忍、下肢沉重、动作迟缓，并伴有恶心等现象。这种运动生理反应称为“极点”。

2. 第二次呼吸

极点出现后，适当减慢运动速度，并注意加深呼吸，坚持运动下去，上述生理反应会逐步缓解并消失。随后机能重新得到改善，氧供应增加，运动能力又将提高，动作变得轻松有力，这种现象在运动生理学上称为“第二次呼吸”。第二次呼吸出现后，循环机能将稳定在新的较高的水平上。极点与第二次呼吸是长跑运动中常见的生理现象，无需疑虑和恐惧，只要坚持经常锻炼并处理得当，极点现象是可以得到缓解和减轻的。

四、运动性腹痛

1. 腹痛的症状与产生原因

腹痛是在运动中常见的症状，可由多种原因引起，并经常在运动过程中或运动结束时发生。这种直接由运动引起的腹部疼痛称为运动性腹痛，以右上腹痛较为多见。

运动性腹痛的发生与运动有直接关系，疼痛程度和运动负荷大小及运动强度密切相关。在小运动负荷和低强度运动时，腹痛往往不明显，而当运动负荷和运动强度增加时腹痛则随之加剧。

腹痛的部位视病变内脏器官所在之处而不同。肝脏淤血肿胀、胆道疾病为右上腹痛；脾脏淤血肿大为左上腹痛；胃痉挛、急慢性胃炎、十二指肠溃疡多为中上腹痛；阑尾炎、髂腰肌痉挛时为右下腹痛；（宿便）刺激引起肠痉挛为左下腹痛；呼吸肌痉挛则为季肋部痛。

腹痛的性质因腹痛原因的不同而异。直接由运动引起的多数为钝痛、胀痛；腹腔脏器有病变者则多为锐痛、牵扯痛、钻顶样痛及阵发性绞痛等。

运动性腹痛的发生和运动员的身体机能状况、训练水平、运动前准备活动情况等因素有关。其有关发病机理主要有以下几个方面：

(1) 肝脾淤血。肝脾淤血的发生原因主要是运动员准备活动不够、心脏机能水平低下以及运动中呼吸动作的协调性较差等。

如果运动前的准备活动不够，则会影响全身各系统器官的机能活动，使之无法承担运动时所需承担的较大运动负荷。尤其是循环系统功能低下，心肌收缩力较弱，使静脉回心血量减少，腔静脉压增高，从而造成肝脾淤血肿胀，结果增加了肝脾被膜张力，使被膜上的神经受到牵扯而产生上腹部疼痛。

运动中呼吸动作的不协调、呼吸急促而表浅，可使胸内压上升，影响腔静脉回流，同样可造成肝脾淤血。

(2) 胃肠道痉挛或胃肠功能紊乱。运动时胃肠道痉挛，使胃肠壁及肠系膜上的神经受到牵扯而产生腹痛。凡饭后过早参加运动，运动前吃得过饱、喝得过多都有可能产生该现象。

空腹运动以及运动前吃了容易产生气体或难消化的食物，都可能因机械刺激胃肠道而引起腹痛。尤其在剧烈运动时，大量血液从腹腔内转移到了骨骼肌，导致胃肠道缺血、缺氧，加上代谢产物的刺激，更容易引起胃肠道的痉挛和功能紊乱。

(3) 呼吸肌痉挛。运动过程中若未能注意调整好呼吸节奏，呼吸急促、表浅，可使肋间肌、膈肌等呼吸肌收缩活动紊乱，严重者出现痉挛性收缩，进而引起腹痛。此外，准备活动不充分或不做准备活动，也会影响呼吸肌的活动机能状态，造成呼吸肌缺氧，从而使腹痛加剧。由此产生的腹痛，当呼吸加深时，疼痛会更加明显。

(4) 腹腔内脏器官病变。腹腔内脏器官病变，如常见的病毒性肝炎、胆道疾病、消化道溃疡、炎症及胸部病变等是运动中腹痛的潜在因素，运动可使病变器官受牵扯、震动等刺激而诱发腹痛。

2. 腹痛的处理

运动中出现腹痛，可适当减慢运动速度，及时调整呼吸节奏，加深呼吸，协调好呼吸运动，同时用手按压疼痛的部位或弯腰跑一段，做几次深呼吸，疼痛可得到缓解。若上述处理效果不理想，则应停止运动，口服解痉药（阿托品、654-2），点掐穴位（内关、足三里）或请医生处理。

3. 腹痛的预防

通过全面锻炼以增强人体生理机能；遵守锻炼的科学原则，循序渐进地增加运动量；合理安排膳食，运动前不宜饱餐或过多饮水；运动前做好充分的准备活动；运动中注意呼吸节奏，注意呼吸和动作的协调性；中长跑中合理分配速度。对各种疾病引起的腹痛，应积极治疗原发病，同时在医生的指导下进行体育活动。

五、过度疲劳

过度疲劳是指在工作或者运动之后，工作能力暂时下降的状态，它是一种连续的疲劳积累而引起的病理状态。过度疲劳在大学生中多见于过度脑力劳动之后，但也见于劳动或者体育训练之后。体力上的过度疲劳，若是由于训练引起的，则称过度训练。

1. 症状与体征

第一阶段：感觉异常阶段。自我感觉疲劳，食欲下降，睡眠欠佳，学习效率低下，对锻炼不感兴趣，有厌倦情绪。

第二阶段：体重下降，脉搏加快，心脏机能试验有不良反应，易疲劳，恢复慢，工作能力下降，运动成绩下降。

第三阶段：运动成绩明显下降，各内脏系统功能混乱失调。

以上三个阶段中，一般大学生多见于第一阶段，有些见于第二阶段，而第三阶段除个别特殊情况外，一般很少见。

2. 产生原因

(1) 生活无规律，为应付繁重课程或者考试而休息不足。

(2) 病后身体尚未恢复，过早为补课而劳累或者为参加某一比赛过分强化训练。

(3) 参加某些劳动或活动之后，疲劳尚未消除，体力尚未恢复便参加大运动量的训练。

(4) 训练不当。常见于部分赛前训练，主要是因为时间紧、任务重、训练缺乏渐进和系统性、运动量大而且持续时间长或训练单一等。

3. 处理方法

关键在于早期发现，及时处理。早期处理的主要办法是调整计划，减轻负担，注意休息。在有症状的阶段，必要时暂时停止训练，进行必要的治疗，如药物、医疗体育、按摩等，同时注意调整生活习惯。病后恢复的学习或训练要逐渐加强，要有适应的过程。

4. 预防措施

合理安排学习或训练，注意要循序渐进及全面系统地训练，注意饮食，加强生活节制和自我监督，以便及早发现问题。

六、晕厥

晕厥是由于脑部一时性供血不足而引起的突然的、短暂的意识丧失。

1. 症状与体征

晕厥多表现为头昏、眼花、面色苍白、全身乏力、出冷汗，进而出现意识丧失和瞳孔缩小。晕厥一般在数秒内便可恢复，少数人在数小时后清醒，其他异常体征不明显。

2. 产生原因

晕厥多是因局部血管因素造成了普遍的暂时性脑缺血，并伴有脑干网状结构血流的减少所致。运动造成一时性脑部供血不足的原因不一，较多见于运动员精神过于紧张及情绪波动较大时，如初次参加大赛前表现出的心情过分激动等。这是因为神经反射使血管紧张性降低，引起了广泛性小血管扩张，继而血压下降，脑血液供应不足，从而导致晕厥。还有如站立时间过长或下蹲后突然站起及从卧位转为立位时，可因血管神经调节功能失调或血管中交感神经的紧张性较低，使下肢血管收缩的反射过程缓慢，加之血液本身的重力作用，致使血液淤滞于下肢，回心血量减少，心输出血量下降，造成脑部一时性缺血。这种反应在举重运动员深吸气后憋气使劲推举杠铃时也常出现，这主要是由于吸气后憋气用力使胸腔及肺内压显著升高，影响了腔静脉回流；同时该动作结束后胸内压突然降低，心脑暂时性的氧、血供给不足，而进一步使血液积聚于大血管中，延迟了正常回流而导致晕厥。运动员疾跑后突然停止跑步出现的晕厥称之为重力性休克，这和下肢血管突然失去了肌肉收缩对它们产生的节律性挤压作用，加上血液本身的重力，使得大量血液淤滞于下肢，减少了回心血量有关。重力性休克多见于短跑、中长跑及自行车、竞走、滑雪等运动，以训练水平及身体素质较差的青少年运动员为多见。

3. 处理方法

病情较轻者，只需保持安静，取平卧位，注意保暖，并予以必要的对症处理，口服镇静剂，吃容易消化的食物等；对心功能不全的患者，应保持安静，取端坐位，给患者吸氧及点掐内关、足三里穴；有昏迷者可加点掐人中、百会、涌泉等穴；若发生呼吸、心跳骤停，则必须立即就地进行人工呼吸和胸外心脏按压，同时速请医生做进一步处理。出现晕厥的病人，要平卧休息，保暖防寒，松解束带及领、袖，给患者吸氧和点掐人中、百会、涌泉等穴，并注意保持呼吸道通畅，神志不清者严禁进食，意识不能迅速恢复者应立即送医院处理。

4. 预防措施

晕厥的预防，首先在于加强体育锻炼，提高身体素质和机能水平；其次，在训练和比赛中，应结合身体实际情况量力而行。患病期间，可暂停训练，积极治疗并注意休息。伤病初愈者，要注意逐渐增加运动量。凡在重大比赛和大强度训练前均应做全面深入的体格检查，对有高血压病史、心血管系统疾病史的患者或有家族病史者应禁止参加剧烈运动和比赛。此外，饭后要休息 2～3 小时再进行运动和比赛。

七、中暑

中暑是因高热环境或较长时间烈日暴晒而引起的一种急性疾病。

1. 症状与体征

按病情的轻重，中暑可分为以下几种：

(1) 先兆中暑：为中暑最初表现，主要表现为运动后大量出汗、口渴、头晕、眼花、胸闷、心悸、恶心、全身疲乏、四肢无力、注意力不集中，此时体温正常或略有升高。

(2) 轻症中暑：由于对先兆中暑未及时采取措施所致。除前述表现外尚有体温在 38℃以上、面色潮红、皮肤灼热等症状之一；因大量出汗表现出早期周围循环衰竭的征象，如面色苍白、皮肤湿冷、血压下降、脉搏细速等。

(3) 重症中暑：除有轻症中暑表现外，伴有昏厥、痉挛、高热（高于 40℃），皮肤干燥、无汗。

2. 产生原因

正常情况下，人体受下丘脑体温调节中枢的控制，通过神经、体液因素调节产热和散热过程，使之处于动态平衡状态，将体温维持在 37℃左右。在运动、训练等情况下，体内代谢过程加快，产热量增加，体热通过皮肤的辐射、传导、对流以及呼吸等方式散发到外界，以保持体温的正常。当气温超过了皮肤温度（32～35℃），或环境中有热辐射源，或空气中温度高且通风不良时，皮肤不仅散热困难，反而会从外界吸收热量，从而造成体内热量积蓄而引起中暑。

中暑多发生在炎热的夏季里进行中长跑、马拉松跑、竞走、足球等运动项目时。在运动时，由于身体疲劳、机能低下、缺水、缺盐，容易发生中暑。

中暑按其原因分为以下四种类型：

(1) 中暑衰竭。运动中排汗量显著增加。若气温越高、运动强度越大，则出汗越多。如果此时不及时补充水分、矿物质等，可导致体内脱水、失盐、血液浓缩及血液黏稠度增高，加上外周血管扩张，血容量更显不足，最终引起周围循环衰竭。

(2) 中暑痉挛。运动中因出汗过多而大量补充水分，盐的补充若相对不足，则体液中盐的浓度降低，从而使肌肉的兴奋性提高，于是肌肉发生痉挛。

(3) 日射病。在烈日下运动，不注意保护头部（未戴帽子），使头部直接受到烈日暴晒，脑部温度上升至 40～42℃，造成脑组织损伤、充血和水肿，而体温不升高。

(4) 中暑高热。在高温环境下进行高强度运动，体内产热过多，皮肤来不及散热，或空气中湿度高、通风不良，影响了机体散热，造成体内热积蓄过多，体温迅速升高。

3. 处理方法

(1) 先兆中暑和轻症中暑的处理：迅速使患者脱离热环境，移至阴凉通风处休息，给予清凉饮料、淡盐水、十滴水、人丹、解暑片或藿香正气水等，患者可很快恢复。

(2) 重症中暑的处理：速将患者移至阴凉通风处，取平卧位，予以必要的针对性处理。

① 中暑衰竭：应及时补充水分，扩充血容量，纠正循环衰竭。

② 中暑痉挛：应给予含盐饮料或生理盐水，并牵引痉挛肌肉。

③ 日射病：头部用冰袋或冷水湿敷以降温。

④ 中暑高热：在及时采取降温措施的同时补充水分和盐水。

对有昏迷等较重症状的患者，除进行急救处理（针刺或点掐人中、涌泉、足三里穴位）外，应迅速请医生或送医院抢救。

4. 预防措施

在夏季或烈日下运动，要加强个人防护，着装应宽松、透气、色浅，戴好防护帽，并事先备好清热、解暑饮料和急救药品。合理安排好运动训练时间，延长午休时间，避开烈日高温。室内运动要有通风、降温设备。身体患病、疲劳或体力不济时，不宜参加运动。

第三节　运动损伤与处理

随着社会的发展和物质水平的提高，人们日益认识到健康的重要，越来越多的人加入到了体育锻炼的队伍中。这是因为他们认识到："人虽不能享受生命的永恒，但体育锻炼却能延长生命之时钟。"然而，事物的存在和发展必然有其两重性，体育亦然。虽然体育锻炼可以增进健康、防治疾病、延年益寿，但在体育锻炼中也常有运动性损伤、运动性疾病甚至运动猝死的发生。因此，从某种意义上讲，体育锻炼本身是一把双刃剑，运用得好，人们受益匪浅；运用不当，则会适得其反。这就需要我们有科学锻炼的知识和实践，从而达到参与体育是为了享受体育之乐趣的目的。这一节将主要叙述运动损伤的起因、预防和康复训练等问题，以指导学生科学有效地进行体育锻炼。

一、软组织损伤

这类损伤可分为开放性损伤和闭合性损伤两类。前者有擦伤、撕裂伤、刺伤等；后者有挫伤、肌肉拉伤、肌腱腱鞘炎等。

1. 擦伤

原因与症状：运动时皮肤受搓致伤。如跑步时摔倒，体操运动时身体擦磨器械受伤。擦伤后皮肤出血或组织液渗出。

处理：小面积擦伤用红药水涂抹伤口即可；大面积擦伤时可先用生理盐水洗净，后涂抹红药水，再用消毒布覆盖，最后用纱布包扎。

2. 撕裂伤

原因与症状：在剧烈运动或遭到突然的强烈撞击时，造成肌肉撕裂。其中包括开放伤和闭合伤两种。常见有眉际撕裂、跟腱撕裂等。开放伤顿时出血，周围肿胀。闭合伤触及时有凹陷感和剧烈疼痛感。

处理：轻度开放伤，用红药水涂抹伤口即可。裂口大时，则需止血和缝合伤口，必要时注射破伤风抗毒血清，以防破伤风症。如肌腱断裂，则需手术缝合。

3. 挫伤

原因与症状：因撞击器械或练习者之间相互碰撞而造成挫伤。单纯挫伤在损伤处出现红肿、皮下出血，并有疼痛；内脏器官损伤时则出现头晕、脸色苍白、心慌气短、出虚汗、四肢发凉、烦躁不安，甚至休克。

处理：在 24 小时内冷敷或加压包扎，抬高患肢或外敷中药。24 小时后可按摩或理疗，进入恢复期后可进行一些功能性锻炼。如果怀疑内脏受损，则做临时性处理后，送医院检查和治疗。

4. 肌肉拉伤

原因与症状：通常在外力直接或间接作用下，使肌肉过度主动收缩或被动拉长而引起肌肉拉伤，特别是由于准备活动不充分，动作不协调以及肌肉弹性、伸展性、肌力差者更易拉伤。损伤后伤处肿胀、压痛、肌肉痉挛，触诊时可摸到硬块。严重的肌肉拉伤是肌肉撕裂。

处理：轻者可即刻冷敷，局部加压包扎，抬高患肢。24 小时后可施行按摩或理疗。如果肌肉已大部分或完全断裂，则在加压包扎后，立即送医院手术治疗。

二、关节、韧带扭伤

1. 肩关节扭伤

原因与症状：一般因肩关节用力过猛以及反复劳损所致，也有因技术错误违反解剖学原理而造成的损伤，如投掷、排球扣球、大力发球时常出现这类损伤。其症状有压痛、疼痛，急性期有肿胀，慢性期三角肌可能出现萎缩，肩关节活动受限。

处理：单纯韧带扭伤，可采用冷敷，加压包扎。24 小时后采用理疗、按摩和针灸治疗。出现韧带断裂时，应立即送医院缝合和固定处理。当肩关节肿胀和疼痛减轻后，可适当进行功能性锻炼，但不宜过早活动，以防转入慢性病症。

2. 髌骨劳损

原因与症状：髌骨具有保护股骨关节面、维护关节外形、传递股四头肌力量的作用，是维护膝关节正常功能的主要结构。髌骨劳损是膝关节长期负担过重或反复损伤累积而成的。也可因一次直接外力撞击致伤，如篮球滑步急停、跳高和跳远时踏跳不合理或摔倒受击，都可导致这种损伤。

处理：采用中药外敷、针灸、按摩等。平时加强膝关节肌群力量练习，如采用高位静力半蹲，每次保持 3～5 分钟即可。病情好转时可逐渐增加时间，每日进行 1～2 次。

3. 踝关节损伤

原因与症状：运动中跳起落地时失去平衡，使踝关节过度内翻或外翻致伤。在准备活动不充分以及场地不平坦的情况下，更易造成这类损伤。其主要症状为伤处疼痛、肿胀、韧带损伤处有明显压痛和皮下淤血。

处理：受伤后，应立即冷敷，用绷带固定包扎，并抬高伤肢。24 小时后，根据伤情采取综合治疗，如外敷伤药、理疗、按摩等，必要时作封闭疗法。待病情好转后进行功能性练习。对严重患者可用石膏固定。

4. 急性腰伤

原因与症状：运动时，身体重心不稳或肌肉收缩不协调引起腰部扭伤。多数因腰部受力过重，或脊柱运动时超过了正常生理范围。例如：挺身式跳远中，展体过大；举重上挺时，过分挺胸塌腰；跳水时，下肢后摆过大，都有可能造成腰部扭伤。损伤后，当场疼痛，有时听到瞬间“咯咯”响声，有时出现腰部肌肉痉挛和运动受限。

处理：腰部急性扭伤后，让患者平卧，一般不应立即搬动。如果剧烈疼痛，则用担架抬送医院诊治。处理后，应卧硬板床或腰后垫一枕头，使肌肉韧带处于放松状态，也可针灸、外敷药或按摩。

三、关节脱位

原因与症状：因受外力作用，使关节面失去正常的连接关系叫关节脱位，又称脱臼。关节脱位后可分为完全脱位和半脱位（或称错位）两种。严重的关节脱位伴有关节囊撕裂，甚至损伤神经。运动中发生的关节脱位，大都是间接外力撞击所致，如摔倒时，用手撑地引起肘关节或肩关节脱位。

关节脱位后，肢体常出现畸形，与健肢对比不对称，因软组织损伤而出现炎症反应，局部疼痛、压痛和关节肿胀，并失去正常活动功能，甚至发生肌肉痉挛等现象。

处理：用长度和宽度相称的夹板固定伤肢。如果没有夹板，可将伤肢固定在自己的躯干或健肢上，防止震动，随后及时送医院治疗。必须指出，如果没有把握做整复处理时，切不可随意做整复手术，以免增加伤害。

四、脑震荡

原因与症状：脑震荡是指头部受到外力打击后，使大脑管理平衡的膜半规管、椭圆囊、球囊等感受器官功能失调，以致引起意识和功能的一时性障碍。在体育锻炼时，两人头部相撞，或头部撞击硬物，或从高处跌下时头部撞地，都可造成脑震荡。

致伤时，神志昏迷，脉搏徐缓，肌肉松弛，瞳孔稍大但能对称，神经反射减弱或消失。清醒后，患者常有头痛、头晕、恶心呕吐感；平时情绪烦躁，注意力不易集中，耳鸣、心悸、多汗、失眠、记忆力减退等。脑震荡后，膜半规管、椭圆囊、球囊功能失调。

处理：立即让患者平卧，头部冷敷；若有昏迷，即指压人中、内关、合关穴；若呼吸发生障碍，立即进行人工呼吸。上述处理后，若出现反复昏迷或耳、鼻、口出血，两瞳孔放大且不对称，则表明病情严重，应立即护送医院治疗。在运送途中，要让患者平卧，头部固定，避免颠簸。脑震荡一般都可自愈，无需住院治疗，但要注意休息和必要的药物治疗，保持情绪稳定，减少脑力劳动。在恢复过程中，可定期做脑震荡痊愈平衡试验以检查病况，其方法是闭目、单腿站立、两臂平举，如果能保持平衡，则表明脑震荡已基本治愈。这时，可适当参加体育锻炼，但要避免滚翻和旋转性动作。

五、骨折

原因与症状：运动中，身体某部位受到直接或间接的暴力撞击时造成骨折。例如在踢足球时，小腿被踢，造成胫骨骨折；摔倒时手臂直接撑地引起尺骨或桡骨骨折；跪倒时可造成髌骨骨折等。

骨折是比较严重的损伤，但发病率很低。骨折分不完全性骨折和完全性骨折两种。常见的骨折有腕骨骨折、前臂骨骨折、手骨骨折、大腿骨折、小腿骨折、肋骨骨折、脊柱骨折和头部骨折等。骨折发生后，患处立即出现肿胀，皮下淤血，有剧烈疼痛，肢体失去正常功能，肌肉产生痉挛，有时骨折部位发生变形，移动时可听到骨摩擦声。骨折严重时，伴有出血和神经损伤、发烧、口渴，甚至休克等全身性症状。

处理：若骨折后出现休克，应先进行紧急处理，即点按人中穴，并进行人工呼吸或心脏胸外压；若伴有伤口出血，应同时实施止血和包扎。骨折后暂勿移动患肢，应用夹板或其他代用品固定伤肢，及时护送医院检查和治疗。

总之，以上运动损伤的急救，一是要了解损伤情况，二是要迅速止血、止痛，三是要对损伤部位遮盖、固定和包扎。

第四章

田　径

第一节　田径运动概述

田径运动是在人类社会的发展中逐步产生和发展的。远在上古时代，人们为了生存，每天都要走、跑、跳跃各种障碍、掷石块和使用捕猎工具，逐步形成了走、跑、跳跃和投掷等各种生活劳动技能。早在公元前776 年，希腊奥林匹克村举行的古代奥运会上就有了田径项目的比赛。

在 1896 年希腊雅典举行的第一届现代奥林匹克运动会上，田径运动的竞走、跑、跳跃和投掷等项目被列为大会主要比赛项目。1912 年成立了国际业余田径联合会，它定义了田径运动是由田赛、径赛、公路赛、竞走和越野赛组成的，并拟定了相应的竞赛规则，组织了国际比赛，设立与审批了相应项目的世界纪录，以及促进了国际田径交流。

与古代奥林匹克运动一脉相承，现代田径运动也起源于西欧。19 世纪，处于工业革命时代的欧洲，人们的物质文化生活日益丰富，一些源于生产生活的运动项目逐步发展成型。例如，原来在牧场里盛行的跨栏运动开始流行于英国的大学；煤矿工人喜爱的链球运动在法国大学也受到了欢迎；起源于军营士兵之手的投掷铅球，则被英国的大学移植过来；而接力跑、障碍跑、撑竿跳高以及竞走等项目，都是在这一时期的欧洲大学里形成和发展起来的。

进入 20 世纪，田径运动竞赛在世界各国和国际间广泛开展。1928 年，在荷兰阿姆斯特丹举办的第 9 届奥运会上，首次将 5 个女子项目列为田径比赛项目。到 2021 年的东京奥运会，4 年一次的现代奥林匹克运动会已经举办了 32 届，田径运动竞赛项目由第 1 届的男子 12 项（无女子项目）发展到第 32 届的男子 24 项，女子 23 项。

除奥运会之外，其他国际性、地区性的田径运动会也应运而生，如每两年一次的世界田径锦标赛，每年举行 15 场的田径系列大奖赛，每两年或 4 年举行一次的各种洲际田径锦标赛以及世界室内田径赛等等，田径运动得到了空前发展。

现代田径运动经历了百余年的发展，运动员逐渐职业化，在现代科技和多学科理论的支持下，人类的运动能力不断超越极限，田径比赛的激烈程度越来越高，观赏性也越来越强。尤其是近年来，田径运动各项目的技术已相当成熟，世界田径竞技运动的实力格局正向着多极化方向发展，个别国家一枝独秀的格局受到挑战。可以预见，未来世界田径运动的发展还将有更多新的变化，将更加符合人们观赏、娱乐和健身的需要。

1949 年以后，我国田径运动得到了迅速地普及和提高。改革开放以来，我国田径运动获得了迅速的发展和提高。1984 年，在洛杉矶举行的第 23 届奥运会上，我国运动员朱建华以 2.31 米的成绩获得跳高铜牌。在 1986 年第 9 届亚洲田径锦标赛上，我国运动员共获得 21 枚金牌，列金牌总数第一。1992 年至 2000 年，我国在国际重大田径比赛中，共获得了 7 枚金牌、4 枚银牌、3 枚铜牌，在世界田坛刮起了强劲的黄色旋风。在 2004 年雅典奥运会上，“中国飞人”刘翔以 12 秒 91 的成绩获得男子 110 米栏金牌，邢慧娜获得女子 10000 米的冠军。2006 年 7 月 12 日，刘翔在瑞士洛桑田径超级大奖赛男子 110 米栏的比赛中，以 12 秒 88 的成绩打破了沉睡了 13 年之久，由英国名将科林 • 杰克逊保持的 12 秒 91 的世界纪录，令世界瞩目。在 2008 年北京奥运会上，我国田径运动员获得了 2 枚铜牌。2015 年刘虹获得女子 20 公里竞走金牌的同时打破了世界纪录。2012 年 8 月 4 日，在伦敦奥运会上，苏炳添成为中国第一位晋级奥运会男子百米半决赛的短跑选手。2014 年 3 月 8 日，在波兰索波特室内世锦赛上，苏炳添成为第一个晋级世界级大赛短跑决赛圈的中国选手，并打破了自己保持的全国纪录。2018 年 2 月 6 日，在杜塞尔多夫举行的室内 60 米比赛中，苏炳添以 6 秒 43 的成绩夺冠并再破亚洲纪录。同年 3 月 3 日，在伯明翰举行的世界室内田径锦标赛男子 60 米决赛中，苏炳添以 6 秒 42 打破亚洲纪录的成绩摘得银牌。2019 年 2 月 16 日，苏炳添获得国际田联室内巡回赛伯明翰站男子 60 米决赛冠军。2019 年 2 月 21 日，在国际田联室内巡回赛德国杜塞尔多夫站男子 60 米决赛中，苏炳添以 6 秒 49 的成绩夺冠。

第二节　田径基本技术（径赛部分）

一、短跑

短跑是田径运动的径赛项目之一，正式比赛项目有 100 米、200 米、400 米。短跑属于极限强度的运动，是典型的以无氧代谢供能为主的运动项目。

短跑技术包括起跑、起跑后的加速跑、途中跑和终点冲刺四个紧密联系的组成部分。

（一）100 米跑技术

1. 起跑

起跑的任务是使身体迅速摆脱静止状态，获得向前的最大初速度，为起跑后的加速跑创造条件。短跑起跑必须采用蹲踞式起跑，必须使用起跑器。

(1) 起跑器如图 4-1 所示，它的安装方法一般有普通式和拉长式两种。

普通式：前起跑器距起跑线为一脚半长，后起跑器距前起跑器约一脚半长。

拉长式：前起跑器距起跑线约两脚长，后起跑器距前起跑器约一脚长。

两起跑器左右间隔约 15 厘米。前起跑器的抵足板与地平面约成 40° ～45° ，后起跑器的抵足板与地面约成 70° ～80° 。应根据个人身高、体型、训练程度来选择合适的起跑器安装方法。

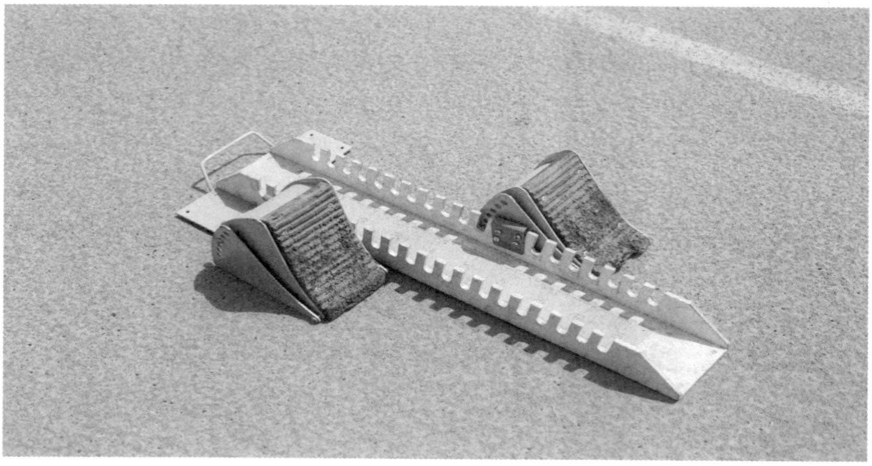

图 4-1

(2) 蹲踞式起跑技术如图 4-2 所示。起跑是按两个口令和一个信号进行的。听到“各就位”口令后，做几次深呼吸，轻快地跑到起跑器前，俯身双手撑地，两脚依次踏在前、后起跑器的抵足板上，将有力的腿放在前面，后膝跪地，然后两手收回到起跑线后，两臂伸直或微屈，两手间的距离约与肩同宽或稍宽些，四指并拢或稍分开与拇指成“人”字形，身体重心稍前移，肩与起跑线齐平或稍后，背微弓而不紧张，颈部自然放松，两眼看前下方 40～50 厘米处，注意听“预备”口令。

图 4-2

听到“预备”口令时，随之吸一口气，抬起臀部使其稍高于肩，同时身体重心适当前移，这时体重主要落在两臂和前腿上。前腿的大小腿夹角约成 90°，后腿的大小腿夹角约为 120°，两脚掌紧压抵足板。做好“预备”姿势后，集中注意力听发令枪声。

听到发令枪声后，两手迅速离开地面，屈肘做有力的前后摆臂，同时两腿迅速蹬起跑器，以很大的前倾姿势把身体推向前方。后腿蹬离地面起跑器后，迅速以膝领先向前摆出。摆出时脚不应离地面太高。当前腿迅速伸展髋、膝、踝三关节蹬高起跑器时，后腿已前摆并积极下压着地，完成第一步的动作。

2. 起跑后的加速跑

起跑后应立即转入加速跑，加速跑的距离一般为 20～25 米，男子用 11～13 步跑完，女子用 13～15 步跑完。

起跑后的加速跑特点是逐渐加大步长。起跑出发后第一步不宜大，着地点尽量靠近身体重心投影点，脚着地后迅速转入后蹬。第一步一般距起跑线 2～2.5 脚远处，第二步距离为 4～4.5 脚长，以后逐渐增大。在跑进时，两臂应积极摆动，两腿依次用力蹬地，上下肢协调配合，以迅速获得速度。

在加速跑初跑阶段，上体前倾很大，随着步长和速度的不断加大，上体逐渐抬起，直到正常姿势转入途中跑。

加速跑的最初几步，脚沿着两条相距不宽的直线着地，随着跑速的加大，脚的着地点逐渐合于一条直线上。在加速跑的过程中，速度的增加主要是依靠后蹬和摆腿动作，使步长逐渐加大，步频逐渐加快。

3. 途中跑

直道途中跑的技术是短跑的基本技术，在百米跑中的距离大约为 65～70 米，占百米全程的 70%左右。

途中跑时，两腿的蹬摆协调配合是关键技术。一腿蹬地为另一腿前摆提供了有利条件，前摆又加强了蹬地效果。腿的蹬摆配合最终表现为一腿快速后蹬结束时，另一腿前摆到最高部位。支撑腿与摆动腿约成 100°～110°，支撑腿的支点同髋关节的连线与地面约成 55°～60°。

途中跑时，头部正直，上体稍前倾，两臂以肩为轴，做前后有力摆动。手臂前摆时稍向内，高度稍超过下颚，并伴随同侧肩前送和异侧肩后引，手臂前摆过程的关节角趋向于逐渐减小。正确的摆臂技术不仅能保持身体在运动中的平衡，而且有助于加快两腿动作的频率和增大步幅。

4. 终点跑

终点跑是短跑全程的最后一段距离，其任务是动员全部力量保持最快速度冲向终点。终点跑要加强腿的后蹬力量，加快摆臂的频率。在离终点最后 1～2 步时应迅速前倾上体，力求到终点时，达到最大的上体前倾，用胸部或肩部撞终点线。跑过终点后应逐渐减速，不要突然停止，以免摔倒受伤。

（二）200 米和 400 米跑技术

1. 弯道起跑和起跑后的加速跑

为了便于加速，弯道起跑后开始一段应沿直线跑进。起跑器安装在起跑道右侧方并且正对弯道切点方向。弯道起跑时，左手应撑在起跑器线后约 5～10 厘米处。

2. 弯道跑技术

弯道跑时，身体应向圆心方向倾斜。后蹬时右脚用脚前掌的内侧，左脚用脚前掌的外侧着地。双腿摆动时右膝关节向内，左膝关节稍向外。两臂摆动时，右臂摆动的幅度和力量都应大于左臂。右臂后摆时肘关节稍偏向右后方，前摆时稍偏向左前方，左臂则靠近体侧。

3. 200米和400米跑的体力分配

因为200米跑不可能用全速跑完，所以在体力分配上，第一个100米要用接近最高速度跑，第二个100米要竭尽全力跑完全程。

400米跑要注意放松，步幅开阔，有明显的节奏。目前400米跑多采用“匀速跑”，这样不至于过早地出现疲劳。后200米的成绩一般比前200米成绩差2～3秒。训练水平越高，这个差数越小。

(三) 跑的专门性练习

1. 原地摆臂

上体稍前倾或正直，两脚前后站立，颈肩放松，两眼平视。手腕放松，手指微屈，两臂弯曲，大小臂约成90°，以肩关节为轴，以大臂发力带动双臂前后有力摆动。臂向前摆的速度要快，幅度要大。

2. 小步跑

身体稍前倾，大腿抬起与水平线约成35°～45°，膝关节放松，然后大腿、小腿下压并前伸，并很快以前脚掌积极着地，脚趾完成最后“扒地”动作，两腿前后摆动配合小腿动作。小步跑要求步幅小，频率快而放松。

3. 高抬腿跑

上体正直稍前倾，身体重心提高，大腿高抬与躯干约成90°角，然后积极下压，膝关节放松，小腿自然伸开用前脚掌着地，支撑腿的髋、膝、踝关节充分伸展，骨盆前送，两臂前后摆动配合两腿动作。

4. 后蹬跑

上体稍前倾，支撑腿后蹬并充分蹬直，摆动腿屈膝关节领先向前摆出，然后大腿积极下压，用前脚掌着地，两膝前后摆动配合两脚动作。

二、接力跑

接力跑技术包括短跑技术和传接棒技术两部分。下面主要介绍传接棒技术。根据传接棒队员的传棒路线和接棒队员手掌接棒的方式和角度，传接棒主要分为“上挑式”和“下压式”两种方法。

1. 持棒起跑

第一棒的起跑——在400米起点起跑，起跑时应用右手握接力棒。持棒的方式有三种，这三种方式都有一个共同特点，就是接力棒不与地面接触，这是田径运动比赛规则所提出的要求。

第一种持棒方式是右手食指握棒，拇指与其他三指分开撑地。

第二种是右手中指、无名指握棒，拇指、食指与小指分为三叉撑地。

第三种持棒方法是由拇指与食指撑地，其他三指握棒。

无论采用什么握棒方式，都要以握牢棒并手支撑稳为原则。

2. 传接棒方法

(1) 上挑式：接棒人的手臂自然向后伸出，手臂与躯干约成 40°～45°，掌心向后，拇指与其他四指自然张开，虎口朝下；传棒人将棒的前端由上向下传到接棒人的手中。

(2) 下压式：接棒人听到传棒人信号后，向后伸出手臂，四指要并拢，虎口尽量张开，掌心向上；传棒人传棒时，手臂做向前摆的动作，把小臂伸出，手腕放松，将棒的前端放入接棒人的手中，接棒人握好棒后，传棒人松手。

3. 练习方法

(1) 两个人配合，按口令做上挑式或下压式传接棒练习，传棒人与接棒人前后相距 1.5 米，传棒人的右侧对准接棒人的左侧。

(2) 在慢跑中做传接棒练习。

(3) 在传接过程中，接棒人持棒臂后摆时发出“接”的口令或信号。

(4) 分组练习进行 4 × 50 米或 4 × 100 米接力跑的教学比赛。

三、中长跑

中距离跑和长距离跑合称为中长跑，属于耐力性运动项目。中长跑的正式比赛项目：男/女 800 米、1500 米，属于中距离跑；男/女 5000 米、10000 米，属于长距离跑。中长跑既是竞技项目，又是很好的健身运动，主要是以有氧代谢为主。中长跑要求既要跑出一定的速度，又要跑得持久，是发展持久奔跑能力以及提高心血管系统和呼吸系统机能的有效手段。经常参加中长跑运动能有效地提高运动者的氧的利用率，加强新陈代谢，提高健康水平，还可以改善心理状态，使人乐观自信，培养人勇敢、坚毅和克服困难的精神。

（一）中长跑技术

中长距离跑的完整技术包括起跑和起跑后的加速跑、途中跑、终点跑等。

1. 起跑和起跑后的加速跑

中长跑一般采用站立式起跑（图 4-3），800 米项目的运动员还可采用半蹲式起跑。

图 4-3

起跑和起跑后的加速跑动作的顺序：“各就位”时，运动员可做 1～2 次深呼吸，然后放松慢跑或走到起跑线处，两脚前后开立，有力的腿在前，紧靠起跑线的后沿，全脚着地，前脚跟和后脚尖之间距离约一脚长。后脚用其前脚掌支撑站立，两脚左右间隔约半脚。两膝弯曲，后腿弯曲角约 130°，身体重心落前脚上支撑站立。上体前倾，其大小根据个人特点和比赛战术而定。前脚一侧臂前伸，另一侧臂在体侧稍后。目视前方 3～5 米，保持身体稳定，注意听发令枪声或“跑”的口令。听到信号时，两腿用力蹬地，前脚蹬地后，后腿积极前摆，然后过渡到前腿蹬直，两臂配合腿部动作快速摆动。

起跑后的加速跑是指第一步到发挥出个人理想的速度及预计的战术位置的这段距离的奔跑。其特点是上体逐渐抬起，摆臂迅速而有力。加速跑时，在不妨碍别人和不犯规或不被别人影响的情况下，跑向自己理想的位置，进入途中跑。

2. 途中跑

1) 上体姿势

上体姿势保持正直或稍向前倾，头部自然放松，颈部肌肉放松，眼平视，在后蹬结束的一瞬间，髋部前送。这样可为肌肉和内脏器官的工作创造有利的条件，提高后蹬效果。

2) 摆臂动作

两手半握拳，肘关节自然弯曲，两臂稍微离开躯干，以肩为轴，前后自然摆动。摆臂动作幅度的大小应随跑动而变化，摆幅要适当。感到疲劳时，可变换肘关节的弯曲度或低臂摆动一段时间，减小疲劳的程度。

3) 腿部动作

(1) 后蹬与前摆：在一个跑的周期中，当身体重心移过支撑点以后，即开始后蹬与前摆。这时摆动腿的膝关节迅速有力地向前方摆出，带动同侧骨盆前送的同时，支撑腿在摆动腿的积极配合下，依次伸直髋、膝、踝关节，过渡到前脚掌蹬离地面，形成摆动腿与支撑腿间的协调配合。

摆动腿积极向前摆动，能增加支撑腿的支撑反作用力，加快蹬地速度，加大步幅，使髋部更好前送，带动身体重心向前移动，同时也为摆动腿积极着地创造条件。大腿前摆时，小腿要保持放松而自然下垂；当后蹬动作结束时，小腿处在与蹬地腿几乎平行的状态。

(2) 腾空：后蹬腿离地后，身体进入腾空，腾空要低，放松蹬地腿的肌肉，并将大腿向前方摆出；当后蹬腿的大腿向前摆动时，小腿顺惯性自然摆起，膝关节弯曲，形成大小腿折叠的姿势，脚在空中移动的轨迹高度在膝关节附近。小腿顺惯性折叠，有助于摆动腿积极、迅速、省力地向前摆。大腿前摆的速度越快，肌肉获得放松的可能性越大，大小腿折叠的程度也越大。

(3) 着地：当腿前摆到合适位置时，大腿积极下压，小腿自然打开，并用前脚掌着地；着地之后，支撑反作用力向后上方，为减少阻力和脚掌肌肉的负担，落脚点应靠近重心投影点较近的地方。前脚着地后，膝关节稍弯曲，以缓冲脚着地时产生的冲击力，并为过渡到后蹬创造条件。

3. 终点跑

终点跑是临近终点的一段加速跑。一般进入最后的直道时，要竭尽全力地进行冲刺跑。终点冲刺要根据运动员本人特点、项目、训练水平、临场情况和战术需要而定。一般情况下，800 米跑至最后 300～200 米时开始加速；1500 米在最后 400～300 米时开始加速；1500

米以上的项目可以更长些。速度好的运动员可在进入最后一个直道时突然加速冲刺，以摆脱对手，争取优异成绩。

4. 中长跑的呼吸

初参加中长跑练习的人，首先感到呼吸急促，或感到胸部胀闷与难受。这是换气率低、缺氧的表现。为了改善气体交换和血液循环的条件，达到所需的通气量，应正确掌握呼吸方法与节奏。正确的方法是用鼻和半张嘴同时进行呼吸，呼吸节奏和步伐应自然协调。

在中长跑中会出现的另一特点就是“极点”，其特征为胸部发闷，呼吸困难，动作无力，跑速降低，有难以继续坚持跑下去的感觉，这是在跑步过程中正常的生理反应。随着运动员训练水平的提高，“极点”表现不明显，或者不出现。出现“极点”时，一定要以坚强的意志跑下去，并调整呼吸，多做些深呼吸，适当调整跑速，保持节奏，坚持一段距离，难受的感觉会减轻。“极点”现象是可以克服的，并能从中锻炼意志。

(二) 中长跑的练习方法

中长跑练习主要包括如下几项：

(1) 变速跑。

变速跑主要发展速度耐力，体会跑的用力和放松，掌握体力分配方法。

(2) 重复跑。

重复跑主要发展速度和速度耐力，应注意重复跑的时间间隔，恰当地掌握休息时间。重复跑的训练是反复跑几个段落，休息时间较充分。跑的距离、重复次数以及要求的强度应根据专项特点和训练任务而定。距离可采用 100～300 米、400～600 米、1000～1600 米、2000～4000 米，甚至 8000 米的距离。在短于专项距离的重复跑时，速度应该高于比赛平均速度。与比赛距离相同的重复跑训练应适当减少。

(3) 间歇跑。

在练习间歇跑时，使心率在不低于 120 次/分钟时进行下一组练习。一般常在 200～800 米的距离内采用间歇跑，使心率保持在 120～180 次/分钟的范围内，使心输出量处在最佳水平上。在间歇时肌肉得到休息，而心脏仍处在很高的活动水平，使整个训练对心脏功能的增强有显著效果。一般常在 200～600 米的距离上采用间歇跑。

(4) 定时跑。

定时跑主要发展一般耐力和跑的能力，掌握和改进跑的技术，增强内脏器官机能，培养速度感觉。定时跑有两种形式，一是只规定时间不规定距离；二是时间、距离都作出规定。练习中应多采用定时跑。

(5) 软地提踝跳及柔韧、协调性练习。

(6) 耐力训练。

① 一般耐力训练。一般耐力训练是通过强度小、时间长的越野跑、游泳、滑冰、滑雪、爬山和各种球类练习进行训练。

发展一般耐力训练要从增加运动量开始，循序渐进及波浪式地前进。随着训练水平的不断提高，适当增加运动量和强度。中长跑运动员的一般耐力训练，除训练课外，可利用早操时间，进行一个小时左右的持续跑或各种形式的越野跑。

② 专项耐力训练。发展专项耐力训练一般常采用间歇跑、重复跑、变速跑以及接近专

项距离或专项距离或略超过专项距离的计时跑，还有专项检查跑、测验、比赛等。

(7) 身体训练。

随着中长跑运动成绩的不断提高，运动员的身体训练水平必须与成绩的提高相适应。中长跑运动员身体训练的关键，是要将一般身体训练与专项身体训练结合好。

在进行力量练习时，可采用较长时间的跳跃、投实心球或沙袋，也可采用加大困难条件的跑、跳练习，如上坡跑、沙滩跑、草地跑以及松软土地或雪地上的跑、跳练习。发展力量练习时，还需考虑到上、下肢和腰、腹肌的协调发展。中长跑运动员更应突出以耐力和力量耐力为主的身体训练。

第三节 田径基本技术（田赛部分）

一、跳高

跳高是一项越过垂直高度的运动，规则规定必须是单脚踏跳，过杆姿势分为跨越式、滚式、剪式、俯卧式、背越式。跳高技术分为助跑、踏跳、过杆、落地四个部分。背跃式跳高在其发展的过程中，已趋于速度与幅度、速度与力量的统一，具体表现在助跑速度的进一步加快，起跳时摆动腿的蹬伸幅度加大，以及快速地完成起跳和过杆动作，使背越式跳高成为一种独特结构的跳高技术。下面以背越式为例，简单介绍跳高的基本技术及练习方法。

（一）基本技术

1. 助跑技术

助跑的任务是获得必要的速度，在起跳前及时调整动作的结构和节奏，并取得合理的身体内倾姿势，为起跳和顺利地越过横杆创造条件。助跑时，身体重心在平稳的前提下，均匀地加速，在跑的过程中，上体前倾，后蹬充分有力，身体逐渐向内倾，加大外侧臂的摆动幅度，头、躯干与脚的支撑点应力求在力的作用线上，节奏应自然加快，最后一步达到最快，脚跟先着地并迅速滚动到前脚掌着地（图 4-4）。

图 4-4

背越式跳高的助跑是弧线助跑，一般用 8～12 步完成。全程助跑可以分为两段，其中后段助跑尤为重要，通常跑 4～6 步。弧线助跑的曲率（弧度）应是由小到大，前段助跑比较平直，便于发挥速度，后段助跑的弧度较大，便于起跳。全程助跑应是逐渐加速的，并且有较强的节奏感。弧线助跑的步点及助跑路线，通常采用比较简便的“走步丈量法”确定。这种方法是首先确定起跳点，从起跳点朝助跑一侧的方向，沿横杆平行地向前自然走 4 步；然后向助跑的起点方向，即垂直于横杆的方向走 6 步，画一个标记，这个标记就是直线与弧线助跑的交界点；接着从这个标志点再继续向前走 7 步，画一个标记，即助跑的起跑点；最后从直弧交界点到起跳点划一个曲率不太大的弧线，与前面的直线助跑相连，构成了背越式跳高的弧线助跑路线。

画好助跑线后，要经过反复练习才能最后确定。练习时，前面直线助跑要跑 4 步，后面弧线助跑也跑 4 步。

背越式跳高助跑的方式具有自身的特点，前段的直线助跑基本上采用普通的加速跑，但运动员心理上应有向弧线助跑过渡的准备。转入弧线助跑时，身体应向圆心方向倾斜，类似于弯道跑技术，重心不应起伏太大。此时，应注意大腿高抬，以膝领先并带动摆动腿同侧髋积极向前迈步。

最后一段的弧线助跑对起跳效果尤为重要，不仅要体现助跑的加速性，而且还要体现节奏性，整个助跑过程都要用前脚掌着地并富有弹性，这种助跑方式便于背越式跳高的起跳。

2. 起跳技术

助跑是起跳的重要环节，助跑的最后一步在摆动腿支撑的同时，随着身体由内倾转为垂直，迅速完成缓冲和蹬地的动作，蹬伸动作由髋、膝、踝顺序用力，蹬伸结束时，三关节充分蹬直。在这过程中，有一种顺势起跳的感觉，借助于弧线助跑和身体由内倾力转为竖直力的作用，提高起跳向上的效果，使身体攻向横杆。在完成踏跳动作的同时，两臂配合两腿的动作，由体侧后方向前上方用力上摆，两肘向外并提肩，摆动腿两侧的肘关节高于肩关节，为顺利过杆提供向上和向后的动力（图 4-5）。

图 4-5

3. 过杆技术

过杆应连贯具有节奏感，起跳离地以后保持伸展的姿势向上腾起，当头和肩部越过横杆后，及时仰头、倒肩和展体，并利用身体重心向上的速度，积极挺髋，两腿稍后收，形成身体背弓姿势，这时两臂置于体侧，将其靠近身体的运动轨迹，使身体迅速过杆（图 4-6）。

图 4-6

4. 落地

在完成过杆技术以后，保持屈髋伸膝的姿势下落，最后背部先落地，并做好缓冲。为了防止损伤，不能做过大的屈膝屈髋，两腿适当分开，避免两腿撞击脸部。

(二) 练习方法

(1) 各种短跑的练习，要求快速、放松，并且有节奏感，以 30 米为宜。

(2) 做弯道加速跑的练习，并注意身体的内倾及平衡。

(3) 弯道切入及竖直身体的练习，当切入小半径圆弧后，在身体达到较大内倾时，突然竖直身体，继续跑进，要求跑进不减速，身体竖直要突然。

(4) 弯道切入接示意性起跳练习（不完整起跳）。

(5) 3～5 米起跳练习，要求快速助跑，迅速起跳，起跳腿充分伸直，摆动腿及同侧臂高举。

(6) 助跑起跳后的用头触高练习，要求起跳时身体充分向上，提腰耸肩。

(7) 完整的低杆过杆练习。

二、跳远

跳远是田径运动比赛中的田赛项目之一，它由助跑、起跳、腾空和落地四部分组成。跳远的距离取决于人体腾起初速度的大小与适宜的腾起角度，而初速度是由起跳时的水平速度和垂直速度决定的。因此，快速地助跑与有力地起跳相结合是跳远的关键技术，而保持平衡的空中姿势及合理的落地动作对跳远的距离也有着很大的影响。

(一) 跳远技术

1. 助跑

1) 助跑的速度和距离

助跑的速度是创造优异的跳远成绩的先决条件。优秀男子跳远运动员的助跑速度达到 10～11 米/秒，女子达到 9～10 米/秒。助跑速度越快，对上板的准确性要求就越高，起跳的速度也应该越快。然而，对于跳远初学者，过分强调助跑速度而忽视起跳技术，反而会使成绩下降。因此，助跑速度与起跳技术有机地结合是取得良好成绩的重要保证。

助跑距离的长短是由跳远者的加速能力、加速方式及快跑中正确完成起跳的能力来确定的。男子跳远运动员的助跑距离一般为 30～46 米，约跑 16～24 步；女子跳远运动员的助跑距离为 25～38 米，约跑 16～20 步。其丈量方法：第一是走步丈量法，即走的步数是所要跑的步数乘 2 减 2，如要助跑 6 步，则走的步数为 6 × 2 – 2 = 10 步；第二是跑步丈量法，即运动员从起跳线以本人已确定的助跑方式向助跑起点方向跑，完成预定的步数，最后一步落地点为助跑起点（图 4-7）。

图 4-7

2) 完成助跑的方法

助跑应做到快速、准确、平衡、直线、放松和有节奏。

(1) 助跑的起动方式：第一是原地半蹲或站立，从起跑线上以静止状态开始助跑的方式，称为静态助跑起动方式。第二是从起跑线后先走几步或跑几步，再正式开始助跑，称此方式为动态助跑起动方式。

(2) 加速方式：一是全程均匀地加速；二是快速起动，中段速度平衡，后程再次提高速度。

(3) 最后几步跑：最后几步助跑时，既要保持高速度，又要做好起跳准备，其最后几步的步长根据个人的特点而定，不能强求统一的模式。

(4) 正确设置助跑标志：一般来讲，把起跑线确定为第一标志，起跳板后 6 步或 4 步处为第二标志。

3) 准确踏板的要求

(1) 相对稳定的助跑距离。

(2) 采用合理的上板技术和加速度方式。

(3) 保持稳定的步长和节奏。

(4) 正确使用助跑标志。

2. 起跳

起跳是利用助跑所获得的速度，在较短的时间内，获得理想的腾起初速度和适宜的腾起角度，它分为起跳脚着板、缓冲、蹬伸三个阶段。

1) 起跳脚着板

起跳脚要积极主动地上板，并且是足跟与足掌几乎同时着板。

2) 缓冲

起跳着板至膝关节弯曲程度大时称为缓冲，其作用在于减缓起跳的制动力，减少助跑速度的损失，积极前移身体，为蹬伸创造有利条件。

3) 蹬伸

起跳腿膝关节弯曲最大，至起跳脚离地时称之为蹬伸。蹬伸时，起跳脚的髋、膝、踝三个关节充分伸展，上体抬起，头部保持正直，摆动腿的大腿积极向前上方摆至水平或高于水平位置，小腿自然下垂，两臂也积极地配合下肢摆动。

3. 空中姿势（腾空动作）

起跳离地后，身体向上腾起，并在空中完成各种动作的过程为空中动作阶段。空中动作分为蹲踞式、挺身式、走步式三种。

1) 蹲踞式

起跳腾空后，摆动腿继续高抬，两臂向前挥摆，起跳腿向前上方提举，逐渐与摆动腿靠拢，随后两腿向上收，上体前倾，将要落地时，两臂经前向下向后摆动，同时小腿前伸准备落地。

蹲踞式跳远的特点是简单易学，但由于下肢离身体重心较近，易产生向前回旋而失去腾空的稳定性。

2) 挺身式

起跳腾空后，摆动腿积极下压，小腿向下向后摆动，起跳腿微微屈膝，与摆动腿靠拢，当达到腾空最高点时，展髋挺胸，两臂上举或后摆，然后收腹，双腿前伸，准备落地。

挺身式跳远的特点是能充分拉长体前肌群，有利于收腹举腿、前伸双腿和准备落地，空中旋转力矩较大，易于维持身体平衡，但空中姿势和用力特点衔接不紧密。

3) 走步式

起跳腾空后，摆动腿下落并向前摆动，同时，起跳腿屈膝前摆，在空中完成一个自然的摆动或直臂绕环的动作，形成起跳腿在前、摆动腿在后的空中动作。

空中完成一个换步动作，接着便落地的空中动作称为两步半走步式；完成两次换步动作的为三步半走步式。

走步式跳远的特点是助跑起跳与空中的动作各技术部分衔接紧密，便于发挥助跑速度和维持身体在空中的平衡，但由于技术动作较复杂，必须具备较高的身体全面发展水平，才能掌握正确的技术动作。

4. 落地

落地前，双臂快速向后摆动，双腿尽量上举，小腿积极前伸；着地后，两腿迅速屈膝缓冲，髋部前移，两臂快速前摆，使身体重心迅速移过落地点。

(二) 跳远技术的练习

跳远技术的练习主要包括如下几项：

(1) 助跑和起跳相结合技术。

① 原地起跳练习，体会蹬、摆以及上下肢的协调配合。

② 行进间做连续起跳模仿练习。

③ 短、中距离的助跑起跳练习。

④ 全程助跑起跳练习。

(2) 空中动作与落地相结合技术。

① 蹲踞式。蹲踞式包括模仿练习，即原地跳起，抬腿屈膝，使膝部靠近胸部，双手抱膝成蹲踞姿势；蹲踞姿势跳过横杆练习；立定跳远练习；短、中距离助跑蹲踞式跳远练习。

② 挺身式。挺身式包括原地模仿练习，即原地站立，摆动腿向前上方轻抬，然后下压并向后摆，两臂向侧上方伸展，胸部前送，挺胸展身形成挺身式姿势；从高处落下，完成挺身式空中模仿动作；短、中距离助跑挺身式跳远练习。

③ 走步式。走步式包括原地跳起或行进间模仿走步式空中“换步”动作；跨步跳练习；从高处跳下，完成空中“换步”动作，落地时起跳腿在前，摆动腿在后；短、中距离助跑的走步式跳远练习。

(3) 全程助跑、起跳技术、腾空和落地技术的相互衔接。

(4) 全程技术。

三、推铅球

推铅球是田径运动中田赛的投掷项目之一。推铅球是在直径为 2.135 米的圆圈内进行的，并要求铅球的落点必须在规定的 40°夹角的扇形投掷区内。正式比赛铅球的重量，男子为 7.26 千克，女子为 4 千克。

(一) 推铅球的技术

推铅球要求单手持球放在肩上锁骨窝处，站在投掷圈内靠近后沿处，经过滑步或旋转，然后单手将铅球从肩上推出，使铅球落在规定的扇形有效投掷区内。

推铅球是一个完整的、连贯的技术动作。从技术上通常分为握法和持球、预备姿势、滑步、最后用力推球出手、维持身体平衡五个组成部分。

1. 握法和持球

1) 握法

铅球的握法有两种（以右手推铅球为例）。

第一种握法：食指、中指、无名指三指自然分开，用指根和手掌前部位托住铅球，掌心必须空着，小指伸展与大拇指扶持于铅球两侧，手腕背屈。

第二种握法：五指自然分开，四指托住铅球，拇指扶住铅球内侧（此法多为优秀运动员采用）。

2) 持球

将铅球放置在右颈骨窝处，右臂屈肘，掌向前；左臂屈肘，肘部稍低于肩。右上臂与躯干夹角约为 45°，最大夹角不得超过 90°。

2. 预备姿势

滑步前预备姿势分为高姿势和低姿势两种。

1) 高姿势

虽然高姿势的优点是利用由高向低的势能迅速克服人体的静止状态，但是高姿势在滑步前，同样要完成“屈体低重心”的技术，实际上高姿势是低姿势的开始部分。因此，预备姿势以低姿势用力比较常见。

2) 低姿势

持球后，背向投掷方向，两脚前后开立，左肢紧贴投掷圈内沿，脚跟正对投掷方向，身体重心落在左腿上；左腿放松，脚尖点地，上体前俯，上体前俯与左腿屈曲程度因人而异，尽可能加大。左臂自然前伸，眼睛看前下方 2～3 米处。低姿势优点是容易维持身体平衡。

3. 滑步

滑步的目的是使铅球获得一定的水平速度，为最后用力创造良好的条件。实践表明，采用原地推铅球和采用优秀的滑步推铅球技术成绩相差 1.5～3 米。滑步时应注意身体平衡，技术动作要协调、连贯。

滑步前先做一两次预摆。左腿向后方摆出，右腿弯曲，降低身体重心。左臂自然前伸或自然下垂，当左腿摆到一定高度后，左腿回收靠近右膝形成团身姿势，身体重心稍向后移，随后左腿快速向抵趾板方向摆出，同时右腿发力蹬地，用蹬地、摆腿的力量带动身体重心向投掷方向移动。当左腿蹬直时，迅速收小腿，同时右膝、右腿边收边向左转，左腿完成摆动后要积极下落，两脚着地的相隔时间越短越好，此时体重落在弯曲的左腿上。上体仍保持滑步开始的姿势，肩轴与髋轴成扭紧状态，为最后用力做好准备。

4. 最后用力

最后用力是推铅球技术的主要环节。当左脚滑到圆心点处时，最后用力便开始了。当左脚一着地，左腿便有力地支撑地面并积极蹬伸，推动左髋向投掷方向转动。这时髋轴的转动要超过肩轴，上体出现扭紧状态，腰、背肌肉也被拉长。随着右腿的蹬伸，上体也逐渐向上方抬起，使体重向左脚移动。当身体左侧移至与地面垂直的一刹那，右肩固定，左脚迅速蹬直，以身体左侧形成支撑轴，上体和头部向推球方向转动，左肩猛力向前送出，挺胸抬头，右臂积极快速地做推球动作，用手腕和手指的力量，将球从左肩上方沿 40°左右方向出手推拨出去。

5. 维持身体平衡

铅球出手后，身体由于惯性，向前的冲力很大，会使身体失去平衡。为了防止身体由于惯性冲出投掷圈外而造成犯规，投掷者应立即将左腿快速换到前面并屈膝，将左腿后伸，降低身体重心，改变重心移动的方向，维持身体的平衡。

（二）推铅球的练习方法

1. 原地推铅球方法

(1) 原地推铅球：握持铅球稳妥后，两腿前后开立，重心落在弯曲的右腿上，上体右转，左臂放松置于胸前，右腿向前上方蹬转用力，躯干转向前上方，将球推出。

(2) 徒手做侧向、背向原地推铅球的模仿练习，主要体会各部位肌肉的用力顺序。

(3) 持轻器械或实心球做原地或背向推铅球练习，主要是为了更快、更好地掌握技术。

2. 滑步练习方法

(1) 徒步练习滑步技术，体会“蹬”“摆”的配合。

(2) 持轻器械做滑步练习，要求动作连贯、快速，体会“先摆后蹬”“摆蹬配合”“以蹬为主”的滑步技术要领。

3. 完整技术练习方法

(1) 徒手练习背向滑步推铅球完整技术。

(2) 持轻球做背向滑步推铅球完整技术，目的在于掌握完整的推铅球技术。

(3) 持重球做背向滑步推铅球技术，目的在于强化专项力量和手的投掷能力，提高推铅球技术。

第四节　田径比赛规则简介

标准田径场应为周长是 400 米半圆式，由两个平行直道和两个半径相等的弯道构成。弯道的半径为 36.50 米（36 米、37.898 米均可），分道宽为 1.22 ± 0.01 米，分道线宽 5 厘米，所有分道宽应相同（分道宽应包括右侧分道线）。

田径比赛的依据包括田径规则、裁判方法、竞赛规程、补充通知、技术会议的有关规定等，这些是田径比赛中裁判员、运动员、教练员必须遵守的法则。比赛中如有运动员对裁判员的判决、判罚有异议或不满，可向裁判长提出口头抗议并保留成绩，再以书面的形式向仲裁委员会提出抗议，仲裁委员会的裁决为最终判决。

一、径赛规则简介

1. 短跑

(1) 400 米及 400 米以下的各项径赛起跑时，运动员必须使用起跑器采用蹲踞式起跑。

(2) 在“各就位”口令之后，运动员必须走向起跑线在自己的分道内完成起跑准备姿势，双手和一个膝盖必须触地，双脚必须触及起跑器。“预备”口令时，运动员应立即抬高身体重心，做好起跑姿势。此时，运动员的双手仍需与地面接触，双脚不得离开起跑器，手或脚均不得触及起跑线或线前地面。

(3) 在“各就位”或“预备”口令发出后，所有运动员应立即做好预备姿势，不得延误。对经过适当时间仍未做好预备姿势者，以起跑犯规论处。鸣枪或启动经批准的发令器，运动员开始起跑动作。

(4) 运动员在做好预备姿势后和鸣发令枪之前开始起跑动作的，应视为起跑犯规。

(5) 除全能项目之外，任何起跑犯规的运动员将被取消该项目的比赛资格。在全能比赛中，对于第一次起跑犯规的运动员，必须予以警告；对第二次起跑犯规负有责任的一名或多名运动员将被取消比赛资格。

(6) 分道跑时，运动员必须在规定的各自跑道内跑完全程。在弯道跑中，运动员的脚不得触及左侧分道线，不得串道以及阻碍其他运动员在其跑道内的正常跑进。

2. 中、长距离跑

(1) 中、长跑项目（800米以上的距离跑和竞走）除执行短距离跑规则外，起跑时只使用“各就位”口令。在所有运动员稳定时，鸣枪或启动经批准的发令器。起跑时，运动员不得单手或双手触地。

(2) 运动员在做好最后预备姿势之后和鸣枪之前开始起跑动作的，应判为起跑犯规。

(3) 比赛中，运动员挤撞或阻碍他人，妨碍其他运动员跑或走时，应取消其比赛资格。

(4) 在分道起跑比赛中，800 米距离跑应在第一个弯道末端的抢道标志线之前仍为分道跑，允许运动员越过抢道线后离开自己的分道切入里道。

(5) 接力跑比赛除执行短距离跑规则外，还有特殊的规定：运动员起跑时接力棒不得触及地面，必须在接力区内完成交接棒（以接力棒为准），不得有抛掷接力棒的行为；接棒人不得借助力向后跑进，必须持棒跑完全程；掉棒后，必须由原掉棒人捡起而跑进，不得因捡棒而缩短跑的距离；运动员交棒后离开自己的分道时，不得阻挡他人跑进。在 4 × 400米接力跑中，第一棒、第二棒在第三个弯道跑末端的抢道标志线之前为分道跑，运动员越过抢道线后允许离开自己的分道切入里道。第三棒运动员应以各队第二棒运动员在 200 米起点处的跑进顺序在公共接力区由里道向外道排序站位，接棒时不得因名次变化而改变排序。

3. 径赛项目的成绩判定

径赛项目运动员跑（走）完规定距离所用的时间越少，则成绩越好，其成绩判定以运动员身体躯干（不包括头、颈和四肢）任何部位抵达终点线后沿垂直面的顺序为准。起、终点线宽度为 0.05 米，起点线包括在规定距离内，终点线不包括在规定距离内。出现成绩相等时，一般情况下，当运动员手计时 1/10 秒决定成绩相等时，要看 1/100 秒的成绩；电计时1/100 秒决定成绩相等时，要看 1/1000 秒的成绩。

二、田赛规则简介

运动员试跳（掷）成功举白旗，失败举红旗。超过规定时限按一次失败处理。试跳（掷）按事先排定的顺序进行，无故不得随意改变。轮次规定：高度项目运动员在一个高度上试跳一次为一个轮次，每个高度最多只有三个轮次；远度项目（跳远、三级跳远和投掷项目）运动员试跳（掷）完一次为一轮次。

田赛（高度和远度）测量成绩时，以 0.01 米为最小计量单位，不足 0.01 米时，四舍五入到离测量距离最近的厘米数。

田赛远度：投掷项目的器材落地时，必须完全落在落地区角度线内沿以内，投掷成绩为有效。

名次判定：应计以运动员最好的一次试跳（掷）成绩，包括因第 1 名成绩相等而进行的决名次赛的成绩，作为其最后的决定成绩。若决定成绩相等，则以次优成绩判定名次。若次优成绩仍相等，则以第 3 较优成绩判定，以此类推。若仍相等，并涉及第 1 名者，则令成绩相等的运动员，按原比赛顺序进行新的一次试（跳）掷，直至决出名次为止。其他名次的成绩相等时，则名次并列。

远度比赛：当运动员人数只有 8 人或少于 8 人时，每人均有六次试跳（掷）机会；当运动员人数多于 8 人时，则每人均有三次试跳（掷）机会；取得比赛有效成绩最好的前 8 名可再试跳（掷）三次。无论上述哪种情况，当运动员前三次试跳（掷）结束后，应对运动员的比赛成绩由优到差排序，第 4、5 次试跳（掷）顺序应与前 3 次试跳（掷）成绩的排名顺序相反，最后一轮的试跳（掷）顺序应与第 5 次试跳（掷）成绩的排名顺序相反。

(一) 跳跃项目

1. 跳高

1) 场地、器材简介

横杆全长为 4 ± 0.02 米，最大重量为 2 千克，跳高架应有足够的高度，至少应超过横杆实际提升高度 0.10 米。两立柱间的距离为 4～4.04 米，落地区不得小于 5 × 3 米，助跑道长度不得短于 15 米。大型比赛助跑道长度至少为 20 米；条件允许时，至少应为 25 米。

2) 竞赛规则简介

(1) 试跳。运动员可以在主裁判事先宣布横杆升高计划中的任何一个高度开始试跳，也可以在以后任何一个高度根据自己的能力决定是否试跳。但在任何一个高度上，只要运动员连续3 次试跳失败，即失去继续比赛的资格（因第 1 名成绩相等而进行的决定名次赛的试跳除外）。

允许运动员在某一高度上第 1 次或第 2 次试跳失败后，在其第 2 次或第 3 次试跳时免跳，并在后继的高度上继续试跳，但是在此之前的试跳失败次数仍然累计。运动员在某一高度上请求免跳后，不得在该高度上恢复试跳，除非出现第 1 名成绩相等的情况。即使其他运动员均已失败，最后一名运动员仍有资格继续试跳，直至其放弃继续比赛的权利。当某运动员已在比赛获胜时，有关裁判员或裁判长应征求运动员意见，由该运动员决定横杆提升高度（此规定不适用于全能比赛项目）。

(2) 试跳失败。有下列情况之一时，应判为试跳失败：试跳后，由于运动员的试跳动作，致使横杆未能留在横杆托上；在越过横杆之前，运动员身体任何部位触及立杆前沿（离落地区较近的边沿）垂直面以外的地面或落地区；错过该次试跳顺序；无故延误比赛时限（如果在比赛中再次无故延误时限将被取消比赛资格，但此前成绩仍然有效）；当裁判员通知运动员开始试跳后，运动员这时才决定免跳，而且时限已过时。

3) 成绩测量与名次判定

每次升高横杆后，应从地面垂直量至横杆上沿最低点来测量横杆高度。当横杆升高到记录时，有关裁判长必须进行审核、复测；若横杆被试跳运动员触及，则在后继试跳之前，有关裁判长和裁判员必须再次复测横杆高度；应以 0.01 米为最小测量单位，不足 0.01 米不计。

每名运动员应以其最好的一次试跳成绩（包括因第1 名成绩相等而进行的决名次赛的试跳成绩）作为其最后的决定成绩。若决定成绩相等，则在出现成绩相等的高度上，试跳次数较少者名次列前；若成绩仍然相等，则在包括最后跳过的高度在内的全赛试跳中，失败次数较少者名次列前；若成绩仍然相等，并涉及第 1 名时，则在造成其成绩相等的失去继续试跳权利的最低失败高度上，每人再试跳一次，若仍不能判定名次，则降低或提升高度，直至分出名次为止。有关运动员必须参加决定名次的试跳，如不涉及第1 名时，则比赛的名次并列。

2. 跳远

1) 场地、器材简介

(1) 助跑道长度至少应为40米，宽度1.22±0.01米，应用0.05米宽的白线标出助跑道。

(2) 起跳板是起跳的标志，应埋入地下，上沿与助跑道及落地区表面齐平。起跳板至落地区远端的距离至少应为10米，起跳板至落地区近端的距离为1～3米。起跳板应为长方形，用木材或其他适宜的坚硬材料制成，其长度为1.22±0.01米，宽0.20±0.002米，厚0.10米，涂成白色。起跳板前面有橡皮泥显示板长1.22±0.01米。

(3) 落地区宽度最小为2.75米，最大3米。如有可能，助跑道应对准落地区中央，使助跑道中心线延长时与落地区的中心线重合。

(4) 落地区内应填充湿沙，沙面与起跳板齐平。

2) 竞赛规则简介

运动员必须在起跳板后面起跳，试跳方为有效。如有下列情况之一者，应判为试跳失败。

(1) 在未做起跳的助跑或跳跃中，运动员以身体任何部位触及起跳线以前的地面。

(2) 从起跳板两端之外的起跳线的延长线前面或后面起跳。

(3) 在落地过程中触及落地区以外地面，而落地区外触地点较区内最近触地点更靠近起跳线。

(4) 完成试跳后，向后走出落地区。

(5) 采用任何空翻姿势。

(6) 错过该次试跳顺序。

(7) 无故延误时限。

3) 成绩测量与名次判定

测量成绩时，应从运动员身体任何部位触地的最近点量至起跳线或起跳线的延长线，测量线应与起跳线或其延长线垂直。

（二）投掷项目

投掷项目主要介绍铅球。

1) 场地、器材简介

(1) 投掷圈应用铁、钢板或其他适宜材料制成，其上沿应与圈外地面齐平。圈内地面应用混凝土、沥青或其他坚硬而不滑的材料修建。圈内地面应保持水平，低于铁圈上沿0.014～0.026米。

(2) 铅球投掷圈内沿直径为2.135±0.05米。

(3) 抵趾板应用木材或其他适宜材料制成，涂成白色，其形状为弧形，以便使其内沿与铁圈重合。抵趾板宽度为0.03～0.112米，内沿弧长1.22±0.001米，高出圈内地面0.10±0.002米。

(4) 铅球落地区应用煤渣或草皮以及其他适宜材料铺设，以保证铅球落地时能留下清晰的痕迹。

(5) 用宽 0.05 米的白线标出落地区，其延长线应能通过投掷圈圈心，落地区角度线夹角为 34.92°。

(6) 铅球重量，成年组男子为 7.26 千克，女子为 4 千克。

2) 竞赛规则简介

(1) 应从投掷圈内将铅球推出。运动员须从静止姿势开始进行试掷，允许运动员触及铁圈和抵趾板的内侧。

(2) 应用单手从肩部将铅球推出。当运动员进入圈内开始试掷时，铅球应抵住或靠近颈部或下颌，在推铅球过程中持球手不得降到此部位以下。不得将铅球置于肩轴线后方。

(3) 不允许使用任何装置对投掷时的运动员进行任何帮助。

(4) 运动员进入圈内开始试掷后，如果运动员身体的任何部位触及圈外地面，或触及铁圈和抵趾板上面，或以不符合规定的方式将铅球推出，均判为一次试掷失败。

(5) 如果在试掷中未违反上述规定，运动员可中止已开始的试掷，并将器械放在圈外或圈内，在遵守本条款的前提下，可以离开投掷圈，然后返回圈内从静止姿势重新开始试掷。

(6) 运动员在器械落地后方可离开投掷圈。离开投掷圈时首先触及的铁圈上沿或圈外地面必须完全在圈外白线的后面。

3) 成绩测量与名次判定

铅球必须完全落在落地区角度线内沿以内，试掷方为有效。

每次有效试掷后，应立即测量成绩。从铅球落地痕迹的最近点取直线量至投掷圈内沿，测量线应通过投掷圈圆心。

第五章

游　泳

第一节　游泳运动概述

人类的游泳活动源远流长，其产生与人类社会的生产劳动、生活娱乐及战争等紧密相连，它是在人类征服自然、改造自然的生产劳动中产生并在满足人们的娱乐、竞争中发展起来的。原始人狩猎时，为求取食物而跋山涉水，在与人或兽的战争及格斗中，游泳是最基本的技能之一。

随着国家的出现，古代国家发生战争时，利用水作为攻战的手段，或利用泅水潜行破坏敌人防守，配合步兵和骑兵作战。18 世纪，欧洲军队中开始建立游泳学校。在古代波斯的军事训练中，游泳是必须实施的项目。不难看出，自古以来游泳在军队中就占有极重要的位置。古希腊关于水中活动的资料很丰富，不少的古希腊文物都与游泳有关，且作品中也有与游泳相关的记述；在当时的法律中，曾规定儿童需学习希腊文与游泳；社会上流传着讽刺愚者的谚语——他既不能文，又不能游泳，足见他们对游泳的重视。在古罗马也同样认为不会游泳与无知是一样愚蠢的，青年的训练项目中就设有游泳一项。据文字记载，我国在奴隶制时代就已经有了游泳活动，唐朝时期游泳就已经成为人们广泛开展的体育活动。

蛙泳是模仿青蛙游泳的一种姿势，是最古老的一种游泳项目，2000～4000 年前，罗马、埃及也有类似这种姿势的游泳。在 19 世纪的游泳比赛中，蛙泳是唯一的游泳姿势。为了比赛胜利，游泳者开始寻求更快的游泳方法。随着技术的改进，自由泳、蝶泳相继产生。同时，既能自然地在水面上游动，又能获得休息机会的仰泳也随着人们长期的生产劳动发展起来。

现代的游泳运动起源于英国。17 世纪 60 年代，英国很多地区的游泳活动开展得相当活跃。1828 年，英国在利物浦乔治码头修建了第一个室内游泳池。1867 年，世界上第一个游泳协会在英国伦敦成立，10 年后在英国举行了第一次游泳比赛。1896 年，第一届奥林匹克运动会将游泳列为正式比赛项目。1908 年在英国举行第四届奥林匹克运动会时，成立了国际业余游泳联合会，秘书处设在美国，主要管辖范围为奥运会游泳比赛、世界杯游泳比赛、世界游泳锦标赛。1912 年在瑞典举行的第五届奥林匹克运动会中，把女子游泳列为比赛项目。目前，正式列入奥运会的比赛项目包括男/女 100 米和 200 米蛙泳、仰泳、蝶泳；男/女 50 米、100 米、200 米、400 米和女子 800 米、男子 1500 米自由泳；男/女 200 米和 400 米个人混合泳；男/女 4 × 100 米自由泳接力和混合泳接力及男子 4 × 200 米自由泳接力等共 31 项。游泳运动包括的项目数量仅次于田径运动。

中国参加国际游泳比赛始于 1914 年的第一届远东运动会。1949 年后，在党和政府的重视与关怀下，我国游泳运动技术水平得到迅速提高。1953 年，我国优秀运动员吴传玉在世界青年联欢节上获得 100 米仰游冠军，这是我国在游泳项目上首次获得世界冠军。1957—1960 年间，戚烈云、穆祥雄、莫国雄 3 人先后 5 次打破男子 100 米蛙泳世界纪录。1980 年，国际游联恢复了中国的合法地位，此后的 30 年中国泳坛发展迅猛。1988 年，杨文意在广州举行的第三届亚洲游泳锦标赛上，以 24.15 秒的成绩创造了女子 50 米自由泳世界纪录。在 1989 年亚洲游泳锦标赛设立的 31 个比赛项目中，中国获得了 24 枚金牌、15 枚银牌和 4 枚铜牌。在历届奥运会上，我国游泳健儿共夺得了 15 枚金牌，为我国的游泳运动写下了光辉的一页。

第二节 游泳基本技术

游泳分为四大类：竞技游泳（蛙泳、爬泳、仰泳、蝶泳）、实用游泳（蛙泳、侧泳、潜泳、踩水、水中救护等）、花样游泳（水中各种优美动作的艺术性游泳）和潜泳（蹼泳、屏气潜泳等）。本节主要介绍竞技游泳中常用的蛙泳和爬泳的基本技术及练习方法。

一、熟悉水性

1. 水中移动练习

扶池边向前、侧、后行走；反复练习浅水中各种方向的走和跑。

2. 呼吸练习

站在齐腰深的水中或由同伴牵着或扶池边，吸气后，把头浸入水中，用嘴和鼻在水中呼气；抬头后用嘴吸气，反复练习。

站在齐腰深的水中，深吸气后，把头浸入水中，稍闭气后用嘴和鼻同时呼气，抬头至嘴接近水面时用力将余气呼尽，吹开嘴边的水花，嘴一露出水面即迅速用嘴吸气，随即把头浸入水中，连续有节奏地做吸、闭、呼、吸的循环动作（图 5-1）。

图 5-1

3. 浮体练习

1) 抱膝浮体

原地站立，深吸气后闭气，下蹲并低头含胸，双手抱膝团身，两脚前脚掌轻蹬池底，自然浮漂于水中。站立时，两臂前伸下压，抬头的同时两腿下伸，脚触池底站立，然后两臂侧分拨水维持身体平衡（图 5-2）。

图 5-2

2) 展体浮体

在抱膝浮体的基础上，闭气并松手，两臂和两腿自然伸直成俯卧姿势。站立时，收腹屈膝、收腿，两臂向下压水，同时抬头两腿向下伸，脚触池底站立。

4. 滑行练习

1) 脚蹬池壁滑行

背对池壁，一手拉池槽，另一臂前伸，同时一脚站于池底，另一脚紧贴池壁。深吸气后低头，上体前倾入水成俯卧姿势，然后上收站立腿，两脚紧贴池壁（距水面较浅处），臀部靠近池壁，随即两臂向前伸直，头夹于两臂之间，两脚用力蹬池壁，使身体成俯卧姿势向前滑行（图 5-3）。

图 5-3

2) 脚蹬池底滑行

两脚前后开立，两臂向前伸直。深吸气后屈膝，重心前移，当头和肩浸入水中时，前脚掌用力向前蹬池底，随后两腿伸直，使身体成俯卧姿势向前滑行（图 5-4）。

图 5-4

二、蛙泳

1. 身体姿势

蛙泳时当手臂和腿完成有效动作后，身体几乎水平地俯卧在水中，两臂向前伸直并拢，头略低，水齐前额，脸的下半部浸入水中。虽然因为呼吸的需要，身体纵轴与前进方向成一个很小的仰角，但仍应注意使胸、腹部和下肢保持水平，呈流线型姿势（图 5-5）。

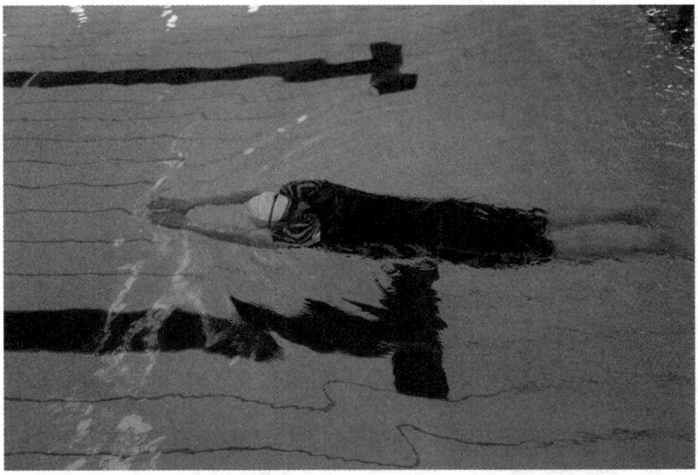

图 5-5

2. 腿部动作

腿部动作与手臂动作一样，都起着向前推进的作用。腿部动作包括开始姿势、收腿、翻脚和蹬水四个不可分割的动作阶段。

1）开始姿势

两腿并拢向后伸直，身体呈水平姿势，下肢放松，腿部肌肉适当收缩，为收腿做好准备（图 5-6）。

图 5-6

2）收腿

要把腿收到最有利于蹬水的位置，使脚掌内侧和小腿内侧对准蹬水的方向。两腿稍内旋，使脚跟分开，膝关节随腿的下沉向前边收边分，收腿时力量要小，避免阻力；收腿结束时，大腿和躯干之间的角度约为 130°～140°，小腿和脚尽量靠近臀部并藏于大腿的投影之中，两膝的距离与肩同宽。两脚掌不是并拢的，而是靠腿的内旋，脚跟分开与臀部同宽，且几乎平行地向前收（图 5-7）。

图 5-7

3）翻脚

翻脚动作一般是在收脚接近臀部和两小腿稍微外移时开始的。随着收腿的结束，两脚继续向臀部收紧，大腿内旋使膝内压的同时小腿向外翻，接着脚尖也向两侧外翻，使脚掌内侧正对蹬水方向。整个翻脚动作是由收腿、压膝和翻脚三个连贯的动作组成的（图 5-8）。

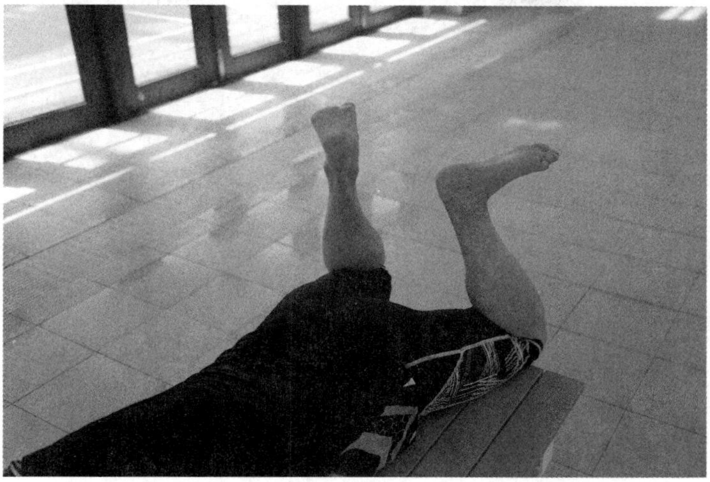

图 5-8

4) 蹬水

蛙泳的蹬水是推动身体前进的主要动力。蹬水用力的方向是向后的，由腿部发力，带动膝、踝相继伸直（图 5-9）。在向后蹬水的同时用力且加速作蹬、夹结合的动作，直至两腿成内旋姿势并拢。

图 5-9

3. 臂部动作

蛙泳臂部动作分为开始姿势、抓水、划水、收手和伸臂五个不可分割的动作阶段。

1) 开始姿势

伸臂结束，身体是靠蹬水形成的速度向前滑行的。两臂自然放松伸直，手指自然并拢，掌心向下，两手尽量接近水面，使两臂和整个身体成一直线，形成良好的流线型（图 5-10）。

图 5-10

2) 抓水

滑行时，两臂是伸直并拢的。如果立即进入划水阶段，那么其动作方向主要是向外下方，这不仅不利于推进身体，还会造成身体过分起伏。所以，从滑行到划水之间有一个准备划水阶段——抓水。紧接滑行，肩保持前伸，两臂内旋，使两臂和掌心转向斜外下方，屈手腕成 150° ～160° ，两手分开向侧下方压水，当手掌和前臂感到有压力时就开始划水。结束抓水时，两臂与水平面及前进方向都各约为 15° ～20° ，肘关节仍然是伸直的。这种抓水动作给划水创造了有利条件，又能使身体保持较高的位置。抓水不是加速用力，只是肌肉开始紧张，准备加速划水的阶段（图 5-11）。

图 5-11

3) 划水

划水与抓水是紧密连接的一个划水动作的两个过程，紧接抓水就要开始加速划水。两手同时向后划至与前进方向约成 80° ，实际上是一条向后偏下方的路线。划水时，肩部仍向前伸展，保持高抬时姿势。整个动作中肘高于手，肘前于肩，手带小臂，接着大臂向后划的过程中，肘关节从屈 150° ～160° 至屈 120° ～140° （图 5-12）。

图 5-12

划水过程是加速的，但动作路线不长。开始划水时，不可能形成很高的速度。从影像图片中分析蛙泳时手掌的移动轨迹，从抓水到划水的大部分过程，手实际上只是向前下方滑进的，最好的对水的感觉出现在划水接近结束的时候。

4) 收手

收手是由划水到向前伸臂的过渡动作，是划水的继续。结束划水后，手掌由前向后，继而成两手掌相对，最后掌心向下并前伸。在收手时不宜强调向里夹肘，应是手、肘相对移动，即收手的同时，肘关节边收边向前推，而不是向后内夹肘于身体两旁。肘关节退到肩部之后，会增加阻力，是无效动作路线。上前臂更不能在收肘时有停顿时间，不然身体会下沉。整个臂就像要绕开划水时带来的水流的冲击那样，尽量把臂收在身体的投影之中(图 5-13)。

图 5-13

5) 伸臂

伸臂动作是由伸展肩关节和肘关节来完成的，肩关节的伸展最初比肘关节伸展要快。紧接收手继续推肘伸臂。推肘不是先伸肘关节，而是伸肩关节的同时推动肘关节来完成的。因此，两手先向前上再向前伸。伸臂结束时，两臂恢复滑行姿势（图 5-14）。

图 5-14

4. 呼吸和动作配合

蛙泳时，靠颈后肌的收缩，向上抬头吸气。但不应抬头过猛，以保持身体的稳定。

蛙泳的呼吸方法有早吸气和晚吸气两种。早吸气是在两臂抓水时抬头用力呼气，在划水过程中吸气，在收手过程中闭气低头，伸臂滑行时徐徐呼气；晚吸气是划水几乎结束时才开始抬头用力呼气，在两臂结束划水和收手过程中，身体达到最高点时吸气，结束收手时闭气低头，伸臂的后半段直至划水过程中徐徐呼气。优秀运动员多采用晚吸气，但晚吸气动作要求严格，吸气时间比较短促，所以在日常的游泳教学中，多从早吸气开始。

蛙泳时，完整的早吸气动作配合是蹬水结束后，运动员成滑行姿势，抓水直至结束划水，腿保持滑行姿势，并从徐徐呼气转至开始抬头用力呼气，收手时开始收腿，并吸气；伸臂的前半段低头闭气，在收腿结束与伸臂将结束时开始蹬水，并开始徐徐呼气，直至恢复滑行姿势时，蹬水结束，继续呼气。这种动作配合，身体平稳，动作连续，前进速度比较均匀。

无论采用哪种动作配合，都要根据个人特点、身体条件和游泳水平来选择，不可盲目采用。

5. 蛙泳的练习方法

蛙泳的学习顺序是先腿后臂，再呼吸和整体配合。

1) 腿部技术练习

(1) 陆上模仿练习：坐在池边，上体稍后仰，两臂后撑，做收腿、翻脚、蹬腿的动作；也可俯卧在凳上在他人的帮助下做上述练习。

(2) 水中练习：俯卧水中，手拉池槽，在他人帮助下做腿部技术动作；手扶打水板做腿部技术动作，逐渐增加距离，直到熟练。

2) 臂部技术练习

(1) 陆上模仿练习：站立，上体前倾，两臂伸直，做抓水、划水、收臂、伸臂的动作。

(2) 水中练习：站在齐腰的深水中，边走边做上述动作。

3) 呼吸与腿、臂配合的完整技术练习

(1) 陆上模仿练习：站立，两臂上举，用单腿做腿的技术动作，做划臂时吸气，收臂时收腿，伸臂时蹬腿、吐气配合练习。

(2) 水中练习：第一步蹬离池壁，在滑行中先做一次划臂动作，再做一次腿的动作；第二步在练习第一步的基础上，逐步过渡到两臂划水时抬头吸气，手臂前伸时蹬腿，低头闭气，当两臂开始划下时逐步呼气的完整技术练习。

三、爬泳（自由泳）

1. 身体姿势

爬泳时身体应伸直呈流线型，几乎水平地俯卧在水面。头部姿势对身体姿势和动作都有一定的影响。因此，在游进中应保持头部平稳，水齐前额，吸气时自然转向一侧（图 5-15）。

图 5-15

2. 腿部运动

爬泳中两臂主要起推进作用，而腿部主要起平衡作用，以保持身体的稳定和两臂动作的协调。

爬泳的打腿技术是以髋、膝、踝三个支点为轴，利用杠杆原理，做复杂的鞭状打腿动作。爬泳时两腿在水下交替做鞭状打水动作。其开始姿势是两腿自然并拢，稍内旋，使脚尖相对，脚跟分开，脚掌内收，稍成“内八字”，踝关节放松。以髋关节为轴，由大腿发力，带动小腿和脚，在髋、膝、踝各关节相继传递。大腿、小腿、脚掌各部分相对运动形成一个柔韧地上、下打腿的鞭状动作。鞭状打水比直腿打水或屈小腿打水更为合理。脚尖到达最低点时，大腿不仅完成了前一次从向下到向上的动作，并且已经准备开始下一次的向下动作了。这时，小腿结束了前一次向下动作后，继续向上动作。相反，当脚向上到达最高点时，大腿不仅完成了前一次从向上到向下的动作，并且已准备开始下一次的向上动作。这时，小腿结束了前一次向上动作后，继续向下动作。所以，在理解鞭状动作时，“相继传递”和“相对运动”这两个概念是很重要的。当然，这只是理想的鞭状打水示意，实际打水时，由于下肢关节结构的影响，在结束鞭状动作后，有一个由髋关节带动直腿向上动作的过程。当直腿上鞭超过水平线后，则同样使用“相继传递”和“相对运动”的原理使腿回到水平位置。同时，下肢关节的结构决定了下鞭动作产生的推进和稳定作用较大，应该以较大的力量和速度来进行。这时，膝关节的最大曲度约为 140°～160°，以形成较大的推进作用（图 5-16）。

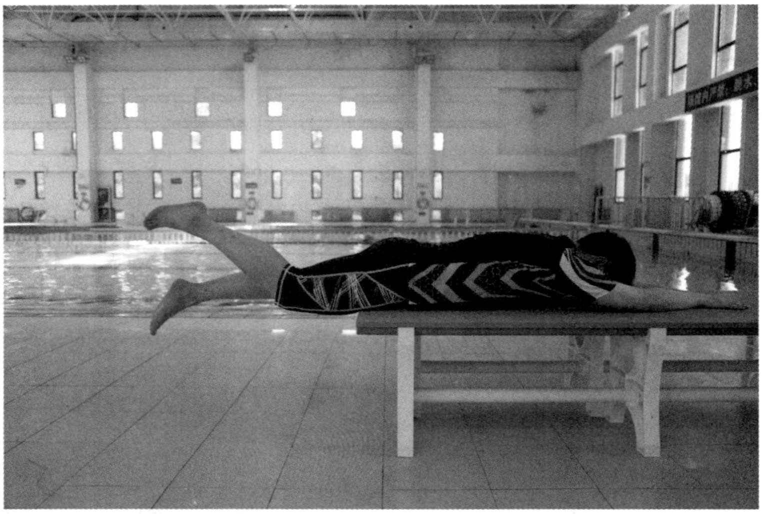

图 5-16

两腿交替打水，动作要连贯、有节奏。两脚尖上、下运动的最大幅度约为 30～40 厘米。应该注意，踝关节的灵活性越好，推进作用也越大。

3. 臂部动作

臂部动作是爬泳时推动身体前进的主要动力。臂部动作作为一个周期可分为入水、抱水、划水、出水和空中移臂五个不可分割的阶段。

1）入水

完成空中移臂后，手在控制下自然放松地入水。手的入水点一般在身体纵轴和肩关节前方的延长线之间。入水时手指自然伸直并拢，通过臂内旋使肘关节抬高，屈成 140°～150°，并使肘关节处于最高点，掌心斜向外下方。这种姿势使手指首先触水，然后是小臂，最后是大臂自然插入水中，这样所受到的阻力较小，可避免入水时由于击水或直臂入水而造成的阻力和带入气泡（图 5-17）。

图 5-17

2) 抱水

手臂入水后不能立即用力划水，此时全部或绝大部分支撑反作用力是向上的。如果立即用力划水，会使头和肩升高而不利于前进。手臂入水后，在积极向前下方插入的过程中，手掌从向斜外下方转向斜内后方并开始屈腕、屈肘，保持高抬肘姿势。其优点在于能迅速过渡到较好的划水位置。到抱水结束、划水开始时，大臂与水平面约成 30°，小臂与水平面约成 60°，手掌已经接近垂直对水，肘关节屈至 150° 左右。整个手臂像抱着一个大圆球，肩带肌肉群充分伸展，为加速划水做好准备（图 5-18）。

图 5-18

3) 划水

划水是发挥最大推进作用的主要阶段。为了便于理解整个划水过程，可将其再分为拉水和推水两个部分。紧接抱水阶段进入拉水阶段，拉水是从直臂到屈臂的过程。这时，要保持高抬肘，并使大臂内旋，同时继续屈肘。此时的抬肘、内旋和屈肘动作过程能使手的动作迅速赶上身体的前进速度，能使划水动作形成合理的动作方向和路线，能更好地发挥推进作用；同时能为胸大肌、背阔肌和大圆肌等主要肌肉群创造良好的条件而进入推水动作。

从人体游进来看，臂的入水和抱水阶段实际上并不推进身体，而是靠另一臂的划水所形成的速度向前滑进的。划水阶段的拉水开始了明显的推进作用。这时，手的动作方向是从向内、向后随着大臂的内旋转至正后；手的动作路线是一条从向内、向后下转到向后稍向上的曲线。

拉水至肩的垂直平面后，即进入推水阶段。这时，肘的曲度约为 100°。

从拉水转入推水，应该连贯且加速完成，中间没有停顿；特别是经过肩的垂直平面时，大臂要保持内旋姿势，带动小臂用力向后推水。同时，使肩部后移，以加长有效的划水路线。向后推水，有一个从屈臂到伸臂的加速过程，以及一个手掌从内向外、从下向上地加速划至大腿旁的动作路线。

从入水、抱水直到整个划水阶段，手在水中是加速的。从前后方向上看，手的运动轨迹是一条“S”形的路线。从上下和左右方向来看，则是类似螺旋桨式的动作路线，这种动作路线不断地改变着动作方向，使手可以不断地抓到静力。在划水过程中，为获得更大的推进升力，手掌在其移动的方向上成一个微小的冲角。这个适当的角度，能使人体保持良好的对水感觉——水感（图 5-19）。

图 5-19

4) 出水

划水结束后，臂由于惯性的作用很快地靠近水面。此时应立即借助三角肌和斜方肌的适当收缩，将臂提出水面并放松，屈肘向外上方做“提拉”动作，将前臂和手提出水面。出水时，掌心朝后上方，手臂出水的动作必须迅速而不停顿，同时应该柔和、放松（图 5-20）。

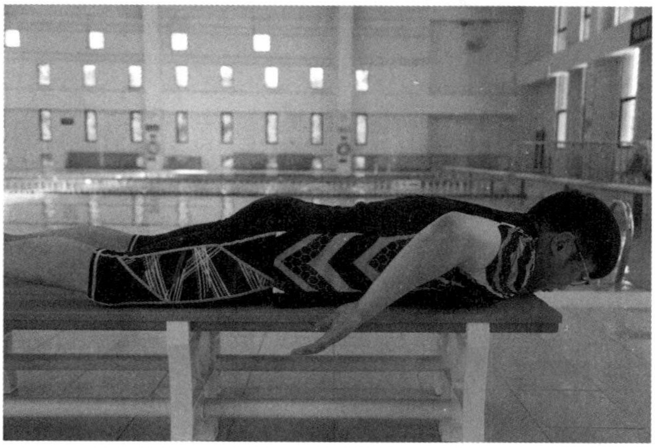

图 5-20

5) 空中移臂

臂在空中前移的动作是手臂出水的继续，不能停顿。这时，只靠三角肌和斜方肌的适当收缩，整个臂则尽量放松，由肩带动，向前移臂。移臂时，肩关节应向前靠近身旁，使肩胛和肩锁充分伸展，以加大动作幅度。肘关节始终保持较高的部位。手掌始终接近水面前移，开始时掌心向外上方，移至肩的垂直平面时向后，结束移臂时掌心转向外下方。由于整个动作是由肩部带动的，当大臂移至肩的垂直平面时，小臂和手都还是放松地落在后面的。

空中移臂时，不宜过分紧张而高抬肘关节，更不应降肘或过高、过平地移臂，否则都可能造成身体的过分摆动或转动。同时，整个移臂动作是加速轻快的；结束移臂时，应有控制地制动，避免过分内摆或造成入水时的击水现象（图 5-21）。

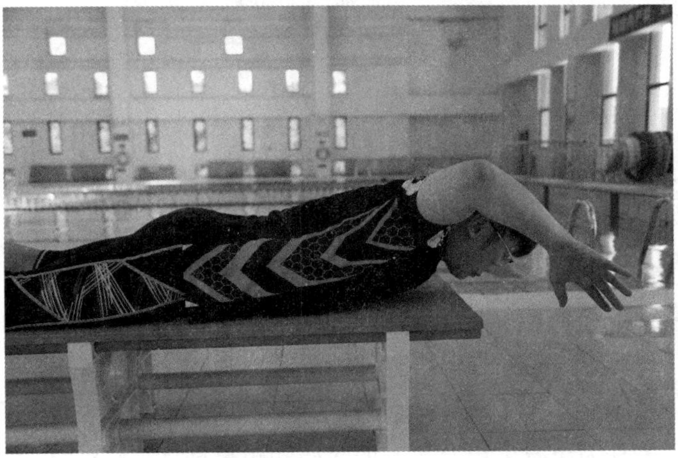

图 5-21

4. 两臂的配合

爬泳的两臂正确配合是保证前进速度均匀性的重要条件。两臂配合依照两臂所处位置的不同，可分为三种交叉划水："前交叉"是指一臂入水时，另一臂处在滑下阶段，这是一种在滑行阶段的爬泳技术；"中交叉"是指一臂入水时，另一臂已经进入划水阶段的中间部分；"后交叉"是指一臂入水时，另一臂已经进入划水阶段的后半部分。交叉划水也可以更详细地划分为"中前交叉""中后交叉"等。一般来说，女运动员要比男运动员的交叉偏前些，而长距离又比短距离偏前些。训练程度越高，交叉也越偏后，因为交叉越偏后，动作越连续，游进速度也越均匀，有利于加快动作频率。但对初学者来说，"前交叉"能更好地保持身体平衡，掌握呼吸技术，减少疲劳，易于持久。

5. 呼吸和动作配合

爬泳时，一般是在两臂各划水一次的过程中进行一次呼吸。以向右边吸气为例：右手入水以后，嘴和鼻子开始徐徐呼气，右臂划水至肩下，开始向右侧转头并增大呼气量；右臂推水即将结束，则用力呼气；右臂出水时，张嘴吸气，至空中移臂的前半部时止，并转头还原。然后，直至臂入水结束，有一个短暂的闭气过程，脸部转向前下。头部稳定时，右臂入水，再开始一次徐徐呼气的过程。换句话说，当另一臂入水时开始转头，直至另一臂开始划水时吸气结束（图 5-22）。

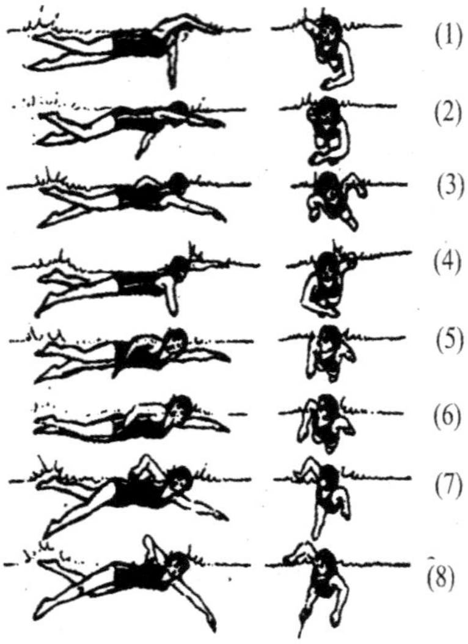

图 5-22

现代爬泳趋向于减少呼吸次数，以“缺氧训练法”提高运动员有氧代谢和无氧代谢功能。从技术上说，减少呼吸次数，能使身体姿势更加稳定，更有利于加快动作频率，所以，许多运动员都采用三次划水与一次呼吸或更多次划水与一次呼吸配合的技术。善于两面吸气，在战术上更有积极的意义。

四、出发

游泳比赛的开始称为出发。出发所占的时间和距离都计算在比赛速度（成绩）之内。因此，掌握合理的出发技术很重要。

竞赛规则规定，自由泳、蛙泳、蝶泳的各项比赛都应从出发台上出发，仰泳在水中出发。合理的出发技术要求是出发反应快，起跳力量大，腾空距离长，入水姿势呈流线型，这样有利于开始游泳动作。

整个出发过程可分为准备姿势、起跳、腾空、入水、滑行和开始游泳六个相连的动作阶段。

1. 准备姿势

运动员要借助动作把重心移到出发台以外，形成便于走跳的姿势。当听到“各就位”口令后，运动员做好准备姿势，即两脚平行，与髋同宽站在出发台上，脚趾扣住出发台前沿；两手在两脚侧面抓住出发台前沿；稍低头，眼看水；两膝屈至使两手便于抓台的程度，重心落于两前脚掌之间，成稳定姿势（图 5-23）。

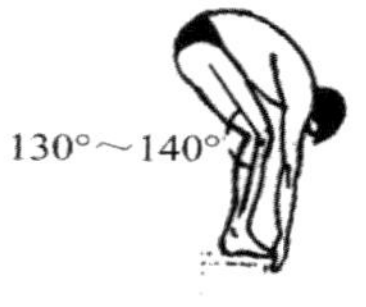

图 5-23

2. 起跳

起跳是出发技术中的重要阶段，出发的效果取决于起跳。听到出发信号即起跳，动作过程中的身体重心应迅速前移。抓台式出发促使重心前移的方法是两手抓台向上拉，屈臂使肩前倒，并屈膝提踵，以达到有利的起跳角度。然后利用有利的起跳角度，两手推台，向前摆臂，同时吸气。两腿猛力沿腾空角度蹬离出发台，全身紧张伸直（图 5-24）。

图 5-24

3. 腾空

起跳后即腾空。在腾空的前段结束吸气并低头，但臂仍保持在较高的位置，以免入水过早。接着，手、头、肩顺抛物线方向向下移动，两腿仍继续向上，移至比头高的位置；结束腾空时，两手并拢，身体伸直成流线型（图 5-25）。

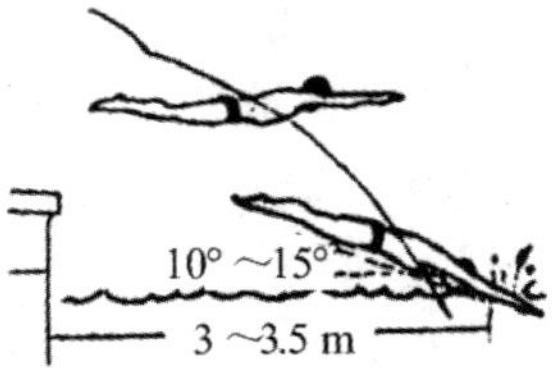

图 5-25

4. 入水

紧接腾空即入水。入水时身体保持紧张伸直。入水角度约为 10° ～15° 。入水点一般达到 3～3.5 米。因为蛙泳入水后可以做一次潜水动作，所以入水角度应大些，以利于潜泳动作。

5. 滑行和开始游泳

入水后，利用入水的惯性在水中向前滑行。滑行过程中，运动员要通过扬手腕或微挺胸来改变滑行方向以接近水面。应当在滑行速度降低到接近游泳速度时才开始游泳动作。这样，从入水到滑行结束，大约滑行 2～2.5 米；整个出发过程中，身体前移约 5～6 米。按照规则规定，头露出水面后，才能开始途中游。

五、转身

游泳竞赛规则规定，游泳比赛应该在 50 米长的标准游泳池中进行。在各种姿势的比赛中都必须做一次或多次转身动作。转身技术包括触壁、转身、蹬壁、滑行至开始游泳动作。

1. 蛙泳转身

竞赛规则规定，蛙泳转身时必须两手同时在同一水平面上接触池壁；转身后允许做一次臂和腿的潜泳动作。

1) 触壁

运动员不减速地游近池壁，两臂前伸，在正前方高于身体重心的地方触壁［图 5-26(1)］。

2) 转身

触壁后，全手掌压池壁，手指向上，随着惯性屈肘，屈膝团身［图 5-26(2)］；同时身体沿纵轴向左侧转动，并抬头吸气［图 5-26(3)］。当身体转至侧向池壁时，向前进方向甩头进入水中，右臂推离池壁加速旋转，同时提臂使两脚触壁，两手做经颌下前伸动作，准备蹬壁［图 5-26(4)］。

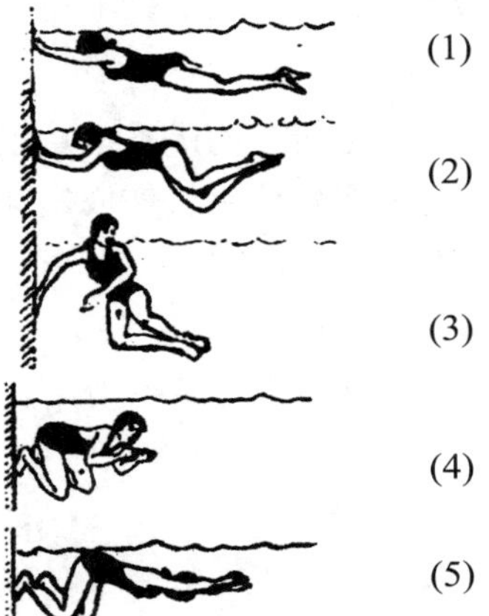

图 5-26

3) 蹬壁

紧接转身，两脚掌贴在距水面约 40 厘米处，两腿弯曲，两臂伸直，头夹在两臂之间，然后用力蹬离池壁［图 5-26(5)(6)］。

4) 滑行和一次潜泳动作

蹬壁后，身体成流线型姿势滑行。当速度略下降时，两臂即开始划水，做一次潜泳动作。

2. 爬泳（自由泳）转身

竞赛规则规定，自由泳转身时，可用身体任何部分触壁。优秀运动员多采用前滚翻转身。

1) 游近池壁

现代游泳池各水道的池底距池端 2 米处都画有一条横的标志线。当运动员游至标志线时，即距池壁约 1.5～2 米时即可准备做前滚翻转身。

2) 转身

以右臂在前为例。当游近距池壁 1.5～2 米时，左臂结束最后一次划水，头不出水。右臂入水后，插向左前方，使身体沿纵轴稍向左侧转［图 5-27(1)］；在右臂继续划水的同时低头，两腿向下打水帮助提臀收腹，成屈体姿势［图 5-27(2)］。当低头屈髋到达垂直部位后，头和手的速度已经减慢，臀和腿部则继续向前。这时左手用力向头的方向拨水，以帮助头肩继续向上转动，右手再从内向前右侧反手拨水，帮助身体沿纵轴转动［图 5-27(3)］。接着两腿在半空中屈膝缩短半径向池壁甩脚，加快旋转速度［图 5-27(4)］。从图 5-27(3)(4)中可以看到，身体处在沿横轴、纵轴和前后轴转动的动作是一个复杂的急促前滚过程。在甩脚时，脚触池壁，这时已结束滚翻，两臂几乎伸直，躯干呈侧卧姿势并继续沿纵轴向俯卧姿势转动［图 5-27(5)］。

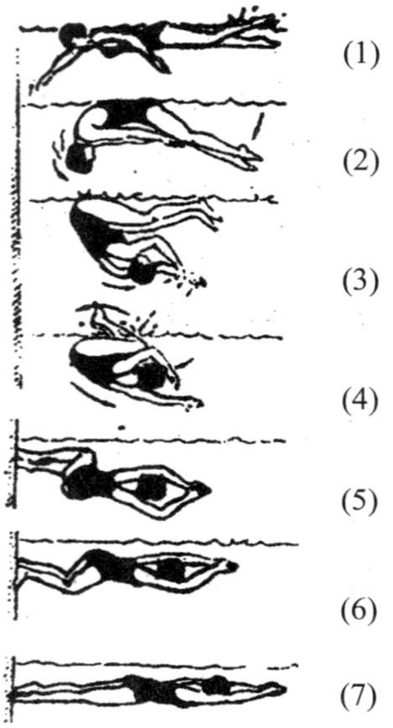

图 5-27

3) 蹬壁

转身结束时，两脚被甩贴到池壁上，此时立即开始蹬壁，整个动作是连续的。两臂前伸，身体沿纵轴边蹬边转成俯卧。蹬壁结束时两臂前伸，头夹在两臂中间，身体伸直成流线型［图 5-27(6)(7)］。

4) 滑行和开始游泳

紧接蹬壁，即滑行至速度开始降低到游泳速度时，开始途中游。

第三节　竞技游泳比赛规则简介

一、自由泳

虽然自由泳比赛中可采用任何泳式，但在个人混合泳及混合泳接力赛中，自由泳是指除蝶泳、仰泳、蛙泳以外的泳式。

自由泳的要点如下：

(1) 转身和到达终点时，可用身体任何部分触池壁。

(2) 在整个游程中，运动员身体的某一部分必须露出水面，在转身过程中允许运动员完全潜入水中，但在出发和每次转身后潜泳距离不得超过 15 米，在潜泳 15 米前运动员的头必须露出水面。

二、仰泳

仰泳的要点如下：

(1) 在出发信号发出前，运动员面对出发端，两手抓住握手器，两脚禁止蹬在水槽里、水槽上或脚趾勾在水槽沿上。

(2) 出发和转身后，运动员应蹬离池壁，除在做转身动作外，运动员在整个游进过程中始终呈仰卧姿势。仰卧姿势允许身体做转动动作，但必须保持与水平面小于 90° 的仰卧姿势，头部位置不受此限制。

(3) 在整个游进过程中，运动员身体的某一部分必须露出水面。在转身过程中，允许运动员完全潜入水中。但在出发和每次转身后，运动员潜泳距离不得超过 15 米，在潜泳 15 米前运动员的头必须露出水面。

(4) 在转身过程中，运动员身体的某部分必须触壁。转身过程中允许肩的转动超过垂直面，之后可进行一次单臂划水或双臂同时划水动作，并以此划水动作作为转身的开始。运动员必须呈仰卧姿势蹬离池壁。

(5) 运动员在到达终点时，必须以仰卧姿势触壁。触壁时允许身体潜入水中。

三、蛙泳

蛙泳的要点如下：

(1) 出发和每次转身后，从第一次手臂动作开始，身体应保持俯卧姿势，任何时候不允许呈仰卧姿势。

(2) 两臂和两腿的所有动作都应同时在同一水平面上进行，不得有交替动作。

(3) 两手应同时在水面、水下或水上由胸前伸出，并在水面或水下向后划水。除转身前最后一个动作以及转身过程中和终点触壁前的最后一个动作外，在手臂的完整动作中，两肘不得露出水面。除出发和每次转身后的第一次划水动作外，两手向后划水不得超过臀线。

(4) 在蹬腿过程中，两脚必须做外翻动作，不允许做剪夹、上下交替打水或向下的海豚式打水动作。只要不做向下的海豚式打水动作，则允许两脚露出水面。

(5) 在每次转身和达到终点时，两手应在水面、水上或水下同时触壁。触壁前的最后一次划水动作结束后，头可以潜入水中，但在触壁前的一个完整或不完整的配合动作中，头的某一部分应露出水面。

(6) 在每个完整的动作周期内，运动员头部的某一部分应露出水面。只有在出发和每次转身后，运动员才可做一次手臂充分向后划至腿部的动作，但在第二次划臂至最宽点并在两手向内划水前，头必须露出水面。当身体完全没入水中时，允许做一次海豚式打水接蛙泳蹬水动作。在此之后腿部的所有动作应同时并在同一水平面内进行，不得有交替动作。

四、蝶泳

蝶泳的要点如下：

(1) 从出发和每次转身后的第一次手臂动作开始，身体应保持俯卧姿势，允许水下侧打腿。任何时候都不允许转成仰卧姿势。

(2) 两臂必须在水面上同时向前摆动，并同时在水下向后划水。

(3) 所有腿部的上下打水动作必须同时进行。两腿或两脚可不在同一水平面上，但不允许有交替动作，不允许有蹬蛙泳腿。

(4) 在每次转身和到达终点时，两手应在水面、水上或水下同时触壁。

(5) 在出发和每次转身后，允许运动员在水下做一次或多次打水动作和一次划水动作，这次划水动作必须使身体升到水面。在整个游程中，运动员身体的一部分必须露出水面。允许在出发和每次转身后潜泳，距离不得超过 15 米，在潜泳 15 米前运动员的头必须露出水面。运动员必须使身体保持在水面上，直至下次转身或到达终点。

五、混合泳

个人混合泳须按照下列顺序进行比赛：蝶泳、仰泳、蛙泳、自由泳。

混合泳接力须按照下列顺序进行比赛：仰泳、蛙泳、蝶泳、自由泳。

在个人混合泳和混合泳接力项目的比赛中，每一泳式都必须符合竞赛规则的有关规定；在仰泳转蛙泳的过程中，运动员必须呈仰泳姿势触及池壁。

第四节　游泳运动的安全与卫生及救护

游泳是人们喜爱的健身方式之一，但水是无情的。俗话说，水可载舟，亦可覆舟。因此，参加游泳锻炼必须十分注意安全卫生和具备一定的救护常识，才能防患于未然，真正达到增强体质的目的。

一、游泳安全与卫生

1. 认真进行体检

游泳中体能消耗较大，加上水的特殊环境，有些疾病患者是不宜参加的，所以游泳前应进行全面的体检。凡患有严重心脏病、精神病、癫痫、各种传染病、中耳炎、鼻窦炎和有开放性伤口以及女性在月经期时都不宜游泳，否则对己不利，也容易把疾病传染给别人。

2. 妥善选择游泳场所

一般人工游泳场馆较安全。在天然水域游泳必须选择水质干净的地方，同时要注意水的深度和流速。凡有淤泥、乱礁、树桩以及急流漩涡、水草丛生且船只来往频繁的水域不宜游泳，而有鲨鱼出没的海域以及受到工业污染的江河湖海也不宜游泳。

3. 游泳前要做准备活动

游泳前要做准备活动，使身体各器官、各系统做好游泳的准备；下水时要先用冷水浇湿头部、胸部和四肢，以免因突然下水引起神经、皮肤、肌肉受到冷水刺激，从而引发腿脚抽筋和其他不良反应。

4. 饭后、酒后或剧烈运动后，不宜立即下水游泳

一般应在饭后 1 小时游泳，以免在游泳时发生呕吐，影响消化系统功能。酒后或剧烈运动后游泳会使扩张的皮肤血管突然受到冷水刺激而急剧收缩，导致的内热难散会使内热平衡受到破坏，血液循环受阻，加重心脏负担。

5. 注意呼吸，避免呛水

游泳时，如果用鼻吸气，水就会随空气一起被吸入鼻腔，刺激呼吸道引起咳嗽，这就是呛水。初学游泳者应该掌握正确的呼吸方法。各种游泳姿势有不同的动作配合要求，但呼吸方法相同。为避免呛水，一般都用嘴吸气，用口、鼻同时呼气。

6. 科学、合理地安排运动量

进行游泳锻炼时的运动量要因人而异，一般来说，应根据每个人的身体状况、气温、水温等科学合理地安排，以适度的疲劳感为宜。

7. 游泳后的卫生保健

游完泳后，应在水中做全身放松运动，调整呼吸后再出水；出水后，应及时淋浴并擦干身体，穿好衣服，注意保暖；还应点眼药和鼻药，以防止眼、鼻部感染。

8. 注意保护耳朵

游泳时，由于呼吸不当或其他原因，水极易由口和鼻进入耳朵，可能引起中耳炎，因此耳朵进水后应立即排出。其方法是如果左耳进水后，可把头歪向左边，左脚单跳几下，同时左手拉耳垂，耳朵内的水就可排出。另外，耳屎较多的人，游泳前应清除，否则被水浸泡后耳屎会胀大，引起耳痛。

二、水上救护

水上救护是在水中发生溺水事件时，对溺水者所采用的施救方法，它是保障游泳者生命安全的一项重要措施。其指导思想是以防为主，以救为辅，防救结合，有备无患。因此，学会和掌握一定的救护知识是十分必要的。水上救护一般可以分为间接救护、直接救护和自我救护三种。

（一）间接救护

间接救护是救护者利用救生物品（救生衣、救生圈、竹竿、绳索、泡沫块、木板、轮胎等）对较清醒溺水者施救的一种方法。其特点是安全可靠，迅速省力，救护效果好。下面介绍几种常用救生器材的使用方法。

1. 救生圈

最好在救生圈上系一条长绳，当发现溺水者时，可迅速将系好绳索的救生圈扔给溺水者。如在江河里就应向溺水者的上游扔去，溺水者抓到救生圈后，可将其拖上岸。

2. 竹竿

溺水者距岸或船较近时，可将竹竿伸给溺水者，待溺水者握住竹竿后将其拖至岸边或船上。

(二) 直接救护

直接救护是在没有任何救生器材的情况下，救护者直接入水对溺水者施救的一种方法。这是游泳救生员必须掌握的一门技术，也是水上救护中最重要的环节。它一般可分为入水前的观察、入水、游近溺水者、水中解脱、拖带、岸上急救等过程。

1. 入水前的观察

当发现溺水者后，在情况允许的条件下，边观察边脱掉鞋、衣，并判断溺水者的方位和距离，根据水域情况选择入水地点。如在静水中，救护者应选择距溺水者最近的地点入水；如在流动的水中，救护者应在陆地上跑到溺水者上游入水。

2. 入水

入水是指救护者由岸、池（船上）边跃入水中的技术动作。一般入水方法有两种：一种是在熟悉的水域，采用助跑的出发式入水；另一种是在不熟悉的水域，采用下肢先入水的方法，如跨步式，即两腿前后分开，两臂向两侧伸开，掌心向下，入水瞬间，两腿下压夹水，两臂由两侧往前下方压水，尽量使头部不浸没于水中，以便观察溺水者的位置和溺水情况。

3. 游近溺水者

入水后，一般采用速度较快的抬头爬泳或蛙泳，以便观察溺水者动态。游到距溺水者两米时，改为踩水，深吸一口气，潜入水中，游到溺水者背后，两手托住溺水者腰部或髋部并向上举起，使溺水者头部出水吸气，减少溺水者心理的紧张，然后进行拖带。如果从正面直接救护，应果断地用右（或左）手，握住溺水者右（或左）手腕，用力向右（或左）边一拉，使溺水者的身体旋转，背向自己，即可拖带。

4. 水中解脱

水中解脱是指救护者被溺水者抓住或抱住后的解脱方法。因为溺水者一般都处于慌乱状态，为了求生，往往抓住或抱住救护者不松手，所以救护者必须掌握一定的解脱方法。解脱方法一般都是运用反关节和杠杆原理进行的，其主要方法有以下几种：

(1) 虎口解脱法。如果救护者两手腕被溺水者抓住，可迅速用力将两臂从里向外扭转，即可从溺水者虎口处解脱。

(2) 推领解脱法。如果溺水者从正面抱住救护者，救护者可用一手托住溺水者的下颌并向上推，另一手同时紧抱溺水者的腰部向前拉，即可解脱。

(3) 扳指解脱法。如果溺水者从背后拦腰抱住救护者，但两臂未被束缚，救护者可用左、右手分别抓住溺水者左、右手的一指向外扳开，接着将溺水者的双手上举，使身体下沉，即可解脱，并从溺水者腋下穿绕到溺水者背后，进行拖带。

(4) 扭颈解脱法。如果溺水者从背后抱住救护者两腿，救护者可以侧身用两手分别按在溺水者的头顶和下颌，然后将溺水者头部用力向外扭转，即可解脱。

(5) 托肘解脱法。如果溺水者从背后抱住救护者颈部，救护者可用一只手抓住溺水者抱在上面的手，另一只手用力将溺水者的肘关节向上推，乘机脱出头部，绕到溺水者背后，进行拖带。

5．拖带

拖带是救护者水上运送溺水者到岸边方法的统称，其主要有以下几种方法：

(1) 蛙泳拖带法。如果溺水者会游泳，只是因为太累或抽筋而必须救护，可让溺水者两手扶住救护者两肩或腰背部进行拖带。

(2) 仰式拖带法。救护者两手托住溺水者两侧下颌，采用仰式反蛙泳进行拖带。

(3) 侧泳拖带法。救护者用左（右）手从溺水者背后左（右）肩通过溺水者的胸前，握在溺水者腋窝后面的肩胛骨上，身体侧卧，一只手在水下划水，两腿蹬夹前进。

6．岸上急救

救护员将溺水者拖带上岸后，要及时进行救治。急救的内容包括排出腹水、人工呼吸、胸外心脏按摩以及转送医院进行抢救等。

（三）自我救护

自我救护是游泳者在水中身体出现异常或险情时所采取的应急措施的总称。当游泳者出现危急状况时，首先应保持镇静，切勿慌张，然后视具体情况，采取自救措施。手指抽筋时，将手握拳，用力张开，反复几次，直至消除；小腿抽筋时，将腿伸直，用力勾脚，即可消除；大腿抽筋时，仰卧于水中用力屈膝或团身抱膝，即可消除；遇到急流漩涡时，身体必须保持平卧，用爬泳以最快的速度游离漩涡；脚陷入淤泥时，首先将脚左右摇动，然后将脚拔出，身体改成仰卧或俯卧游离淤泥区；遇到水草时，先深吸一口气，潜入水中，拔去水草，然后平卧游离水草区。

第六章

篮　　球

第一节　篮球运动概述

美国马萨诸塞州斯普林菲尔德市基督教青年会训练学校的体育教师詹姆士·奈史密斯博士于1891年发明了篮球运动。开始时，他从工人和儿童用球向“桃子筐”做投准的游戏中得到启发。

篮球运动产生后，由于它本身所具有的趣味性、竞争性和对抗性的特点，很快就在各地传播开来。1904年，美国青年会篮球队在第3届奥林匹克运动会上进行了篮球表演赛。1908年，美国制定了全国统一的篮球竞赛规则，并用多种文字在全世界出版发行。此后，篮球运动逐步在中美洲、亚洲、欧洲、非洲和大洋洲开展起来。1932年成立了国际业余篮球联合会。在1936年第11届奥运会上将男子篮球列入正式比赛项目，1976年第21届奥运会上又增加了女子篮球比赛项目。现今国际重大篮球赛事主要有奥运会篮球比赛、世界篮球锦标赛等。世界高水平的篮球职业联赛主要有美国职业篮球联赛（NBA）、欧洲职业篮球联赛等。

自20世纪30年代篮球运动登上世界体育舞台之后，由于规则的不断完善，对篮球运动的技战术提出了更高的要求，因此比赛日趋激烈，随着技战术的进一步提高和高大队员的相继出现，世界各强队经过近20年的努力，开始力争在速度与高度方面取得优势，同时更加注重进攻与防守的平衡。直到20世纪70年代，篮球运动形成了身高与技术同步发展的基本格局，使身体、技术、智力、心理等各对抗因素融为一体，为现代篮球运动奠定了基础。

进入20世纪80年代后的篮球运动开始向职业化方向发展。1986年，国际业余篮球联合会取消“业余”名称，改为国际篮联，翌年又通过了职业球员可以参加大赛的决定。这一重大改革促使了20世纪90年代世界篮球运动迅速向高速度、高空优势、激烈对抗的方向发展。

进入21世纪，篮球运动继续向“高、快、全、准、变”发展，明星队员更加突出，技战术运用向“精练化”“技艺化”“智谋化”发展。今后，篮球运动的发展，将会使我们感到球场越来越小，比赛时间越来越短，篮球架越来越低，篮圈越来越大，场上变化越来越快，攻守队员身体接触越来越激烈，明星队员的特殊功能越来越突出，女子与男子的对抗形式越来越接近。

篮球运动于1896年传入中国。一百多年来，篮球运动在中国已成为人们喜爱的社会文化形态，在教育科学领域已成为一门教育学科，也是一项重点发展的竞技运动。我国的篮球运动近几年来有较大的变革，篮球运动已进入职业化改革发展阶段，全国职业篮球联赛（CBA）和全国大学生篮球联赛（CUBA）呈现出良好的发展势头。我国的一些优秀运动员如王治郅、姚明、易建联等，已先后进入世界最高水平的篮球联赛 NBA 发展。在 2008 年北京奥运会上，中国男子篮球队进入了前八名，女子篮球队获得了第四名的好成绩。

经常参加篮球运动，能改善中枢神经系统的机能，有利于促进学生完成动作的协调性，提高观察、判断和反应能力，增强循环、呼吸等器官系统的功能。紧张激烈的篮球比赛，还可以培养运动员积极、果断、勇敢、顽强的战斗意志和集体主义精神。

第二节　篮球基本技术

篮球技术是队员在比赛中为了攻守目的所运用的各种专门动作的总称，分为进攻技术和防守技术两大部分，它们是篮球比赛的基础，是篮球比赛得以顺利进行的必要条件。

一、移动技术

移动技术是运动员在比赛中，为了控制身体重心，改变位置、方向、速度和争取高度所采用的各种脚步动作的总称。它是篮球的基础技术，与掌握和运用其他篮球技术，有着密切的联系。

（一）移动的分类

(1) 基本站立姿势和起动。
(2) 跑：侧身跑、变速跑、变向跑、后退跑。
(3) 跳：双脚跳、单脚跳。
(4) 急停：跨步急停、跳步急停。
(5) 转身：前转身、后转身。
(6) 跨步：同侧步、异侧步。
(7) 滑步：侧滑步、前滑步、后滑步、后撤步。
(8) 攻击步。

（二）移动技术分析

1. 基本站立姿势和起动

运动员在球场上需要保持一个既稳定又便于移动的站立姿势，即基本站立姿势。基本站立姿势有利于迅速、协调地去完成各种攻守技术。

基本站立姿势：两脚自然开立，稍屈膝，重心落在两脚间，上体稍前倾而放松，两眼注视全场。

起动是运动员在场上由静止状态变为运动状态并获得位移初速度的一种起始动作。在攻防中突然起动是摆脱对手和抢占有利位置的重要方法。向前起动时，上体迅速前移，后脚用力蹬地并前移身体重心。起动后，前两三步应短促迅速，并配合手臂的快速摆动。向侧方起动时，异侧脚前脚掌用力蹬地，上体侧转（脚尖指向迈进方向），并向跑动方向移动重心，手臂协调摆动。

2. 跑

(1) 侧身跑：比赛中队员为了抢位和接球，以及更好地观察场上的情况而经常采用的一种方法。向前跑动时，脚尖指向跑动方向，头和上体自然地转向有球方向。

(2) 变向跑：队员在跑动中突然改变方向，速度来摆脱防守或堵截进攻的一种方法。其方法是由右向左变向时，右脚前脚掌内侧用力蹬地，脚尖内扣，上体向左倾斜，移动重心，左脚向左前方跨出迅速超越。

(3) 变速跑：队员在跑动中利用速度的变换来完成攻守任务的一种争取主动的方法。加速时，利用两脚突然短促而有力地连续蹬地，上体前倾，加快跑的频率，手臂相应地摆动配合；减速时，脚前掌用力抵地减缓向前的冲力，同时上体直起，步幅放大，降低跑速。

3. 跳

跳是运动员在场上争取高度和远度的一种动作方法。队员掌握跳跃的动作要领，有利于提高跳跃的高度和远度，可以加强对球的控制，以便获得更有利的进攻和防守时机。

(1) 双脚起跳：起跳时，两脚开立，屈膝下蹲，上体稍前倾，两臂弯曲后摆。起跳时两脚快速用力蹬地，伸膝提腰和向前上方摆臂，使身体向上腾起。身体在空中自然伸展，维持平衡。落地时用前脚掌先着地，并屈膝缓冲下落的重力，迅速恢复身体平衡，以便做下一个动作。双脚起跳多在原地进行。

(2) 单脚起跳：起跳时，踏跳腿微屈前送，用脚跟先着地制动并迅速屈膝过渡到前脚掌用力蹬地，同时提腰摆臂，另一腿快速上抬。当身体达到最高点时，摆动腿自然下放，与起跳腿并拢。落地时双脚要屈膝缓冲身体重力，保持平衡。单脚起跳多用于跑动中。

4. 急停

急停是队员在跑动中突然制动速度的一种动作方法，它也是随时转换和衔接各种脚步动作的过渡动作。掌握好急停动作直接关系到其他脚步动作的质量。急停动作分为跨步急停和跳步急停两种。

(1) 跨步急停：当运动员在快速跑动中需要急停时，先向前跨出一大步，用脚跟着地并过渡到前脚掌抵住地面，迅速屈膝，腰胯用力，在两脚之间，两臂自然张开，保持身体平衡。

(2) 跳步急停：在跑动中，用单脚或双脚起跳（离地不要太高），上体稍后仰，两脚同时落地，屈膝降重心，保持身体平衡，重心放在两脚上，以便任何一脚作轴迅速起动。

5. 转身

转身是运动员以一只脚作为中枢脚，另一脚用力蹬地，使身体旋转，借以改变身体方向的一种脚步动作。它分为前转身和后转身两种。

(1) 前转身：移动脚向中枢脚前方跨步旋转，从而改变身体方向。其动作方法是两膝微屈，上体稍前倾，重心落在两脚之间偏前脚掌上，向左转身时，左脚为中枢脚，重心移到左脚并用前脚掌为轴用力碾地，同时右脚用力蹬地，以肩带腰向左转动。

(2) 后转身：移动脚向中枢脚后方撤步转动，从而改变身体方向。其方法类同前转身，只是方向相反。转身时，身体重心要保持水平转动，不要上下起伏。转身后，保持身体平衡，以便衔接下一个动作。

6. 滑步

滑步是防守时的一种主要移动方法，常用来堵截对方的移动路线，调整自己的防守位置。滑步一般分为侧滑步、前滑步和后撤步。

(1) 侧滑步：两脚平行站立，两膝较深弯曲，上体微前倾，两臂张开（根据进攻者的情况）。向左侧滑步时，左脚向左跨出一步落地的同时，右脚前脚掌内侧迅速用力蹬地，紧贴地面跟随左脚滑动，两脚保持一定距离。向右侧滑步时，动作与向左侧时相反。滑步时身体不要上下起伏，重心保持在两脚之间。

(2) 前滑步：动作的结构和用力过程与侧滑步相同，只不过滑行方向和用力不同。

(3) 后撤步：运动员在防守时变前脚为后脚的一种起步方法。撤步时，用前脚掌内侧蹬地，腰部用力向后转体，前脚后撤，同侧臂后摆，同时后脚的前脚掌碾地，当前脚后撤着地后，紧接滑步，保持合理的防守姿势和位置。

7. 攻击步

攻击步是防守方的运动员突然前窜，进行抢球、打球或破坏对方接球、传球、投篮等攻守行动的一种动作。做攻击步时，后脚要猛力蹬地，前脚突然向前跨出逼近对手，重心放在前脚上，用前脚同侧的手臂干扰对方。

二、传、接球技术

传、接球是篮球比赛中进攻一方的运动员之间有目的地转移球的方法，是进攻一方的运动员在场上相互联系和组织进攻的纽带，是实现战术配合的具体手段，是比赛中运用最多的一项技术。

传、接球是传球动作和接球动作相结合，由两个运动员共同完成的配合技术。

接球是持球进攻的基础，只有接好球才能完成其他进攻动作。

(一) 传、接球的分类

(1) 双手胸前传球、接球。

(2) 双手低手传球。

(3) 双手头上传球。

(4) 单手肩上传球、接球。

(5) 单手胸前传球。

(6) 单手体侧传球。

(7) 单手背后传球。

(8) 单双手反弹传球。

(二) 传、接球技术分析

1. 传、接球技术要点

1) 持球手法

持球有双手和单手两种形式，每一种形式又有高手和低手之分。

(1) 双手高手持球手法：两手五指自然分开，拇指相对成“八”字形，用指根以上部位握住球的两侧后下方，手心空出（图 6-1）。

图 6-1

(2) 双手低手持球手法：持球的两侧，两小拇指相对成“八”字形，手心空出。

(3) 单手高手持球手法：单手五指自然分开，球置于手上，以指根以上部位接触球，手心向前并空出（图 6-2）。

图 6-2

(4) 单手低手持球手法：单手低手持球手法与高手相同，只是掌心向上。

2) 接球手法

接球手法主要包括双手接球和单手接球两种形式。

(1) 双手接球手法：接球时，两眼注视来球，两臂伸出迎球，手指自然分开，两拇指成八字形，两手成半圆形。当手接触球的瞬间，双臂随球后引缓冲来球的力量，成双手持球（图 6-3）。

图 6-3

(2) 单手接球的手法：伸手迎向来球，当手接触球的同时迅速借来球惯性将球后引至胸前，成双手持球姿势。

3) 传球手法

传球最常见的有双手传球和单手传球两种手法。

(1) 双手传球的手法：在双手持球手法的基础上，借助蹬地使身体重心前移的力量，迅速伸臂，同时拇指用力下压，手腕前屈，食指用力拨球将球向目标传出。

(2) 单手传球的手法：在单手持球手法的基础上，借助蹬地使身体重心前移的力量，手臂向前方挥动，同时传球臂的手腕迅速前屈，手指快速拨球作用于球体，使球向目标飞出。

2. 传、接球技术动作方法

1) 双手胸前传球

传球由持球和传球动作组成。在双手持球的基础上，两臂弯曲，肘关节下垂，持球于胸腹之间，肩、臂、腕肌肉放松。传球时，后脚蹬地，身体重心前移，同时两臂前伸，手腕由下向上翻转，拇指下压通过食、中指用力弹拨将球传出。出手后，手心向下，手指指向传球方向。

2) 单手肩上传球

单手肩上传球是一种常用于中远距离的传球方法，特别在抢到后场篮板球或掷后场界外球发动长传快攻时运用最多。在单手高手持球的基础上，右手传球时，左脚向传球方向跨出半步，使左肩对着传球方向，同时将球引到右肩上方，右手持球的后下方。出球时，右脚蹬地的同时转体带动上臂，肘领先，迅速地向前挥臂，手腕前屈，由食、中指拨球将球传出。

3) 单、双手反弹传球

单、双手反弹传球是一种最常用的近距离隐蔽式传球方式。反弹传球的方法有很多，如单手体侧，单、双手胸前，单手背后等，都可以通过地面反弹将球传给同伴。动作方法与其他传球相同，只是改变了传球时的用力方向和击球点。传球时出手的用力是向前下方，击地点应在传球人距离接球人三分之二的地方，球弹起的高度一般在接球人的腹部为宜。

4) 双手接球

双手接球是一种适应面很广的接球方法，可用来接胸部高度、高于胸部或低于胸部高度且离身体较近的各种来球。接球时，两眼注视来球方向，两臂自然伸出迎球，两手成半圆形，掌心向前；当球触及手指时，两臂随球后引缓冲来球力量，两手握球置于胸腹前，准备衔接下一个动作。

5) 单手接球

单手接球是一种能接离身体较远且来自不同方向球的方法。右手接球时，注视来球方向，手臂向来球方向伸出迎球，臂微屈，手指自然分开，成勺形；当球触及手指时，手臂顺势后引，另一手迅速扶球，将球置于胸腹之间，准备衔接下一个动作。

6) 双手接反弹球

接球时迎球跨步，上体前倾，眼睛注视来球反弹的高度，两臂迎球向前下方伸出，五指自然分开，在球刚落地弹起时手指触球，两手握球顺势将球引至胸腹间。

三、投篮技术

投篮是进攻队员为了将球从篮圈上面投入篮筐而采用的各种专门动作方法的总称。它是篮球运动的主要进攻技术，是唯一的得分手段。因此，投篮技术掌握的好坏，对比赛胜负有着决定性的作用。

（一）投篮技术分类

(1) 原地投篮：双手胸前投篮、双手头上投篮、单手肩上投篮、单手头上投篮。

(2) 行进间投篮：单手肩上投篮、单手低手投篮、双手低手投篮、反手投篮、勾手投篮。

(3) 跳起投篮：原地跳起投篮、急停跳起投篮、转身跳起投篮。

(4) 补篮：双手补篮、单手补篮。

(5) 扣篮。

（二）投篮技术分析

1. 投篮动作要点

投篮动作包括持球方法、准备姿势、出手动作、瞄准点、球的旋转和抛物线。

1) 持球方法

持球是完成投篮动作的前提，其方法分单手和双手两种。

(1) 单手持球法：以原地单手肩上投篮为例。由双手持球开始，右手投篮时，五指自然分开，用手掌外沿和指根以上部位托住球的后下方，手心空出，手腕后仰，球的重心落在食指和中指之间，肘关节自然下垂，置球于同侧肩的前上方，左手扶住球的侧下方。

(2) 双手持球法：以原地双手胸前投篮为例。两手五指自然分开，握球的两侧稍后部位，两拇指成八字形，掌心空出，手腕放松，两肘自然下垂，肩关节放松，置球于胸前。

2) 投篮准备姿势

首先，要使身体各部分处于开始工作的适度紧张状态；其次，要维持身体重心使其处于便于投篮动作开始的高度和位置；第三，便于由投篮转换为其他技术动作。因此，进攻队员接球后，必须面向篮圈并抢占有利投篮位置和保持能投篮、传球、运球的进攻姿势。

3) 瞄准点

瞄准点指投篮时的目标注视点，是提高投篮命中率的重要环节。投空心篮时，通常是瞄准篮圈离自己最近的一点，其优点是有实体目标。投碰板篮时，一般是投篮角度越小，距离越远，弧度越高，碰板点越高；反之，越近则弧度越低。

4) 出手动作

出手动作指投篮时球最后出手的动作，是完成投篮的最后一个环节。这一环节对于球是否投中具有决定性的作用，因为手腕用力、手指前屈、指端拨球等动作，直接影响着球飞行的方向、出手角度、入篮角度和球的旋转。

5) 球的旋转

球离手后能正确地旋转，能使球沿着正确的方向飞行，有助于提高命中率。球旋转的方向和速度取决于手指、手腕的动作。一般情况下，球在空中飞行大都沿着球的横轴向后旋转。因为向后旋转的球不但有助于保持球飞行的稳定性，而且由于球的上下面所受的空气压力不同（球的上面气流速度慢、压力大，将球向上托），所以带有后旋的球，有助于提高球飞行的弧度。另外，因为向后旋转的球碰到篮圈时，球的反弹方向是向下的，所以较易中篮。在篮下侧面碰板投篮时，应使球向侧旋转；行进间单手低手和双手低手投篮时，应使球向前旋转。

6) 抛物线

抛物线指投篮球出手后球在空中飞行的路线。抛物线分低、中、高三种。其中，中抛物线是投篮命中最适宜的抛物线。因为中弧线是球飞行弧线的最高点时，大致与篮板上沿在一条水平线上，球篮的大部分暴露在球的下面，所以易命中。但是由于投篮的距离、人的高度、投空心篮和碰板篮、防守的干扰和跳起的高度不同，投篮的弧线就有所不同。最好的弧线是既能控制球飞行的路线，又适合球进篮的角度。

总之，上述投篮各要素是相互影响、相互促进和相互制约的，只有合理地组合起来，才能体现一个完整的投篮技术。

2. 投篮技术动作方法

1) 原地投篮

(1) 双手胸前投篮：双手持球于胸前，肘关节自然下垂，两脚前后自然或左右开立，两膝微屈，重心落在两脚之间，目视瞄准点；投篮时两腿蹬地，腰腹伸展，两臂向前上方伸出，前臂内旋，两手腕同时外翻，拇指下压，使球通过拇指、食指、中指端投出。球出手后，脚跟提起，腿、腰、臂随出球方向自然伸展（图 6-4）。

图 6-4

(2) 单手肩上投篮：右手投篮时，右脚在前，左脚稍后，两膝微屈，重心落在两脚之间。右手五指自然分开，手腕后屈持球于右肩上，左手扶球的侧下面；投篮时下肢蹬地发力，身体随着向前上方伸展，同时抬肘伸臂，用手腕前屈和手指拨球动作，使球柔和地从食指中指端投出。球离手时，手臂要随球自然跟送，脚跟微提起（图 6-5）。

图 6-5

2) 行进间投篮

(1) 单手高手投篮：以右手投篮为例。右脚跨出一大步的同时接球，接着左脚跨出一小步并用力蹬地起跳，右腿屈膝上抬，同时举球至头右侧，腾空后上体稍后仰，当身体接近最高点时，右臂向前上方伸直，手腕前屈，食、中指用力拨球，通过指端将球投出。

(2) 单手低手投篮：在快攻中和突破防守切入篮下时最常用的一种方法。以右手投篮为例，跑动步法与单手高手投篮基本相同，只是在接球后的第二步要继续加快速度，向前上方起跳，右腿提膝，双手向前上方举球。当身体接近最高点时，左手离球，右手掌心向上，五指自然分开托球的下部并充分向球篮的方向伸展，接着屈腕，食指、中指用力拨球，使球向前旋转从指端拨出。

3) 跳起投篮

(1) 原地跳起单手投篮：起跳前的姿势与原地单手投篮相同，不同的是跳起在空中完成投篮动作。起跳时，两腿迅速屈膝用力蹬地向上跳起，同时双手举球至额前上方，右手托球，左手扶球的侧下方。当身体接近最高点时，保持身体平衡，左手离球，右臂向前上方伸直，手腕前屈，食指、中指用力拨球，通过指端将球投出。落地时，屈膝缓冲，准备下一个动作。

(2) 运球急停跳投：在快速运球中，突然运用跨步或跳步急停，并向上跳起，同时双手持球上举。当身体接近最高点时，伸前臂，屈手腕，食指、中指用力拨球将球投出。

(3) 接球急停跳起投篮：在快速移动中用跨步或跳步急停接球，用腿、腰、背的力量控制身体重心，突然向上跳起，两手持球迅速上举。当身体接近最高点时，伸臂屈腕，食指、中指拨球将球投出。

四、运球技术

持球队员用单手连续按压和迎引从地面反弹起来的球称为运球。运球是篮球运动中主要的基本技术之一，它是队员控制、支配球和组织战术配合及突破防守的重要手段，是个人攻击的有效方法，也是组织全队进攻战术配合的重要桥梁。

(一) 运球技术的分类

(1) 高运球。
(2) 低运球。
(3) 运球急起急停。
(4) 体前变向换手运球。
(5) 体前变向运球。
(6) 背后运球。
(7) 运球转身。
(8) 胯下运球。

(二) 运球技术分析

1．运球技术要点

运球技术要点是由队员的身体姿势、手型、手按压球的动作和球的运行及落点等环节组成。

1) 身体姿势

两脚前后开立，两膝微屈，上体稍前倾，屈肘抬头，非运球手臂屈肘保护。

2) 手型

五指自然分开，用手指根以上部位触球，掌心空出，手腕放松。

3) 手按压球的动作

以肘关节或肩关节为轴，带动臂、腕、指主动按压和迎引从地面反弹起来的球。

4) 球的运行

球的运行方向和速度取决于按压球的部位与力量。按压球的部位不同，球向地面的入射角和从地面反弹起来的反射角也不同；按压的力量不同，球从地面反弹起来的高度和速度也不同。

5) 球的落点

运球时要控制球的落点，使球完全保持在自己所能控制的范围内，以便利用自己的身体、臂、腿来保护球。例如运球向前推进时，球的落点应控制在身体的侧前方，并保持适当的距离，以免脚踢球。在对手紧逼防守时，应使球远离对手，采用侧对防守的运球方法，将球的落点控制在身体的侧后方。

2. 运球技术动作方法

1) 高运球

两腿微屈，上体稍前倾，抬头平视，以肘关节为轴，带动臂、腕，手指柔和而有力地按压球的后侧上方；球的落点在运球手臂的同侧脚的外侧前方，球的反弹高度在胸腹之间，手脚配合要协调。高运球一般在队员由后场向前推进并无防守阻挠时运用（图 6-6）。

图 6-6

2) 低运球

运球中对方紧逼时，两腿迅速弯曲，降低重心，上体前倾，用手腕和手指短促按拍球的后上方，使球落点在体侧，球的反弹高度在膝关节处，并注意用肩、臂、腿保护球。低运球一般在遇到防守堵截时运用（图 6-7）。

图 6-7

3) 运球急停急起

运球急停时，要采用跨步急停，屈膝降重心，同时按拍球的前上方，转入低运球，用臂、身体和腿保护好球。急起时，后脚用力蹬地，上体快速前倾起动，按拍球的后侧上方，人与球同步快速前进，超越对手。运球急停急起一般运用于对手紧逼时，利用节奏的变化来摆脱防守（图 6-8）。

图 6-8

4) 体前变向换手运球

以右手运球为例，从右向左变向突破时，按压球的右后上方，使球经体前右侧反弹至左侧前方，右脚向左脚前方跨出，上体左转侧看，以臂、腿、上体保护球，同时换左手按压球的后上方，左脚跨出并用力蹬地突然加速。体前变向换手运球一般运用于对方紧逼时，利用突然改变运球方向加速摆脱防守。

5) 运球转身

以右手为例，运球做转身动作时，左脚向前跨出一步为中枢脚，置于对手两脚之间，然后右脚用力蹬地后撤，顺势做后转身动作，同时将球拉引至身体的后侧方，换左手运球，从对手右侧突破。运球转身一般运用于对方贴身防守时，利用运球转身来摆脱防守。

五、持球突破技术

持球突破是持球队员将脚步动作和运球技术相结合来快速超越对手的一项攻击性很强的进攻技术。若突破技术能与传球、投篮、假动作等结合起来运用，则其攻击性和灵活性就更加显著。

（一）持球突破技术的分类

(1) 交叉步突破。

(2) 顺步（同侧步）突破。

（二）持球突破技术分析

1. 持球突破技术要点

持球突破技术由蹬跨、转体探肩、推放球和加速等四个环节组成，这几个动作几乎是在同一时间完成的。

1) 蹬跨

持球队员要从原地突然发挥出速度来，就必须依靠两脚积极有力地蹬地，同时上体要前倾，重心要前移，以此带动摆动脚迅速跨出。跨出的第一步要大一些，这样不仅可以缩小后蹬腿与地面所成的角度，增加后蹬的力量，而且可能在第一步就超越对手。跨步时脚尖稍转向突破的方向，紧贴对手的身体，抢占有利的突破路线。第一步落地后，中枢脚的膝关节要保持弯曲，以便第二步的蹬地加速。

2) 转体探肩

在中枢脚开始后蹬和上体前倾的同时，要求转体探肩，其作用主要是加快突破的速度，用上体占据有利的空间位置，超越对手和保护球。

3) 推放球

在蹬跨、转体探肩的同时，迅速将球引向远离对手一侧的膝部高度，以便及时地放球，用上体占据有利的空间位置，超越对手和保护球。

4) 加速

加速是突破技术的重要环节，在上述三个动作完成后，中枢脚用力蹬地对突破加速超越对手起着决定性的作用。

2. 持球突破技术动作方法

1) 交叉步持球突破

以右脚作中枢脚为例，两脚左右开立，屈膝降低重心，持球于胸腹前；突破时，左脚前掌内侧迅速蹬地，上体稍向右转，左肩向前下压，左脚向右侧前方跨出，用右手将球放于右脚侧前方，然后左脚迅速蹬地加速超越对手。

2) 同侧步（顺步）持球突破

以左脚作中枢脚为例，突破时，左脚前掌内侧用力蹬地，右脚迅速向右侧前方跨出一步，同时上体稍向右转侧身探肩，用右手推放球于右脚外侧偏前方，左脚前掌迅速蹬地跨步抢位，超越对手。

3) 跳步急停持球突破

跳步急停前，应根据同伴的传球以及自己与防守者所处位置的情况，随时做好向两侧或向前做跳步急停的准备。看到同伴传来的球，应该迅速向来球方向伸臂迎球，同时由一脚（侧向时用异侧脚）蹬地，两脚稍腾空，向侧方或前方跃出接球，然后两脚先后或同时着地。落地后，两腿屈膝，重心降低，保持身体平衡，保护好球，根据防守队员的位置和情况，迅速用交叉步或同侧步突破。

六、防守技术

防守是指防守队员合理地运用各种防守动作，积极抢占有利位置，阻挠和破坏对手进攻，以争取控球权为目的的动作方法。积极防守可以阻止对手在有效的攻击区内接球，即使对手勉强接到球，也要使他处于不利的位置。严密的防守不仅能堵截其运球突破，封锁其助攻传球，而且还能干扰和破坏其投篮，给对方投篮得分造成极大的威胁。

（一）防守技术的分类

(1) 防守无球队员。

(2) 防守有球队员。

（二）防守技术分析

1. 防守无球队员技术要点

1) 位置与距离的选择

就一般情况来说，防守队员应站在对手与球篮之间内侧的位置上。根据球所在的位置，如对手离球近就近，离球远就远，采取错位防守，保持与对手有适当的距离，控制对手摆脱接球和突破（图6-9）。

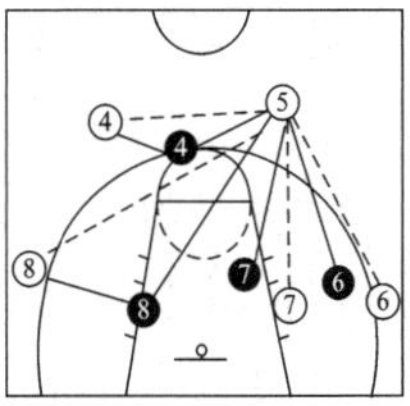

图 6-9

2) 选择正确的防守姿势

如图 6-10 所示为当球在近处或远处时，正确的两种防守姿势。

图 6-10

面向人侧向球的站位：一般当球在近处紧逼对手时采用。防守⑧时，身体面向对手⑧，用眼睛的余光注意球，与前脚同侧的手前伸，切断对手的接球路线；离球远的左臂弯曲，靠近对手，屈膝降重心。眼睛既要看到人，又要能兼顾球，利用上步、滑步、撤步、交叉步、碎步跑等脚步动作，抢占有利的防守位置，堵截其移动路线，不让对手到有利的位置上接球。

侧向人面向球的站位：一般当球在远处时为了人球兼顾而采用。防守⑥时，身体正面向球，用眼睛的余光注意对手⑥的活动情况。

2. 防守无球队员技术动作方法

1) 防纵切

⑥传球给⑦，❻及时偏向球侧错位防守，当⑥向篮下纵切要球时，❻应抢前移动，合理运用身体堵截纵切路线，同时伸出左臂封锁接球，迫使对手向远离球方向移动（图 6-11）。

2) 防横切

⑧持球，⑥横切要球时，❻上左脚，合理运用身体堵截，同时伸出左臂封锁接球，不让其从自己身前横切要球（图 6-12）。

3) 防溜底线

当⑥从底线横切时，❻开始面向球滑步移动卡堵对手，以身体某部位触及对手，跟随其移动，同时伸左臂封锁接球。待对手移过纵轴线进入有球侧时，❻应迅速上右脚前转身贴近对手，伸右臂封锁接球，将对手逼向场角（图 6-13）。

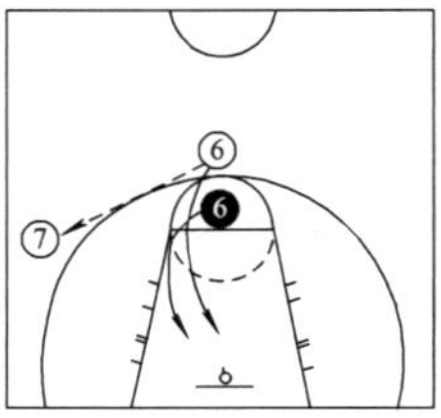

图 6-11

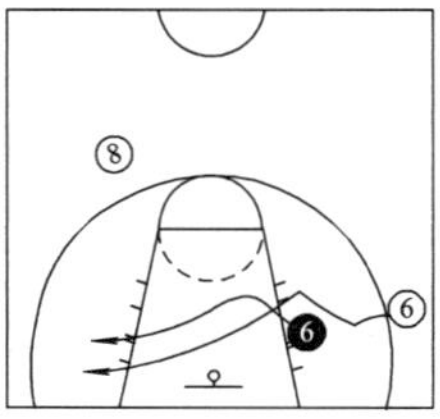

图 6-12

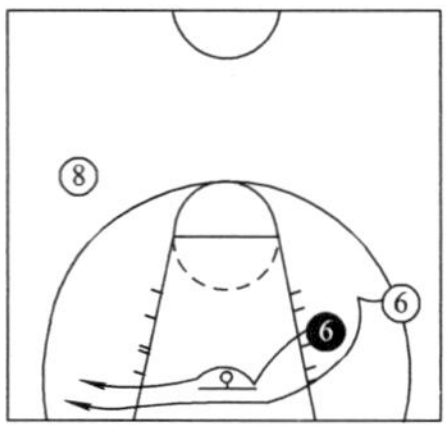

图 6-13

3. 防守有球队员技术要点

1) 防守位置

防守时应站在对手与球篮之间的位置上，对手离篮近则应靠对手近些，离篮远则离远些。特别要根据对手的特点以及防守战术的需要调整防守位置。

2) 防守姿势

防守姿势分为平步防守和斜步防守两种。

(1) 平步防守：两脚平行站立，两手臂侧伸不停地挥摆。这种防守姿势防守面积大，攻击性强，便于向左右移动，适合防守运球突破的对手。

(2) 斜步防守：两脚前后开立，前脚同侧手臂向前上方伸出，另一手臂侧伸。这种防守姿势便于前后移动，对防投篮比较有利。

4. 防守有球队员技术动作方法

1) 防投篮

当对手在有效投篮区时，应保持一臂的距离，两脚前后开立，一手向前上方直臂举起防止投篮，另一臂侧张，防其切入或传球。根据对手投篮技术运用的特点，采取针对性防守。如果对手习惯向右脚侧起跳投篮，防守队员可以上左脚，伸左臂进行阻挠和破坏，迫使其改变习惯的投篮动作。

2) 防突破

防守突破者应稍离远些，采用平步防守较为有利。两腿弯曲，重心下降，两臂侧伸阻挠对手。当对手突破时，可利用撤步或滑步阻挠对手。防守中要注意迫使对手向边、向角运球；堵强手迫使其用弱手运球。对突破能力较强的对手，要注意了解对手的动作习惯（中枢脚、突破方向、假动作等），采取相应对策防守。

3) 防运球

应采用平步防守姿势，离对手稍远些，积极移动，阻挠对手向纵深方向推进，迫使对手停球或改变方向，破坏其进攻配合。

4) 防传球

防守队员要根据对手的位置和距离，积极移动，时进时退，挥动手臂迫使其向无攻击威胁的位置传球或造成传球失误。

总之，在防守中，无论采用哪种方法，都应积极移动，给对方造成压力，迫使对手失误，伺机抢球、打球、断球以便取得控球权。

七、抢篮板球技术

抢篮板球技术是指比赛中双方球员在空间争夺投篮未中，从篮板或篮圈上反弹出来的球，称为抢篮板球。篮球比赛中，抢得篮板球是获得控球权的重要手段，是增加进攻次数和发动快攻的重要保证，是攻守矛盾转化的关键。

(一) 抢篮板球技术的分类

(1) 抢进攻篮板球。

(2) 抢防守篮板球。

(二) 抢篮板球技术分析

1. 抢篮板球技术要点

1) 观察判断

正确地判断对手投篮的位置、时间和距离以及球的反弹方向和落点是能否抢得篮板球的关键。篮板球的反弹方向、距离和落点，与投篮方向、距离、弧度、力量有很大关系。一般篮板球反弹的规律是投篮距离与反弹距离成正比，投篮距离远，反弹距离远，投篮距离近，反弹距离近。在球篮一侧 45° 地区投篮时，球会反弹到另一侧底线地区或反弹回来（图 6-14）；在底线一侧的零度角投篮时，球会反弹到另一侧底线地区或反弹回来；在中间的地区投篮时，球多是反弹在限制区附近（图 6-15）。

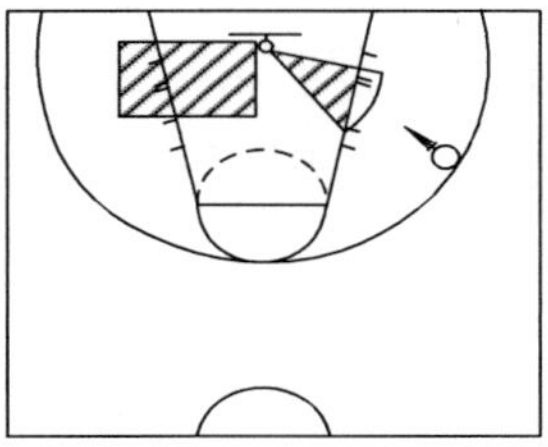

图 6-14

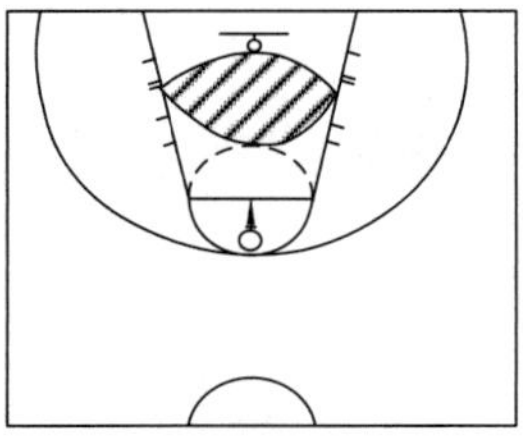

图 6-15

以上是球反弹的一般规律，在比赛中还要根据当时的情况做出判断并及时抢占有利位置。

2) 抢占位置

无论是抢进攻篮板球还是抢防守篮板球，都应抢占对手与篮之间的有利位置，要用转身挡人和跨步摆脱对手抢位，做到转、挡、靠、贴一气呵成。抢防守篮板球多用转身挡人抢位，把对方挡在身后；抢进攻篮板球多用跨步摆脱对手抢位。抢位时，先向右侧跨一步，错开对手之后快速向左横插步把对手挡在身后。

3) 起跳动作

力争手与球在最高点相遇，这是抢到篮板球的关键。起跳前，两膝深屈，上体稍后仰，两臂屈肘，举手体侧以占据空间，两脚用力蹬地，两臂上摆，腰腹协调用力，身体充分伸展，准备抢球。

4) 获球后的动作

进攻队员抢到篮板球后，首先补篮或继续投篮，如无机会，应将球传给同伴组织再进攻。防守队员抢到篮板球落地后，应迅速传出或运球突破。无论防守或进攻队员，抢到篮板球落地时，都应两膝弯曲，两肘外展，护球于胸腹间，并迅速衔接其他进攻动作。

2. 抢篮板球动作方法

1) 双手抢篮板球

身体在空中应充分伸展尽量扩大制空范围，两臂伸向球落点的方向，当指端触到球的刹那，双手用力握球，腰腹用力，迅速屈臂将球拉至胸前部位，双肘外展保护球。

2) 单手抢篮板球

在空中身体要充分伸展，近球一侧的手臂要尽量向球伸出，当手指端触及球时，应迅速屈指、屈腕、屈肘及臂，将球拉至胸前，另一只手迅速扶球，双手将球握住。

3) 点拨球

点拨球的技术与单手抢篮板球方法相似，只是运用指端将球点拨给同伴或是挑拨到便于自己获球的位置。其优点是触球点高，可以直接补篮和缩短传球时间，但稳定性和可靠性差，易失误。

第三节　篮球基本战术

篮球战术是比赛中队员之间有目的地协同配合的组织形式，有基本的落位布阵、移动路线、攻守点面和特定的变化规律等。

一、进攻战术与防守战术的基本配合

(一) 进攻战术的基本配合

简单的两三个人间的传切、掩护、策应、突分的配合是组成全队进攻战术的基础，这些配合在半场和全场都可以使用。

只有熟练地掌握和运用进攻战术基础配合，才能使全队战术有效地发挥作用。

1. 传切

进攻队员利用传球和切入技术组成的配合，指进攻队员把球传给同伴后，利用快速起动、改变方向及身体虚晃等假动作摆脱防守队员，切入篮下接球投篮的一种简单的进攻方法。

示例：如图 6-16 所示，进攻队员④和⑤落位散开，⑤利用假动作摆脱❺后接④传球，⑤做持球突破和传球假动作吸引❺，④传球后向异侧做假动作，快速起动摆脱❹，切入篮下接⑤传球上篮。

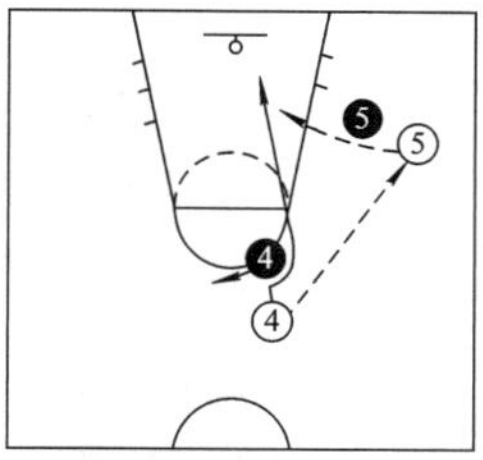

图 6-16

2. 掩护

以合理的移动用身体挡住同伴防守人的移动路线，使同伴摆脱防守的配合。

(1) 掩护的技术动作：掩护时，面向被掩护同伴的防守者，两脚自然分开，两腿微屈，上体稍前倾，这样可以扩大掩护面积。掩护的面积愈大，防守者绕过防守就愈困难，掩护就愈容易成功。但面积大，必须有利于掩护后做进攻的跟腿动作。掩护者位置应在被掩护同伴的防守者的防守移动路线上，掩护的瞬间身体是静止不动的，距离不宜过近或过远，过近容易冲撞对方造成掩护犯规，过远易让防守者穿过防守，造成掩护不成功。当掩护动作完成后，应根据场上当时情况，如对方作交换防守时，立即做后转身向篮下切入接球上篮。掩护的配合，包括选择时机、掩护位置、摆脱切入路线、传球时机、转身跟进及切分配合等，若某一环节配合不好，则掩护的配合就完成不好。

(2) 掩护的分类：掩护的方法很多，主要分为前掩护、后掩护、侧掩护、定位掩护、反掩护、双人掩护等。

(3) 掩护的运用：多用于突破人盯人防守。防守越紧，掩护越容易成功。

示例：侧掩护——给持球队员做掩护，如图 6-17 所示。⑧传球给⑥并立即跑到❻的侧后方做掩护，⑥接球后做瞄篮，或向右方做突破和传球假动作吸引❻的注意力；当⑧掩护站好位置后，⑥立即向掩护方向突破至篮下投篮。⑧则迅速做后转身跟进准备接⑥分来的球上篮或跟进抢篮板球。

图 6-17

3. 策应

内线队员背对篮或侧对篮接球后，与同伴的空切或绕切相结合，以摆脱防守，制造各种进攻机会的配合形式。

策应的应用范围较广，在阵地进攻中采用较多。若对方采用全场紧逼盯人防守时，则可在中场或圈顶一带进行策应。有时甚至在后场就可利用策应配合来突破防守。总之，策应的范围应根据本队战术和防守情况而定。

策应的配合方法如图6-18所示。⑥将球传给策应人⑧后向反方向移动，然后迅速向⑧跑去，将防守人带到⑧的位置上，用⑧的身体挡住防守人，同时⑧将球传给摆脱防守的⑥，然后⑧向⑥跑动方向转身，再一次用后背挡住防守人的路线，并跑到篮下，接⑥回传球或抢篮板球。

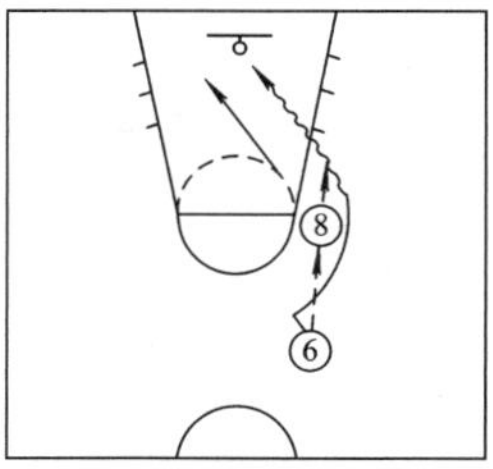

图 6-18

策应配合的关键与要求：策应前要注意及时抢占有利位置；视野要广，能知道队友及防守者的跑动情况，以便及时传球；保护球，注意防守者抢球或打球，用身体和持球晃动动作保护球；根据不同情况运用不同的传球方式。

（二）防守战术的基本配合

防守战术是指两三个防守队员之间采用协同防守的方法，包括挤过、绕过、交换防守、关门、夹击、协防等防守配合。

1．挤过配合

挤过配合指防守队员在掩护队员临近自己时，积极向前迈出一步，贴近自己的防守对手，从掩护者前挤过去，继续防守自己的对手。

2．绕过配合

在松动盯人或对手无投篮威胁时采用绕过配合。

示例一：如图 6-19 所示，⑤将球传给⑥后去给④做掩护，❺发现后及时提醒❹，并在到达掩护位置时迅速贴近⑤，❹及时撤后一步从❺后面绕过追上④继续防守。

示例二：如图 6-20 所示，⑦传球给⑥，去给⑧做掩护，⑦即将掩护到位时❼迅速贴近⑦，❽后撤一大步，从❼身后绕过，走内线堵住⑧的切入或继续防守⑧。

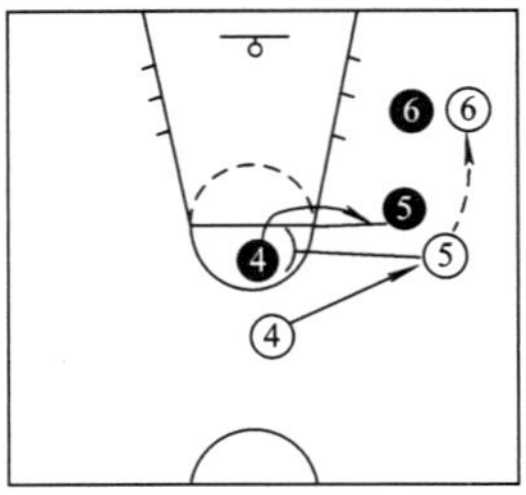

图 6-19

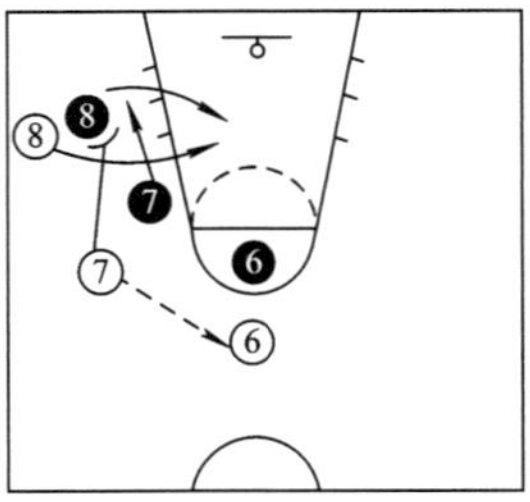

图 6-20

3．交换防守配合

交换防守配合指防守队员之间在进攻者掩护的一刹那，进行换人防守，以破坏进攻的掩护配合。

示例一：如图 6-21 所示，⑧将球传给⑥，去给⑥做掩护，❽应立即提醒❻注意，当⑧掩护到位时，❻、❽并行站立，❽见⑥向掩护方向移动时，应主动喊出换人，或用手推❻表示决定换人，❽立即迎堵⑥运球，❻及时后撤从内线将⑧防住。

示例二：如图 6-22 所示，⑧将球传给⑨，立即跑向⑦，以⑦为定位掩护将⑧带到⑦面前，⑧向内线切，❼迅速换人防住⑧或堵住其切入路线，❽立即撤步绕到⑦的内线进行防守。

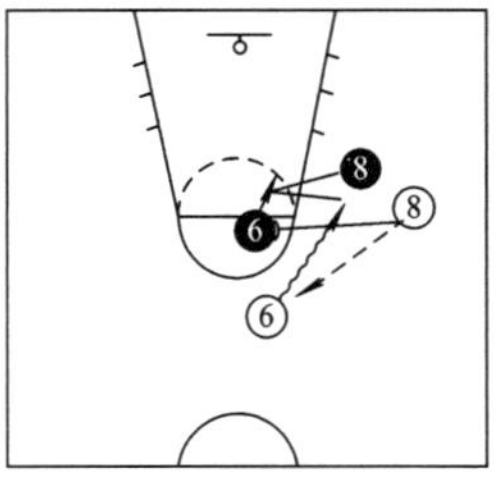

图 6-21

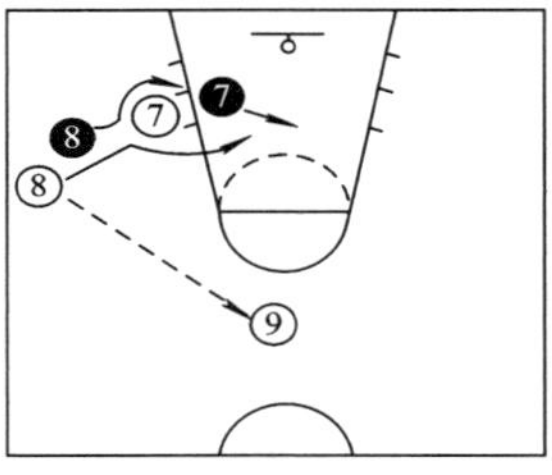

图 6-22

4．关门配合

关门配合指临近的两个防守队员协同防守对方突破的配合。

示例：如图 6-23 所示，⑥运球突破，❻向左侧后方滑步，❽向右侧前方滑步，迅速靠近，共同防止⑥的突破。

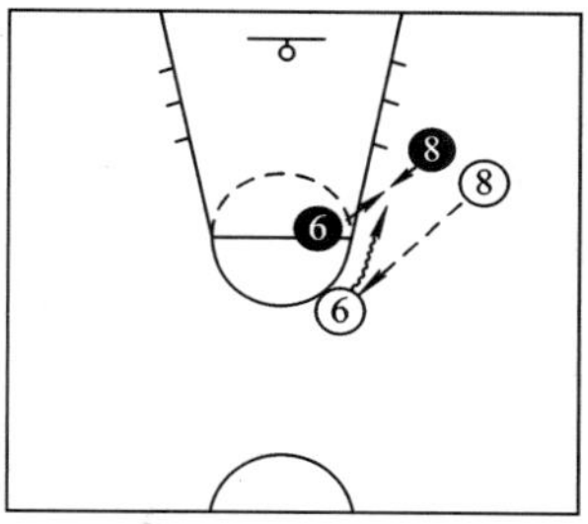

图 6-23

二、全队进攻战术与防守战术

（一）全队进攻战术

1. 快攻

快攻是以最快的速度、最短的时间超越对手，创造出以多打少优势的一种战术。快攻的路线有交叉、直线等，组织形式有长传快攻、短传快攻和结合运球突破快攻几种。快攻战术结构一般分为发动、推进、结束三个阶段。

发动快攻的机会有抢篮板球、断球、掷界外球和跳球几种。

(1) 发动：能否打成快攻，往往取决于能否及时发动。从防守获球后，全队应全速快下，持球人应首先观察前场快下的队员，抓住战机及时长传，组织长传快攻。不能长传时，接应队员应迅速选位接第一传，转入推进。接应方法有固定地区固定队员接应与机动接应两种。

(2) 推进：当接应人接球后，其他人应根据自己的跑动路线，全速跑向前场。接应人运用短传或快速运球加快中场推进速度，超越中场的防守者。

(3) 结束：快攻的最后部分，也是最重要的部分。结束部分有三种情况：一是无人防守；二是防守人少于进攻人；三是攻守人数相等。进攻人要根据对方防守人数的情况，利用有利时机，采用合理的进攻配合方法。

不管采用任何进攻方式，都要做到传球方式多样和传球及时，投篮也要根据不同的防守位置采用多种多样的方式，在保证传球质量的基础上，力求提高投篮命中率。

2. 快攻配合的方法

(1) 长传快攻：本方得球后，立即有人先下到对方篮下，在无人防守情况下做长传快攻。如图 6-24 所示：⑦拿到篮板球后立即将球传给接应人⑧，⑧长传给④投篮。

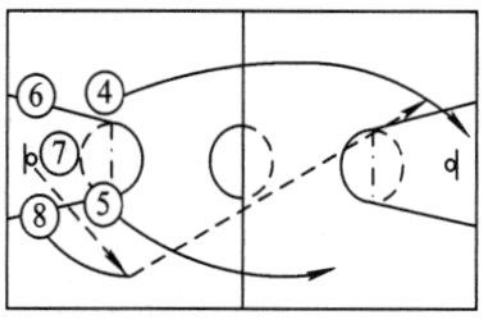

图 6-24

(2) 短传快攻：这种方法是发动快攻时运用最多的，具有灵活机动的特点，利用快速的传球、运球、突破等动作迅速向前推进，使防守者顾此失彼。短传快攻是一种成功率较高的配合方法。如图 6-25 所示：⑦拿篮板球将球传给接应人⑧，⑧传球给中间插上的⑥，⑥再向④或⑤分球。也可如图 6-26 所示：⑦拿篮板球后将球传给前锋⑤，⑤接球后运球过中场传给④或⑧；如④有人防守，可运球与⑧、⑥短传配合攻至篮下。

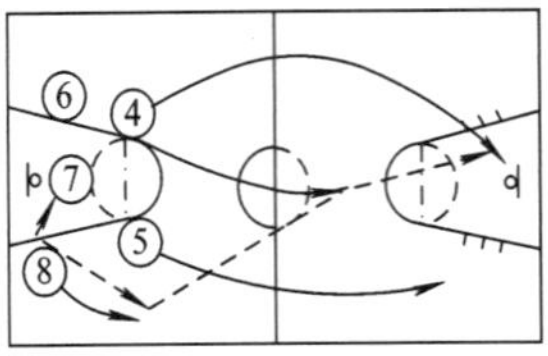

图 6-25

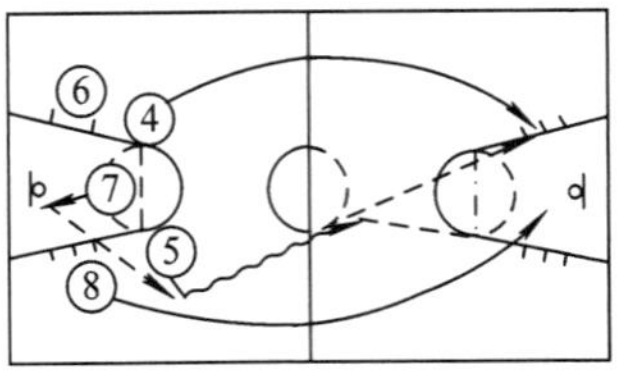

图 6-26

(3) 运球快攻：由接应人中场快速运球超越对手并伺机进行突破分球。如图 6-27 所示：⑦自己投篮也可分给④或⑤，由④或⑤投篮，其他队员都可从边路或中路运球突破，进行突分配合。

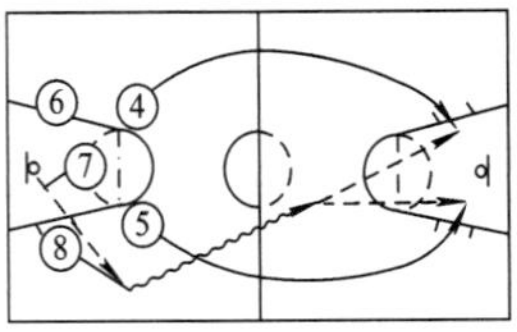

图 6-27

3. 阵地进攻

(1) 进攻的落位阵形：当防守队已布好防守阵形后，进攻队则进入阵地进攻。进攻队员的落位阵形要根据攻守双方的特点来决定，常用的有如下阵形：

- 2—3 阵形，如图 6-28 所示。单中锋策应站位。
- 1—3—1 阵形，如图 6-29 所示。双中锋上下站位。
- 2—1—2 阵形，如图 6-30 所示。单中锋站位。
- 1—2—2 阵形，如图 6-31 所示。双中锋并站篮下。

图 6-28

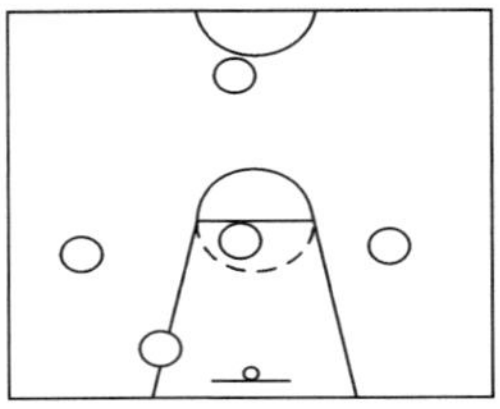

图 6-29

图 6-30

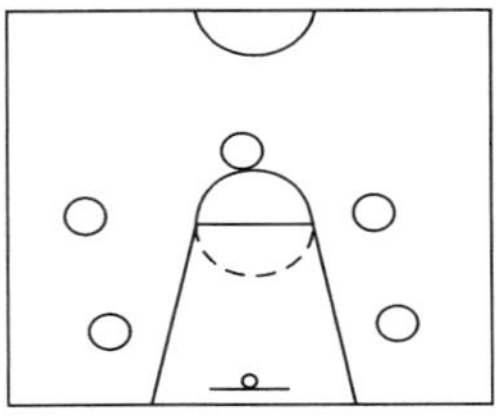

图 6-31

(2) 进攻人盯人防守：进攻人盯人防守主要是以进攻战术基础配合为主的全队协同配合。

以反掩护为主的全队配合，如图 6-32 所示：⑦传球给⑥后，向反方向给⑧做掩护，⑧切入，接⑥传球准备投篮。❹补防堵⑧，⑧及时将球传给移动到篮下的中锋④。

以后掩护为主的全队配合，如图 6-33 所示：⑦将球传给⑧，同时⑥上提给⑦做后掩护，⑦空切篮下。⑧及时将球传给切入的⑦，⑦接球准备投篮。当❹上来补防时，中锋④移至篮下准备接⑦传球，但❺又补防④，这时⑤及时向限制区插入，接⑦传来的球投篮。

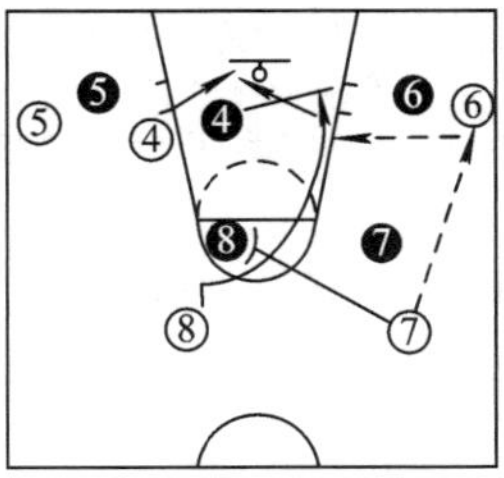

图 6-32

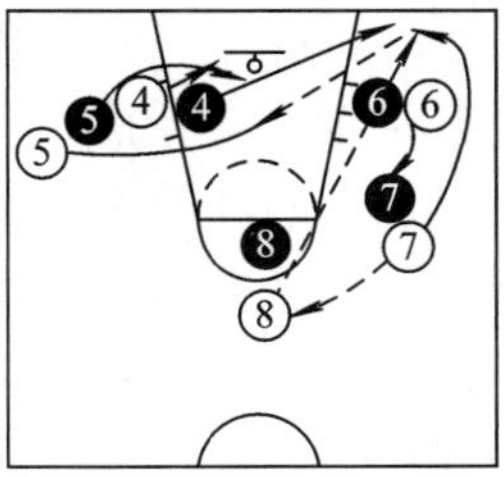

图 6-33

(3) 进攻区域联防：首先要了解区域联防的特点及其移动规律，针对其薄弱环节，明确进攻重点，组织针对性较强的战术配合。准确的中远距离投篮是进攻区域联防的重要手段，快攻也是进攻联防的有力武器。

进攻区域联防战术应用：当对方采用 2—1—2 联防时，进攻队应根据 2—1—2 联防的弱点，采用 1—3—1 的对阵方法进攻，使进攻队员可以分布在两个防区之间，使防守者负担加重，以便取得较好的外围投篮位置，有利于内外联系，可以造成一个守区内以多打少的局面；当对方采用 2—3 联防时，进攻队可采用 1—2—2 的阵形进攻。

示例：如图 6-34 所示，外围⑥、⑦、⑤拉大距离，只有防守者❹、❺两人在这个区域内，这就给对方增加了困难。⑧在底线，在对方背后流动，牵制对方篮下两个后卫❼、❽。这种采用 1—3—1 的打法，通过落位就给防守增加了困难。

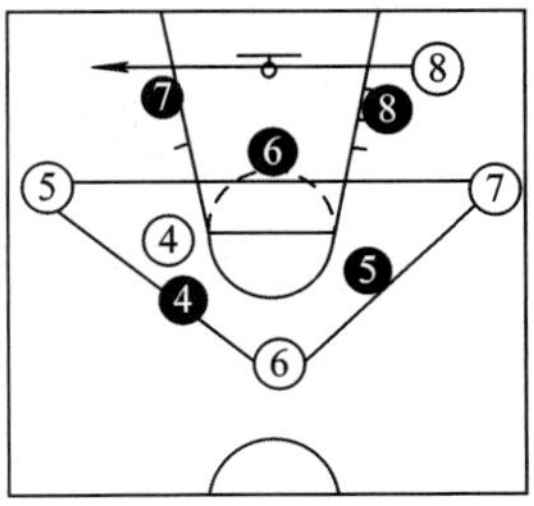

图 6-34

进攻区域联防的基本要求：加快外围倒手传球，迫使对方反复移动出现漏洞；攻击防守薄弱区，如人力少的区域或防守差的区域；加强中远距离投篮，拉大攻击距离，扩大防守区域；加强中区及底线的背向（指防守人身后）穿插；在对方还没有组织好防守阵形之前采用快攻，一举而攻破；合理地运用掩护投篮。

（二）全队防守战术

1. 防守快攻

防守快攻是篮球防守战术的重要组成部分，它能制约对方的进攻速度，为本队组织防守争取时间，使对方没有和少有抢断球和掷界外球发动快攻的机会。其主要有如下作用：

(1) 提高进攻成功率；

(2) 封堵快攻第一传，有组织地堵截第一传是防止快攻的重要手段；

(3) 紧逼接应人，干扰和破坏其枢纽作用，造成其传球失误，或延误传球时间，以便防守者迅速退回；

(4) 退守时应注意先卡两边，及时防住先下队员，防止长传偷袭；

(5) 提高以少防多的能力，如一防二与二防三的防守能力。

2. 半场人盯人防守

半场盯人防守是篮球运动中各种防守战术的基础。它的特点是在预先分工盯人的基础上，以球为主，人球兼顾，分工明确，针对性强，能加强队员的责任感，发挥队员的积极性，并根据对方进攻情况，及时调整位置，有效地控制对方进攻重点。

防守原则：根据对手、球篮、球来选位置。近球紧，远球松，随时抢占有利位置，破坏对方进攻配合，加强防守的集体协作。

半场人盯人防守可分为缩小盯人防守和扩大盯人防守两种形式，这两种战术形式都是在个人防守的基础上，运用各种防守基础配合而组成的。运用时，可视对手情况来确定采用哪一种防守形式。

半场缩小人盯人防守是控制5～6米防区的集体防守方法，一般用于对方外围中远投不准而内线攻击较强的队，它有利于保护篮下和争夺篮板球。

半场扩大人盯人防守是一种控制7～8米防区的集体防守方法，一般用于对方中远投较准但个人突破能力及内线攻击较弱的队，它能起到打乱对方进攻部署的作用。

缩小人盯人防守示例如图6-35所示：❻紧逼持球队员⑥，❼错位防守，切断传球路线或准备断球。❽回缩罚球线附近准备补防，并控制⑥传给⑧的传球。❹要防止④向球方向移动，同时注意协防和抢篮板球。❺则缩回篮下准备补防或抢篮板球。

扩大人盯人防守示例如图6-36所示：❼紧逼持球队员⑦，❽、❻错位防守，切断传球路线，或准备断球。❹站中锋④侧面稍靠前，阻止其接球，并准备用脚步动作防止其插上。❺防守⑤要保持一定距离，防止其接球，准备协防中锋或抢篮板球。

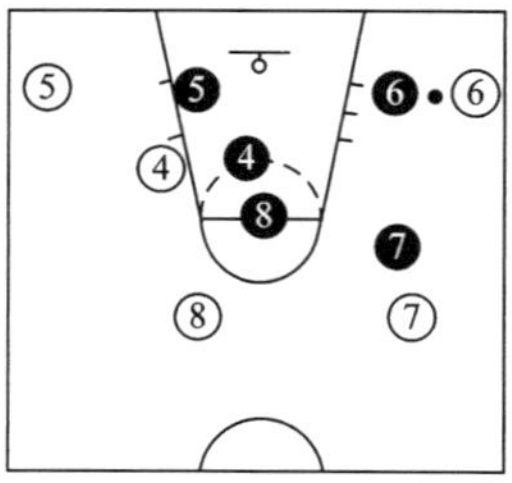
图6-35

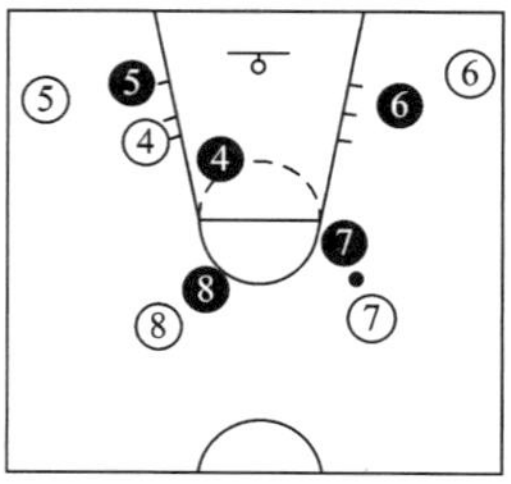
图6-36

3. **区域联防**

区域联防是防守者退回后场，每个队员负责一定区域，并把每个区域有机地联系在一起的集体防守战术。它要求队员协同一致，积极随球移动，加强有球一侧的防守，相互补位，封堵断抢。对付个人突破能力强、内线威胁大的队可采用此战术。

(1) 区域联防的形式：区域联防的站位队形是固定的，常用的有2—1—2、2—3、3—2和1—3—1等几种联防形式。形式虽多，但最常用和基本的是2—1—2联防，因为在这种情况下，队员分布均匀，便于协防。

(2) 区域联防配合方法（以2—1—2联防防守为例）：⑥持球时，防守人❺、❻根据中锋位置决定两人防守配合，❺防守⑥，❻可稍向右移协助防守④，并随时准备快速移动去防守⑦，❹前移防守④，❽向上移防⑤，篮下❼防守⑧，如图6-37所示。

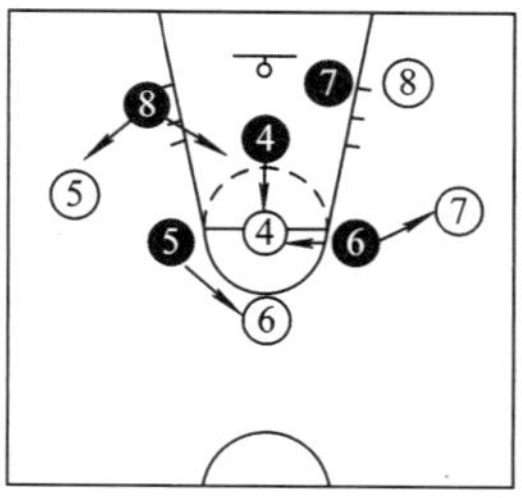
图6-37

篮球运动中的防守和进攻是相互制约又相互促进和共同提高的。现在国内外一些强队运用的区域联防已扩大了控制区域，具有针对性和综合性的特点，发展成为轮转式、带紧逼、夹击的以及攻击性较强的综合性防守战术。

4. 全场区域紧逼

综合区域联防和人盯人防守两种战术的优点，在于全场每个防守队员既有区域分工，又体现紧逼盯人和协同进行堵截、夹击、抢断等攻击性的整体防守效果。

采用全场区域紧逼防守，一般用于因对方速度、灵活性和体力较差而进攻速度较慢、突破能力较弱，但篮下攻击力较强的情况。在比赛开局先发制人，在比赛结局时扩大战果，或挽回败局时运用全场区域紧逼防守也会取得较好的效果。

全场区域紧逼防守常用的有 1—2—1—1、1—2—2、2—1—2、2—2—1 几种形式。在运用时，队员只要前后左右移动位置，就可变成其他类型防守阵形。

1—2—1—1 全场区域紧逼多用于本队投中或罚中球后，对方在端线外发球时，全队迅速进入各自分工区域紧逼对手。如图 6-38 所示：前场❻、❼、❾不让对手接应发球，中场❺、后场❹防止长传，准备抢断球，迫使对方发球违例。球发进场后要围追、堵截、夹击、抢断，迫使对方 5 秒违例，利用中线、边线迫使对方球回后场或出界，造成对方心理上的恐慌。

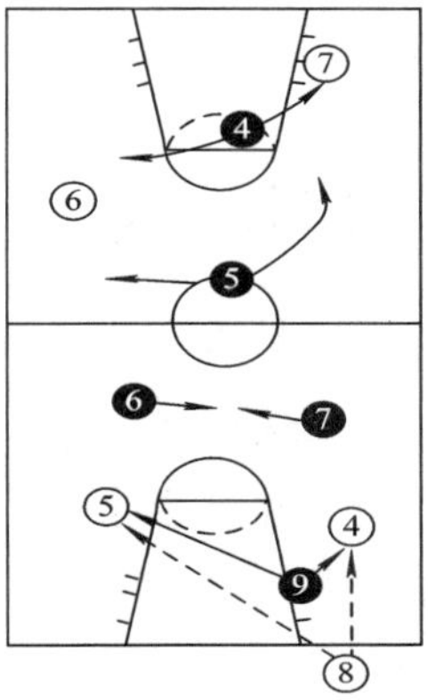

图 6-38

第四节　篮球比赛规则简介

一、比赛场地与设备

1. 球场

篮球场是一块长方形的坚实平面且无障碍物的场地。对于国际篮联举办的正式比赛（奥林匹克运动会、世界篮球锦标赛等），球场尺寸为长 28 米，宽 15 米，球场的丈量从界线内沿量起。对于其他比赛也可使用比正式比赛场地长度减少 4 米，宽度减少 2 米的现有球场，只要其变动互相成比例。

2. 设备

对于奥运会比赛和其他世界性的比赛，篮板的尺寸应横宽 1.80 米，竖高 1.05 米，篮板下沿距地面 2.90 米。它的中心垂直落在场上，距离端线内沿 1.20 米，篮圈水平面距地面 3.05 米。篮球的圆周长不得小于 0.749 米，不得大于 0.78 米，重量在 567～650 克。

二、比赛、暂停、替换（换人）

1. 比赛

每场篮球比赛由两个队参加，每队出场 5 名队员。比赛分为四节，每节 10 分钟。每节之间和每决胜期之前休息 2 分钟。两半时之间休息 15 分钟。如第四节结束时比分相等，则打若干个决胜期直至决出胜负。

比赛中，除在 3 分投篮区投球中篮得 3 分外，在其他位置投篮得 2 分，罚球中篮得 1 分。在比赛时间内，得分多的队为胜。

2．暂停

第一、二、三节每节准予一次暂停，第四节准予二次暂停。每一决胜期准予一次暂停。

3．替换（换人）

每当死球且停表时，球队即可换人。如果是甲队发生违例则甲队不能换人，而如果此时乙队先换人，也可以准予甲队换人。换人的次数没有限制。

三、违例及罚则

违例是指队员违犯了比赛中关于时间或技术等方面的规则之行为。

1．三秒

场上控制活球的队的队员在对方限制区内停留了超过 3 秒（划定限制区的 5 厘米宽的线是限制区的一部分）。

2．五秒

(1) 罚球时，每次罚球均不得超过 5 秒。

(2) 掷界外球时，不得超过 5 秒。

(3) 在场上，持球队员一旦被对方严密防守并停步时开始计算，他须在 5 秒内使球出手，否则为违例。

3．八秒

每当一名队员在他们的后场控制活球时，他的队必须在 8 秒内使球进入他们的前场，否则为违例。

4．二十四秒

从一名队员在场上控制活球开始，他的队需在 24 秒钟内完成投篮，否则为违例。

5．球回后场

当某队在前场控制球时，不能使球回后场，否则为违例。只要该队使球触及后场的地面及有部分身体触及后场的队员或裁判员即算该队回后场违例。

6．带球走

篮球技术的特殊点之一是队员一旦持球，就必须确立中枢脚。中枢脚离地后再次落地前，球必须离开队员的手，否则为“带球走”。

7．两次运球

队员在一次运球结束后不得再次运球。

8．罚球时的违例

罚球时，罚球队员除了需遵守五秒规则外，脚不得触及限制区（罚球线是限制区的一部分）和投出的球必须触及篮圈以及不得做假动作。罚球时可共有包括罚球队员在内的双方各三名队员在位置区站位。其余五人的站位方法是如果甲队罚球，则乙队的两名队员站在两侧靠篮下的两个位置，然后依次是甲队两名队员，再就是乙队的第三个队员可站在任一侧。非罚球队员的违例包括罚球队员的球还没离手就进入限制区以及干扰罚球队员投篮等。罚则是若罚球队员违例，则该次罚球投中不算；若是仅有的一次或最后的一次罚球违例后，则由对方在罚球线延长线的边线外掷界外球。若非罚球队员违例，如甲队罚球，仅有一次或最后一次罚球投中与否分别按如下处理：球投中得分有效，双方的违例均不究；若不中，如乙队违例此球重罚，如甲队违例则由乙队在罚球线延长线的边线外掷界外球，如果双方同时违例则在该罚球圈跳球重新比赛。

以上是比赛中常见的违例，罚则都是失去球权，由对方在就近的界线外掷界外球。

四、犯规及罚则

犯规包括有身体接触的侵人犯规和没有身体接触的技术犯规两大类。

1. 侵人犯规

比赛中常见的侵人犯规有“拉人”“推人”“撞人”“阻挡”“背后非法防守”“非法用手”“非法掩护”等。罚则是上述犯规中凡是对做投篮动作的队员犯规均判罚球；若对没做投篮动作的队员犯规，则由非犯规队在就近的地点掷界外球；如果在那一节中该队已达四次犯规并且是非控制球的队，则判给二次罚球。

2. 违反体育道德的犯规

当裁判员判断某队员不是在规则的精神和意图范围内合法地去抢球而发生的侵人犯规，则判为“违反体育道德的犯规”。罚则视其犯规对象是否在投篮和投中与否分别按如下处理：如其没做投篮动作，判给二次罚球和一次中场掷界外球权；如正做投篮动作且投中，判二或三分有效再加罚一次；如投篮未中，视其投篮地点判给二次或三次罚球。上述罚球无论投中与否，都获得一次中场掷界外球权，此界外球可传入前场或后场。罚球时非罚球队员也不必站位。

3. 取消比赛资格的犯规

这是一种恶劣的违反体育道德的犯规。无论是队员、替补队员，还是教练员、随队人员，裁判员均有权判罚。罚则是除取消该犯规人员的比赛资格并令其离开比赛场地外，其他与“违反体育道德的犯规”相同。

4. 双方犯规

是两个队的两名队员同时的相互间的犯规。罚则是不判给罚球，按如下处理：如犯规同时一方投篮有效并命中，则得分有效，由另一方在端线掷界外球；如是某队已控制球或拥有球权，则判该队在就近处掷界外球；如双方都没控制球和不拥有球权，则在就近的圆圈跳球开始比赛。

5. 队员技术犯规

当一名队员不顾裁判员的警告与裁判员、记录台人员、技术代表或对方队员交涉时没有礼貌；使用冒犯或煽动观众的言行；戏弄对方；阻碍掷界外球的迅速进行等等，将被判技术犯规。罚则是一次罚球和中场处掷界外球。

五、决胜期

第四节终了得分相等时，应延长 5 分钟作为决胜期继续比赛。必要时可延长几个这样的 5 分钟，直到分出胜负为止。每次决胜期开始时，应在中圈跳球继续比赛。

第七章

足　　球

第一节　足球运动概述

足球是现今世界上最受人们喜爱，开展最为广泛，影响力最大的体育运动项目之一，被誉为“世界第一运动”。

一、足球运动的概念与特点

足球运动是一项以脚支配球为主，两队在同一场地相互对抗，以攻入对方球门球的数量来判定胜负的球类运动项目。足球比赛的特点是参加人数多、场地大、比赛时间长、技术复杂、战术多样。在比赛中，不仅要求运动员具有强壮的体魄、快速的奔跑能力和勇猛顽强的战斗意志，而且还要求运动员在有对手阻碍的情况下，完成复杂的技术动作和战术配合。经常参加足球运动能有效地提高身体素质，增强体质，提高人体各器官系统的功能。长期从事足球训练可以培养和锻炼人们勇敢顽强、机智果断、坚韧不拔、勇于克服困难的优良品质和团结协作的集体主义精神。另外，足球场上双方的激烈争夺和比赛局面的变幻莫测，能提高参赛者的注意力、观察力、想象力和思维能力，改善心理素质，提高心理健康水平。

二、足球运动的起源与历史

古代足球起源于中国。据有关史料记载，我国古代足球游戏起源于公元前 475 年至公元前 221 年的战国时代。古代足球游戏称“蹴鞠”或“蹋鞠”。“蹴”和“蹋”都是踢的意思，“鞠”则是指球。在欧洲，古时亦有称为“苏里特游戏”“萨依游戏”等的活动，虽然名称不同，时间不一，游戏方法也不尽相同，但都属于足球游戏的范畴。

现代足球起源于英国。1857 年英国成立了第一个足球俱乐部。1863 年 10 月 26 日，英国成立了世界上第一个足球组织——英国足球联合会，并制订了统一的足球规则。世界足坛将这一天称为现代足球运动的诞生日。在经过了近 50 年的发展后，为了适应现代足球运动发展的需要，1904 年 5 月 21 日，法国、瑞士、瑞典、比利时、西班牙、丹麦、荷兰等国家的代表在巴黎发起成立了国际性的足球组织——国际足球联合会（简称国际足联）。国际足联负责的世界性大赛有：奥运会足球比赛、世界杯男子足球比赛、世界青年足球锦标赛、世界少年足球锦标赛、五人制足球比赛和世界女子足球锦标赛。同时各大洲及各国的足球联赛也相继展开。现今足球发展水平最高的是欧洲五国的联赛，分别是英国超级联赛、法国甲级联赛、意大利甲级联赛、德国甲级联赛和西班牙甲级联赛。其他重要的国际赛事还有欧洲冠军杯、联盟杯、丰田杯以及南美优胜者杯等。

足球运动是 1840 年后传入我国的。1931 年中国加入了国际足球联合会。1949 年后，中国足球运动得到迅速发展。1980 年国际足联第 42 届代表大会批准了国际足联执委会 1979 年通过的重新接纳中华人民共和国足球协会为会员的决议，从此中国又回到了世界足球大家庭。1983 年和 1985 年，我国国家青年男子足球队分别打入第 2 届和第 3 届世界青年足球锦标赛的决赛圈；1987 年中国足球队参加了第 24 届奥运会足球预选赛，获得亚洲赛区的第一名，取得了参加 1988 年汉城奥运会的足球决赛资格；2001 年的亚洲十强赛中，中国足球队以 6 胜 1 平 1 负的战绩夺得第一名，获得直接进入第 17 届世界杯 32 强决赛圈的资格。

近年来，中国女子足球运动也得到了迅速发展。在 1996 年第 26 届奥运会上，中国女子足球队取得亚军；1999 年中国队在第 3 届世界女足锦标赛中获得亚军。2000 年中国女足队员孙雯荣获国际足联颁发的世界杯女足赛的金球奖和金靴奖，并荣获亚足联授予的“最佳运动员”称号，成为中国足球史上享有足球最高殊荣的第一人。

第二节 足球基本技术

足球技术是指运动员在足球比赛中所采用的合理动作的总称。从比赛队员在场上的分工和技术特点来看，足球技术可分为锋卫技术和守门员技术。不论是锋卫队员还是守门员，在比赛中不仅需要使用支配球、争抢球的有球技术动作，而且还需要能够进行争抢球的无球技术动作。所以，足球技术又分为有球技术和无球技术两大类。无球技术是运动员在比赛中不控球的情况下所采取的合理动作的总称，它包含起动、快跑、急停、转身、跳跃、移动步、假动作等。有球技术是足球技术的主要部分，锋卫队员有球技术包含颠球、踢球、停球、头顶球、运球、抢截球、假动作、掷界外球等；守门员有球技术包含接球、扑接球、拳击球、托球、掷球、抛踢球等。

一、颠球

通过身体的合理部位反复接触球的技术称为颠球。颠球练习可以建立触球部位对球的敏感性，即本体感受，并经过这种反复的实践使运动员逐渐了解、熟悉球的性能，掌握球在各种状态下的运动规律。

1．脚背正面颠球

脚背正面颠球时，支撑腿的膝关节微屈，身体重心移到支撑脚上，当球落至膝关节以下时，颠球脚的膝关节适当放松，并柔和地向前稍上方甩动小腿，脚尖稍翘起，用脚背轻击球的底部，将球向上颠起（图 7-1）。

图 7-1

2．大腿颠球

大腿颠球时，支撑腿膝关节微屈，身体重心移至支撑脚上。当球落至接近髋关节高度时，颠球的大腿屈膝上摆，当大腿摆到水平状态时击球的底部，将球向上颠起（图 7-2）。

图 7-2

3．颠球的技术练习方法

(1) 一人一球，用手持球，将球轻抛至体前，同时用脚背踢球底部将球颠起（各部位均可适用）。每次只颠一次，要求颠球部位准确。

(2) 一人一球，用手持球，将球轻抛至体前，同时用脚背踢球底部将球颠起（各部位均可适用）。每次颠 3～5 次，进行连续颠球。

(3) 一人一球，用脚底拉球的同时快速用脚背将球挑起，并用脚背进行连续颠球（各部位均可适用）。

(4) 两人一球面对站立，一人开始用各部位颠球，颠几次后用脚将球踢给对面队员，对面队员接球后继续颠球使球不落地，然后再次将球踢给对方，两人连续进行练习。

二、踢球

踢球是运动员有目的地用脚的某一部位把球击向预定目标的动作。踢球是足球运动的主要特征，也是足球技术中最主要的技术，在比赛中运用最多。踢球多用于传球和射门，另外还用于抢球、截（断）球或“破坏球”等。

（一）踢球的分类及其技术分析

1. 脚内侧踢球

脚内侧踢球时直线助跑，支撑脚踏在球的侧方 15 厘米左右处，膝关节微屈，在支撑脚着地的同时，踢球腿以髋关节为轴由后向前摆动。在前摆的过程中屈膝外转，使脚内侧正对出球方向，小腿加速前摆，脚尖稍翘起，脚掌与地面平行，用脚内侧部位推送或敲击球的后中部（图 7-3）。

图 7-3

2. 脚背正面踢球

脚背正面踢球时，直线助跑，最后一步稍大，并要积极着地，支撑脚踏在球的侧方 10～20 厘米处，脚尖正对出球方向，膝关节微屈；同时踢球腿向后摆动，小腿微屈。在支撑脚着地的同时，以髋关节为轴，大腿带动小腿由后向前摆。当膝关节摆到接近球的正上方时，小腿做爆发式前摆。脚背绷直，脚趾扣紧，以脚背的正面击球的后中部。踢球腿随球继续向前摆，重心随惯性向前移动（图 7-4）。脚背正面踢球在比赛中常用于踢定位球、空中球、反弹球及倒勾球等。

图 7-4

3．脚背内侧踢球

脚背内侧踢定位球时，斜线助跑，助跑方向与出球方向约成 45°。支撑脚以脚掌外沿积极着地，踏在球的侧后方 20～25 厘米处，支撑脚的脚尖指向出球方向，身体微向支撑脚一侧倾斜。支撑脚着地的同时，踢球腿以髋关节为轴，大腿带动小腿由后向前摆，当身体转向出球方向，膝盖摆到接近球的内侧正上方时，小腿做爆发式前摆，脚尖稍向外转，脚面绷直，脚趾扣紧，脚尖指向斜下方，以脚背内侧踢球的后中部，踢球腿随球继续前摆（图 7-5）。

图 7-5

4. 脚背外侧踢球

脚背外侧踢球时，助跑及支撑脚的位置和踢球腿的摆动，基本与脚背正面踢球相同。只是在踢球腿的膝盖摆到接近球的正上方，小腿做爆发式前摆时，膝盖和脚尖内转，脚面绷直，脚趾扣紧，以脚背外侧部位踢球的后中部，踢球腿随惯性继续前摆（图 7-6）。比赛时，脚背外侧踢球常用于踢定位球、弧线球或弹拨球。

图 7-6

（二）踢球技术练习方法

1. 脚内侧踢球练习

(1) 原地做无球踢球的模仿练习，主要体会摆动腿以髋关节为轴，大腿带动小腿的摆动方法。

(2) 做向前跨一步的踢球模仿练习，体会支撑脚的站位和摆动腿的配合。

(3) 助跑 3～5 步的踢球模仿练习，主要体会支撑脚的站位和摆动腿的摆动以及协调、连贯的用力技术。

(4) 学生两人一球，一人用脚底踩球，另一人做原地或上一步的踢球练习。要求踢球力量不要过猛，主要体会支撑脚的选位和摆动腿的摆动动作。

(5) 对着足球墙做踢球练习。开始距离墙体 5 米左右，用力不要太大，待动作熟练后逐渐加长距离，主要体会踢定位球的动作要领。

(6) 两人相距 5～8 米传球，要求力量不要过大，方向踢准。

(7) 两队面对站立，一组排头队员踢地滚球至对面，另一队排头迎面用脚接球后再踢回，踢球后跑到对面组的排尾。迎面第二人接球后再踢球给对面第二人，循环往复，连续练习。

(8) 面对足球墙，相距 10 米，在墙上靠近地面画一米宽、半米高的球门，要求将球踢进球门内，每人踢 10 个球，看谁踢进的次数最多。

2. 脚背正面踢球练习

(1) 原地模仿练习，要求绷直脚面，脚趾扣紧，体会摆腿及脚形的正确技术。

(2) 上一步模仿练习，体会支撑脚站位与摆腿的配合技术。

(3) 助跑 3～5 步，对墙踢球练习，体会脚背正面踢球的完整技术。

(4) 在足球墙距地面高一米处画直径 1.5 米的圆，学生距墙 10 米向圆圈内踢球。每人只有一次机会，但踢进圆圈的可以连踢，看谁累计数量多。

(5) 在场地上画若干直径为 2 米的圆，学生站在距圆 20 米处踢高球，使其落点在圆内，看谁踢得准。

(6) 两人相距 25 米，面对站立，将球用脚背正面踢给对面接应队员，对面接到球后再将球踢回。

3. 脚背外侧踢球练习

(1) 原地和上一步踢球模仿练习，主要体会支撑脚的位置，身体向支撑脚一侧倾斜。

(2) 助跑踢球的模仿练习，主要体会助跑方向和弧形摆腿的路线、方向及两腿的配合。

(3) 两人相距 10 米，互相踢球练习。

(4) 距足球墙 6～8 米，在墙上一米高处画圆，要求将球踢进圆内。

(5) 距球门 15～20 米踢定位球练习，要求踢球力量大，方向准确。

(6) 在罚球弧附近分组进行射门练习，一组在门后捡球，看哪组进球总数量多。

4. 脚背外侧踢球练习

(1) 原地模仿练习，踢球时脚面绷直，足尖内转，体会摆腿踢球的正确技术。

(2) 上步模仿练习，体会支撑脚站位与摆腿踢球的配合技术。

(3) 原地反复轻踢实心球练习，体会脚触球的部位。

(4) 两人一球，面对面进行踢球练习。开始可缩短距离，动作熟练后可适当加长距离，主要体会摆腿方向，击球点和摆腿的力量。

(5) 踢弧线球射门。在正对罚球弧靠近球门处插两根相距 3 米的标杆，使射出的球绕过标杆进入球门。

三、停球

停球是指运动员有目的地用身体的合理部位，把运行中的球停挡在所需要的控制范围内的动作。停球是足球比赛中将来球停挡在自己控制之下的“接球或截（断）球”等最常用的技术动作。停球仅指把比赛中的来球控制下来的“接球或截（断）球”等技术动作，而不含把来球直接处理出去的运、传、射等“接或截（断）球”技术动作。

（一）停球的分类及其技术分析

1. 脚内侧停球

脚内侧停球就是用脚弓去停球。此技术脚触球面积大，动作简单，较易掌握。在比赛中经常使用这种技术去停地滚球、反弹球、空中球。

(1) 脚内侧停地滚球：支撑脚的脚尖正对来球，膝关节微屈，同侧肩正对来球。停球腿提膝大腿外展，脚尖微翘，脚底基本与地面平行，脚内侧正对来球并前迎，在脚内侧面与球接触的一刹那迅速后撤，把球停在脚下。

(2) 脚内侧停反弹球：根据来球的落点，及时移动到位，支撑脚的位置应在球的侧前方，支持腿膝关节微屈，身体向停球后球将运行的方向偏移。停球腿提起小腿且放松，脚尖微翘，脚内侧对着停球后球将运行的方向并且与地面成一锐角，当球落地反弹刚离开地面时，大腿向停球后球将运行的方向摆动，用脚内侧部位轻推球的中上部。

(3) 脚内侧停空中球：要根据来球的速度及运行轨迹及时移动到位，将停球腿抬起，使脚内侧部位对准来球的方向并前迎，在接触球的一瞬间后撤，将球停在所需要的位置上。

2. 脚底停球

用脚掌和地面形成的夹角来停球的动作称为脚底停球。支撑脚站在球的侧后方，膝关节微屈，脚尖正对来球，同时停球脚抬起，膝关节自然弯曲，脚尖翘起高过脚跟，踝关节放松，用脚前掌触球的中上部。脚底停球在比赛时用于停地滚球和反弹球。

3. 脚背外侧停球

停球脚稍提起，膝关节和脚内转，以脚外侧正对来球，在支撑脚的侧前接触球的后侧方。要向停球外侧轻拨，把球停在侧前或侧后。比赛时，脚背外侧停球多用于地滚球和反弹球。

4. 脚背正面停球

脚背正面停球多用来停有较大抛物线的来球，要根据球的落点，及时移动到位，脚背正面上迎下落的球，当球和脚面接触的一瞬间，停球脚以球下落的速度同步下撤，此时大腿膝关节、踝关节、脚趾均保持适度的紧张，脚尖微翘，将球停到需要的地方。

脚背正面停高空落下之球时，也可将脚微抬起，并适度背屈，在球接触脚背的瞬间踝关节放松，将球停到身体附近。

5. 胸部停球

胸部停球有挺胸和收胸两种方法。

(1) 挺胸停球：面对来球站立，两膝微屈，上体后仰，下颌微收，两臂自然张开，停触球的瞬间，挺胸展腹，用胸部托球使球微微弹起落于体前（图 7-7）。

图 7-7

(2) 收胸停球：面对来球，两脚前后开立，两臂自然张开，重心前移，挺胸迎球。当球触胸时，迅速收胸收腹挡压球，缓冲球的力量，把球停在胸前。

(二) 停球技术练习方法

1. 原地无球模仿

练习体会动作方法，或在走动中和跑动中模仿练习，体会停球动作方法和要领。

2. 停地滚球练习

(1) 两人一球，相距10 米，一人用手抛地滚球，另一人迎上用脚内侧将球停在体前或体侧方。

(2) 两人相距 15～20 米，一人用脚内侧将球传给对方，另一人用脚内侧将球停住，同时用脚内侧将球回传。

(3) 两组相距 15～20 米，一组第一人用脚内侧将球传给对方，然后排到队尾，另一组第一人用脚内侧将球停住后再用脚内侧回传。

(4) 每人一球面对足球墙做踢球练习，将弹回的地滚球用脚内侧停住。

3. 停反弹球练习

(1) 每人一球，自抛自停。当球抛起后可用脚掌、脚内侧、脚背外侧等部位进行停反弹球的练习。

(2) 每人一球，自踢自停。用脚背正面颠球 2～3 次后使球落地，然后分别用脚掌、脚内侧、脚背外侧等部位进行停反弹球练习。

(3) 两人一球，互抛互停。一人抛弧线球，另一人迎上用脚掌、脚内侧或脚背外侧等部位停反弹球练习。

(4) 两人一球，互踢互停。两人相距 20 米左右，中间插一标杆，互相传球，使球越过标杆。然后练习用脚掌、脚内侧或脚背外侧停反弹球。

(5) 三人各相距 20 米左右进行三角传球，练习用脚掌、脚内侧或脚背外侧停反弹球。

4. 停空中球练习

(1) 每人一球，自抛自停。将球抛起后用挺胸停球方法进行停球练习。

(2) 两人一球，互抛互停。一人抛高空弧线球或平直球，对方用挺胸停球或收胸停球方法将球停下，再用同样方法回抛。

(3) 每人一球，自踢自停。用脚背正面将球踢起，然后跑上前去，用挺胸停球法将球停下。

(4) 两人一球，互踢互停。两人相距 25～30 米互相踢球，根据来球的高度，用挺胸或收胸停球法进行停球练习。

(5) 停球比赛。两组相距 15 米左右为一队，一组排头将球传给对面后跑至排尾，另一组排头将球停住后传回对面，跑至排尾，依次进行，只准用规定动作停球，看哪组先做完。

四、头顶球

头顶球是运动员有目的地用头把球击向预定目标的动作。在比赛中，为争取时间和取得空中优势，运动员常采用头触击球的动作。因为头是人体的最高部位，额骨宽大而平坦且坚硬，所以一旦掌握了头顶球技术，顶出去的球就准确而有力。进攻时可以利用头顶球进行传球，以加快进攻速度。防守时可以利用头顶球抢断或破坏对方的传球以及抢救险球，解除门前危急，阻止对方射门等，并迅速转守为攻。所以头顶球是足球技术中不可缺少的重要技术。

(一) 头顶球的分类及其技术分析

1. 前额正面顶球

(1) 原地前额正面顶球：身体正对来球，两脚前后开立，膝关节微屈，上体后仰，两臂自然张开，两眼注视来球。当球运行到身体前的刹那，后脚用力蹬地，重心移至前脚，同时迅速向前摆体，颈部紧张，迅速甩头，用前额正面顶球的后中部，上体随球继续前摆。

(2) 跳起前额正面顶球：脚蹬地向上跳起，同时两臂屈肘上摆，顶球动作与原地前额顶球相似，顶球后，两腿同时自然屈膝落地。

2. 前额侧面顶球

根据来球方向及时移动到位，眼睛注视来球，前膝微屈，当球运行到体前上方时，用力蹬地，前脚掌并适度旋转，上体随着出球方向扭摆，用力向击球方向甩头，以前额侧面击球的中后部。跳起顶球与前额正面顶球相同。

(二) 顶球技术练习方法

(1) 原地模仿练习，体会动作要领。

(2) 利用吊球做原地顶球练习，主要体会上体后仰，迅速前摆屈体和头顶球的部位。

(3) 两人一球，一抛一顶练习，主要体会顶球时机。

(4) 学生围成圆圈，中间一人抛球给周围的人，周围人依次把球顶回给中间的人。

(5) 学生围成圆圈，互相顶传练习，看哪个人的球落地次数少。

(6) 三人一球，三角顶球练习，看哪三人顶球次数最多，可规定时间比赛。

五、运球

运球是运动员在跑动中有目的地用脚连续地推拨足球，使球处于自己控球范围内的触球动作。在攻守的对抗中运球可以变换进攻速度和调节比赛节奏。在对手紧逼和密集防守的情况下，运用运球技术可以摆脱对手的阻截和争抢或使对手离开防守位置而暴露空当，为传球或射门创造有利时机。

(一) 运球的分类及其技术分析

1. 脚背外侧运球

跑动时身体放松，上体稍前倾，两臂自然摆动，步幅要小些。运球脚提起时，膝弯曲，脚跟提起，脚尖稍内转。在迈步前伸着地前，用脚背外侧推拨球。

2. 脚内侧运球

运球时，支撑脚稍向前跨，踏在球的前侧方，膝稍弯曲，上体前倾向里转。随着身体向前移动，运球脚提起，用脚内侧推球的后中部。

(二) 运球与运球过人技术练习方法

(1) 在走和跑中，用单脚或双脚交替运球，熟悉球性，体会推拨球的动作。

(2) 学生成一路纵队，第一人运球绕过标杆后往回运球，将球交给第二人后排到队尾，依次进行练习。

(3) 学生成一路纵队，第一人向前运球，分别绕过前方 5～8个实心球再往回运球。依次进行曲线运球练习。

(4) 一列横队，每人一球，按教师的口令或手势做由变向到变速、由运球到过人的运球练习。

(5) 两人一球，做一过一运球练习。

(6) 学生绕圈做各种运球与运球过人的练习。要求学生最好左右脚对称依次进行练习。注意养成抬头运球的习惯，努力做到人球兼顾和视野开阔，并强调学生在运球过人技术练习中，练、想、看、说能力的综合发展。

六、抢截球

抢截球技术是指运动员在规则允许的范围内，使用身体的合理部位，把对手对球的控制权夺过来或破坏掉所采取的各种动作。通过抢截球就有可能封堵球的去路或阻挠对手自由地行动，自然会增加对手控制球的困难，同时也给对手造成心理上的压力，使其紧张而可能出现失误。由于积极抢截，可使对方传球空当随之缩小和接应活动受限，为同伴和本方组织“稳固”防线创造了条件。

(一) 抢截球的分类及其技术分析

1. 抢球

(1) 正面跨步抢球：面向对手，两膝弯曲，重心下降，在对手运球脚触球后将着地时，支撑脚用力后蹬，抢球脚以脚内侧对准球跨出，另一脚跟上从正面抢堵球。如双方同时触球，则顺势向上提拉，使球从对方脚背滚过，把球控制好。

(2) 侧面合理冲撞抢球：在与运球者平行跑动时，身体重心稍向下，同对手接触的一侧臂要紧贴身体。当对手靠近自己一侧的脚离地时，用肘关节以上的部位冲撞对手相应的部位，使其失去平衡，乘机将球控制过来。

(3) 侧后抢球：主要通过倒地铲球来完成。在控制球的对手拨出球的刹那，抢球者后脚用力后蹬成跨步，上体后仰，前脚以脚外侧沿地面向前外侧滑动，用脚背或脚尖将球踢出或捅出去，接着小腿外侧与大腿外侧和臀部依次着地滑动。

2. 截球

截球指用规则所允许的动作，把对方队员间的传球或射出的球堵截住或破坏掉。比赛中要根据临场具体情况，选择恰当的位置，果断、快速地利用踢球、顶球、铲球或停球等技术完成截球。

(二) 抢截球技术练习方法

(1) 学生成体操队形，按教师口令做向前跨步抢截球的模仿练习。

(2) 一人脚旁放一实心球，另一人做抢球练习，体会脚触球的部位。

(3) 两人相距 4～6 米，中间放一实心球，按教师口令同时做向前跨步抢球练习，体会跨步重心前移的抢截技术。

(4) 两人相距 10 米，一人直线运球，另一人做正面跨步抢球练习。

(5) 一人直线运球，另一人在侧面做合理冲撞将球抢下。

(6) 向前自抛地滚球，追上去两脚轮换做铲球练习。

(7) 一人直线运球，另一人在侧后做铲球练习。

(8) 学生围成圆圈传球，圈内 2～3 人作截球人，谁截到球后便站在圈上，传球失误者到圈内截球。

七、假动作

假动作是指运动员为了隐蔽自己的意图，运用各种动作假象迷惑或调动对手，使其产生错误的判断或失去身体平衡，从而取得时间、位置、距离等有利条件，更好地完成自己的真正意图。比赛中，队员在传球、射门、运球过人及战术配合中均可运用假动作。

1. 停球前的踢球假动作

当准备停传来的球，而对手跑上堵抢球时，可先假做摆腿踢球的动作，迫使对手停下来伸脚堵球，在对手稍一停顿时，则改假踢球为停球，接着把球运走、传出或射出。

2. 运球过人假动作

当对手迎面上来抢球时，运球者先用右脚假做左（右）拨球，当对手也向左（右）侧移动堵抢时，突然改用右（左）脚脚背向外拨球，并在越过对手后快速运球前进。也可以用身体向左（右）晃动，当对手也向左（右）侧移动堵抢时，突然用脚向右（左）拨球前进。

八、掷界外球

掷界外球是指运动员将比赛中越出边线的球，按照规则的规定用双手掷入场内预定目标的动作。掷界外球是一次很好的组织进攻的机会。比赛规则规定：直接接到界外球时没有越位限制，从而给球员以充分活动的自由。特别是靠近对方罚球区附近掷界外球，很可能获得一次很好的射门机会。

（一）掷界外球的分类和技术分析

1. 原地掷界外球

面对出球方向，两脚开立，膝关节弯曲，上体后仰成背躬，双手持球屈肘置于头后。掷球时，脚用力向后蹬地，两脚快速伸直快速摆体，同时两臂急速向前摆，重心前移，当球摆到头上时，用力甩腕将球掷入场内。掷球时要动作连贯，两臂动作一致，后脚可沿地面向前滑动，两脚不得离地或踏入场内。

2. 助跑掷界外球

双手将球持于胸前，在助跑迈出最后一步时，上体后仰成背躬，同时将球举至头后。掷球时的动作与原地掷界外球相同。

（二）掷界外球技术练习方法

(1) 原地或助跑 3～5 步，徒手掷球模仿练习。

(2) 利用实心球做原地或助跑掷球练习。

(3) 两人一球，相距 8～10 米，进行原地掷球练习。

(4) 两人一球，相距 15 米左右，进行助跑掷球练习。

(5) 掷准比赛：在前方画直径 0.5 米的圆共 5 个，每圆之间相隔 2.5 米，最远的圆距学生 27 米，最近的圆距学生 12 米，向圆内进行掷准比赛，掷入最近的圆得 1 分，其次为 2 分，最远的是 5 分，比赛看谁得分最多。

(6) 掷远练习：两人相距 15 米，在其背后 20～25 米处各划一条胜负线，一人开始掷球，对方需从球的落点处往回掷，反复进行，先掷过对方胜负线者为胜。

九、守门员技术

守门员技术是守门员为力争扩大自己在罚球区的防守范围，以便尽早截获各种来球，并及时地把球传到有利于进攻的位置上，组织发动进攻而采取的动作。足球比赛的矛盾焦点是射门和阻止射门，罚球区内外的争夺最为激烈，而守门员是全队的最后一道防线，成败事关重大。守门员要有沉着冷静的心理素质，勇敢顽强的战斗意志，快速敏捷的反应和良好的身体素质及机智灵活的战术意识，要善于观察全局，分析比赛的发展变化，从而达到协助指挥全队的进攻和防守。

（一）守门员技术分类及其技术分析

1. 无球技术

1) 准备姿势

两脚左右开立，约与肩同宽，两腿自然屈膝内扣，脚跟稍提起，身体重心落在脚前掌上，上体稍前倾，两臂自然屈肘置于体侧，手指自然张开，掌心向前，眼睛注视来球（图 7-8）。

图 7-8

2) 移动

为了尽早截获对方向球门传来的球或接住对方射来的球，守门员必须根据比赛中的球和队员的位置变化，随时调整自己的位置。一般可采用侧滑步或交叉步两种步伐。

2. 有球技术

1) 接球

接球是守门员最基本的技术，也是最主要的技术，包括接地滚球、接平直球和接高球。

(1) 接地滚球有直腿式和单腿跪撑式两种动作。

直腿式接球：准备接球时，两腿直膝自然开立，脚尖正对来球，上体前屈，两臂并肘前迎，两手小指相对靠近，手掌对球，在手触球的刹那，随球后撤并屈肘、屈腕，两臂靠近把球抱于胸前。

单腿跪撑式接球：准备接球时，身体正对来球，两脚左右开立，一腿深屈支撑身体，另一腿膝关节内转似跪撑，膝盖接近地面并靠近深屈腿的脚跟，上体前屈，手臂下垂，两手小指相对，手掌对准来球稍前迎。手触球后的动作与直腿式接球相同（图 7-9）。

图 7-9

(2) 接平直球：身体正对来球，两脚左右开立，上体稍前屈，两臂屈肘向前迎球，手掌相对。当手触球时，两臂随球后撤并屈肘，顺势将球抱于胸前。

(3) 接高球：面对来球，两臂上伸，两手拇指相对成八字形相靠，手指微屈，手掌相对。当手触球时，手指、手腕适当用力将球接住，并顺势屈肘下引，转腕将球抱于胸前。

2) 扑接球

当守门员来不及用其他接球动作接球时，常采用扑接球动作来完成守住球门的任务。如扑接左（右）侧低球时，左（右）腿屈膝向左（右）跨一步，身体向左（右）倒；左（右）脚着地后，接着以小腿、大腿、臀部、上体和手臂外侧依次着地，同时两臂向球伸出，左手掌对准来球，右手在球的前上方，两手腕稍向内屈；手触球时手指、手腕用力，屈肘把球收回胸前，然后起立。

3) 拳击球

在没有把握接住射来的球或有对手猛烈冲门等情况下，为了避免接球脱手，常采用拳击球。拳击球分为单拳击球和双拳击球两种。

(1) 单拳击球：单拳击球动作灵活，动作幅度大，击球点高，击球力量大，多用于手击侧面来的传中球和高吊球。单拳击球时，屈肘握拳于胸前，当跳起接近最高点即将触到球前的刹那，快速出拳，以拳面将球击向预定的目标。

(2) 双拳击球：双拳击球动作接触球的面积大，准确性高，多用于出击正面来的高球和平高球。双拳击球时，双臂屈肘于胸前，两拳靠拢，拳心相对。当跳起接近最高点即将触球的刹那，双拳同时快速冲出，以拳面将球击向预定的目标。

（二）守门员技术练习方法

(1) 按教师的手势进行前、后、左、右的移动练习，要求保持随时准备出击的预备姿势。

(2) 两人一球进行一抛一接练习。先接正面地滚球，然后接平直球和高空球。

(3) 两人一球进行一踢一接练习。按地滚球、平直球和高空球的顺序进行，要求踢球者力量不要太大，接球者脚步移动要快。

(4) 接连续抛来的球。要求抛球者变换不同角度，接球者手法正确，球不脱手。

(5) 双手举球跪在沙坑或垫上，然后腿、上体、手臂依次倒地，成扑地滚球姿势。

(6) 跪在沙坑或垫上，按扑地滚球的动作扑向适当位置的固定球。

(7) 站立扑接侧面抛来的地滚球。

(8) 守门练习，接不同角度射来的各种球。

(9) 结合步伐练习，如可先进行滑步，单双足跳后进行正面的接球练习。

(10) 先向左侧倒地扑接球后快速起身再扑接右侧来球（球的高低可自行控制）。

第三节　足球基本战术

一、足球战术的定义、作用及分类

足球战术就是指在足球比赛攻守过程中，为了战胜对手，根据客观的实际所采用的个人行为和集体配合的总称。合理地运用战术可以在比赛中将集体的力量组织起来，发挥每一个队员的特长，根据对手和自己的情况，用一定的阵形和配合方法，使队员在技术、身体素质、战术意识等方面发挥较高的水平，从而取得优异的比赛成绩。

足球比赛是由攻守这一对矛盾所组成的，比赛中进攻与防守不断地变换就组成了比赛的全过程。因此，足球战术可分为进攻战术和防守战术两大系统。无论是进攻战术还是防守战术都包含着个人和集体战术，个人战术是集体战术的组成部分，集体战术是个人战术的综合。足球比赛主要靠集体合作来完成进攻与防守任务，因此应以集体配合为主，个人战术是为集体战术服务的。

二、比赛阵形

比赛阵形是根据主客观的情况，结合本队的特点，有针对性地安排场上的比赛位置和任务。比赛阵形从足球运动产生之日起就在不断地变化和改进，这是教练员不断探索以及队员进攻和防守能力不断提高的结果。如果一个队员掌握了多种变化的比赛阵形，并敢于在比赛中充分地应用，那么他将是一个最危险的对手。但是必须注意，任何比赛阵形仅仅是一个总的纲领和大体的布局，要靠每个队员去创造性地应用和发挥。

比赛中，创造性和灵活性地应用比赛阵形是取胜的决定因素。图 7-10 所示为几种比赛阵形。

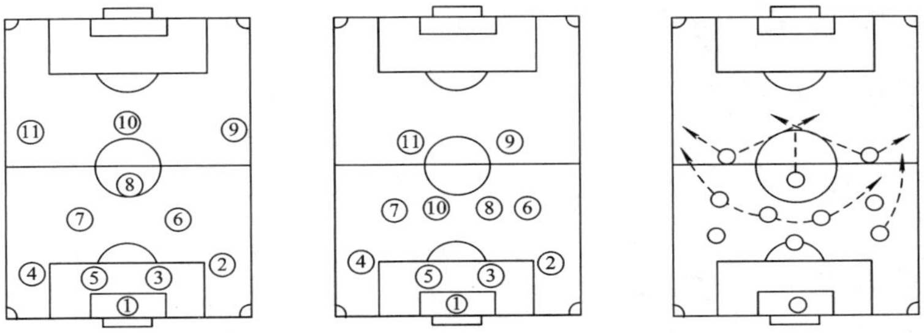

“433”阵形　　“442”阵形　　“WM”阵形

图 7-10

1.“WM”阵形

“WM”阵形的实质在于队员比较平均地分布在场地上，其中有 3 名后卫、2 名前卫和 5 名前锋。前锋中有 2 名内锋稍拖后，中锋和边锋突前进攻。“WM”阵形的主要战术配合是中场四边形的活动(即 2 名内锋和 2 名前卫)。这个四边形根据场上的形势时而放大助攻，时而收缩防守，构成了各线的平均负责制。每个队员都有固定的防守对象，边后卫防守对方边锋，中后卫防守对方中锋，前卫防守对方内锋。后来有的队采取前锋交叉换位的战术，这样便大大削弱了对方的防守效果，因而极大地活跃了进攻队的战术配合。此阵形在二十世纪三四十年代被世界各国广为应用。

2.“424”阵形

“424”阵形是巴西人在第 6 届世界杯足球赛上运用的比赛阵形，并收到了极好的效果，因而在全世界被广泛推广。该阵形的特点在于以两个中后卫为核心，人数较多的密集防守线，同时又组成了两个中锋两个边锋的进攻线，因而进攻线也得到了加强。除此之外，由于边后卫频繁地插上助攻，更加重了对方防守的困难。这种阵形中的两个前卫要担负起组织中场进攻和防守的艰巨任务。

3.“433”阵形

“433”阵形中有 4 个后卫 3 个前卫，在防守中可以形成多种形式的战术配合。3 个前锋担负进攻的任务。特别是中场的 3 个前卫能够密切地与前锋、后卫协同配合，进行交叉换位，因而这种阵形在进攻上隐藏着极大的突然性。有时拖后的前卫会突然地出现在前锋位置上，给对方防守带来出其不意的打击。这种比赛阵形的关键问题是要求每个队员都能够进行机动灵活的交叉换位。

4．“442”阵形

“442”阵形的最大特点是能牢固地控制中场的主动权，极大地增强防守线的力量。同时，中场队员和边后卫大范围地穿插配合，也为进攻创造了有利的条件。这种比赛阵形适用于那些技战术全面的队员，特别是掌握了灵活换位的队员。

近几年，随着世界足球战术的进一步发展，还出现了4～5条战线，甚至更多条战线的比赛阵形。如在2010年欧洲冠军杯中更多的球队选择了“4231”的比赛阵形，这种阵形是基于“433”阵形的演化版本，而“4231”阵形又可进一步演化为“42121”及“41221”等变化更加丰富的阵形。但是无论阵形如何演变和变形，最终均是为了发挥队员的各类优势所设计的，如果没有合适类型的队员则不能生搬硬套，否则不但是阵形运转不良，更无法发挥不同类型队员的特点，也就无从取得胜利。

三、进攻和防守战术

(一) 进攻战术

1. 个人进攻战术

1) 摆脱

摆脱对手紧逼的方法可以采用突然起动、冲刺跑、急停、突然变向、变速和假动作等。摆脱的方向可以向左或向右侧，也可以向前或向后，但应明确摆脱的目的是拉出空当，创造有利的位置传球。示例：如图7-11所示，❺号紧逼⑩号，⑩号向一侧移动吸引对手也跟随移动，突然变向快速起跑，甩掉对手。

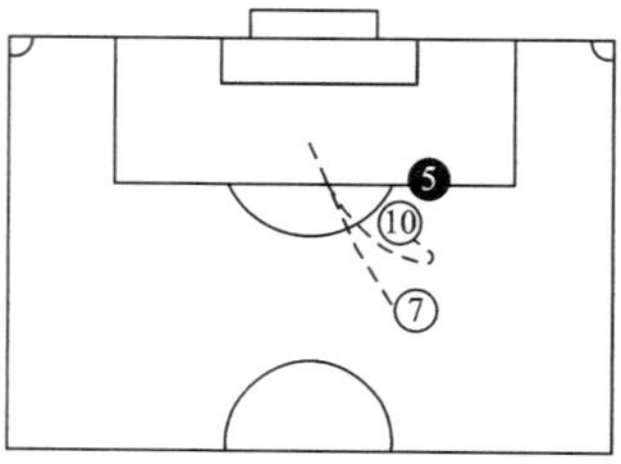

图7-11

2) 跑位

跑位就是有目的地跑向有利位置或空当。比赛中跑位极为重要，善于跑位的队在场上能占据更多的空当，从表面看，好似场上人数多于对方。跑位的作用：使自己在短时间处于摆脱对手的情况下接球；可牵制或扯动对方；可扰乱对方的防线。比赛中队员跑位时不断交叉换位，这有利于扰乱对方防线制造空当，推进进攻。示例：如图7-12所示，⑦号既是扯动❹号，又是接应⑧号；⑨号开始既是扯动❺号，又是接应⑧号，然后反身切入又起到突破的作用。

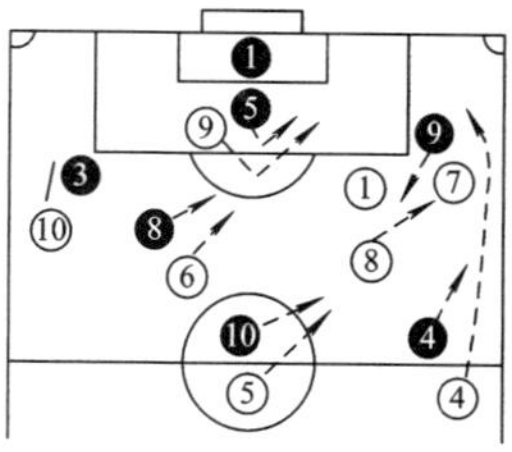

图7-12

3) 传球

传球是集体配合的基础，它是完成战术配合、创造射门机会的主要手段。传球的战术因素包括传球的目标、传球的时机、传球的力量。传球时应尽可能隐蔽自己的意图，传球动作要快，并能根据场上攻守阵形的变化将球灵活传出。示例：如图7-13所示，⑤号控球，如果把球传给⑥号或⑧号，既简单又保险，但⑥号、⑧号得球只能起到控球的作用，起不到快速突破对方的目的。最好能传给插上的⑩号。⑥号、⑧号为了能使球传给

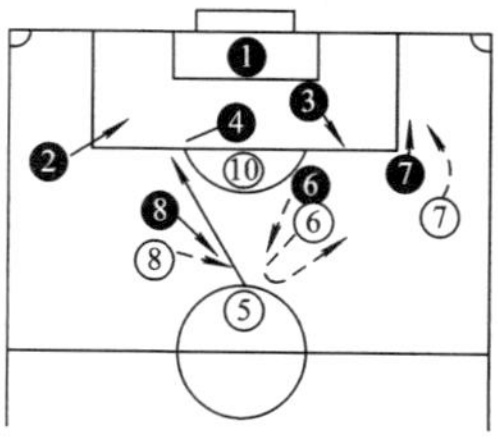

图7-13

⑩号制造机会，就要拉开，如果对方对⑥号、⑧号不紧逼或一个紧逼一个不紧逼，⑤号则把球传给摆脱者，也能达到突破的目的。

4) 运球突破

运球突破是进攻战术中极为重要的个人战术；是突破密集防守，创造射门机会的有效手段；是冲破紧逼盯人，造成局部地区以多打少，觅得传球空当，获得射门机会的有效方法；同时也是扰乱对方防线的锐利武器。

运球突破时队员应注意以下几点：

(1) 将球控制在自己的范围内，掌握运球突破的时机，要随时做到能突破就突破，不能突破就牢牢把球控制住。

(2) 做假动作时，要控制好身体重心，不要过大地虚晃动作，以免控制不了身体平衡，而失掉突破的时机。

(3) 若防守者的背后有较大的空隙，则突破时推拨球的力量可大一些，便于发挥自己的突破速度。一旦突破，凡能射或能传的球应立即射门或进行传球配合。

2. 局部进攻战术

1) 斜传直插二过一

如图 7-14 所示：⑤斜回传给⑩，⑩斜线传球，⑤直线插入接球。⑦运球越过❼横传给⑨，⑨向前斜传，⑦直线插入接球。

2) 直传斜插二过一

如图 7-15 所示：⑩接⑤横传球，向前直线传球，⑤斜线插入接球。⑨摆脱❼接⑧的传球，再斜传给直线插入的⑧。

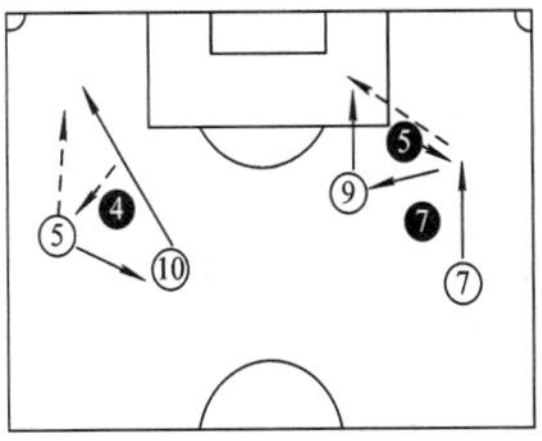

图 7-14

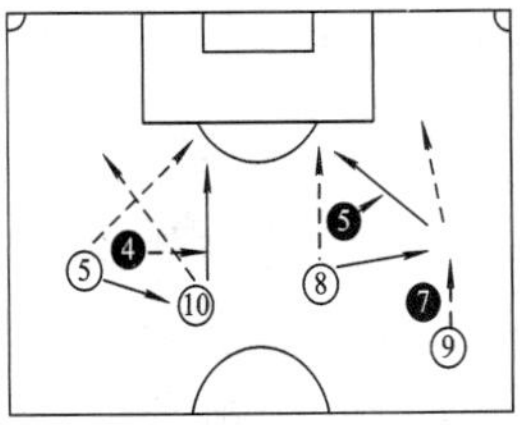

图 7-15

3. 全队进攻战术

全队进攻战术是指进攻的面比较广，投入的人数比较多的进攻配合。全局性战术的具体配合千变万化，大致可分为边路进攻和中路进攻两类。

1) 边路进攻

在对方半场两侧地区发动的进攻称之为边路进攻。示例：如图 7-16 所示，边锋与内锋（或前卫）运用二过一突破，⑦号传球给跑上接应的⑧号，并空切接⑧号的传球突破。

2) 中路进攻

从比赛场地中间地带发展的进攻称之为中路进攻。示例：如图 7-17 所示，前卫插上配合，⑩号接应⑧号，引动防守❸号，⑨号插入空当接⑧号的传球射门。

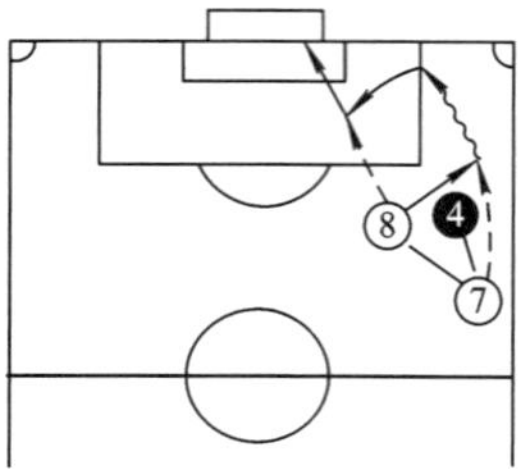

图 7-16

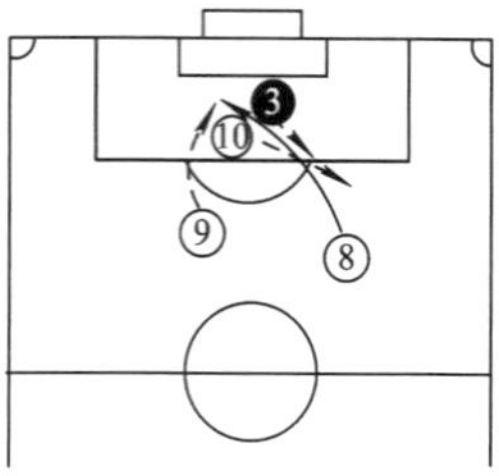

图 7-17

（二）防守战术

1. 个人防守战术

选位与盯人是防守战术中重要的个人战术。防守队员的选位一般应处于对手与本方球门中心所构成的一条直线上，与对手的距离要根据场区以及球所处的位置来决定（图 7-18）。当对方以多攻少而防守队员在没把握断球的情况下，一般应使自己的位置处于对方两个队员之间的前方。示例：如图 7-19 所示，⑦号与⑧企图突破❹，❹号选位应在⑦号与⑧号之间的前方，如果⑦号继续运球推进，则❹应缓缓后退，以延缓对方进攻，为同伴退守争取时间。

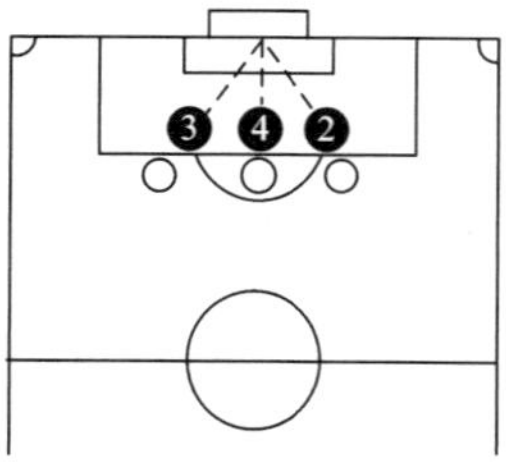

图 7-18

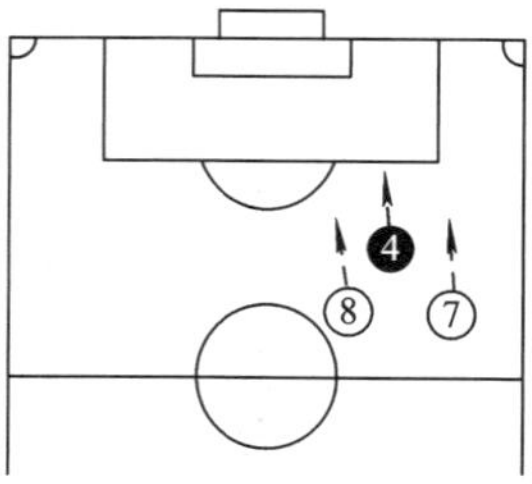

图 7-19

盯人是指防守队员所处位置能够限制、看守对手的活动，及时地封堵对手接球或传球的路线。盯人有紧逼盯人和松动盯人两种：紧逼盯人是贴近对手不给其从容活动的机会；松动盯人是与对手保持一定距离，以便随时上前抢截对手的球或在对手得球后能立即逼迫对手进行紧逼盯人。以上两种方法都应根据场上球与人的活动情况灵活运用。

2. 局部的防守配合

1）保护与补位

保护与补位是局部地区集中防守的基础，保护是补位的前提，没有保护也不可能有有效的补位。防守队员补同伴在防守中出现的漏洞称之为补位，是防守队员间相互协助的集体防守战术。示例：图 7-20 所示的是临近队员的相互补位，⑩号运球突破❷号，❸号补❷号的漏洞，❷号快速交叉跑动补❸号的位置，防守⑩号。

图 7-20

2）围抢

围抢是几个人同时围住有球队员，进行抢断的一种积极的集体防守方法。防守队半场的两个底角和中场边线附近是围抢的有利地区，因为底角有边线、端线作界，另一方面此地区易组织边锋、边卫、前卫进行围抢，所以效果较好。若对方进攻推进缓慢或局部配合过多或缺少转移进攻时，则是组织围抢的好时机。

3. 整体防守战术

整体防守战术包括盯人防守、区域防守和混合防守三种。

混合防守战术就是盯人防守和区域防守相结合的防守方法。混合防守是目前世界各国所采用的一种防守战术，它集中了盯人防守和区域防守两者的优势，从而在防守中能够根据场上情况进行逼抢、盯人和补位，以达到稳固防守的目的。

4. 定位球战术

踢定位球在实战中是经常遇到的，有时一场比赛的胜负往往决定于定位球战术运用得如何。因此，在日常训练中，对定位球的战术要加强练习。

1) 定位球的进攻战术

定位球可分为角球、球门球、点球、直接任意球、间接任意球、中圈开球、掷界外球等。

(1) 直接射门：罚直接任意球时，如距球门较近，并且防守组织的“人墙”有漏洞或守门员位置不当，可采用直接射门。

(2) 配合射门：踢球队员把球传过“人墙”，同队队员快速插上射门。

2) 定位球的防守战术

防守一方对进攻方的定位球战术必须有很好的了解，并能相应地有一整套的防守战术和方法。一般“人墙”由两人到六人组成，“人墙”可封堵于距球门较近的一侧，“人墙”要听守门员的指挥，其他防守人员则负责盯人和防守其他区域，而不要站在“人墙”线的后面，因为这时的“人墙”线就是限制进攻队员的越位线。

四、足球技、战术练习的关键环节

足球技术在不断发展，战术也相应地在发展，现代足球战术已发展到既简练实用又丰富多彩的较高水平。当然，每一阶段新战术的出现，也相应地促进了技术水平的提高。因此，在一定程度上，技术和战术是不可分割的统一体。

(1) 在练习技术方面，我们一定要抓好身体素质练习。因为，现代足球运动正向快速和拼抢激烈的方向发展。十分明显，优秀足球运动员没有良好的身体素质是不行的。

(2) 在技术训练中，要让每个队员在熟练掌握各项基本技术的基础上，狠抓技术的关键和技术动作的衔接，使队员在比赛中完全自如地运用各项技术，从而在比赛中掌握主动权。

(3) 在战术练习中，主要应结合本队和比赛的赛事条件。制订战术时，首先教练员要对本队每一个队员的风格、技术、意识和身体素质等各方面情况都有透彻地了解。只有在此基础上才能把队员安排在最适当的位置上，从而使他们在自己的位置和区域里发挥他们应有的潜力与作用。另外，还必须仔细观察队员之间在实际比赛中的思想和行动上的战术配合默契程度，若安排得当会增加队员之间的相互信任，有助于调动全体队员的积极性、主动性和创造性，发挥彼此特长，增强必胜的信念。

五、足球运动技、战术运用中应注意的问题

各种技术的合理应用包含着丰富的战术内容。因此，战术的训练要密切结合技术的练习，练习技术时也要密切联系战术的实际需要，这样才能在比赛中应用自如。

1. 进攻原则

(1) 制造宽度：当队员得球时，其他同伴要充分利用场地的宽度进行摆脱和跑位。通过积极地摆脱与跑位的配合，把防守队员拉开，制造防守上的漏洞。

(2) 加大深度：也就是加大渗透、突破。通过制造宽度拉出空当，切入空当传球突破，这就叫进攻的深度。

(3) 机动灵活：在实施进攻战术的过程中，除了制造宽度、深度外，当对方防守比较严密时，要求队员能机动灵活地运用各种有球、无球的活动，打乱对方的防线和迅速利用空当。

(4) 应变能力：队员在突破对手切入门前空当将要射门时，排除阻挠和困难的临场应变能力。

2. 防守原则

(1) 延缓对方的进攻：攻队一旦失球，离对方控球队员最近的队员就要立即阻挠和封堵控球队员，以延缓运球突破和传球的时间，不给对方进行快速反击的机会，使同伴们能迅速回防。

(2) 保持平衡：在失球后除了阻挠对方控球的队员外，其他队员都应立即迅速回防，使防守队员在人数上与进攻队员相等，以便组织严密防守。

(3) 收缩：每个防守队员要看好相应的对手，按场区及要求采用紧逼或松动方式盯人，并逐渐缩小防守者相互间的距离，以便保护和补位，不被对方拉开空当，在有把握的情况下截获对方的传球。

(4) 控制：每个队员都要紧紧逼住对手，不让对方有任意传接、运控球的自由，然后组织好抢截力量，把对方控制的球抢过来，变守为攻。

总之，足球比赛是由攻与守这对矛盾组成的，因此，足球战术可以分为进攻和防守两大系统，在进攻和防守战术中都包含着个人和集体战术，又可分为个人战术、局部战术、全队战术、定位球战术和防守战术。

第四节　足球比赛规则简介

一、比赛场地

(1) 场地：足球比赛场地应为长方形，其长度不得多于 120 米或少于 90 米，宽度不得多于 90 米或少于 45 米（国际比赛的场地长度不得多于 110 米或少于 100 米，宽度不得多于 75 米或少于 64 米）。在任何情况下，足球场的长度必须超过宽度。

较长的两条线叫边线，较短的两条线叫球门线，场地中间画一条横穿球场的线叫中线。

场地中央应做一个明显的标记，并以此点为圆心，以 9.15 米为半径，画一个圆圈叫中圈。场地每个角上应各竖一面不低于 1.50 米高的小旗，称之为角旗。

(2) 球门区：在比赛场地两端距球门柱内侧 5.50 米的球门线上，向场内各画一条长 5.50 米与球门线垂直的线，一端与球门线相接，另一端画一条连接线与球门线平行，这三条线与球门线范围内的区域叫球门区。

(3) 罚球区：在比赛场地两端距球门柱内侧 16.50 米与球门线垂直的线，一端与球门线相接，另一端画一条连线与球门线平行，这三条线与球门线范围内的区域叫罚球区。在两球门线中点垂直向内量 11 米处各做一个清晰的标记，叫罚球点。以罚球点为圆心，以 9.15 米为半径，在罚球区外画一段弧形，叫罚球弧。

(4) 角球区：以边线和球门线交叉点为圆心，以 1 米为半径，向场内各画一段四分之一的圆弧，这个弧内的区域叫角球区。

(5) 球门：球门应设在每条球门线的中央，由两根相距 7.32 米，与两面角旗点距离相等的直立门柱和一根下沿离地面 2.44 米的水平横木连接组成。门柱及横木的宽度与厚度均应对称相等，不得超过 12 厘米。球门应为白色。

(6) 足球：以皮革或其他合适的材料制成的圆形球，球体的圆周不得超过 70 厘米（28 英寸），不得少于 68 厘米（27 英寸）。球的重量在比赛开始时，不得超过 450 克（16 盎司），不得少于 410 克（14 盎司）。球的气压在海平面为 0.6 至 1.1 个大气压力（每平方厘米 600 克至 1100 克，或每平方英寸 8.5 磅至 15.6 磅）。

二、队员

每队上场队员不得多于 11 名，其中必须有一名守门员。如果任何一队少于 7 人，则比赛不能开始。在所有的比赛中，替补队员名单必须在比赛开始前交给裁判员。

(1) 替补程序：替补前应先通知裁判员；替补队员在替补上场时，须得到裁判员信号后方可进入比赛场地；替补队员只能在比赛停止时从中线处进场；当替补队员进入比赛场地，即完成了替补程序。所有替补队员无论上场与否，裁判员均有权对其行使职权。

(2) 违规判罚：如替补队员未经裁判员许可擅自进入比赛场地，对该替补队员予以警告并出示黄牌令其离开比赛场地；在比赛停止时，球所在地点以坠球方式重新开始比赛。

三、队员装备

(1) 运动上衣、短裤、护袜、护腿板和足球鞋。

(2) 紧身裤必须与运动裤的主色相同。

(3) 上场队员不得穿戴能危及其他运动员的任何物件。

(4) 护腿板必须被护袜全部包住。守门员的服装颜色必须有别于其他场上队员和裁判员。

四、比赛时间

比赛分为两个相等的半场，每半场 45 分钟。中场休息不得超过 15 分钟。因替补、处理伤员、延误时间等原因损失的时间均应补足，由裁判员掌握。

五、比赛进行及死球

出现下列情况时，比赛成死球：

(1) 当球不论从地面或空中全部越过球门线或边线时。

(2) 当比赛已被裁判员停止时。

比赛进行时的其他所有时间均为比赛进行中，包括球从球门柱、横梁或角旗杆弹回场内；球从比赛场地上的裁判员或助理裁判员身上弹回场内。

六、越位位置

队员处于越位位置是指进攻队员较球更接近于对方球门线。队员不处于越位位置是指进攻队员在本方半场内，或者是至少有对方两名队员比该队员更接近于对方球门线。

1) 越位犯规

处于越位位置的队员，在同队队员踢或触及球的一瞬间，裁判员认为该队员有下列行为才被判为越位犯规：

(1) 干扰比赛；

(2) 干扰对方队员；

(3) 利用越位位置获得利益。

2) 不应判罚越位

下列情况不应被判为越位：

(1) 队员仅仅处在越位位置；

(2) 直接接得球门球；

(3) 掷界外球；

(4) 角球。

3) 违例判罚

对于任何越位犯规，裁判员应判给对方在犯规地点踢间接任意球。

七、犯规或不正当行为

裁判员认为，如果队员因草率、鲁莽或使用过分的力量而有下列六种违规行为中之一的，将判给对方踢直接任意球。

(1) 踢或企图踢对方队员；

(2) 绊摔或企图绊摔对方队员；

(3) 跳向对方队员；

(4) 冲撞对方队员（背后猛烈地，带有危险地）；

(5) 打或企图打对方队员；

(6) 推对方队员。

如果队员有下列四种违规行为中的任何一种，也判给对方踢直接任意球。

(1) 为了得到对球的控制而抢截对方队员时，于触球前触及对方队员；

(2) 拉扯对方队员；

(3) 向对方队员吐唾沫；

(4) 故意手球（不包括守门员在本方罚球区内）。

在比赛进行中无论球在什么位置，如果队员在本方罚球区内有了上述违规行为中的任何一种，应被判罚对方队员踢点球。

裁判员认为队员在出现下列情况时，将判给对方踢间接任意球。

(1) 动作具有危险性；

(2) 阻挡对方队员；

(3) 阻挡对方守门员从其手中发球。

如果守门员在本方罚球区内有下列四种违规行为中的任何一种，也将判给对方踢间接任意球。

(1) 用手控制球后在发出球之前持球超过 6 秒；

(2) 在发出球之后未经其他队员触及，再次用手触球；

(3) 用手触及同队队员故意踢给他的球；

(4) 用手触及同队队员直接掷入的界外球。

如果队员有下列七种违规行为中的任何一种，将被警告并出示黄牌。

(1) 犯有非体育道德行为；

(2) 以语言或行动表示异议；

(3) 持续违反规则；

(4) 延误比赛重新开始；

(5) 当以角球或任意球重新开始比赛时，不退出规定的距离；

(6) 未得到裁判员许可进入或重新进入比赛场地；

(7) 未得到裁判员许可故意离开比赛场地。

如果队员有下列违规行为中的任何一种，将被罚令出场并出示红牌。

(1) 严重犯规；

(2) 暴力行为；

(3) 向对方或其他任何人吐唾沫；

(4) 故意用手球破坏对方的进球或明显的进球得分机会（不包括守门员在本方罚球区内）；

(5) 用可判为任意球或球点球的犯规破坏对方向本方球门移动着的明显的进球得分机会；

(6) 使用无礼的、侮辱的或辱骂性的语言及动作；

(7) 在同一场比赛中得到第二次黄牌警告。

八、罚球点球

在比赛进行中，一个队员在本方罚球区内由于违反了可判为直接任意球的犯规，而被判罚的任意球，应执行罚球点球。罚球点球可以直接进球得分。球放定在罚球点上，确认主罚球点球的队员，其他队员都应退到罚球区及罚球弧外，防守方守门员留在本方球门柱间的球门线上。

九、掷界外球

掷界外球是重新开始比赛的一种方法。球出边线都由最后触球队员的对方在球出界的地点掷界外球，不得违例，不得连踢。

十、球门球

当球的整体不论从地面或空中越过球门线，而最后触球者为攻方队员，且根据规则不是进球得分时，由防守方踢球门球。球门球可以直接射入对方球门而得分。踢球门球时，由防守方从球门区内的任何一点踢球；对方应在罚球区外直至比赛继续进行；踢球队员在其他队员触球前不得再次触球；若球被直接踢出罚球区，比赛即为继续进行。

违规判罚：如果球未被直接踢出罚球区进入比赛应重踢。

十一、角球

当球的整体不论在地面或空中越过球门线，而最后触球者为守方队员，且根据规则不是进球得分时，由进攻方踢角球。角球可以直接射入对方球门而得分。踢角球时，将球放在离球出界处最近的角旗杆的角球弧内；不得移动角旗杆；对方应在距球至少 9.15 米（10 码）以外，直至比赛继续进行；当球被踢并移动时比赛即为继续进行；踢球队员在其他队员触球前不得再次触球。

第八章

排 球

第一节 排球运动概述

排球运动是用双手做发球、垫球、传球、扣球和拦网等动作来组织进攻和防守的球类运动项目。排球英文“Volleyball”的原意是击空中球或“空中飞球”。

一、排球运动的起源与发展

排球运动最早是由美国人威廉•摩根在1895年发明的。当时，为了满足人们追求温和、适度的运动和身心放松的需求，摩根在体育馆内用网球的网子、篮球胆，采用网球和手球的一些技术，以及类似棒球的规则创设了排球。此后，排球随着战争和教会活动传播到世界各国。1900年排球运动进入亚洲，1905年传入中国，1917年传入欧洲。在亚洲，排球运动经历了16人制、9人制和6人制的发展过程。

至今已有100多年历史的排球运动，逐渐演变为需要强壮体能和高超战术的体育项目，它以其独特的魅力吸引了越来越多的参与者与观赏者。

1905年，排球运动传入我国广州和香港，随后发展到上海、浙江、汉口等地。1913年被列为首届远东运动会正式比赛项目。1921年女子排球在广东运动会上出现。1917年排球传入欧洲后，立即按6人制被列入正式比赛项目。由于欧洲和亚洲排球参赛项目人数不同，规则也不尽相同，排球始终被限制在不同地域范围内发展。1947年4月世界排球联合会在巴黎成立，统一了排球比赛规则，决定举行世界性排球比赛，每四年举行一次，1949年和1952年分别开始举办世界男子与女子排球锦标赛。在1964年第18届奥运会上，排球被列入比赛项目。1965年和1973年分别举办了首届世界杯男子与女子排球赛。

我国女排从1981年的世界杯到1986年的世锦赛，连续获得“五连冠”，中国女排在世界性比赛中所表现出来的一往无前的气概，被誉为“女排精神”，激励着我国各行各业的人们克服困难，为国争光。进入21世纪后，我国女排又先后夺得2003年世界杯、2004年雅典奥运会、2015年世界杯、2016年里约奥运会冠军和2019年世界杯冠军，为祖国争得了荣誉。

二、世界排球大赛简介

(1) 世界锦标赛。1947 年开始，每四年举行一次。

(2) 世界杯赛。1964 年开始，每四年举行一次，比赛地点固定在日本。

(3) 奥运会。1964 年东京奥运会开始增加排球项目比赛，四年一届。沙滩排球在 1996 年被奥运会列为正式比赛项目。

(4) 世界青年锦标赛。1977 年在巴西进行首届比赛，参赛队员年龄要求在 20 周岁以下，每四年一次。

(5) 世界排球联赛（也称世界排球大奖赛）。从 1993 年开始，每年举行一次。

第二节 排球基本技术

排球基本技术可分为准备姿势和移动、发球、垫球、传球、扣球、拦网六大类。在各项技术中还可根据不同技术特点和运用方法等细分出许多技术动作。

一、准备姿势和移动

（一）准备姿势

在做起动、移动和击球前的动作时，队员所采用的合理的预备动作称为准备姿势。准备姿势的作用就是为了起动快和便于击球。在变幻莫测的排球比赛中，来球情况千变万化，因此运动员在场上必须注意力高度集中，保持正确的准备姿势为移动和击球做好充分准备。良好的准备姿势可以在各种情况下迅速起动，快速移动，接近来球并与球保持良好的位置关系，以便完成各种击球动作。

1. 准备姿势的分类

准备姿势按身体重心的高低可分为半蹲准备姿势、稍蹲准备姿势和低蹲准备姿势三种（图 8-1）。

图 8-1

2. 准备姿势的技术分析

(1) 半蹲准备姿势：多用于接发球、拦网和各种传球之前。两脚左右开立略比肩宽，一脚在前，两脚尖适当内收，脚跟稍稍提起，两膝弯曲成半蹲；上体前倾，重心靠前；两臂自然放松置于腹前，身体适当放松，眼睛注视来球，两脚保持微动状态。

(2) 稍蹲准备姿势：一般多用于扣球之前。稍蹲准备姿势的身体重心稍前，比半蹲准备姿势稍高，技术方法相同。

(3) 低蹲准备姿势：主要用于防守和各种保护动作之前。低蹲准备姿势的身体重心比半蹲准备姿势更低、更靠前，双脚的前后左右距离与膝的弯曲程度更大，形成肩的垂线过膝，膝的垂线过脚尖，手臂置于胸与腹之间的姿势。

(二) 移动

移动是指队员从起动到制动之间的人体位移。移动是为了及时接近球，保持好人与球的关系，以便正确地击球。同时迅速地移动可以占据场上的有利位置，争取时间和空间，使各项攻防技术合理有效地运用，使集体战术得到充分的发挥。移动快慢对技术、战术的质量有着直接的影响。

1. 移动的分类

移动按其动作结构可分为起动、移动和制动。其步法可根据临场技术、战术的需要灵活运用。常用移动步法有并步与滑步、跨步、交叉步、跑步和综合步。

2. 移动步法的技术分析

(1) 并步与滑步：当来球距身体一步左右时采用。如向前移动，前脚向前跨出一步，后脚迅速并上，做好击球前的准备姿势。若来球稍远，并步不能接近球时，可运用快速的连续并步，快速的连续并步称为滑步。并步的特点是容易保持平衡，便于做击球动作。滑步虽然便于移动，但移动速度慢，只宜于短距离移动中运用。

(2) 交叉步：当来球在体侧三米左右时采用。如向右侧移动，上体稍向右转，左脚从右脚前面向右交叉迈出一步，然后右脚再向右跨出一大步，同时身体转向来球方向，保持击球前姿势。交叉步的特点是动作快、步子大、便于制动，主要用于二传、拦网和防守。

二、发球

发球是由后排右边队员在发球区内自己抛球，用一只手或手臂的任何部位将球击出而进入比赛过程的技术动作。

(一) 发球的分类

发球按性能可分为旋转和不旋转球（包括飘球）。

发球按技术结构和动作方法可分为正面上手发球、跳发球、正面上手发飘球、勾手大力发球、正面下手发球、侧面下手发球和高吊球七种。

(二) 发球技术分析

以右手发球为例。

1. 正面下手发球

正面下手发球动作简单易学、容易掌握，但球速慢、力量小、攻击性差，适用于初学者。

(1) 准备姿势：面对球网，两脚前后开立，左脚在前，右脚在后，两膝微屈，上体稍前倾，重心偏右脚，左手持球于腹前。

(2) 抛球：左手将球抛起在体前右侧，离手约一球多的高度。

(3) 挥臂击球：在左手抛球的同时，右臂向后摆动。击球时，右脚蹬地，身体重心随着右手向前摆动击球而移至前脚上。在腹前以全手掌击球的后下方。手触球时，手指、手腕紧张，手成勺形吻合球，击球后，随击球动作重心前移，迅速进场比赛。

2. 正面上手发球

正面上手发球（图 8-2）由于面对球网站位，便于观察对方，发球的准确性高，易于控制落点，并能充分利用转体、收腹动作带动手臂加速挥动，以及用手腕的推压动作使发出的球呈上旋，不易出界，故可加大力量和速度。身材高大且肩部和手臂爆发力强的队员采用这种方法发球更具有威胁性。

图 8-2

(1) 准备姿势：队员面对球网，两脚自然开立，左脚在前，左手持球于身前。

(2) 抛球：用抬臂和手掌的平托上送，将球平稳地垂直抛于右肩的前上方，高度适中。

(3) 挥臂击球：在左手抛球的同时，右臂抬起，屈肘后引，肘平与肩，上体稍向右侧转动；击球时，利用蹬地使上体向左转动，同时收腹，带动手臂挥动，在右肩上方伸直手臂到最高点，用全手掌击球的中下部；击球时，手指自然张开吻合球，手腕要迅速主动做推压动作，使击出的球呈上旋飞行。

3. 正面上手飘球

发球时身体正面对网站立，上手击球，用力突然，并充分利用转体、收腹、挥臂的力量，使球在不旋转的情况下飞行，产生不规则的飘晃。发飘球时由于击球的作用力通过球体重心，使球不旋转并带有飘晃的飞行，让对方难以判断并容易产生错觉，造成接发球困难，具有较强的攻击性。发这种球，面对球网，便于观察对方，容易控制落点，准确性较大，成功率较高，攻击性强。正面上手飘球是目前排球比赛中最常用的一种发球方法。

(1) 准备姿势：与正面上手发球相同，但站位离端线距离变化较大。发远距离飘球时，距离端线要远些，发近距离飘球时，要站的距离近些。

(2) 抛球：左手将球平稳抛至右肩前上方，稍靠前些，离身体水平距离为半臂左右，抛至相同于击球点的高度，这样便于直线加速挥臂去击球。在抛球的同时，右臂屈肘抬起并后引，肘部略高于肩，两眼注视球。

(3) 挥臂击球：当球上升至最高点时，收腹带动手臂快速挥动，以掌根坚硬平面击球的后中下部，使作用力通过球体重心。击球时，五指并拢，掌心向前，手腕紧张并后仰，用力快速、突然、短促，击球后可做突停或下拖动作，不能有推压动作。击球后，迅速进场比赛。挥臂速度要求较高。

三、垫球

垫球是用手臂或手的坚硬部位击球，利用来球的反弹力将球击出的技术动作。

（一）垫球的分类

垫球技术按运用可分为四类：接发球、接扣球、接拦回球、接其他球。垫球技术按动作方法可分为正面双手垫球、跨步垫球、低姿垫球、体侧垫球、让垫球、背垫球、单手垫球、前扑垫球、侧卧垫球、滚动垫球、鱼跃垫球、挡球、脚击球等。

（二）垫球技术分析

1. 正面双手垫球

垫球的种类很多，但正面双手垫球（图8-3）是最基本的垫球方法，是各种垫球的基础，运用较为广泛。

图 8-3

(1) 准备姿势：半蹲准备姿势。

(2) 手型：分为击球手型和前臂触球部位两种情况。

击球手型：两手手指重叠，大拇指平行，掌根紧靠，合掌互握。

前臂触球部位：以腕关节上10 厘米左右的桡骨内侧平面触球为宜，如击球部位过高或过低，易造成持球或难以将球垫稳。

(3) 击球点：保持在腹前击球，便于控制手臂与地面的角度，容易调整反弹面，控制击球方向和落点，提高垫球的准确性。

(4) 击球用力：两臂靠拢前伸，插到球下，击球时压腕挺小臂，靠手臂上抬力量增加球的反弹力，同时配合蹬地跟腰动作，全身协调用力将球垫出。垫击用力的大小与来球力量成反比，与垫击的距离成正比。如来球力量小或垫击的距离远，垫出必须加上抬臂动作，给球以反击力量；如来球力量大或要求垫出球的距离近，则只需轻轻一垫，主要依靠球体本身的反弹力将球垫起。有时为了缓冲来球力量，手臂非但不能主动迎击来球，还需收腹含胸，帮助手臂后撤并适当放松来缓冲来球力量。

2. 体侧垫球

垫击飞向体侧的来球称为体侧垫球。该项技术一般在队员来不及移动到对正来球时采用。体侧垫球虽然可以扩大控制范围，但不易控制垫球方向，所以在来得及移动的情况下，应尽量采用正面垫球。来球向右侧飞来，左脚掌内侧蹬地，右脚向右跨出一步，重心随即移至右脚上，右腿弯曲，同时两臂夹紧向右侧伸出，左肩微向下倾斜，用向左转腰和收腹动作配合两臂自右后方向前截住球的飞行路线，用两前臂垫击来球的后下部，切忌随球向右侧摆臂击球。

3. 背垫球

背对垫出球方向，从体前向背后垫球称为背垫球。

背垫球一般在接发球或防守起球后，球飞出较远而无法进行正面垫球时采用。

背垫球时，要判断好球的飞行方向，迅速移动到球的落点上，背对出球方向，两臂靠拢伸直，击球点高于肩，蹬腿，挺胸，展腹后仰，直臂向后上方抬送。

4. 挡球

来球高而力量较大，不便于传、垫球时，用双手或单手在胸、肩部以上挡击来球称为挡球。

挡球主要用于防守中接高于肩的球，是垫球的重要补充。善于挡球的队员，防守时可大胆前压，提高前区的防守效果。

挡球可分为双手挡球和单手挡球。

(1) 双手挡球的手法可采用并掌式，两肘弯曲，两虎口交叉，两掌外侧朝前，合并成勺形。挡球时小臂放松，两肘朝前，手腕后仰，以掌根和掌外侧组成平面，挡击球的后下部。击球点在额前或两侧肩上。挡球触球瞬间手腕要紧张，小臂伸展用一定力量把球向上挡起。

(2) 单手挡球适用于挡头部以上或侧上方的高球。单手挡球的手法采用半握拳式，击球瞬间手腕要突然后仰并保持紧张，用拳心部位击球的后下部。对飞到身后的高球，也可跳起用单手挡球。

四、传球

传球是利用手指、手腕的弹击力来完成击球的技术动作。传球是排球运动的基本技术之一，是组织战术的基础，主要用于二传，以衔接防守和进攻。

（一）传球的分类

传球按技术运用可分为二传球和其他传球。按技术动作可分为正面传球、背传球、侧传球三类。

每类传球都可以进行原地传或跳传。传球一般多采用双手传球，而单手传球只在来球过高且不便双手传球时作为一种弥补技术。

（二）传球技术分析

1. 正面双手传球

面对出球方向的传球为正面传球（图 8-4），它是传球中最基本的方法。

图 8-4

(1) 准备姿势：采用稍蹲准备姿势。看清来球后，迅速移动到球的落点处，正对来球，身体保持平稳，上体适当挺起，双手自然抬起，放松置于脸前。

(2) 手型：击球手型采用“上八下一”。手触球时，两肘适当分开，两手应自然张开成半球状，使手指与球吻合。两手间有一定的距离，以便扩大控制球的面积，但又不能过大而漏球。手腕稍后仰，手指和手腕保持适当的紧张，以承受球的压力。主要以拇指内侧与食指的全部及中指的前二指节触球，无名指和小指在球的两侧辅助控制传球方向。

(3) 击球点：击球点在额前上方约一球距离处，这样便于观察来球的同时也能看清传球的目标，有利于对准球和控制传球方向。同时在手触球时，肘关节尚未伸直，也便于继续伸臂用力。如击球点太高，肘部已伸直，就减少了对球的作用力，也影响手型的正确性。

(4) 击球用力：全身各部位都要协调用力，主要靠蹬地、伸臂配合的力量和球压在手上使手指和手腕所产生的反弹力将球传出。

2. 背传球

向头的后上方传球称为背传球。背传球时上体比正传球时稍后仰，身体重心稳定在两脚之间，双手自然上抬置于脸前。击球点在额上方，比正传球偏后。触球时，手腕后仰，手心向上以便托住球的底部。两拇指适当前突，更多地承受球的压力。背传球主要靠抬臂、伸肘动作通过手指和手腕的弹力加上适当向后翻腕的力量将球传出，同时注意运用蹬腿和体后屈的动作配合传球。

五、扣球

扣球是队员利用起跳，在空中用一只手臂作弧形挥动，将本方场区上空高于球网上沿的球有力地击入对方场区的一种技术动作。

（一）扣球的分类

扣球按技术可分为六类，各类按应用又可分为正面扣球、小抡臂扣球、单脚起跳扣球、勾手扣球、快球（近体快球、短平快球、背快球、平拉开快球）、自我掩护扣球（位置差、空间差、时间差）等若干种。

（二）扣球技术分析

1. 正面扣球

正面扣球是扣球中的一种基本方法（图 8-5）。其特点是面对球网，便于观察，准确性较高，能根据对方拦网或防守布局，发挥手臂的灵活性，随时改变扣球的路线和力量，便于控制击球落点。扣球包括以下五个相互衔接的技术环节。

图 8-5

(1) 准备姿势：扣球助跑前，采用稍蹲姿势，两臂自然下垂，站在距网三米左右处，观察二传来球，做好向各个方向助跑起跳的准备。

(2) 助跑：助跑的目的是接近球，选择起跳点，保持好人与球的关系，同时也有助于提高弹跳高度。助跑的时机、方向、步法、速度要根据来球情况而定，助跑的步法有一步、二步、三步、多步助跑。无论几步助跑，最后一步是关键。

以右手扣球的两步助跑为例，助跑时左脚先向来球方向迈出一步，紧接着右脚再迅速跨出一大步，左脚及时并上，踏在右脚之前，助跑的速度由慢到快。最后一步要以脚跟先着地过渡到全脚掌着地，这样有助于制动身体向前的冲力，使身体获得的水平速度转换为向上的垂直速度，提高弹跳高度。

(3) 起跳：起跳的目的不仅是要获得弹跳高度，而且还要掌握好扣球的时机和选好击球点。在助跑跨出最后一步的同时，两臂经体侧后引，左脚在并上制动的过程中，两臂自后积极向前摆动，随着双脚蹬地向上起跳而有力地向上摆动。手臂的摆动可根据扣球的需要和个人的习惯，采用小画弧、大画弧或前后摆臂助跑和起跳衔接的过程，要求协调、连贯，具有爆发速度。

(4) 空中击球：空中击球是扣球技术的关键，其动作的好坏与扣球的质量密切相关。扣球起跳腾空后，挺胸展腹，上体向右转，右臂向后上方抬起，身体成反弓形。挥臂时，以迅速转体、收腹动作发力，依次带动肩、肘、腕各关节成鞭打动作向前上方挥动，使全身的用力依次传递叠加于手上，使手获得巨大的动量和速度，以加大击球力量。

击球时，五指张开呈勺形，保持一定紧张度，全手掌包满球，击球的后中上部，手腕有前推下甩动作，使扣出的球加速呈上旋。

击球点应保持在起跳后手臂伸直的最高点的前上方。

(5) 落地：为了避免腿部负担过重，力争双脚尽快同时屈膝落地，以缓冲下落力量，并立即做好下一个动作的准备。

2. 近体快球

快球是我国的传统打法。它是扣球队员在二传传球前或传球的同时起跳，并迅速把二传队员传过来的球击入对方场地的一种扣球方法。近体快球是快球的一种，扣球队员在二传前或体侧约 50 厘米处起跳，起跳时机同其他快球，助跑的路线一般与球网成 45° 左右的夹角。上体和挥臂动作的幅度小，主要利用前臂和手腕迅速鞭打甩动击球，二传球刚刚出网，便立即将球扣过网。

六、拦网

队员在球网附近，以腰部以上身体任何部位高于球网上沿，阻拦对方击过来的球，并触及球，称为拦网。

(一) 拦网的分类

拦网分为原地起跳拦网和助跑起跳拦网两种。组成拦网的形式又可分为单人拦网、双人拦网和三人拦网。

(二) 拦网的技术分析

1. 单人拦网

(1) 准备姿势：采用稍蹲准备姿势，面对球网，距网 30～40 厘米，两臂在胸前自然屈肘。

(2) 移动：为了对正进攻点，需要及时移动，常采用的移动步法有滑步、交叉步、跑步等。

(3) 起跳：起跳时重心下降，两膝弯曲，利用身体的下沉动作和两腿用力蹬地，两臂经体侧前方小画弧加速上摆，使身体垂直跳起。

(4) 空中击球：当身体腾空后，两手从额前贴近并平行球网向网上沿的前上方伸出，两臂伸直，两肩尽量上提，尽力过网伸向对方上空。拦网时，两手自然张开呈勺型，击球瞬间，利用快速提肩和手腕下压动作将球拦至对方界内。

(5) 落地：拦网后身体要自然下落，先以脚前掌着地，随之屈膝缓冲身体落地力量，同时迅速做好下一个动作的准备。

2. 集体拦网

集体拦网是以单人拦网为基础，进行两人或三人协同一致拦一个进攻点的配合行动，目的在于扩大阻击面。

在集体拦网时，注意与对方扣球队员相对应的拦网队员先取位，其他拦网队员同时上去主动配合拦网，队员之间应保持适当距离，拦网队员相邻手的间距不可让球漏过，也不要重叠，拦网手组成一个统一联合的屏障。

第三节　排球基本战术

排球战术是运动员在比赛中根据排球运动的比赛规律以及彼我双方的具体情况和临场的变化，合理地运用技术及所采取的有组织、有目的和有预见地配合行动。

排球战术可分为个人战术和集体战术。个人战术是指个人根据临场情况有目的地运用技术的过程。集体战术是指两个或两个以上队员之间，有组织、有目的地集体协同配合。

按照排球运动的特点和排球普修课、选修课的特点，战术分为个人战术和集体战术。集体战术又分为进攻战术（中一二进攻形式、边一二进攻形式、插上进攻形式）和防守战术（接发球站位阵形、接扣球防守阵形、接拦回球保护阵形、接传与垫球防守阵形）。

一、阵容配备及位置交换

1. 阵容配备

阵容配备就是把全队的力量组织起来，最大限度地发挥每个队员的技术、战术特点和作用。阵容配备主要有“四二”配备和“五一”配备。

(1) “四二”配备：配备四个攻手和两个二传手的阵容。其中四个攻手中可分为两个主攻手与两个副攻手（图 8-6）。

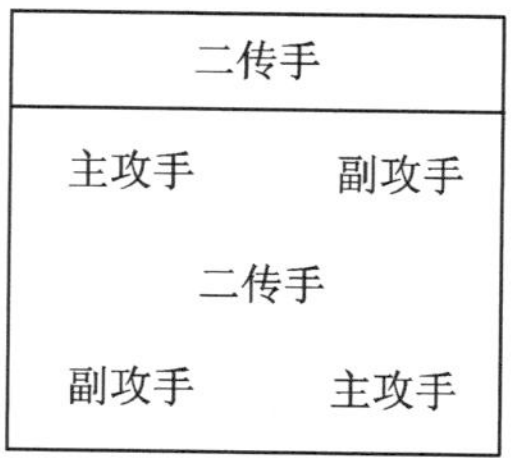

图 8-6

“四二”配备的优点是便于组织“中、边一二”进攻战术，若二传有攻击力量，每一轮都可以采用“插上”进攻战术；缺点是每个进攻队员都必须熟悉两个二传队员的传球特点，配合较困难。若二传手没有攻击力量，进攻点少，则进攻战术变化较少。

(2) “五一”配备：配备五个攻手和一个二传手的阵容（图 8-7）。

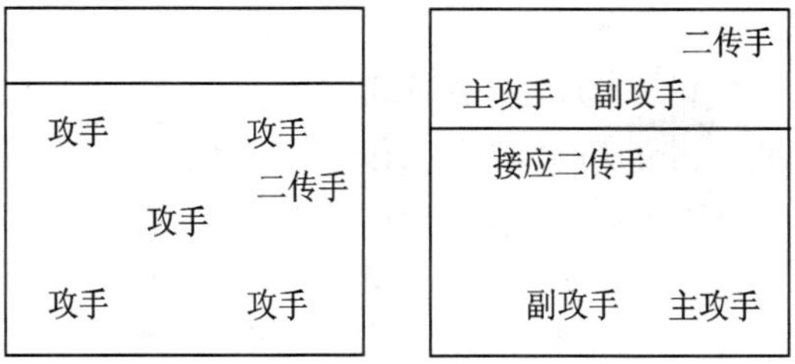

图 8-7

“五一”配备的优点是进攻力得到加强，全队进攻队员只需要熟悉一个二传手，配合上容易建立默契，由二传手做出战术决定，便于统一指挥；缺点是有三轮只有两点进攻，二传手体力消耗较大。

2. 阵容配备应注意的问题

(1) 把进攻力量强的和防守好的队员搭配开，使每一轮都有较强的进攻能力和较好的防守能力。

(2) 把平时配合好的主攻手和二传队员安排在相邻的位置上，以便充分发挥配合作用。

(3) 为争取开局的有利局面，让扣球好的攻手站在有利于进攻的位置，防守好的队员站在后排，发球好的队员本方有发球权时一开始站在 1 号位，发球权在对方时可站在 2 号位。

(4) 一传较差的队员尽可能不要安排在相邻位置上，避免形成薄弱区域。

3. 位置交换

根据排球竞赛规则，当发球队员击球后，双方队员可以在本方场区内任意交换位置，但后排队员不能在前场区进攻、拦网。

位置交换可以最大限度地发挥每个队员的特长，可以弥补队员身体和技术上的缺陷。换位的规律是把前排的主攻队员换到 4 号位；把拦网好的副攻队员换到 3 号位；二传队员换到 2 号位；后排主攻队员换到 5 号位；防守灵活的队员（一般是副攻）换到 6 号位；二传队员换到 1 号位，便于其行进间插上。

位置交换时应注意以下原则：有利于扣、拦、防的个人优势发挥；有利于全队的集体战术及配合的实现；符合规则要求；换位时要迅速、灵活机动、有前后主次之分。

二、个人战术

个人战术是不靠与同伴配合，单凭自己的实力所采取的带有战术目的的行动。个人战术包括发球、一传、二传、扣球、拦网、防守等。

1. 发球个人战术

(1) 利用发球落点，发向对方空当或一传差的队员。

(2) 利用不同特点的发球变化，使对方难以完成好接发球，如左旋球与右旋球相结合，追胸飘球与下沉飘球相结合。

(3) 利用不同发球的交替使用，使对方难以适应，如平冲球与高吊球相结合，长线球与短线球相结合。

2. 一传个人战术

(1) 利用低弧度、速度快的一传，加快进攻节奏。

(2) 利用垫高球制造两次球的机会，为二传队员突然发动进攻创造条件。

(3) 利用对方空当，直接垫到空当中去，造成对方忙乱中接球或失球。

3. 二传个人战术

(1) 利用假动作，声东击西。

(2) 利用传球速度，加快或减缓进攻节奏，造成对方拦网不适应。

(3) 利用对方不备，突然吊球入对方空当。

(4) 利用对方拦网布局，避强打弱，以多打少。

4. 扣球个人战术

(1) 利用扣球路线变化，避开对方拦网。

(2) 利用重扣假动作进行轻打或轻吊。

(3) 利用传球假动作进行扣球。

(4) 利用对方防守布局的弱区和空当，控制球的落点。

(5) 利用对方拦网队员的手，造成打手出界。

5. 拦网个人战术

(1) 利用假动作，有意暴露自己拦网部位，当对方扣球时，突然改变阻拦对方扣球。

(2) 利用对方意图打手出界扣球，突然撤手造成对方扣球出界。

6. 防守个人战术

(1) 利用判断，取得有利的防守位置。

(2) 利用对方扣球人意图扣空当的心理，有意让出空当，诱使对方上当，防起原来空当位置上的球。

三、集体战术

集体战术是两个队员或两个以上队员之间所采取的有组织、有目的的配合行动。集体战术包括进攻战术和防守战术。

(一) 进攻战术

进攻战术是指接对方来球后，全队所采取的有目的、有组织的配合行动。进攻战术包括三种进攻战术阵形及三种战术打法。

1. 进攻阵形

进攻阵形即进攻时所采用的阵形，合理的阵形是进攻战术变化的基础。进攻阵形有“中一二”“边一二”“插上”等。

(1) “中一二”进攻阵形：前排中的3号位队员作二传手，把球传给两边的2、4号位队员进攻的阵形称为“中一二”进攻阵形（图8-8）。

若二传队员轮转到2、4号位，则可在对方发球击球后换到3号位。

“中一二”进攻阵形的优点是队员分工明确，战术易组成，适合初学者采用；缺点是两点攻，战术变化少，对方易识破进攻意图。

(2) “边一二”进攻阵形：前排边的 2 号位队员作二传手，把球传给 3、4 号位队员进攻的阵形称为“边一二”进攻阵形（图 8-9）。

若二传队员轮转到 4、3 号位，则可在对方发球击球后换到 2 号位。

“边一二”进攻阵形的优点是战术变化比较多，右手扣球队员在 3、4 号位扣球较顺手；缺点是一传手偏 4 号位时，二传手接应较困难，对二传手传球能力比“中一二”进攻阵形应用时要求高。

(3) “插上”进攻阵形：后排队员插到前排作二传手，将球传给前排三个队员扣球的进攻阵形称为“插上”进攻阵形（图 8-10）。

“插上”进攻阵形的优点是能保持前排有三点进攻，战术配合变化多，能充分利用网的全长，有利于突破对方防线；缺点是对一传到位率要求较高。

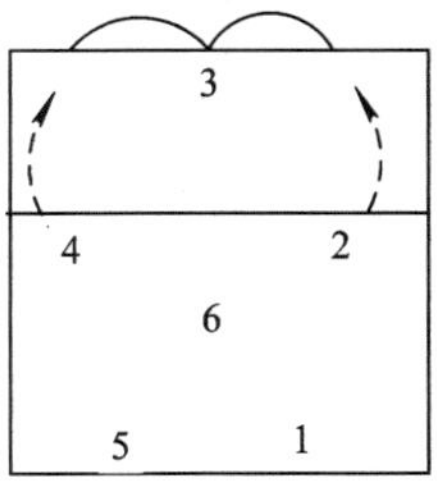

图 8-8

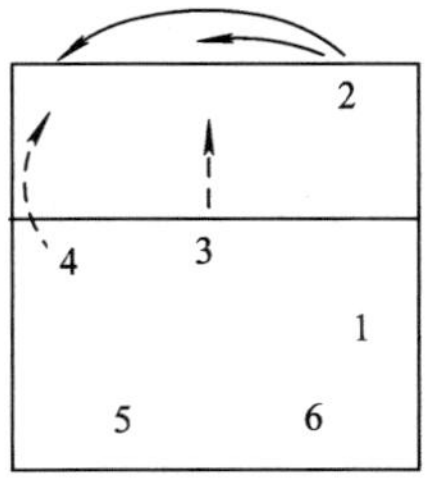

图 8-9

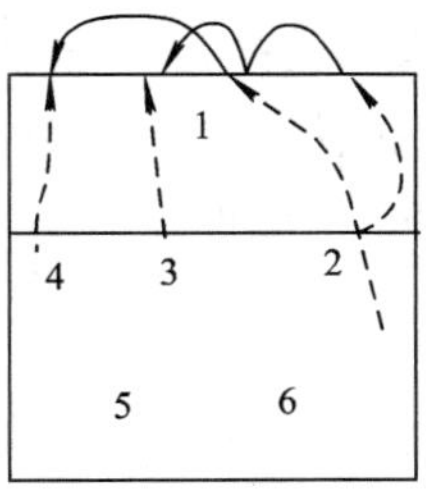

图 8-10

2. 进攻战术打法

进攻打法包括强攻、快攻和二次球进攻，每种打法又有若干不同的战术配合。每种打法都可在上述三种进攻阵形中运用。

1) 强攻

强攻是一种掩护作用小，主要凭个人力量、高度和技巧强行突破对方拦防的打法。强攻包括集中进攻、拉开进攻、调整球进攻、后排队员进攻等。

2) 快攻

快攻指各种快球、平球以及以这种打法为掩护，由同伴或本人所进行的进攻。

在普通高校的排球教学活动中，常采用的快攻战术配合如下：

(1) 交叉进攻：在快球掩护下形成的进攻打法，主要有“前交叉、后交叉、背交叉、反交叉、假交叉”等五种（图 8-11）。

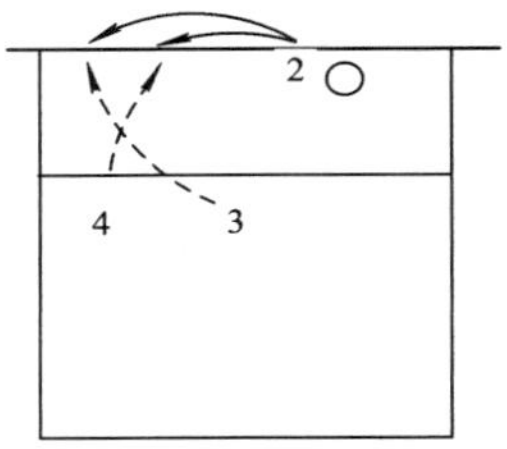

前交叉

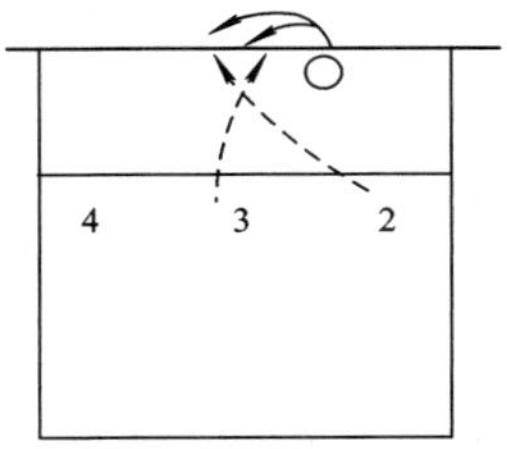

后交叉

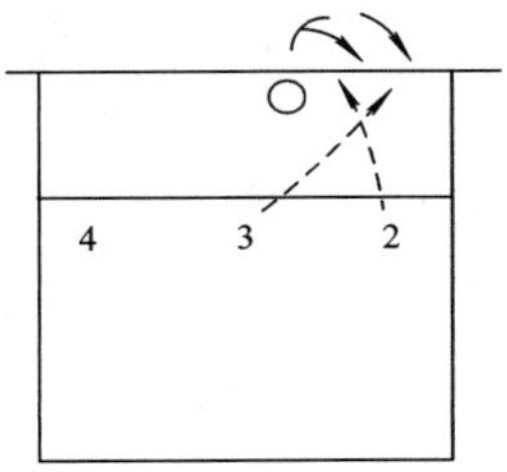

背交叉

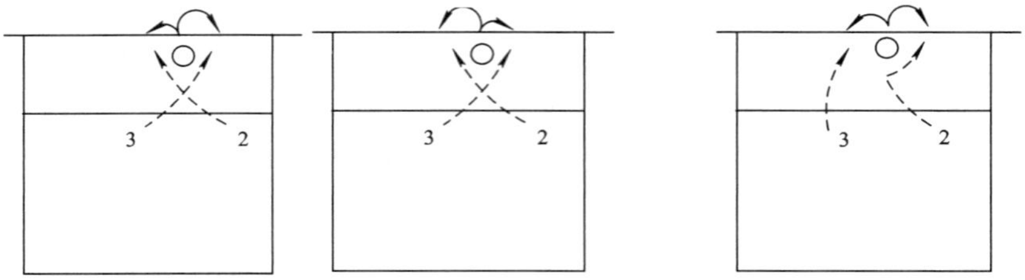

反交叉　　　　假交叉

图 8-11

(2) 夹塞进攻：在短平快的实扣或掩护下形成的进攻打法（图 8-12）。

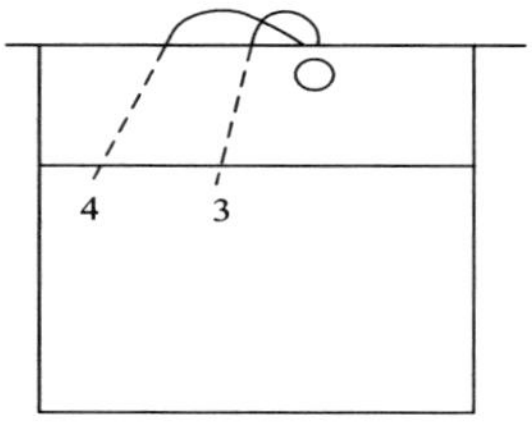

图 8-12

3) 二次球进攻

若一传来球较高，又在网前适合扣球的位置上，则前排队员可跳起直接进行扣球。若对方有拦网，则可在空中改为二传，将球传给其他前排队员进攻。这种打法为二次球进攻。

(二) 防守战术

1. 接发球站位阵形

在对方发球时，本方为了接好发球而事先摆好的阵形称为接发球站位阵形。它是接发球的基础，对接发球的效果和组织进攻的效果有很大影响。

接发球阵形通常采用五人接发球阵形。

"W"型站位（图 8-13）：适合初学者打比赛采用。优点为分工明确，职责分明；缺点是队员之间的交界点增多，队员配合不够默契时，会出现互抢或互让现象。

"M"型站位（图 8-14）：适合初学者采用。优点为队员分布更加均衡，分工明确，职责清楚，接落点散、速度慢的发球及下沉飘球和高吊球较为有利；缺点是不利于接对方发的落点在中后场的大力球、平冲飘球等。

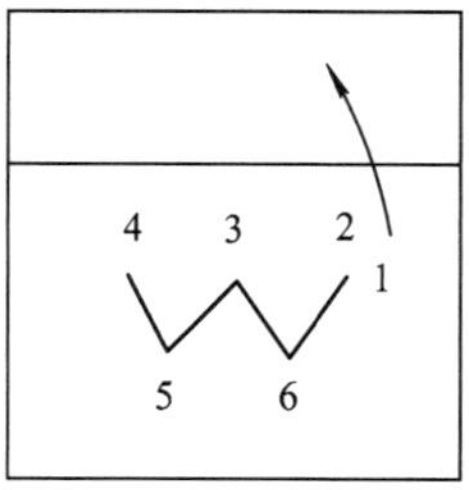

图 8-13

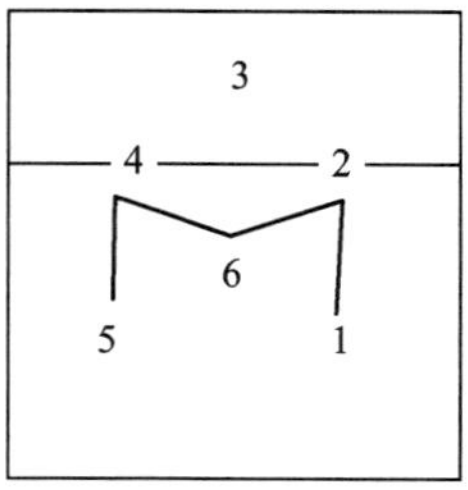

图 8-14

2. 接扣球防守阵形

接扣球防守阵形通常采用无人拦网下的防守阵形以及双人或单人拦网下的防守阵形。

1) 单人拦网下的防守阵形

在对方进攻力量不强，扣球线路变化少，吊球多的情况下，可采用单人拦网下的防守阵形（图 8-15）。不拦网的队员后撤参加防守。

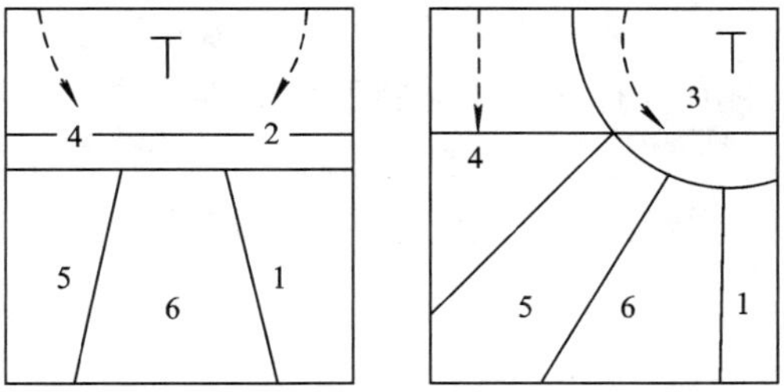

图 8-15

2) 双人拦网下的防守阵形

高水平的队多采用这种防守阵形，又分为“边跟进”和“心跟进”两种阵形。

(1) “边跟进”防守阵形（图 8-16）：在对方进攻力量强，吊球少时采用。优点是加强了拦网，但边上队员既要防直线，又要防吊跟进，比较困难。如对方 4 号位进攻，本方 2、3 号位队员组成双人拦网，4 号位队员后撤与后排三名队员形成半圆弧形防守。若对方吊前区，则 1 号位队员上前跟进。

(2) “心跟进”防守阵形（图 8-17）：当本方拦网力量强，对方采用打吊结合时采用。优点是加强了前区防守；缺点是后区的空当较大。

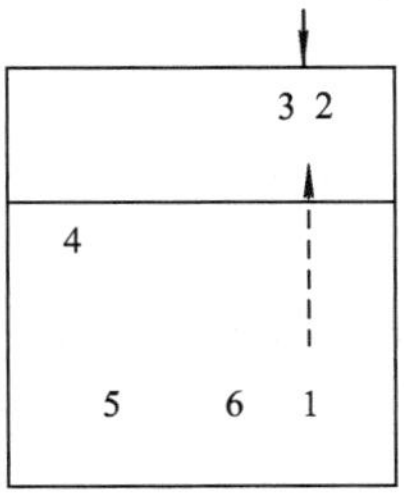

图 8-16

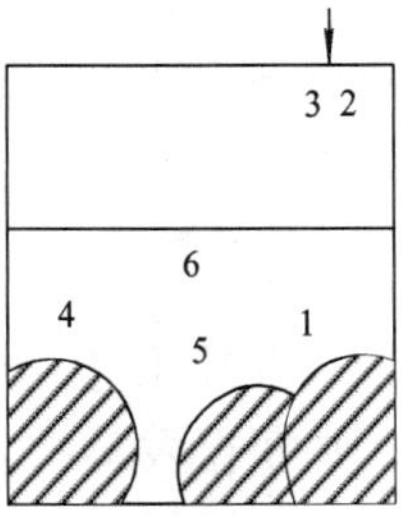

图 8-17

3) 无人拦网的防守阵形

当对方进攻力较差，没有必要拦网时采用。其阵形与五人接发球阵形相似（图 8-18）。

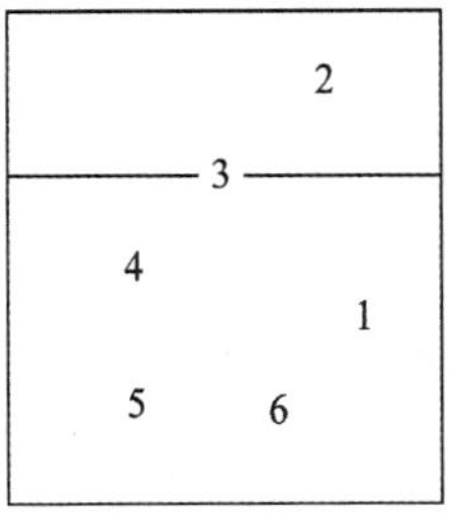

图 8-18

第四节 排球比赛规则简介

(一) 比赛场地

排球比赛场地包括比赛场区和无障碍区，其形状为对称的长方形。比赛场区为18 米 ×

9 米的长方形，其四周至少有 3 米宽的无障碍区。比赛场区上空的无障碍空间从地面量起至少高 7 米，其间不得有任何障碍物。国际排联世界性比赛场地边线外的无障碍区至少宽 5 米，端线外至少宽 8 米，比赛场地上空的无障碍空间至少高 12.5 米。

球网高度：球网架设在中线上空，高度为男子 2.43 米，女子 2.24 米。标志杆高出球网 0.8 米。

（二）比赛用球

排球是圆形的由柔软皮革或合成革制成外壳，内装橡皮或类似质料制成的球胆。颜色应是一色的浅色或彩色。国际排联世界性比赛中使用合成革球或彩色球需经国际排联同意并符合其标准。球的圆周：65～67 厘米；重量：260～280 克；气压：0.30～0.325 千克/平方厘米（294.3～318.82 毫帕）。

国际排联世界性比赛应采用三球制。

（三）比赛队及队员装备

一个队最多有十二名队员、一名教练员、一名助理教练员、一名训练员及一名医师。全队队员包括上衣、短裤和袜子必须统一、整洁和颜色一致（后排自由防守队员除外）。运动鞋必须是没有后跟的柔软轻便的胶底或皮底鞋。队员上衣必须标有号码，序号为 1～18 号。号码必须在身前和身后的中间位置显示，并与上衣的颜色明显不同。禁止佩带可能造成伤害及有利于人为加力的物品。

（四）比赛方法

胜一球：一球是指从发球击球起至该球成死球止。若发球队获胜，则得一分，继续发球；若接发球队获胜，则获得发球权，同时得一分。

胜一局：每局先得 25 分并同时超出对方 2 分的队胜一局。当比分为 24∶24 时，比赛继续进行至某队领先 2 分（如 26∶24、27∶25）为止。

胜一场：胜三局队胜一场。若 2∶2 平局时，则决胜局（第五局）先得 15 分并领先对方 2 分的一方获胜。

（五）比赛常见犯规及裁判

1. 发球犯规

1) 发球时的犯规

(1) 击球前，球未抛起或未撤离托球的手。由第一裁判员判定。

(2) 发球队员在发球区外发球。由第一裁判员及靠近发球队员的司线员判定。

(3) 发球次序错误。记录员核对发球次序错误后，鸣哨报告裁判员。

(4) 第一裁判员鸣哨后，8 秒未将球发出。

2) 发球击球后的犯规

(1) 球触及任何障碍物或在进入对方场区前触及本队队员。

(2) 发出的球没有通过球网的垂直面。

(3) 界外球（包括球的触地点完全在界线外，球触及障碍物，球的整体或部分从过网区以外过网等）。

(4) 球越过发球掩护的个人或集体。

此外，发球触网后落入对方场内为好球。以上均由第一裁判员判定。

2. 界内、界外球的判别

球的整体落在比赛场区或部分触及比赛场区的线为界内球；球的整体落在界线以外，或球触及场外物体、天花板或非比赛成员等，或球触及标志杆、网绳、网柱或球网标志杆以外部分，或球的整体或部分从非过网区完全越过球网的垂直面都应判定为界外球。

对界内、界外球的判定由第一裁判员负责，司线员给予提示。

3. 队员的场上位置和轮转

在发球队员击球时，双方队员（发球队员除外）必须在本场区内各站两排，每排三名队员，一个队前后排关系为三个同列关系。同列的前排队员必须有一只脚的一部分比其相应的同列后排队员的双脚距离中线更近，相等距离也不可以。同排（前排或后排）的左边或右边队员的一只脚的一部分必须比其同排中间队员的双脚距离同侧边线更近，相等距离也不可以。球发出后，队员可以在本场区和无障碍区的任何位置上。轮转是接发球队获得发球权后，该队队员必须按顺时针方向轮转一个位置（如 2 号位队员转至 1 号位发球，1 号位队员转至 6 号位等）。

当发球队员击球时，如果队员不在其正确位置上，则构成位置错误犯规，判错误方失一分，并把队员恢复到正确的位置。如没有按规定进行轮转，应立即纠正其错误并判失分。记录员应准确地确定其错误从何时发生，从而取消该队自错误发生以后的所得分，但对方得分仍然有效。如不能确定轮转错误中所得的分数，则仅给予失一分的判罚。

发球队一方的位置错误由第一裁判员分工判定；接发球一方的位置错误由第二裁判员分工判定。

4. 队员的替换错误

每一局每队最多可替换 6 人次。每次替换时可以同时替换一人或多人，自由防守队员的替换不在此列。自由防守队员应身着与本队不同颜色的服装，他在后排位置上可以替换任何一名队员（正在进行发球的队员除外）。他可以不经过裁判员的允许就进行替换，并且不受换人次数的影响。但自由防守队员不能参加本队的进攻，同时不能轮转至前排。

每局开始上场阵容的队员在同一局中可以退出比赛和再次上场各一次，而且只能回到原阵容的位置上。替补队员每局只能上场比赛一次，替补开始上场阵容的队员，而且他只能由被他替换下场的队员来替换。换人还有特殊替换、被判罚出场的替换、不合法的替换等。

5. 暂停的有关规定

每局比赛中，每队最多可请求两次暂停。所有暂停时间为 30 秒钟。

国际排联世界性比赛的第一局至第四局中，每局有二次时间为 60 秒钟的技术暂停，即每当领先队达到 8 分或 16 分时自动暂停。

决胜局（第五局）没有技术暂停，只有每队可以请求的时间为 30 秒钟的正常暂停。

暂停时，双方运动员必须退出比赛场区到球队附近的无障碍区接受教练员的指导和安排。

6. 击球时的犯规

(1) 持球。持球的判断可依据三个方面的因素来考虑：一是停留时间过长；二是击球不清晰；三是几种击球动作，例如携带球、捞球和推掷球等。由第一裁判员负责判定。

(2) 连击。连击是指一名队员连续击球两次或球连续触及他身体的不同部位（但拦网后接球、接一传除外）。如发生“持球”或“连击”违例，则判对方得分。由第一裁判员负责判定。

(3) 四次击球。规则规定每队最多击球三次（拦网除外），第三次必须将球击过网进入对方场区，第四次击球即为犯规。四次击球由第一裁判员负责判定，第一裁判员未察觉的明显的四次击球，第二裁判员可以用手势向第一裁判员提示。

(4) 对同时触球的裁判。同队的两名队员或更多队员可以同时触球。在两名队员同时触球时，应认为该队是两次击球（拦网除外）。两名队员同时去击球，但仅一名队员触到球则认为该队是一次击球。两名不同队的队员在球网上空同时触球后，比赛继续进行，接球的一方仍可击球三次。由第一裁判员负责判定。

(5) 借助击球。队员有意借助同伴或任何物体去击球，为借助击球犯规。由第一裁判员负责判定。

7. 进攻性击球犯规

除发球和拦网以外，所有直接向对方的击球都是进攻性击球。当球的整体通过球网垂直面或触及对方队员时，则算完成进攻性击球。前排队员可以对任何高度的球完成进攻性击球，但触球时必须在本场区上空；后排队员可以在后场区对任何高度的球完成进攻性击球，但不能在前场区将整体高于球网的球直接击入对方场区。此项犯规由第一裁判员负责判定。

8. 拦网的犯规

拦网是队员靠近球网，将手伸向高于球网处阻挡对方来球的行动。只有前排队员允许拦网。两名或三名队员彼此靠近进行拦网为集体拦网，其中一人触球则完成拦网。在一个动作中，球可以迅速而连续触及一名或更多拦网队员，拦网后可由任何一名队员进行第一次击球，包括拦网时已经触球的队员。拦网时队员可以将手或手臂伸过球网，但不得影响对方击球。

(1) 过网拦网。当对方进攻性击球前或击球时，在对方空间拦网并触球为过网拦网犯规。判断过网拦网犯规的依据是进攻性击球队员与拦网队员触球时间的先后。由第一裁判员负责判定。

(2) 后排队员拦网。后排队员靠近球网，在高于球网处阻挡对方来球，并触及球则为后排队员拦网犯规。由第一、第二裁判员共同负责判定。

(3) 拦发球。在前场区阻拦对方发过来的球并触及球则为拦发球犯规。由第一裁判员负责判定。

9. 球网附近的犯规

(1) 网下穿越。在不妨碍对方比赛的情况下，允许队员在网下穿越进入对方空间。允许队员的一只脚或双脚越过中线触及对方场区的同时，脚的一部分还接触中线或置于中线上空。除脚以外，不允许队员身体的任何其他部分接触对方的场区。在比赛中断后，队员可以进入对方场地。由第二裁判员负责判定，第一裁判员同样有权判定。

(2) 触网。比赛进行中，队员触及球网则视为犯规。由第一、第二裁判员共同负责判定。一般第一裁判员负责网上沿的犯规判定，第二裁判员负责网上沿以下部分的犯规判定。

(3) 过网击球。在对方场区空间内击球为过网击球犯规。判断过网击球犯规的依据是击球点是否在对方场区空间。如击球点在本场区上空，击球后手随球过网是被允许的，不判为过网击球犯规（拦网除外）。由第一裁判员负责判定。

10. 延误比赛

(1) 换人延误时间。由第二裁判员向第一裁判员报告，第一裁判员判定。

(2) 在裁判员鸣哨恢复比赛后，拖延暂停的时间。

(3) 请求不合法的替换，在同一局中再次提出不符合规定的请求。

(4) 场上队员拖延比赛的继续进行。

延误比赛为全队的犯规行为，同一局中第一次延误，应判其延误的警告，再次出现则判延误判罚。

第九章

乒 乓 球

第一节 乒乓球运动概述

乒乓球运动是由两名或两对选手用球拍在中间隔着一道球网的球台两端轮流击球的一项球类运动。

据资料记载，乒乓球运动起源于英国，是从网球运动中派生的。由于当时使用的羔皮纸球拍击到球和球碰台后发出“乒乓”的声音，于是人们模拟其声音把它称为“乒乓球”，其后也称“桌子上的网球”。

1926 年国际乒乓球联合会成立，通过了乒乓球比赛规则草案。乒乓球才由一种娱乐性比赛发展成为一项竞技性的体育项目，1928 年国际乒联将“乒乓”名称正式确定下来。乒乓球技术的发展史，是在球拍工具不断革新，使乒乓球在速度和旋转之间相互竞争的过程中向前推进的。

乒乓球运动的发展经历了以下几个阶段：

（一）第一阶段（1926—1951 年）——欧洲称霸时期

这期间共举行了 18 届世界锦标赛，欧洲运动员获得的世界冠军约占总冠军数的 93.1%，先后共产生了 117 个冠军，其中匈牙利获得了 57.5 个冠军，捷克和斯洛伐克获得了 25.5 个冠军，英国获得了 10 个冠军，美国获得了 8 个冠军，处于绝对优势。在这一阶段总体技术是以削球或削攻结合打法占主导地位的。

（二）第二阶段（1952—1959 年）——日本称霸时期

日本乒协于 1928 年就加入了国际乒联，20 世纪 50 年代他们使用海绵拍，采用直拍全攻型打法。这一时期共举行了 7 届世乒赛（第 19～25 届），共产生了 49 个冠军，日本队夺走了 24 个。从此，世界乒乓球技术的优势开始由欧洲的削球转到了亚洲的攻球。

从此全攻型打法大大改变了乒乓球的传统打法，并开始称霸世界乒坛。

（三）第三阶段（1959—1969 年）——中国崛起勇攀高峰

1959 年我国运动员容国团连续打败了许多世界强手，为我国夺得有史以来的第一个乒乓球世界冠军。1961 年，北京成功举办了第 26 届世界乒乓球锦标赛，中国队一举荣获 3 项冠军，轰动国际舆论。具有“快、准、狠、变”独特风格的中国近台快攻打法，把世界乒乓球运动推向了一个新的发展阶段。

(四) 第四阶段（1971—1979 年）——欧洲各队复兴，中国、日本、朝鲜队继续前进

20 世纪 70 年代，世界乒乓球技术的发展突飞猛进。欧洲选手经过了近 20 年的努力，他们兼取了中国快攻和日本弧圈球打法的优点，创造了弧圈球结合快攻和快攻结合弧圈球两种新打法，从而走上了复兴之路。

在 20 世纪 70 年代的 5 届世乒赛中，共有 35 个冠军，中国获得 16.5 个，匈牙利和日本各获得 4 个，瑞典获得 3 个，朝鲜获得 2.5 个。1981 年，中国队在第 36 届世乒赛上囊括了 7 项冠军及 5 个单项亚军，创造了世界乒坛有史以来由一个国家包揽全部冠军的纪录。此后的 3 届世乒赛，中国队均取得 6 项冠军。国际乒坛的“中国打世界”的局面开始形成。

(五) 第五阶段（1981 年以后）——乒乓球被列入奥运会项目，掀开了乒乓球运动新篇章

1977 年乒乓球被列为奥林匹克运动会项目，并于 1988 年首次列入汉城奥运会比赛项目。这是世界乒乓球运动发展中的一个重要里程碑。

进入奥运会，奖牌的含金量大大增加，极大地鼓舞了各国乒乓健儿的训练热情，赛场的争夺更加紧张激烈和扣人心弦。欧洲强队瑞典、德国、俄罗斯、荷兰、法国名将集中大练兵，矛头直指中国队。亚洲强队韩国、日本、朝鲜等也积极引进人才，下狠招，出奇兵，一心想在奥运会上夺冠。

沧海洪流，方显英雄本色。中国队面对“世界打中国”的局势，认真调整战略部署，积极创新打法与训练方法，精心培养新生力量，在群雄逐鹿的激战中始终保持领先地位，一次又一次创造了奇迹。

第二节　乒乓球基本技术

一、握拍法

握拍的方法有直握拍和横握拍两种。不同的握拍法有不同的优缺点，从而产生各种不同的打法。

(一) 直拍握法

直拍的具体握法为：如图 9-1 所示，以拇指第一指节与食指第二指节扣住拍柄，虎口贴于拍柄后面；其余三指自然弯曲重叠，以中指第一指节侧面顶在拍后面拍柄的延长线处；用中指、虎口、食指及拇指调节拍形。

优点：手腕灵活，正手换反手时不换拍面，摆速较快。

缺点：板形不易固定，反手不好发力，左右照顾球台面积小。

图 9-1

(二) 横拍握法

横拍的具体握法为：如图 9-2 所示，拇指、食指成“八”字手势的形状，一前一后贴于拍面；其余三指握住拍柄，用小臂内旋与外旋调节拍形。

图 9-2

优点：板形固定，反手易发力，左右照顾球台面积大。

缺点：手腕不太灵活，正手换反手时要换拍面，影响摆速。

二、准备姿势

两脚分开与肩同宽，脚掌平行，两膝微屈，提踵，前脚掌内侧用力着地，脚趾轻微用力压地，重心放在两前脚掌中间；上体稍前倾，含胸收腹，使后背呈弧形；两臂自然弯曲，放在体前，持拍手臂自然弯曲，球拍置于腹部前方，手腕自然放松；非持拍手臂自然弯曲于身体左侧，头部正直，两眼平视。正确观察，灵活移动，随时准备做击球动作，如图 9-3 所示。

图 9-3

三、基本站位

（一）站位的重要性

站位是指运动员击球前根据自己打法的特点而站立的位置。正确的站位可以更好地发挥自己的技术特长，弥补技术上的不足，并获得较全面的照顾范围。

（二）站位的方法

站位根据离台远近的不同分为近台、中台、远台、中远台和中近台。近台是指站位在离台 40 厘米以内的范围；中台是指站位在离台 70 厘米附近的范围；远台是指站位在离台 1 米以外的范围；中近台是指站位介于中台与近台之间；中远台是指站位介于中台与远台之间（图 9-4）。

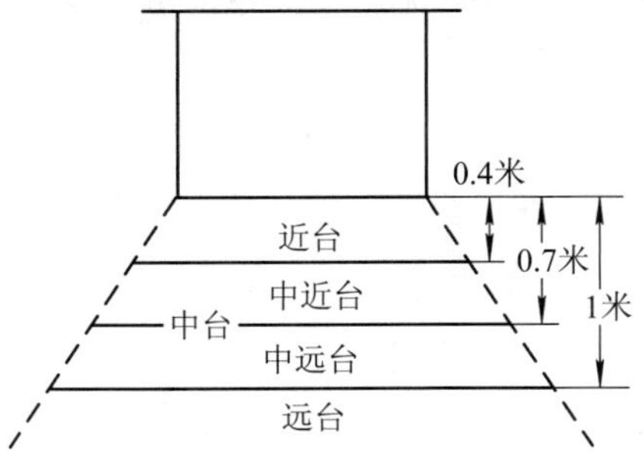

图 9-4

乒乓球运动员的站位应根据不同打法类型及个人的技术特点来确定，以利于发挥技术特长。通常进攻性打法的基本站位应在近台中间稍偏左（以右手执拍为例，以下均同），离台约为 40～50 厘米，一般左脚稍前，右脚在后；横拍攻削结合打法的运动员基本站位在中台附近，离台约为 70 厘米。

上述的基本站位是指准备回击一般来球时的站位。在实际比赛中，运动员要随时根据来球的远近和方位，不停地移动自己的位置，才能以正确的手法回击各种不同的来球。

四、发球方法

1. 平击发球

平击发球的特点是速度慢、无旋转、力量轻且容易掌握，它是发球入门技术的基础。

(1) 动作要点：左脚稍前；身体稍向右（左）转，持拍手向右（左）后引拍，另一手把球轻轻地向上抛起（初学者可以把球抛得低一些）；在球下降至与网同高时，向前迎球挥拍，击打球的中上部，第一落点在本台中间部分。初学者的动作要柔和放松，把握好击球的力量和方向。

(2) 练习方法：徒手练习抛发动作；进行台上练习。

(3) 练习要求：抛球不宜高，在身体的远端击球。

2. 下旋发球

下旋发球的特点是速度慢、前进力小且旋转力较强，也是发球的基本技术之一。若能配合转与不转的不同发球，则可争取比赛中的主动。

(1) 动作要点：左脚稍前；抛球时持拍手向后上方引拍，约同肩高；手腕略外转，拍形稍后仰，拍端向斜上方，上体右转；当球下落至与网同高时，以小臂发力为主，同时手腕用力，向前下方摩擦球的中下部，第一落点接近本台中间部位；击球后，动作顺势前送，然后还原，如图 9-5 所示。

图 9-5

(2) 练习方法：自抛球后，拍形向上摩擦球的下部，使球落台后自动返回。

(3) 练习要求：拍子不宜后仰过多。

3. 侧旋发球

侧旋发球速度较快，旋转力适中，如能用接近的手法配合侧上旋或侧下旋击法，可使对方接发球困难。

(1) 动作要点：左脚稍前；抛球同时上体右转，向右上方引拍，手腕略外展拍形后仰；击球时，以小臂为主，向左前下方挥拍。发侧下旋时，力量向下较多；发侧上旋时，力量向上较多。完成整个动作后，要迅速还原，如图 9-6 所示。

图 9-6

(2) 练习方法：与发下旋球相同。

五、接发球技术

随着乒乓球技术的不断发展，新赛制、新规则的实施，对运动员在比赛中无论是技术、心理、应变能力都提出了更高的要求。比赛中，每一分的争夺都是从发球、接发球开始的，相对其他环节来讲，接发球的技术难度最大，它要求运动员在最短的时间里，准确判断对方来球的速度、旋转、落点，然后采取最有效、合理的方法进行回接。比赛中，如接发球不好，除直接失分外，同时还会使自己的技术、战术无法发挥，造成心理上的紧张恐惧，乃至全局失败。

由于使用大球和执行无遮挡发球规则，与原来的小球相比，发球的旋转和速度都有所下降，这就给接发球方在准备时有相对较多的时间判断、思考如何运用各项技术更合理地处理来球。尽管这样，要接好每个发球仍然是很困难的。所以，只有全面掌握各种接发球的方法，才能在比赛中减少被动，争取主动。

（一）站位的选择

接发球的站位是否合理，主要根据是否能为自己进攻创造有利条件，按照个人打法特点与对方发球的站位来选择。一般来讲（以右手为例），接发球的站位都在左半台侧身位，身体离球台约 40～60 厘米，这种站位有利于发挥正手的威力。如果对方准备用左手在球台的右角发球，考虑到右方斜线来球角度大，接发球的站位则应调整至球台中间位置，以便于照顾全台。

（二）判断来球

判断是接发球的首要环节，只有正确判断对方发球的性能，才能更好地运用接发球的技术。

1. 对旋转的判断

运动员发球时，常出现的旋转主要有左侧上下旋、右侧上下旋、旋转与不旋转等，发球员通过各种发球方式，将这些旋转展现出来。如用正、反手发球，高抛和下蹲发球等，在判断旋转性质时，可以从以下几个方面进行考虑：

(1) 拍形：根据对方发球时拍面角度来判断上下旋。一般来讲，发上旋球时拍形都比较竖，发下旋球时拍形都比较平斜，拍面呈后仰状。这种特点与发球时球拍接触球的部位有直接关系，千万不要被对方触球前后的一些假动作所迷惑。一般情况下，球拍从上向下挥动是下旋，从下向上是上旋，从左向右是右侧旋，从右向左是左侧旋。单一性能旋转发球比较容易判断，如果是两种旋转相结合的侧上、侧下旋和旋与不旋的发球，则判断起来相对比较困难。

(2) 动作轨迹：根据对方发球时摆臂幅度大小和手腕用力程度判断来球旋转强弱。一般来讲，发上旋球和下旋球时，手腕摆动幅度相对大一点，手腕抖动比较厉害，球拍摩擦球体充分，击球后有一个制动。

(3) 弧线：根据球运行的弧线，判断旋转性能。上旋球和不转球在空中飞行一般较快，弧线低平常有往前“拱窜”的感觉。下旋球运行比较平稳，弧线略高。

(4) 出手：根据对方发球出手的瞬间速度判断来球旋转强弱。发上旋球和不转球时一般出手较快，动作比较模糊；下旋球的出手相对慢一些，触球时有一个加速度，只有这样才能给球以足够的摩擦，使球产生强烈的下旋效果。

2. 对速度和落点的判断

(1) 对长球的判断：一般用眼睛的余光就可以看清对方发球时大臂和前臂的挥拍动作，例如对方缓慢、放松地将前臂向后拉，然后快速向前摆动，就会发出急球，其击球的第一落点都在端线附近。在球的运行速度方面，侧上旋和不转球明显要快于侧下旋和下旋球。如果发侧上或侧下旋斜线长球，则要注意球的第二弧线有侧拐的特点。

(2) 对短球的判断：短球很难发挥速度的优势，较多考虑的是落点和旋转。要想把球发短，手腕应该灵活，触球瞬间有突然制动。在接短球时，身体重心要充分前迎，重心落在上步的脚上，以便与下一板球衔接。另外要注意手臂不要过早地伸入台内，以免来球可能是半出台球或是“小三角”位置，造成判断失误，回接不当。

3. 对半出台球的判断

对半出台球的判断难度较大。在判断这种球时，侧上旋和不转球比侧下旋和下旋球更容易出台。根据发球者的特点，要仔细观察发球者哪种类型发球容易出现半出台球，这样就会增强接半出台球选择手段的针对性。另外在比赛中，处理短球和半出台球时，在意识上要明确，先是准备短球，再判断球是否出台。如果先准备抢拉半出台球，等判断球没有出台再去回接，就会措手不及，容易被对方抢攻。

（三）接发球的方法

接发球的方法多种多样，一般有拉、打、拨、挑、撇、推、搓长、摆短、削等多种技术。随着乒乓球技术的不断发展，出现了很多新的接发球技术，如晃撇、侧拧、台内抢位等。所以，接发球技术是各种基本技术的综合运用，要想在比赛中取得主动，合理、有效、有针对性地运用各种接发球技术是关键。由于每个人打法各异，技术水平不等，因此在回接方法上也应有所区别，下面介绍几种主要的接发球的方法，多以直拍或横拍进攻性打法为主。

1. 接急球

所谓急球是指对方发出的直线或斜线速度较快的长球，具有角度大、速度快的特点。

回接急球时，站位应偏远一点，以便做好充分的准备。判断和启动都要快，根据来球的速度、旋转和落点，采取点、拉、推、拨、冲等方法回接。正手位的急球、侧旋或侧上旋球多一点，接球可以攻、冲为主；接急下旋长球时以拉、冲为主；接反手位的奔球、侧旋或侧上旋时多以快推、快拨对方大角度或用反手攻和侧身点、冲等方法。

2. 接下旋球

接下旋球可采用稳搓、摆短、搓长、拉冲等方法。

对于初学者回接下旋球的基本方法就是稳搓，要求搓稳、搓低、搓转。

对具备一定水平的运动员，接下旋球时一定要积极主动，加大回接难度和质量。如对方发球旋转很强，就要采用摆短、搓长方法回接，同时应有旋转、落点的变化。

用稳搓回接下旋球时，要使拍面后仰多一些，充分利用手腕和手指力量向前用力摩擦球体，并应根据来球旋转的强弱来增大或减小拍形后仰及向前用力的程度。

用摆短回接下旋球时，一般多用于接短球。第一要注意接球的时间，在上升期接触球的中下部，以体现速度并对付旋转；第二是要身体前迎，手臂要离身体近一些，相对来讲比较容易控制球的旋转，加大回球的准确性和质量；第三是手臂不要过早伸入台内，这样不能形成较合理的节奏感，难以体现摆短出手快以及突然性强的特点。

用搓长回接下旋球时，手法尽可能与摆短相似，以前臂发力为主，手腕摆动不要过大。搓长与摆短是接发球时相互配合运用的一种手段，利用速度和突然性来控制和破坏对方进攻的节奏。

3. 接左侧上、下旋球

发球者一般站在反手侧身位用正手发球，使球产生左侧上、下旋。

左侧上旋是左侧旋与上旋相结合的混合旋转球，接这种球一般采用推、攻、拉、冲、挑等方法。为了控制球的左侧旋，回接时，拍面角度要稍前倾，拍面向自己的左方（对方的右方）偏斜，以抵挡来球的左侧旋。

接左侧下旋球，一般采用搓、削、拉等方法。搓接时，拍面角度要稍后仰，拍面略向自己的左方偏斜，以抵挡球的左侧旋。拉冲回接时，拍面角度不宜过于前倾，多向上提拉，少向前发力，以保证接球的稳定性。

4. 接右侧上、下旋球

发球者多站在反手位，用反手发球使球产生右侧上、下旋。

右侧上旋球是右侧旋与上旋球结合的旋转球，接这种球一般采用推、攻、拉、冲为宜。回接时，拍面角度稍前倾，拍面略向自己的右方偏斜，以抵消来球的右侧旋，向前下方用力要相对加大。

右侧下旋球是右侧旋与下旋球相结合的旋转球，接这种球一般采用搓、削、拉、冲回击为宜。回接时，拍面角度要稍后仰，拍面略向自己的右方偏斜，以抵消来球的右侧旋。如用拉冲回接，除了要注意拍面角度外，还要加大向上摩擦球的力量，拍面角度不宜过于前倾，多向上提拉，少向前发力，确保接发球的准确性。

5. 接短球

短球是指来球落点在距球网 30 厘米以内的球，从路线上可分为反手位、中路、正手位短球。接短球的方法，要根据不同球性而异，当然不排除同一发球可用几种回接方法。比如接正手位一般侧下旋短球，可摆短或搓长，也可挑打。接侧身位侧上下旋短球时，除搓长、摆短外也可采用晃撇、晃挑、侧拧等一些新技术。无论采取哪种接法，都要与自己下一板球紧密地衔接，与自己的技术特点和特长合理组合，才能在这个环节占得先机，抢得主动。

6. 接半出台球

回接半出台球，要有胆量、意识、能力抢先上手，要求具有很高的对半出台球判断的能力。回接半出台球主要采用提拉、抢冲技术，运用这种技术时，不要引拍过大，重心前移，手臂向前台靠近、抬高，击球点一般在台面以上，以前臂和手腕的突然向前发力为主，整个动作幅度不要过大，有点近似于小提拉或小前冲。在比赛中敢于抢位、抢冲半出台球是十分重要的，半出台球接得好，不但体现了积极主动、抢先上手的指导思想，还能给对方心理造成很大压力，从而降低对方发球的质量。

六、击球技术

（一）推挡

推挡球大多以反手进行，其特点是站位近、动作小、球速快，可用推挡的速度和落点变化压制对方的攻势，争取主动。

(1) 直板反手推挡：离台约 40 厘米，站位左脚稍前，或两脚平行自然开立，身体离台约 40 厘米，持拍手臂和肘关节内收，前臂略外旋，手臂自然弯曲，拍面角度稍前倾；当来球从台面弹起，还未达到最高点时，前臂和手腕借力迅速向前推压，击球的中上部（图 9-7）。

图 9-7

(2) 横板反手推挡：右脚稍前，身体离台约 40 厘米，持拍手臂自然弯曲并外旋使球拍稍前倾，上臂和肘关节自然靠近身体，将球拍置于腹前偏左位置；当球跳至上升期时，前臂加速向右前上方挥拍，触球的瞬间手腕同时配合外旋，击球的中上部；击球后，前臂继续向右前上方随势挥动（图 9-8）。

图 9-8

（二）正手攻球

正手攻球是比赛中争取主动和得分制胜的重要技术，它具有快速有力的特点，能体现积极主动、快速进攻的指导思想，运用得好能使对方陷于被动，从而取得优势。

(1) 正手快攻：左脚稍前，身体离台约 40 厘米，手臂自然弯曲并内旋使拍面稍前倾，前臂后引，引拍至身体左侧右后方；当球弹至上升期时，手臂向左前方迎球，击球的中上部，用上臂带动下前臂快速向左前方挥动，手腕配合外展，球拍挥至头的前部（图 9-9）。

图 9-9

(2) 正手拉攻：手臂根据对方来球旋转强弱，做内旋使拍面接近垂直，或做外旋使拍面稍后仰；击球时，前臂下沉，将球拍引至身体右侧下方；当球跳至最高点开始下降时，上臂带动前臂加速向左前上方提拉挥动，手臂同时外展；来球下旋强，拍面稍后仰，击球的中上部，来球下旋弱，拍面接近垂直，击球的中部；击球后，球拍顺势挥至额前（图 9-10）。

图 9-10

(3) 正手扣杀：当球弹起到高点时，上臂带动前臂由后向前；将触球时，前臂加速用力向左前下方挥击，拍面稍前倾，击球的中上部，球拍触球的刹那间，腰、髋向左转动配合发力；击球后，手臂顺势继续向左前下方挥动，重心由后脚移至前脚（图 9-11）。

图 9-11

（三）搓球

搓球是近台还击下旋球的一种基本技术。由于回球线路较短，落点多在内台，因而可造成对方回球困难。另外，搓球又比较稳健，旋转和落点变化也较多，故用作过渡技术，用以寻找进攻机会。搓球动作与削球近似，是削球必须掌握的入门技术。

学习时，首先应学习反手搓球，再学习正手搓球；先练习慢搓，再练习快搓；在基本上熟悉以上技术之后，再研究搓转与不转的球。

(1) 动作要点：离台 40 厘米，两脚平行或左脚稍前；随来球路线，向左后上方引拍，拍形后仰，以小臂为主，向前下方挥拍；击球时，拍形后仰，在球的下降期摩擦球的中下部，以小臂为主，手腕为辅向前下方发力（快搓动作较小，在上升期击球）；击完球后，顺势前送，并迅速还原。完整动作如图 9-12 所示。

图 9-12

(2) 易犯错误：小臂放松不够，撞击多，摩擦少。
(3) 练习方法：徒手练习；对方发下旋球配合练习。

第三节 乒乓球基本战术

乒乓球的战术灵活多变，没有一个固定的模式，在一个回合当中常常会用到多个组合战术。战术运用得当，在比赛中会事半功倍；战术运用成功，可以战胜较强于我方的对手。然而，无论什么组合战术，都离不开以下八种基本的战术。

1. 推攻战术

(1) 特点：主要运用正手攻球和反手推挡的速度及力量，并结合落点变化和节奏变化来压制与调动对方，以争取主动或得分。推攻战术是左推右攻型打法对付攻击型打法的主要战术，有反手推挡能力的两面攻运动员与攻削结合的运动员等也时常使用它。
(2) 方法：
① 左推右攻。
② 推挡侧身攻。
③ 推挡、侧身攻后扑正手。
④ 左推结合反手攻。
⑤ 左推、反手攻后侧身攻。
⑥ 左推、反手攻、侧身攻后扑正手。

2. 两面攻战术

(1) 特点：主要利用正、反手攻球技术的速度和力量压制对方，争取主动和创造扣杀机会。两面攻战术是两面攻打法对付攻击型打法的主要战术。
(2) 方法：
① 攻左扣右（进攻对方左角，寻找机会，猛扣对方正手空当）。
② 攻打两角，猛扣中路。

3. 拉攻战术

(1) 特点：连续运用正手快拉创造进攻机会，然后采用突击和扣杀来作为得分手段。拉攻战术是快攻打法对付削球类打法的主要战术。
(2) 方法：
① 正手拉后扣杀。
② 反手拉后扣杀（一般为两面攻运动员遇到左侧大角度的削球时所采用）。

4. 拉、扣、吊结合战术

(1) 特点：由拉攻战术与放短球战术相结合而成，是快攻型打法对付削球打法的常用战术。
(2) 方法：
① 在拉攻战术的扣杀或突击后放短球(这时对方站位一般离台较远，故放短球效果最好)。
② 在拉攻战术中放短球后，结合扣杀或突击（这时对方站位往往离台很近，故扣杀或突击最容易得分）。

5. 搓攻战术

(1) 特点：主要运用“转、低、快、变”的搓球控制对方，以寻找战机，然后采用低突、快点或快拉等技术展开攻势并进入连续攻，在搓球中遇到机会球时进行扣杀，常常带有突然性，往往可以直接得分。搓攻战术是乒乓球各种打法都不可缺少的辅助战术。

(2) 方法：

① 正、反手搓球结合正手快拉、快点、突击或扣杀。

② 正、反手搓球结合反手快拉、快点、突击或扣杀。

6. 削中反攻战术

(1) 特点：由削球和攻球结合而成，常以逼角加转削球为主，伺机反攻，或以转、低、稳、变的削球，迫使对手在走动中拉攻，从中寻找机会，予以反攻。这种战术有“逼、变、凶、攻”的特点，是攻削结合打法的主要战术。

(2) 方法：

① 正、反手削球逼角（即落点逼近对方球台的左角），结合正手攻或侧身攻对方右侧空当。

② 正、反手削两大角长球，结合正、反手（或侧身）反攻。

7. 发球抢攻（抢冲）战术

(1) 特点：以旋转、线路、落点以及速度不同的发球来增加对方回击的难度，使其出现机会球或降低回球质量，然后抢先进攻，争取主动或直接得分，这是乒乓球所有打法特别是进攻型打法的主要战术和得分手段。

(2) 方法：

① 发下旋转与“不转”抢攻。

② 发正、反手奔球抢攻。

③ 发正、反手侧上、下旋球抢攻。

8. 接发球抢攻（抢冲）战术

(1) 特点：由某一单项攻（冲）球技术所形成，进攻性强，可变接发球的不利地位为有利地位，也可直接得分，是乒乓球运动各种打法特别是进攻型打法的主要战术。

(2) 方法：用快点、快攻或中等力量突击进行接发球抢攻。

第四节 乒乓球比赛规则简介

一、场地器材

1. 球

球为黄色（或白色），直径为 40～40.6 毫米，重 2.85 克，由新型的塑料制成。

2. 球拍

球拍的大小、形状或重量不限，底板至少应有 80%的天然木料。

3. 球台

球台应为与水平面平行的长方形，长 2.74 米，宽 1.525 米，离地面高 76 厘米。

球台四边应有一条 2 厘米宽的白线。双打时，各台区应由一条 3 毫米宽的白色中线划分为两个相等的“半区”。

二、比赛规则

1. 定义

(1) 握在手中的球拍或执拍手手腕以下部分触球称作“击球”。

(2) 对方击球后，球尚未触及本方台区，本方运动员即行击球称作“拦击”。

(3) 对方击球后，处于比赛状态的球尚未触及本方台区也未越过台面或其端线，即触及本方运动员或其穿戴的任何物品，称作“阻挡”。

2. 合法发球

(1) 发球时，球应放在不执拍手的掌上，手掌张开和伸平，球应是静止的，在发球员的端线之后和比赛台面的水平面之上。

(2) 发球员须用手把球几乎垂直地向上抛起，不得使球旋转，并使球在离开不执拍手的手掌之后上升不少于 16 厘米。

(3) 当球从抛起的最高点降落时，发球员方可击球，使球首先触及本方台区，然后越过或绕过球网装置，再触及接发球的台区。在双打中，球应先后触及发球员和接发球员的右半区。

(4) 从抛球前静止的最后一瞬间到击球时，球和球拍应在比赛台面的水平面之上。

(5) 在双打中，除发球和接发球外，运动员还需按正确的次序击球。

(6) 实行转换发球法时，发球方发出和还击的球，被接发球方连续 13 次合法还击。

3. 交换发球次序

(1) 每局比分到 2 分后，接发球一方即成为发球一方，依次类推，直到一场比赛结束；或者待双方的比分到 11 平，开始采用轮换发球法。

(2) 在双打中，由取得发球权一方选出同伴发球，由双方选换同伴接发球。

(3) 一局首先发球的一方，在该场下一局首先接发球。

4. 变换方位

一局中站某一方位的运动员，在下一局应换到另一方位。在决胜局中，当一方先得 5 分时，即应与对方交换方位。

5. 发球、接发球的次序和方位错误

(1) 若发现运动员方位错误，则应中止比赛，并按照该场开始时的次序，根据场上比分，来确定运动员应该站的方位，再继续比赛。

(2) 若发现运动员错发或错接了球，则应中断比赛，并按该场开始时的次序，从场上比分开始，由应发球或接发球的运动员发或接。在双打中，按发现错误时那一局中有首先发球权的那一方的次序进行纠正，再继续比赛。

(3) 在任何情况下，发现错误之前的所有得分均有效。

第十章

羽　毛　球

第一节　羽毛球运动概述

现代的羽毛球运动在 19 世纪 60 年代形成于英国，随着该项运动的发展，各类赛事越来越多，目前世界性的赛事就有 8 项。羽毛球运动集技巧性、智能性、对抗性和观赏性于一体，对人的身心具有全方位的锻炼价值。

一、羽毛球运动起源

现代羽毛球运动起源于印度，形成于英国。18 世纪时，印度的蒲那城出现了类似今日羽毛球活动的游戏，以绒线编织成的球形插上羽毛，人手持木拍隔网将球在空中来回对击。19 世纪 60 年代，一批英国退役军官从印度孟买带回国一种类似羽毛球运动的名为“蒲那”的游戏。1893 年英国创立了羽毛球协会，1899 年举办了首届全英羽毛球锦标赛。羽毛球运动从欧洲传到美洲、亚洲、大洋洲各国，最后传到非洲。随着这项运动开展的国家越来越多，1934 年成立了国际羽毛球联合会（IBF）即国际羽联，总部设在伦敦。1939 年国际羽联通过了各会员国共同遵守的第一部《羽毛球规则》。2005 年总部搬至吉隆坡，2006 年“国际羽毛球联合会（IBF）”的正式名称更改为“羽毛球世界联合会（BWF）”，即世界羽联。

二、我国羽毛球发展概况

现代羽毛球运动约于 1910 年传入我国，最早在上海，随后在广州、天津、北京、成都等城市的基督教青年会和学校中有所开展。1949 年以后，体育运动得到了蓬勃的发展，羽毛球运动也逐渐为群众所喜爱，并成为我国重点开展的项目之一。1953 年在天津首次举办了全国性的羽毛球比赛，20 世纪 50 年代后期和 60 年代初期，中国羽毛球队通过学习国外的先进经验，结合自己的特点创立了一套独特打法，从而跻身世界强队之列，并于 1963 年和 1964 年连续两次打败世界冠军印尼队。1981 年 5 月世界羽联恢复了我国的合法席位，中国正式步入国际羽坛。1982 年 5 月至 2008 年 5 月，中国男子羽毛球队 7 次获得“汤姆斯杯”。中国女子羽毛球队自 1984 年开始参加“尤伯杯”赛，创纪录地连续把这座冠军杯保留了 10 年之久，但在 1994 年和 1996 年，冠军杯连续两届由一代“羽后”王莲香挂帅的印尼队夺得。1998 年，中国女子羽毛球队又将阔别 4 年的“尤伯杯”夺回，并实现六连冠，确立了我国羽毛球运动的强国地位。在 2008 年的北京奥运会上，我国运动员夺得羽毛球比赛全部 5 枚金牌中的 3 枚。2010 年 5 月的“汤姆斯杯”决赛中，中国队以总比分 3∶0 击败印尼队，实现四连冠。2011 年 5 月的“苏迪曼杯”决赛中，中国队以 3∶0 战胜丹麦，第二次实现了四连冠。

三、羽毛球运动的特点与作用

羽毛球运动作为一项体育运动和娱乐活动受到了广泛欢迎和长足发展。无论是进行有规则的羽毛球比赛，还是作为一般性的健身活动，都要在场地上不停地进行脚步移动、跳跃、转体、挥拍，合理地运用各种击球技术和步法将球在场上往返对击，从而增大了上肢、下肢和腰部肌肉的力量，加快了锻炼者全身血液循环，增强了心血管系统和呼吸系统的功能。同时，羽毛球运动不受场地的限制，对设备的要求比较简单，只需两个球拍、一个球和一条绳索即可。因此，它不仅可以在正规的室内运动场进行，也可以在公园、生活小区等处广泛开展；既可单兵作战（两人对练），又可集体会战（双打练习或三人对三人对练）。同时，羽毛球运动游戏性较强，运动量可大可小，可根据自己身体素质情况来变换击球节奏，从而达到锻炼身体和愉悦心情的目的。

第二节　羽毛球基本技术

羽毛球技术是指运动员在羽毛球比赛中所采取的合理动作的总称，大致可以分为手法和步法两大类。上肢的基本手法由握拍、发球和击球部分组成；下肢的步法由基本站位、前场上网、中场左右移动和后场退步法组成。

一、握拍

1. 握拍的分类

(1) 正手握拍方法。

(2) 反手握拍方法。

2. 握拍技术分析

(1) 正手握拍法：用握拍手手掌同一个朝向的拍面击球叫正手击球。正手击球时的握拍方法即正手握拍法，具体为先用左手拿住拍杆，使拍面与地面垂直，右手张开，虎口对准拍框侧面拍柄的内侧小棱边，小指、无名指和中指并拢握住拍柄，大拇指与食指尖相对，拍柄末端基本与手掌后外侧对齐（图 10-1）。

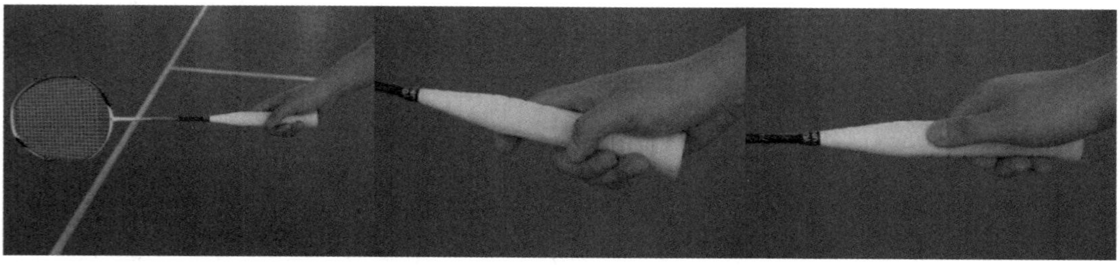

图 10-1

(2) 反手握拍法：用握拍手手背同一个朝向的拍面击球叫反手击球，反手击球时的握拍方法即反手握拍法。反手握拍按正手握拍姿势，将拍框稍向外侧旋转，大拇指向上伸用内侧面或指心抵住拍柄的宽面，食指略向下移，柄端紧靠小指根部，使手心有空隙(图 10-2)。随着羽毛球运动的日益发展，由于速度加快、打法先进、技术细腻，因此又产生了另一种反手握拍法，即将大拇指第一指节内侧自然贴在拍柄的窄棱面上，握拍手心与拍柄保持一定间隙（图 10-3)。这种握拍法能充分发挥各手指的力量和灵活性，击球时技术动作小，爆发力强，球速快，同时能运用手指力量来控制球，使球的落点更佳。反手发球、身体左侧的击肩下球和肩上球等一般都采用反手握拍法。

图 10-2

图 10-3

握拍要活、松、变。发力不但要以小臂和手腕的力量为主，还必须运用和发挥手指的力量，使手腕、手指两者有机地结合起来，方能适应当今羽毛球技术的发展。

3. 易犯错误

(1) 握拍手小指、无名指、中指和食指并列，握得太紧或成“拳握”式握拍。

(2) 握拍手食指贴在球拍柄的上端部分。

(3) 握拍太前，拍柄末端露出过长，影响手腕动作。

(4) 握拍手虎口贴在拍柄的宽面。

二、发球

(一) 发球的分类

(1) 正手发球：正手发高远球；正手发平高球；正手发网前球；正手发平快球。

(2) 反手发球：反手发网前球；反手发平球。

(二) 发球的技术分析

1. 正手发球

单打发球员站在贴近中线距前发球线约一米处；双打站位可稍靠近前发球线。左肩侧对球网（右手握拍为例)，左脚在前，脚尖朝网；右脚在后，脚尖向右。两脚间距约与肩宽，重心在右脚上，握拍手向右斜举，肘微屈，左手用拇指、食指、中指夹持羽毛球的中间部位，举在腹部右前方（图 10-4)。

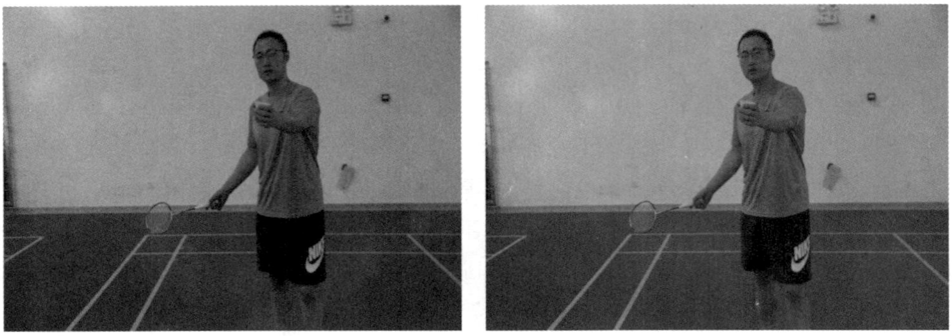

图 10-4

(1) 发高远球：把球发得既高又远，使球几乎垂直落在对方后发球线附近的发球区内。单打比赛时，常采用这种发球迫使对方退到底线去接球。发球时，持拍臂不要直臂向后出摆，应向前下方做回环动作过渡到引拍动作，并有前臂外旋。击球时，手腕伸展，重心前移，待球落到适当高度时，拍子向前上方挥动，前臂急速内旋，屈指发力用正拍面击球（图10-5）。

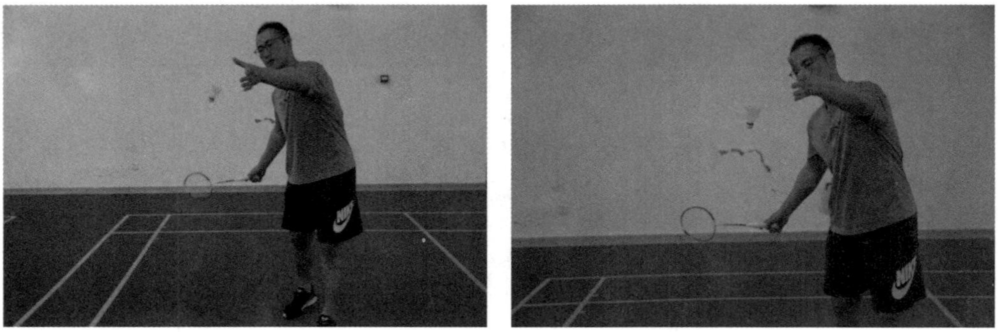

图 10-5

易犯错误：

① 大臂直臂挥拍，未能发挥小臂、手腕、手指的爆发力量，导致出球无力。

② 发球时，身体重心转移力量、手臂挥动力量与手腕和手指力量结合不当，使发球技术动作僵硬、不协调。

③ 持球手放球与持拍手向前挥拍时机配合不当导致过早击球，击球点不准，影响发球质量。

④ 击球瞬间，拍面角度掌握不当，以致出球落点不准。

⑤ 发球结束后，球拍未顺势向左上方挥摆缓冲，而是向右上方挥摆，动作失调，影响击球力量。

(2) 发平高球：发出球的弧线应比高远球低，但对方又不能拦截，飞向后发球线附近的发球区内下落。高平球飞行弧线比高远球低，速度快，具有攻击性。击球时，前臂带动手腕发力，拍面向前推进。

(3) 发网前球：发网前球是双打中主要采取的发球技术，发出的球贴网而过，落在对方前发球线附近的发球区内。挥拍的幅度要小，力量较轻，拍面稍后仰，可利用手腕和手指的力量从右向左横切推进，使球发在前发球线附近。

(4) 发平快球：发出的球既平又快，直接飞向对方后发球线附近的发球区内。这种球比平高球的弧线还低，速度更快。准备姿势同发高远球，站位稍靠后些。击球时，充分利用前臂、手腕的爆发力向前方用力，球直接从对方的肩上高度飞越到后场底线。

易犯错误：

① 若击球瞬间拍面仰角掌握不好，则出球的飞行弧度不佳。

② 击球瞬间发力控制不当，影响球的飞行速度，导致球的落点不佳。

2. 反手发球

反手发球一般用于发平快球和发网前短球。发球时，站在发球区内较靠近发球线的位置上，右脚在前，左脚在后，上体自然伸直，重心放在右脚上，面对球网。左手以拇指、食指和中指捏住羽毛置于腹前腰下。右手反手握拍，肘部略抬起使拍框下垂于左侧。反手发球的特点是动作小，出球快，对方不易判断。在双打比赛中多采用此发球技术。发球时，面向球网，两脚前后开立，上体稍前倾，重心落在前脚上，右手反手握拍，左手持球，击球时，手腕的侧部或手部先外展，拇指用力横切推送（图 10-6）。

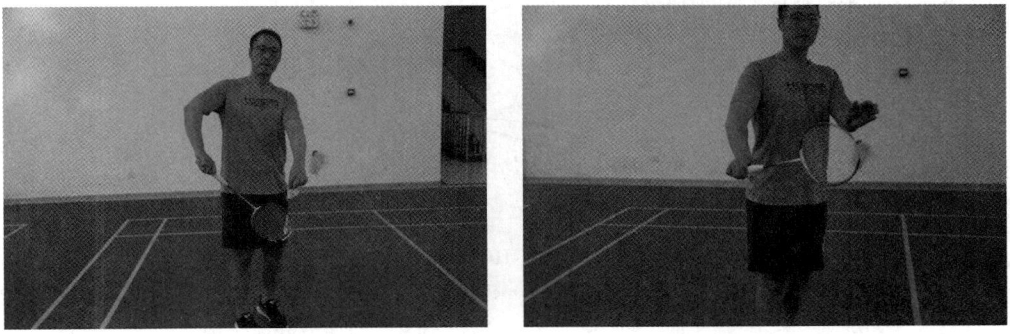

图 10-6

易犯错误：

① 击球瞬间，球拍拍杆未朝下，造成发球“过手”违例。

② 击球时有提拉动作，使击球瞬间整个球高于发球员的腰部，造成发球“过腰”违例。

③ 击球瞬间，拍面角度掌握不当，使出球弧度过低或过高，过低导致下网，过高则易于被对方扑球反攻。

三、接发球

羽毛球比赛中发球方总是想方设法地利用多变的发球来增加接发球的难度，从而保持场上的主动。而接发球方也总是想尽一切办法做好充分准备来破坏发球方的意图，以求后发制人。

1. 接发球的分类

(1) 单打接发球。

(2) 双打接发球。

2. 接发球技术分析

(1) 接发球准备姿势。单打的接发球站位离前发球线约 1.5 米处，如果是在左发球区接球，一般选择有效发球区域中心位置站位；如果是在右发球区接球，则选择有效发球区域中心稍偏左而靠近中线位置的站位。单打接发球应左脚在前，右脚在后，侧身对网，重心在前脚，后脚跟稍提起，含胸收腹，持拍手于右体前，两眼注视对方球拍及挥拍至击中球。双打接发球站位应靠近前发球线。双打接发球准备姿势同单打，重心可放在任一脚上，球拍高举于肩上。

(2) 接发球方法。随着羽毛球运动的日益发展和技术水平的不断提高，当今羽毛球比赛中控制与反控制争夺非常激烈。因此，掌握比赛的主动权成为取得比赛胜利的重要保证。采用发球多变和发球抢攻来打乱接发球方的反击战术，是发球方夺取比赛主动权的重要手段。与此相适应，为了对付或克服发球方的发球，以求后发制人，接球员的接发球技术也就成为一项重要的基本功。接对方发后场高远球、平高球时，可用平高球、吊球或杀球进行还击。接发后场球可以得到一次主动进攻的机会，处理得好往往能掌握比赛主动权（图10-7）。接对方发网前短球时，可用放网前短球、勾对角球、推后场球还击。当对方发球质量不好，球过网太高时，可抓住机会扑球进攻（图 10-8）。接对方发平快球时，可用杀球、平高球还击，以快制快（图 10-9）。

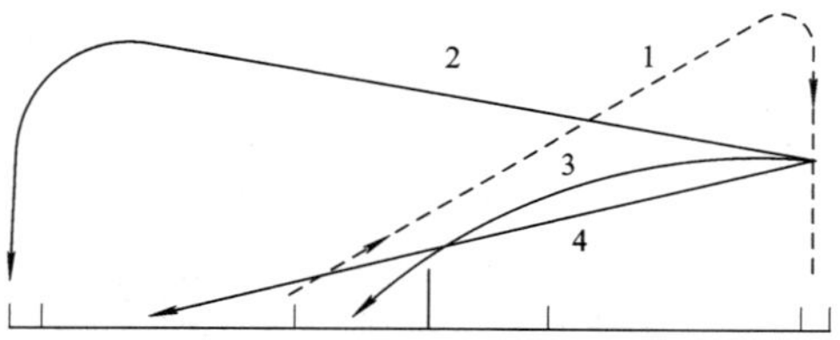

1—发高远球；
2—回击平高球；
3—回击吊球；
4—回击杀球。

图 10-7

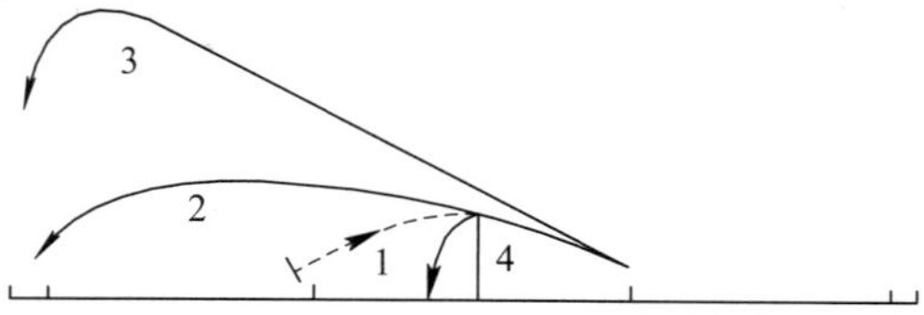

1—发网前短球；
2—回击平推球；
3—回击平高球或高远球；
4—回击网前短球。

图 10-8

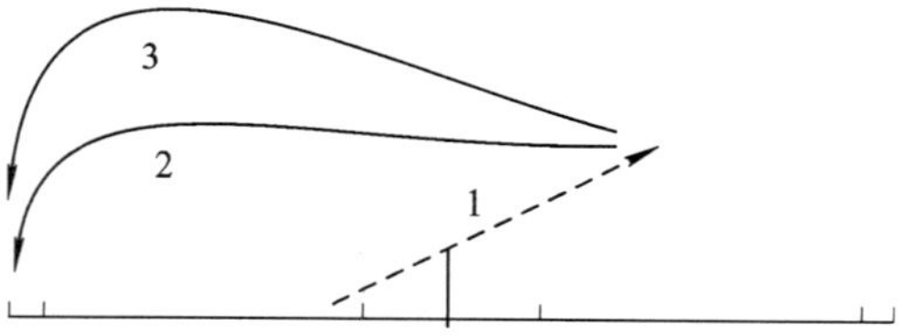

1—发平快球；
2—回击平快球；
3—回击平高球。

图 10-9

四、击球

羽毛球运动的各种挥拍击球技术，统称为击球法（也称手法）。真正激烈的争夺在发球后的接发球或发球抢攻，以及此后的对拉击球上。因此，合理、协调、有利、有效地击球将是运动员夺取最后胜利的最基本保证。

(一) 击球的分类

1. 后场击球

(1) 后场击高球：正手击直线高球和对角高球，头顶击直线高球和对角高球，反手击高远球、平高球。

(2) 吊球：劈吊、拦吊、轻吊。

(3) 扣杀球：正手侧身扣杀直线球，正手侧身扣杀对角线球，头顶扣杀直线球，头顶扣杀对角线球，反手扣杀球，腾空突击扣杀球。

2. 前场击球

(1) 正手、反手放网前球。

(2) 正手、反手网前搓球。

(3) 正手、反手网前推球。

(4) 正手、反手网前勾对角线球。

(5) 正手、反手网前挑高球。

3. 中场击球

(1) 挡网前球：正手、反手挡直线网前球，正手挡对角线网前球，反手挡勾对角线网前球。

(2) 挑高球：正手接杀挑直线后场高球，反手接杀挑后场高球。

(3) 抽球：正手平抽球，反手平抽球。

(4) 快打：正手快打，反手快打。

(5) 被动击球。

(二) 击球技术分析

1. 高手击球

在羽毛球技术动作中，一般将击球点高于头部的击球称为高手击球。

(1) 正手高远球：首先判断来球方向和落点，侧身后退，使球在自己右上方位置，左肩对网，右脚在前，左脚在后，重心在右脚上，左臂屈肘，左手自然上举。当球下落到近击球点高度时，胸部舒张，握拍前臂向后移动，肘关节向后侧提高，使球拍后引到头后，自然伸腕，接着大臂带动前臂向上，肘关节迅速上升，前臂前“甩”，触球时手臂伸直，“闪”动手腕击球（图 10-10）。

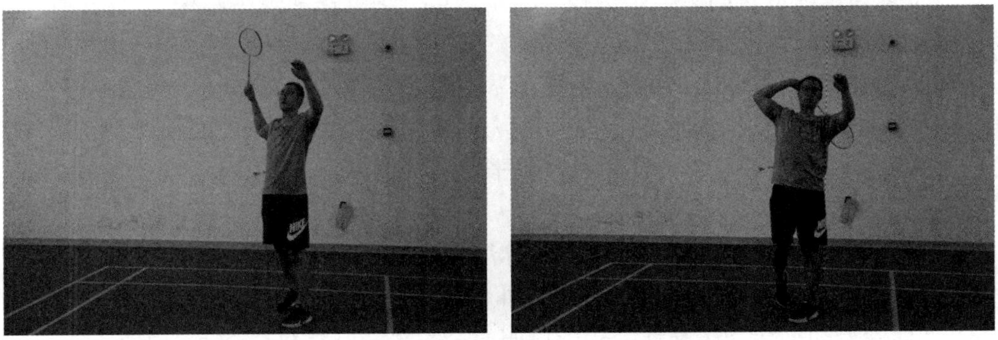

图 10-10

易犯错误：

① 准备击球时，身体未侧对网，重心未移后脚，没有形成“满弓”姿势，影响全身的协调。

② 挥臂击球时，不是以肩关节为轴，而是以肘关节为轴，手臂未自然伸直，影响挥臂幅度和力量的发挥。

③ 击球时，只靠大臂挥拍，造成出球无力，而且肩部容易疲劳和酸痛。

④ 步法移动不积极或不到位，造成击球点选择不当，影响全身力量的发挥和击球质量。

⑤ 击球时，不是用“爆发”力把球“弹”出，而是把球“推”出，造成击球乏力。

⑥ 握拍过紧，影响腕部的灵活性。

(2) 反手高远球：击球时，反手握拍，右脚前交叉跨到左侧底线，背向网，身体重心在右脚上，球拍举至左胸前，拍面朝上，双膝微屈。当球在右侧上空下落时，利用腿和腰腹协调力，大臂带动前臂，肘部上抬与肩平行，前臂带动腕部的“闪”动，在右侧上方伸直手臂向后击球（图 10-11）。

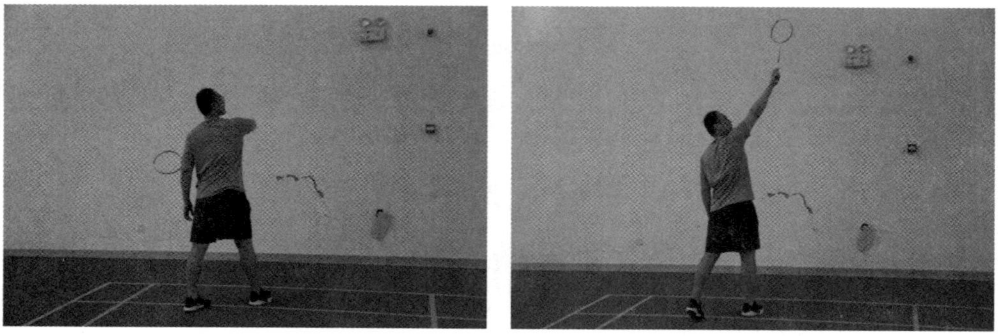

图 10-11

易犯错误：

① 步法移动不到位，身体重心未调整好，影响全身协调用力。

② 转身慢，击球点低。

③ 击球时，靠大臂挥拍，未能“闪”腕，不能运用大拇指的力量击球，出球无力。

④ 挥拍最高速度不是在击球瞬间，而是在击球之后，以致爆发力没有用到“点”上。

(3) 吊球：将对方击来的高远球从后场还击到对方的近网区。与拉球配合运用时，是调动对方位置和组织进攻的主要击球技术。吊球可分为劈吊和轻吊两种。劈吊的挥拍速度较快，在击到球的瞬间，手腕下扣，用球拍的斜面切击球托，球飞行的方向与挥拍方向不一致，球速较快，使对方难以判断，但球的落点较远。轻吊的挥拍动作幅度小，力量轻，击球时用拍面正击球托或借助于来球的反弹力用球拍轻挡，使球过网后贴网而下，能有效地拉开对方站位，但球速较慢，常用于拦截平球和半场球。

易犯错误：

① 吊球时，击球点掌握不好，影响吊球质量。

② 击球时，不用“切削”动作击球，而是往下拉球拍。

③ 击球姿势和动作与击高球、扣杀球明显不一致，以致对方容易识破吊球意图。

(4) 扣杀球：扣杀球是一项主要进攻技术，分为正手、反手和头顶扣杀三种。扣杀球均可原地杀球，也可跳起杀球。任何一种杀球都容易造成对方慌张，具有很大的威胁性，在比赛中往往能起决定性作用，不仅是得分的主要手段，也是组织战术配合的有效技术。初学者首先要掌握好正手杀球，击球动作和正手击高远球基本相同，不同的是击球一瞬间需全身用力，前臂快速带动手腕下压，触球时拍面前倾，向前下方用力，击球点在右肩前上方。

2. 网前击球

网前击球技术是一项可以调动对方，使战术多变的击球方法。在当今羽毛球运动防守力量加强和步法灵活的情况下，网前击球技术往往能成为取胜的有力武器。

(1) 搓球：右脚前跨成弓箭步，侧身对网，重心在右脚，手臂向前伸出，出手要快，击球点要高，握拍手自然放松，拍面右边稍高、斜对网。击球前，前臂外旋，手腕外展，引拍至右侧；击球时，手腕和手指突然发力加快挥拍的速度，用球拍的斜面切击球托的底部，使搓出的球翻滚贴网（图 10-12）。

图 10-12

(2) 推球：在近网的上端以低平弧线快速击球到对方底线两角，是一种有效的进攻技术。击球时，身体前倾，手臂前伸，主要运用小臂及手腕发力。如果推球与搓球、勾球配合运用，则能有效地控制网前。

(3) 勾球：在近网击球时，利用手腕控制球拍，把球击到对方场区的斜对角线网前。击球的刹那，拍面斜向网前（图 10-13）。

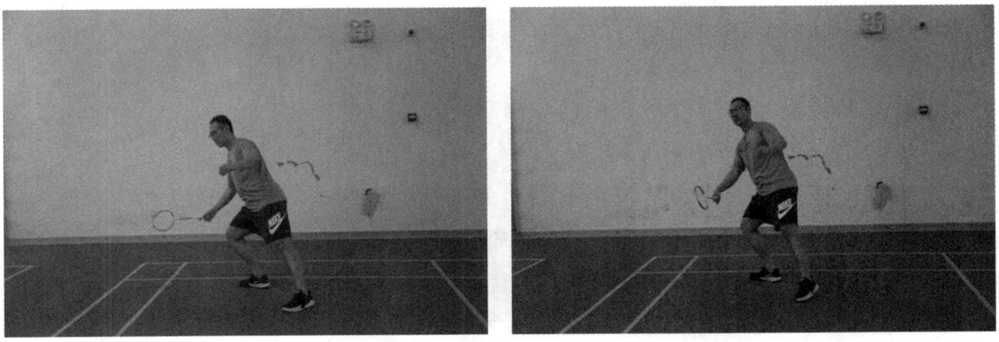

图 10-13

(4) 扑球：一种网上的杀球技术。击球时用蹬步并向前方举拍，手腕伸展，视情况屈腕发力击球。

(5) 挑高球：把对方击来的吊球或网前球挑高，回击到对方底线。击球时以肩为轴，自下而上用前臂带动腕部和手指快速朝上方带提拉式地挥拍击球。

3. 低手击球

低手击球又称下手击球，其特点是击球点低，一般是在被动或防守时采用的击球技术。虽然低手击球不如高手击球那样具有攻击性和威胁性，但如果运用得当，常常也能起到守中有攻的效果。

(1) 抽球：击球点在肩以下，以躯干为纵轴发力，做半圆式挥拍动作击球，击球点要在身前。正手击球时，右脚向侧后稍跨出；反手抽球时，一种是左脚稍向侧后迈出一小步，另一种是右脚前交叉向左侧前迈出一小步背向网，重心放在右脚上。抽球是应付对方长杀、半场球以及平球对攻的反攻技术。

易犯错误：

① 判断来球慢，出手不快，击球时间不准。

② 匆忙追球，步法未到位就急于击球。

③ 击球点选择不好，过于靠近身体，击球时难以发力。

④ 身体重心不稳，影响手臂的击球动作。

⑤ 击球时，没有完成小臂带动手腕、手指“抽鞭”式向前“闪”动，影响击球的爆发力。

(2) 接杀球：接杀球是指运动员把对方杀过来的球还击到对方场区内的击球技术。接杀球时不仅要反应快、起动快、步子移动快、出手击球快，而且球路要活，落点要根据战术的需要多加变化。接杀球时球的飞行弧度有高球和平球，其飞行路线有直线和斜线，而其落点有左、右前场和左、右后场等。

① 正手接杀放网：将杀来的球用直线还击到对方网前，准备动作采用低重心姿势，用拍面向下或拍面向上的捻动发力挡球，将球还击到对方的网前。

② 正手接杀勾：击球时，前臂内旋，屈手腕用捻动发力击球，击球瞬间肘部有回拉动作。

③ 反手接杀放网：接球时，手腕伸张，捻动发力，握拍松紧适当。

④ 反手接杀勾：引拍过程中转换成反手握拍，击球时手腕伸展，前臂外旋捻动发力，肘部也有回拉动作。

⑤ 反手接杀反抽：用平抽技术还击杀来的球，球的飞行轨迹平直，击球点在身体前方，拍面向前上方反压击球，是防守中反攻的手段。

易犯错误：

① 注意力不够集中，站位不当，造成措手不及。

② 反应慢，步子移动缓慢，击球不到位，影响接杀球的质量。

③ 击球点选择不当，影响手腕、手指力量的自如发挥。

④ 接杀球瞬间，拍面角度和用力大小控制不好，影响接杀球的效果。

五、移动步法

羽毛球运动员高质量地完成击球技术，都是建立在熟练、快速、灵活、准确的移动步法的基础上的。因此，掌握正确的移动步法是提高技术的前提，移动步法可称为“羽毛球运动技术之母”。

1. 移动步法的分类

(1) 上网步法。

(2) 后场后退步法。

(3) 中场接球步法。

(4) 起跳腾空步法。

2. 移动步法技术分析

(1) 上网步法：从场地中心的准备姿势站位开始，运用并步、交叉步、蹬跨步等移动方式向前场区域移动击球的步法称为上网步法。

① 正手上网步法：在中心位置左右脚稍前后开立，距球较近时采用一步上网，以左脚向后蹬地，右脚向前跨一大步（图 10-14）；距球稍远时采用两步上网，以左脚向来球方向迈出一小步，右脚再向前跨一大步（图 10-15）；距球较远时，右脚向右前方迈一小步，接着左脚前交叉越过右脚向右前方迈出一步，右脚再迈出一大步（图 10-16）。

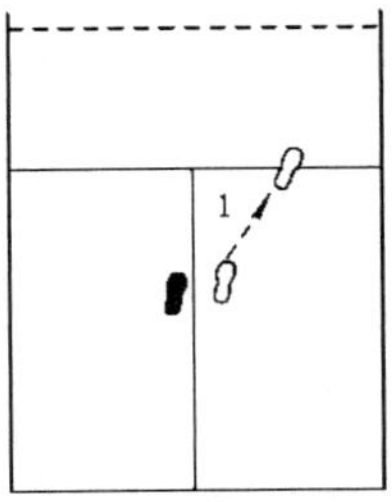

图 10-14

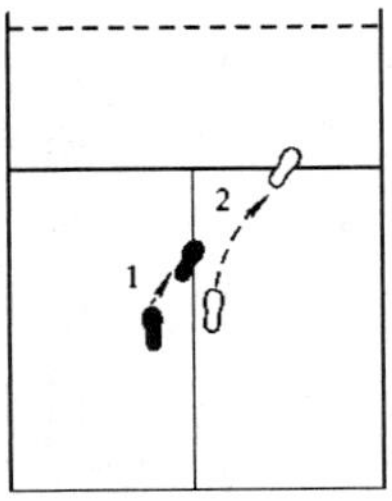

图 10-15

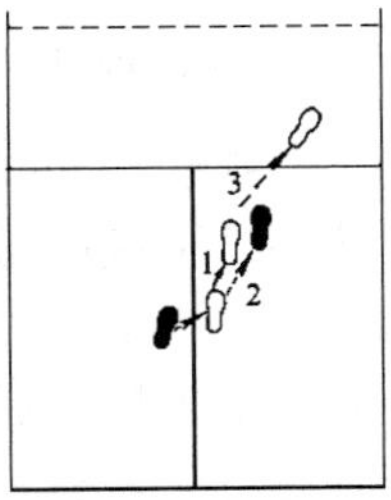

图 10-16

② 反手上网步法：与正手上网步法相同，只是方向朝左前方移动，用反手握拍法击球。无论是移动几步，最后一步一定是右脚在前，击球时成弓箭步姿势。

(2) 后场后退步法：由场地中心位置向后场各区域位置移动击球的步法称为后场后退步法。与上网步法一样，根据来球远近用一、二、三步后退。最后一步是右脚在后，重心在右脚上。

(3) 中场接球步法：由中心位置向左、右场区边线附近移动接杀球的步法称为中场接球步法。向右侧移动，若来球较近，则以左脚内侧蹬地，上体倾向右侧，右脚向右跨步，脚尖朝外；若来球靠边线，则左脚先向右脚靠拢一小步后再蹬地，右脚向右侧转跨步（图 10-17）。向左侧移动，若来球较近，则以右脚内侧蹬地，左脚向左侧跨出一步；若来球靠边线，则以左脚向左侧移一小步，身体转向左侧，右脚前交叉向左侧跨一步，背向网（图 10-18）。

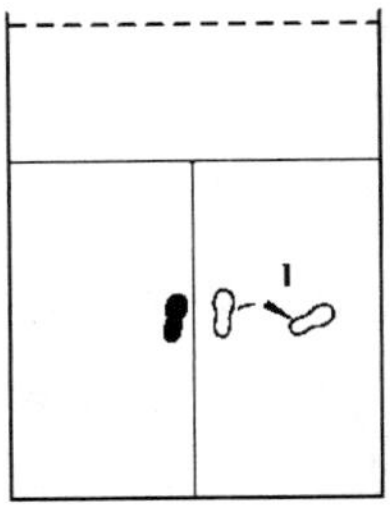

图 10-17

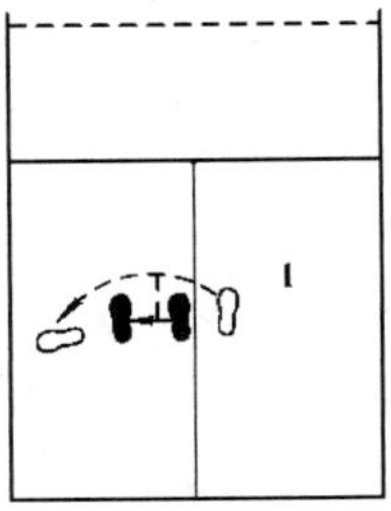

图 10-18

(4) 起跳腾空步法：为了争取更高的击球点和获得更快的速度，在步法到位后，可用单脚或双脚向击球位置起跳，与上肢手法动作一起凌空完成击球动作，该步法称为起跳腾空步法，也称为腾跳步。根据击球方向的不同，可分为正、反手上网，正手或头顶后退及中场两侧的起跳腾空步法。上网扑球或向两侧移动突击杀球时，以领先的脚（或双脚）起跳，做扑球或突击杀球。对方击来高远球时，用右脚（或双脚）起跳到最高点时杀球。

第三节　羽毛球基本战术

战术与打法的关系很密切。在实践中，战术是根据双方的打法和场上的具体情况而定的。“以己之长，攻彼之短”是运用战术的原则。下面介绍一些羽毛球运动常用的战术。

一、单打战术

1. 发球抢攻战术

发球抢攻战术即从发球的第一拍起，争取控制对方，以攻杀得分。这种战术一般为发网前低球结合平快球和平高球，争取第三拍的主动进攻。在采用发球抢攻战术时，眼睛不要只看自己的球和球拍，应用余光注视对方的情况，找出薄弱环节。发各种球的准备姿势和动作要注意一致性，给对方的判断带来困难，使其处于消极等待的状态。发球后应立即把球拍举至胸前，根据情况调整自己的位置，两脚开立，身体重心居中，但一定注意重心不要站死。紧盯对方，观察对方的任何变化，积极准备还击。用这种战术对付应变能力较差的对手，或实施于比赛的关键时刻，效果往往很好。

2. 攻后场战术

攻后场战术即用快速、准确的平高球打到对方后场两角，在对方不能拦截的前提下尽量降低球的飞行弧线，把对方紧压在底线，当对方回击半场高球时以大力扣杀或吊网前空当争取得分的打法。这种先造成对方的被动，然后寻找进攻机会的打法，对付后场还击能力较差，后退步子较慢以及急于上网的对手是很有效的。

3. 攻前场战术

对网前技术较差的对手，可运用攻前场战术先将其吸引到网前，然后再攻击其后场。

(1) 快拉快吊：以平高球快压对方后场两底角，配合快吊网前两角，吸引对方上网。以网前搓球、勾对角球结合推后场底线，迫使对方疲于奔命，被动回球，从而为本方创造中后场大力扣杀或网上扑杀机会。

(2) 后场下压：本方在后场扣杀对方击来的高远球，结合吊球迫使对方被动挡网前或放网前球，这时可趁机主动快速上网搓、推球，创造进攻机会，再以重杀或劈杀结束战斗。

4. 打四方球战术

打四方球战术即以高球或吊球准确地将球击到对方场区的四个场角，调动对方前后左右跑动，打乱其阵脚，在对方来不及回到中心位置或回球质量较差时，向其空当部位发动攻击。这种打法对步子移动较慢、体力较差的对手较为有效。此战术的主要目的是通过打落点，逼使对方前后奔跑，被动应付，并在其回球质量下降或露出破绽时乘虚而攻之。

5. 杀、吊上网战术

杀、吊上网战术即对手打来后场高球时，本方先以杀球配合吊球把球下压，落点选在场区的两条边线附近，致使对手被动回球，而当对手回网前球时，本方迅速上网搓球、勾对角球或平推球，创造在中场大力扣杀的机会。运用这种战术，必须自己具备很好的控制杀、吊球落点的技能。

6. 打对角线战术

对付身体灵活性差和转体较慢的对手，不论是进攻还是防守，均应以打对角线为主。这样会使对方移动困难而被动，为我方创造进攻机会。

7. 防守反击战术

防守反击战术即在对方主动进攻，我方被动防守时，我方可高质量地接封杀；或者抓住对方攻杀力量减弱或落点不好的机会，以平抽底线球还击对方后场，扭转被动局面，并进行反击。

二、双打战术

双打比赛不仅是双方在技术、战术和体力上的较量，而且也是双打同伴相互间配合程度的较量。因此，双打站位问题是非常重要的。一般情况下，有两人前后站位和两人分边（左、右）站位两种形式。前后站位即在后场的人分管后半场的球，站在前场的人则负责前半场的球。这种站位形式有利于进攻，而不利于防守。所以，一般在本方进攻时多采用此站位法。分边站位多在防守时采用，这样各人分管半边场地，在防守时就没有什么空当了。

双打的轮转站位多在配对选手水平相差不大时采用。如果水平悬殊较大，则技术水平高者固定站在后场，除了主要负责后半场的来球之外，同时还兼顾中场附近或前场的球，而技术差者则固定站在网前，主要负责网前球。在混合双打中，一般男队员站后场，女队员站前场。

1. 攻人战术

攻人战术为集中攻击对方有明显弱点的人，并伺机攻击另一人因疏忽而露出的空当，或对此人偷袭。双打比赛中的配对选手的技术，一般总有一人好，另一人稍差些。即使两人水平相差不多，但若能集中力量攻击其中一人，也可给其造成很大的心理压力，从而使其出现失误。

2. 攻中路战术

攻中路战术为当对方采取分边站位防守时，将球攻击到对方两人的中间；当对方采取前后站位时，可将球下压或平推两边半场，这样可使对方防守时互相争抢或互让而出现失误。

3. 攻后场战术

攻后场战术为对方后场扣杀能力差，本方可采用平高球、推平球或接杀挑底线，把对方一人紧逼在底线两角移动。若对方被动还击，则抓住机会大力扣杀。另一对手后退支援时，即可攻网前空当。

4. 后攻前封战术

后攻前封战术为当本方处于主动进攻前后站位时，站在后场的队员见高球就扣杀或吊网前，迫使对方接球于网前，这可为本方前场队员创造了封网扑杀机会。前场队员要积极封锁网前，迫使对方被动挑高球，一旦对手挑高球达不到后场，就可为本方创造再次进攻的机会。

5. 防守反击战术

防守反击战术即在防守中寻找反攻的机会，以便摆脱困境，变被动为主动。例如，挑底线高球，不论对方从哪里进攻，本方都应设法把球挑到进攻者的另一边底线。若对方正手后场攻直线，就挑对角线，若对方攻对角就挑直线。这是一种较易争得主动的防守战术，在女子双打中运用更为有效。运用此战术时，要注意挑高球一定要挑到底线，否则将会出现对方连续攻杀而本方无力还击的局面。

第四节　羽毛球比赛规则简介

一、基本规则

羽毛球比赛分男子团体、女子团体、男子单打、女子单打、男子双打、女子双打和混合双打 7 个项目。团体赛多采用五盘三胜制，三盘单打两盘双打，单打和双打每场比赛采用三局两胜制，羽毛球比赛以得分定胜负，不受时间的限制。

羽毛球比赛采用每球得分制，每局采用 21 分制，即双方分数先达 21 分者胜，3 局 2 胜。每局一方以 11 分领先时，比赛进行 1 分钟的技术暂停，供比赛双方擦汗、喝水、休息等。得分者方有发球权，如果本方当前得分为单数，则从左边发球；如果当前得分为双数，则从右边发球。在第三局或只进行一局的比赛中，当一方分数首先到达 11 分时，双方交换场区。

二、计分规则

(1) 21 分制，3 局 2 胜制。
(2) 每球得分制。
(3) 每回合中，取胜的一方加 1 分。
(4) 当双方均为 20 分时，领先对方 2 分的一方赢得该局比赛。
(5) 当双方均为 29 分时，先取得 30 分的一方赢得该局比赛。
(6) 一局比赛的获胜方在下一局率先发球。

三、接发球规则

比赛前，双方应掷挑边器。赢的一方将选择先发球 （或先接发球），选择一个场区或另一个场区。输方在余下的一项中做出选择，下一局开始时由上一局的胜方先发球。

单打比赛中，发球方的分数为零或偶数时，双方都站在右发球区发球或接发球；分数为奇数时，双方都站在左发球区发球或接发球。双打比赛中，每方都有两次发球权，两名队员依次轮流发一次，但每局比赛开始先发球的一方只有一次发球权。当一方获得发球权时，不论得分是奇数还是偶数，都由站在右发球区的队员先发。发球方每得一分，同队两名队员互换左右发球区，由原发球队员继续发球，而接发球方始终保持原站位，不得互换。当接二次发球输球后，发球权交给对方。双方比赛进行中，除发球和接发球外，可由任一队员进行击球。

发球队员发球时脚不得踩线、移动或离开地面。击球的瞬间，球拍框的任何部位都不得高于腰部，球拍框应明显低于发球员手部，违者判罚违例，接球员应站在发球区内，在对方完成发球动作前，不得过早移动，一人不得连续击球两次，否则为“连击”违例。比赛中，身体、衣服或球拍不得触及球网或球柱，不得有阻挠或影响对方击球的动作和行为。球落在场界线外即为球出界，球落地时，如球托或羽毛的任何部分压在线上，则属界内球；发球时，球不到前发球线或双打中过了双打后发球线，或发错区域均应判为界外球。

以下情况视为合法发球：

(1) 发球时任何一方都不允许延误发球。

(2) 发球员和接发球员都必须站在斜对角发球区内发球和接发球，脚不能触及发球区的界线；两脚必须都有一部分与地面接触，不得移动，直至将球发出。

(3) 发球员的球拍必须先击中球托，与此同时整个球拍框要低于发球员的腰部。

(4) 击球瞬间，球拍杆应指向下方，从而使整个拍头明显低于发球员的握拍手。

(5) 发球开始后，发球员的球拍必须连续向前挥动，直至将球发出。

(6) 发出的球必须向上飞行过网，如果不受拦截，则应落入接发球员的发球区内。

(7) 一旦双方运动员站好位置，发球员的球拍第一次向前挥动即为发球开始。

(8) 发球员须在接发球员准备好后才能发球，如果接发球员已试图接发球则被认为已做好准备。

(9) 一旦发球开始，球被发球员的球拍触及或落地即为发球结束。

(10) 双打比赛中，发球员或接发球员的同伴站位不限，但不得阻挡对方发球员或接发球员的视线。

四、交换场区规则

以下情况运动员应交换场区：

(1) 第一局结束后。

(2) 第三局开始前。

(3) 第三局进行中或只进行一局的比赛中，领先的一方得分为 11 分时。

运动员未按规定交换场区，发现后立即交换，已得分数有效。

五、单打规则

羽毛球单打规则如下：

(1) 发球员的分数为 0 或双数时，双方运动员均应在各自的右发球区发球或接发球。

(2) 发球员的分数为单数时，双方运动员均应在各自的左发球区发球或接发球。

(3) 如有“再赛”，发球员应以该局的总得分，按上面（1）和（2）的规定站位。

(4) 球发出后，由发球员和接发球员交替对击直至违例或死球。

(5) 接发球员违例或因球触及接发球员场区内的地面而成死球，发球员得一分。

(6) 发球员违例或因球触及发球员场区内的地面而成死球，发球员即失去发球权，接发球员得一分。

六、双打规则

羽毛球双打规则如下：

(1) 每局开始首先发球的运动员，在该局本方得分为 0 或双数时，都必须在右发球区发球或接发球；得分为单数时，则应在左发球区发球或接发球。

(2) 只有接发球员才能接发球，如果他的同伴去接球或被球触及，则发球方得一分。

(3) 自发球被回击后，由发球方的任何一人击球，然后由接发球方的任何一人击球，如此往返直至死球。

(4) 自发球被回击后，运动员可以从各自一方任何位置击球。

(5) 接发球方违例或因球触及接发球方场区内的地面而成死球，发球方得一分，原发球员继续发球。

(6) 发球方违例或因球触及发球方场区内的地面而成死球，原发球员即失去发球权，接发球方得一分。

(7) 如有“再赛”，则以该局本方总得分是奇数还是偶数，按规则的规定站位。

(8) 任何一局的首先发球员失去发球权后，由该局首先接发球员发球，然后由首先接发球员的同伴发球，接着由他们的对手之一发球，再由另一对手发球，如此依次传递发球权。

(9) 一局胜方中的任一运动员可在下一局先发球，负方中的任一运动员可先接发球。

七、发球区错误

1. 发球区错误

(1) 发球顺序错误。

(2) 从错误的发球区发球。

(3) 在错误的接发球区准备接发球，且球已发出。

2. 发球区错误的处理

(1) 如果错误在下一次发球击出前发现，则应重发球。

(2) 如果错误在下一次发球击出前未被发现，则错误不予纠正。

(3) 如果因发球区错误而“重发球”，则该回合无效，纠正错误重发球。

(4) 如果发球区错误未被纠正，则比赛应继续进行，并且不改变运动员的新发球区和新发球顺序。

八、违例

以下情况属违例：

(1) 发球不合法；发球时未击中球；发球时，球过网后挂在网上或停在网顶等。

(2) 比赛时，球落在球场界线外；球从网孔或网下穿过；球不过网；球碰上屋顶、天花板或四周墙壁；球触及运动员的身体或衣服；球触及场外其他人或物体；比赛时，球拍与球的最初接触点不在击球者的这一方（击球者击球后，球拍随球过网除外）。

(3) 比赛进行中，运动员球拍、身体或衣服触及网或网的支撑物；运动员的球拍或身体从网上侵入对方场区（不妨碍对方击球的除外）；运动员的球拍或身体从网下侵入对方场区，妨碍对方或使对方分散注意力；妨碍对方，如阻挡对方靠近球网的合法击球；比赛时，运动员故意分散对方注意力的任何举动，如喊叫。

(4) 击球时，球夹在或停滞在拍上，紧接着又被拖带；同一运动员两次挥拍连续击中球两次；同方两名运动员连续各击中球一次；球触及运动员球拍后继续向其后场飞行；运动员严重违犯或多次违犯规则。

九、重发球

以下情况应重发球：

(1) 遇到不能预见或意外的情况。

(2) 除发球外，球过网后挂在网上或停在网顶。

(3) 发球时，发球员和接发球员同时违例。

(4) 发球员在接发球员未做好准备时发球。

(5) 比赛进行中，球托与球的其他部分完全分离。

(6) 司线员未看清，裁判员也不能做出决定时。

(7)“重发球”时，最后一次发球无效，应由原发球员重新发球。

十、死球

以下情况视为死球：

(1) 球撞网并挂在网上，或停在网顶。

(2) 球撞网或网柱后在击球者一方落向地面。

(3) 球触及地面。

(4)“违例”或“重发球”已被宣判。

十一、间歇

以下情况与间歇有关：

(1) 比赛的第二局与第三局之间应允许有不超过 5 分钟的间歇。

(2) 遇到不是运动员所能控制的情况，裁判员可根据需要暂停比赛。如果比赛暂停，则已得分数有效，续赛时由该分数算起。

(3) 不允许运动员为恢复体力或休息或接受场外指导而中断比赛。

(4) 比赛时不允许运动员接受指导。

(5) 在一场比赛中，运动员未经裁判员同意，不得离开场地。

(6) 只有裁判员能暂停比赛。

十二、警告

以下情况应予警告：

(1) 对已被警告过的一方判违例。

(2) 对严重违例或屡犯者判违例并立即向裁判长报告，裁判长有权取消其比赛资格。

(3) 未设裁判长时，竞赛负责人有权取消违例者的比赛资格。

第十一章

网 球

第一节 网球运动概述

一、网球运动的起源及发展

1. 网球运动的起源

网球运动起源于法国。早在 12 至 13 世纪，法国的传教士为了调节教堂单一的生活，在教堂回廊里用手掌击打用皮或布裹着毛发制成的小球。后来这种活动逐渐传入法国宫廷，很快成为王室贵族们的一种娱乐游戏。当时把这种游戏称为“jeu depaume”，译作“掌球戏”。随后，这种游戏从室内被移向室外，形成了在一块空地上，将一条绳子架在中间，两边各站一人，用手掌来回击打一种裹着头发的布球的玩法。

到了 14 世纪中叶，法国的一位诗人把这种球类游戏介绍到法国宫廷，作为皇室贵族男女的消遣。当时玩这种游戏的场地是宫廷内的大厅，没有网也没有球拍，球是用布卷成球形后用绳子绑成的。场地中间架起一条绳子为界，利用两手作球拍，把球从绳上丢来丢去，法语称作“Tennez”，英语意为“Take it！Play”，即“抓住！丢过去”，今天网球（Tennis）一词即来源于此。不久，木板的球拍被用来代替双手。

16 世纪初，这项球类游戏被法国国民知晓，他们出于好奇心而开始仿效，并很快地传播到各大城市，同时改良了用具。球制造得比较耐用，拍子由木板改为羊皮纸板，拍面面积扩大，握把的柄也加长。场地中间的绳子则绑上无数短绳子向地面垂下，使球从绳子下面经过时，可以明显地被发觉。16 至 17 世纪是法国和英国宫廷从事网球活动的兴盛时期，平民百姓无缘涉足，网球运动被称为“贵族运动”。

1877 年 7 月在英国举办了首届草地网球男子单打锦标赛，即后来闻名于世的温布尔登草地网球锦标赛，标志着近代网球的开始。

2. 世界网球发展趋势

(1) 底线型打法成为主流。

当今的网球比赛中，运动员的各方面技术都有长足的进步，尤以接发球技术最为突出。比赛中主要的得失是在相持阶段，运动员利用精湛的底线技术和对手打拉锯战，从容化解对手的截击，并打出漂亮的穿越球，给上网选手造成一定的压力，一场比赛两名选手在底线对抗 3 小时以上已属常见。所以，底线型打法已经成为目前网坛打法的主流，特别是女子比赛中更为明显。

(2) 技术精细，战术多变。

在比赛中，运动员之间的攻防经常转换，主动与被动经常交替。为了适应这种制约与反制约的需要，运动员必须力求技术全面。技术向精细化发展是网球技术发展的一大趋势，当今运动员更注重发球技术的精细化，将球的旋转变化和发球角度很好地结合在一起。另外，击球回合不断增加。运动员更多地通过提早击球时间，打出更精准的落点和极佳的球速以占得先机。这些以上旋球为主的全面型球员正凭着出色的接发球、网前截击、穿越球、放小球以及滑步等精细、全面的技战术主宰网坛。

(3) 步法灵活，体能充沛。

随着底线型打法逐渐占据网坛的主导地位，步法和体能在比赛中就显得尤为重要，成为取得胜利的重要影响因素。快速灵活的步法一方面可使运动员及时、准确地找到最佳击球点，提高回球质量，还能救起许多对手认为是制胜球的来球，从而在技术和心理上不断给对手施加心理压力。

(4) 心理稳定，意志顽强。

随着现代网球运动的高速发展，运动员职业化进程不断加快，各国教练员运用了大量科学手段最大限度地挖掘运动员各方面的潜能。在运动员身体、技术等方面都十分相近的情况下，心理因素对比赛的影响很大。尤其是高水平选手之间的较量，也是心理素质、意志品质的较量，稳定的心理素质和顽强的意志品质是获胜的关键。

(5) 女子技术男子化发展。

女子网坛一个比较明显的趋势就是力量型选手占主导地位，技术动作男性化。世界女子职业网球协会排名前几位的选手，无一不是力量型选手的杰出代表。像美国的大威廉姆斯的发球速度能达到每小时 200 千米以上，令许多男子选手都望尘莫及。女子技术动作男性化是女子网球运动的发展趋势。我们说当今女子网坛力量型打法占主导地位，并不是否认技术的重要性，像美国的威廉姆斯姐妹、海宁等人不仅力量占优势，而且底线技术几乎与那些技术型选手一样出色，再加上灵活的步法和充沛的体能，必然会获得优异成绩。

二、我国网球运动的发展概况

1885 年前后，网球运动传入我国。当时，外国的传教士、驻军和一些商人在上海、广州、香港、北京、青岛、天津等地修建了不少网球场，供他们平时消遣娱乐。不久之后，网球运动在学校和教会中逐渐开展起来。上海圣约翰书院在 1898 年举办了“斯坦豪斯杯”网球赛，这是中国最早的学校网球比赛。

中国网球 20 世纪初才开始与国际网坛进行交流。在 1915 年第 2 届至 1934 年第 10 届远东运动会上，中国男子网球队参加了网球表演赛，女子网球队参加了第 6 届至第 10 届远东运动会的网球表演赛。我国选手在 1924 年至 1946 年间参加了六次戴维斯杯的网球赛，当时中国著名的网球选手有林宝华、邱飞海等。我国著名网球选手邱飞海在 1924 年参加了英国的温布尔登网球赛，并打进第二轮的比赛。在第 8 届远东运动会上，中国队以林宝华和邱海飞为主力获得了男子网球团体赛冠军。

中华人民共和国成立后，我国的网球事业得到更大、更快发展。中国网球协会于 1953 年成立，在天津市举办了第一届全国网球表演赛。我国网球队从 1956 年开始加强了与国际网坛的交往，先后出访了许多国家和地区，并积极参加各种国际网球比赛，取得了不俗的成绩。我国优秀的上海网球运动员朱振华、梅福基在 1959 年波兰索波特国际网球赛中，为新中国赢得了首个国际网球赛事的男子双打冠军。我国上海网球运动员戚凤娣和徐润珍于 1965 年参加了索波特国际网球赛，并分别获得了女子单打的冠亚军。

1980 年，国际网联接纳中国网球协会为正式会员，同年 10 月在日本举行的东京女子网球公开赛中，我国女子网球选手余丽桥夺得单打冠军。1981 年 1 月，我国网球运动员李心意和胡娜在美国白宫杯少年网球锦标赛中获得女子双打冠军。1983 年，中国男子网球队参加了在吉隆坡举行的代表亚洲最高水平的男子团体赛——加法尔杯赛，并摘得桂冠。1984 年，中国男子网球队主力队员马克勤和刘树华又参加了洛杉矶奥运会的网球表演赛。1986 年在第 10 届亚运会的网球团体赛中，中国女子网球队夺魁，且队员李心意获得了女子网球单打冠军，中国在亚运会上无网球金牌的历史从此结束。1989 年，16 岁的湖南姑娘李芳在亚洲网球锦标赛中，一举击败了号称“亚洲女皇”的我国台湾网球选手王思婷而勇夺冠军。在 1990 年举行的国际女子网球卫星赛中，李芳和新秀唐敏分获西班牙穆尔西、巴伦西两项冠军，引起了国际女子网坛的震动；男子网球选手夏嘉平和潘兵也在 1990 年的国际网球巡回赛中多次夺魁；1991 年，我国女子网球队参加联合会杯网球团体赛，在 58 个参赛队伍中打进了 16 强。

进入 21 世纪后，中国网球事业也掀开了崭新的历史画卷。中国选手夏嘉平在 2001 年第 21 届世界大学生运动会网球比赛中获男子单打冠军，李娜获女子单打冠军。李婷、孙甜甜获得 2004 年雅典奥运会女子双打冠军，郑洁、晏紫获得 2006 年澳大利亚网球公开赛、温布尔登网球公开赛女子双打冠军，我国女子选手在近几年的世界网球赛事上取得的佳绩令世人瞩目。她们的世界排名从 100 名以外，现在已经进入前 30 名。

特别是“中国网坛一姐”李娜，曾经是世界女子网坛单打排名第二。在 2008 年北京奥运会上，李娜获得女子单打第四名。她的四大网球公开赛主要战绩：2010 年温网八强、澳网四强，2011 年澳网亚军、法网冠军，2013 年温网八强、美网四强、澳网亚军，2014 年澳大利亚网球公开赛女子单打冠军。在李娜 15 年的职业生涯里，21 次打入 WTA 女单赛事决赛，共获得了 9 个WTA和 19 个 ITF 单打冠军，职业生涯总战绩为 503 胜 188 负，并以排名世界第六的身份退役。

近 20 年来，我国部分省市相继引进了一些高水平的国际赛事，尤其是在 2002 年年底开始的上海大师杯赛以及 ATP 巡回赛等高水平网球赛事，有力地推动了网球运动在中国的普及与发展。同时，网球运动成为高校最受学生喜爱的体育运动之一，并于 1994 年在浙江举行了第一届全国大学生网球赛。网球在青少年中的普及率逐年提高，许多城市的网球场遍布于学校和居民小区，参与网球项目的活动成为大众健身、娱乐、休闲的首选。另外，网球业余比赛也多了起来，如全国业余网球比赛、全国大学生网球比赛、少年短式网球赛、软网冠军赛、校长杯等网球赛事接二连三，中国的“网球时代”已经到来。

三、网球运动协会组织及赛事

(1) ITF——国际网球联合会（International Tennis Federation）简称国际网联，1912 年在法国巴黎成立。

(2) ATP——职业男子网球协会（Association of Tennis Professional）。ATP 系列赛又包括六种比赛：大师杯赛；世界双打锦标赛；世界队际锦标赛；网球大师系列赛，也就是所谓的超九赛事；国际黄金系列赛；国际系列赛。

(3) WTA——职业女子网球协会（Women's Tennis Association）成立于 1973 年，球员总部设在美国佛罗里达州的圣彼得斯堡。

(4) 网球四大公开赛：

① 澳大利亚网球公开赛。澳大利亚网球公开赛是四大公开赛中最晚创建的赛事。

② 温布尔登网球公开赛。温布尔登网球锦标赛是现代网球史上最早的比赛赛事。

③ 法国网球公开赛。法国网球公开赛始于 1891 年，开始时只有法国选手参加，直到 1925 年才允许外国球手参赛。

④ 美国网球公开赛。美国网球公开赛始于 1881 年，每届比赛均在每年的 8 月底至 9 月初举行，从 1997 年起比赛在新落成的阿瑟 • 阿什网球中心进行。

第二节 网球基本技术

一、握拍方法

正确的握拍方法与击球动作有着密切的关系。球拍在击球时是击球者手臂的延伸和手掌的扩大，握拍的好坏对技术动作和击球效果有较大的影响。作为初学者，必须按正确的方式握拍。

1. 东方式握拍方法

东方式握拍方法相比于其他握拍方法对于正拍击球、反拍击球、高球、低球都很好处理，也叫“握手式”握拍方法。具体握法为用右手掌根与拍柄右上斜面贴紧，拇指垫握住拍柄的左垂直面，食指微离中指，食指下关节压住拍柄右垂直面，由此拇指与食指成“V”形，对准拍柄的右上斜面和左上斜面的上端中间。东方式握拍方法如图 11-1 所示。

图 11-1

2. 大陆式握拍方法

大陆式握拍对正拍击球、单手反拍击球和网前截击球都无需换拍，但是对高于腰部的球不好处理。具体握法是将球拍侧立，从上而下握拍，虎口对拍柄上面平面正中间，掌根抵住拍柄上部小平面，拇指伸直围住拍柄，食指下关节紧贴拍柄右上斜面，这种握拍的姿势就像握“斧头”一样。大陆式握拍法如图 11-2 所示。

图 11-2

3. 西方式握拍方法

西方式握拍特别适合打腰部以上的高球和强劲的上旋球。具体握法是正手握拍将球拍平放在地面上，右手掌根贴着拍柄右下斜面，拇指压在拍柄上部小平面上，食指下关节握住拍柄的右下斜面，将拍用手抓起来，虎口对准右上斜面下缘即可。西方式握拍方法如图 11-3 所示。

图 11-3

4. 双手握拍方法

双手握拍方法可以增加击球的力量，提高回球的稳定性，便于打出上旋球，但是灵活性较差，因此对练习者的协调性、步伐和移动要求较高。

(1) 双手正手握拍方法。如果使用东方式正手握拍法击球，应使用双手不换握的握拍方法。击球时右手用东方式正手握拍法握在拍柄末端，左手也同样采用东方式正手握拍法握右手前方。握拍时两手间不能留有间隙。双手正手握拍方法如图 11-4 所示。

图 11-4

(2) 双手反手握拍方法。击球时右手采用东方式反手握拍方法握在拍柄的末端，左手采用西方式或半西方式正手握拍方法握在右手前方，握拍时两手之间不能有空隙。这种握拍方法最适宜在反手一侧的加力上旋球和有效地对付反弹高的球时使用。双手反手握拍方法如图 11-5 所示。

图 11-5

二、球的旋转

1. 上旋球

上旋球是指球拍自球的后下方，向前上方挥动，摩擦整个球体，使球由后下方向前上方转动。它的最大的优势是便于加力控制，是正拍击球中既能发力，又能提高击球成功率，减少失误的击球方法，并且还是破坏对方上网的有力武器。

2. 下旋球

下旋球是指球拍向后倾斜，球拍自上向下切，动作由高向低地往前击出，使球向下旋转。球过网高度较低，落地后弹起很低并伴有回弹现象。

3. 侧旋球

侧旋球是指球拍由后部向内侧平行挥动，使球产生由外向内的侧旋转，故称侧旋球。这种球飞行路线呈水平向外侧的弧线飞行，落地后向外跳，常用于正拍直线进攻。

4. 平击球

平击球是指挥拍击球的路线向上较平缓，击球时拍面几乎垂直于地面，击球的正后部。用同样的力量击球，平击球的球速最快，球落地后前冲力大，球的飞行路线较平直，但其准确性和控制力较差。

三、底线击球技术

1. 正拍击球

正拍击球是网球运动中运用最多的一项技术。正拍击球也是网球技术中最基本、最主要的击球方式，初学者应该从正拍击球开始练习。

(1) 准备姿势：首先面对球网，双脚向前自然分开略比肩宽，双膝微屈身体略向前倾，重心落在双脚的前脚掌上，右手握拍，左手轻托拍颈，双肘微屈，球拍自然地放在胸前，拍头指向前方，两眼注视来球方向。

(2) 拉拍准备击球：判断来球用正拍回击时，转动双脚可采用如下两种步法准备击球。

① 封闭式步法（图 11-6）：左脚跟抬起并向右倾前方上步，右脚向右转与底线平行，同时转肩转髋带动右手向后摆动拉拍，拍头大致与身后网墙垂直，拍头略高于右肩，左手自然指向身体的右侧前方保持身体平衡，面对来球。

图 11-6

② 开放式步法（图 11-7）：左脚不必上步，两脚站稳向右转体，向后摆动拉拍，拍头大致与身后网墙垂直，拍头略高于右肩，左手自然指向身体的右侧前方，保持身体平衡，后摆拉拍时身体重心移向右脚，左肩对着右侧的网柱，面对来球。

图 11-7

(3) 挥拍击球：转体并迅速向前挥动球拍，身体重心前移，大约在身体右侧前方一拍的距离处击球，击球时紧握球拍，手腕保持固定，用大臂及身体蹬转的力量击球。

(4) 随挥收拍：击球结束后，击球动作不要停止，使拍面平行于球网，挥拍沿着球飞行的方向前送，重心向前移落在左脚，顺着惯性身体右侧髋关节转向对着球网，挥拍手在左肩上方外翻转，球拍收于左肩上左手抓住球拍结束，身体立即调整恢复准备姿势，准备下一次击球。

(5) 易犯错误：

① 准备动作时身体重心高，膝关节不弯曲。

② 拉拍时不转体，拉拍不到位。

③ 击球时手腕不固定，甩胳膊，收拍不完整。

2. 反拍击球

反拍击球和正拍击球一样，属于最基本和最主要的击球方式。由于反拍击球没有正拍击球那样有力、灵活和具有进攻性，并且在比赛中常是练习者的薄弱环节，因此练习反拍击球显得非常的重要。建议初学者在基本熟悉了球性，初步掌握正手击球要领后，才可以练习反拍击球，这样才会事半功倍。

1) 单手反拍击球

(1) 准备姿势：准备姿势与正拍击球一样，调整握拍方法。

(2) 转体拉拍：判断来球，身体重心在左脚，右脚向身体左侧前方上一步站稳，并降低身体重心，向左充分转体，使右肩对着球网，球拍拉到身体正后方，拍头与身后网墙垂直，高度大致与左肩一样高。

(3) 挥拍击球：蹬地转体迅速挥拍，身体重心前移，击球点在右脚尖的左侧前方，当球拍接触到球时手腕绷紧，肘关节保持固定，拍面略向下扣球，并迅速将球拍向上提，使球得到向上的摩擦力。

(4) 随挥收拍：当球离开拍面后，挥拍动作不要停止，要保持球拍面始终略向下扣，球拍随着惯性自然向上方挥动，随挥动作在右上方结束，迅速调整身体，做好准备姿势。

(5) 易犯错误：击球时肘关节向上提；拉拍不转体；动作不完整。

2) 双手反拍击球

(1) 准备姿势：准备姿势和单手反拍击球一样，调整握拍方法。

(2) 转体拉拍：判断来球，右脚向身体左侧前方上一步站稳，并降低身体重心，向左充分转体，使拍头指向身体正后方，拍头与身后网墙垂直，拍面略向下扣，左手肘关节略向外，右肩膀对着下颌。

(3) 挥拍击球：保持身体的放松状态，击球时迅速蹬地转体，双手协调用力将球拍挥出，接触到球时保持拍面略向下扣，并迅速向上提拉。

(4) 随挥收拍：击球结束后，球拍继续沿着球飞行的方向前送，并保持拍面是向下扣的，当球拍挥到身体的最高处时，将球拍收于右肩膀，使左肩对着下颌，左侧髋关节对着球网，迅速调整身体到准备姿势。双手反拍击球的方法如图 11-8 所示。

图 11-8

(5) 易犯错误：拉拍转体转肩不到位；身体重心高；挥拍幅度小。

3) 反手削球

在底线反手击球、接发球、网前截击中，经常用到反手削球，它是反拍击球中不可缺少的一项技术。

(1) 准备姿势：准备姿势和单手反拍击球一样，一般都是采用大陆式握拍方法。

(2) 转体拉拍：判断来球，身体重心在左脚，右脚向身体左侧前方上一步站稳，并降低身体重心，球拍拉拍高度略高于左肩。

(3) 挥拍击球：转体将球拍从上至下削出，当拍面接触到球时用力把拍面向下带，从而加速球的旋转。

(4) 随挥收拍：击球结束后球拍继续向下方挥出，自然收拍于右侧。

(5) 易犯错误：挥拍的时候拍面过平；挥拍速度太快。

四、发球技术

网球运动中，发球技术是非常重要的，也是主动得分的手段，并且完全是由自己掌握不受对手干扰的击球法。发球是网球比赛中进攻的开始，通过运动员控制球的落点、旋转、速度，在比赛中直接得分或创造得分机会。

1. 下手发球

(1) 握拍方法：大陆式或东方式反拍握拍法。

(2) 准备姿势：侧身站立在端线外，中场标记的右侧，左肩对着左边网柱，面向右边网柱，两脚前后分开，左脚尖指向右侧网柱，右脚约与端线平行，重心在左脚上。左手持球，右手轻托球拍在腰部，拍头指向前方。

(3) 抛球：持球手的拇指、食指和中指三指轻轻托住球，掌心向上，柔和地将球向上抛出。

(4) 后摆拉拍：当左手抛出球时，球拍后摆，这时握拍手腕关节、肘关节放松。

(5) 挥拍击球：当球下降至击球点时，迅速挥拍。挥拍击球时，球拍在接触到网球时，手腕要充分放松做出内旋动作，使球拍摩擦网球的侧面将球击出。

(6) 随挥动作：球击出后身体向场内倾斜，保持身体平衡，迅速调整身体重心，做好下次击球的准备。

(7) 易犯错误：击球时挥拍幅度过大；击球抛物线过高。

2. 上手发球

(1) 握拍方法：大陆式或东方式反拍握拍法。

(2) 准备姿势：侧身站立在端线外，中场标记的右侧。在左区发球时，左肩对着左边网柱，两脚前后分开，左脚尖指向右网柱，右脚约与端线平行，身体重心在左脚上，身体自然前倾，左手持球，右手轻托球拍在腰部，拍头指向前方。在右区发球时站在中场标记的右侧。

(3) 抛球：持球手的拇指、食指和中指三指轻轻托住球，掌心向上。当球拍向下向后引拍时，持球手同时下降至右腿处，当球拍从身后准备向上挥拍时，身体转体、屈膝、展肩，持球手柔和地上举，至头顶高度将球抛出，球的高度大约在头顶上方手臂加一把球拍的高度。抛球动作要协调、平稳，避免勾手指、甩手腕。

(4) 后摆拉拍：后摆拉拍与抛球动作同时进行，球拍向下向后做弧形摆动，拉拍至背后，同时屈膝、展肩，身体形成“弓形”，右手举球拍于右肩上。

(5) 挥拍击球：当球下降至击球点时，球拍迅速向下垂，做搔背动作，蹬地转体，向上挥拍，手臂和身体充分伸展，使持拍手臂做“鞭打”动作，这是发球发力的关键动作。

(6) 随挥动作：球发出后，身体自然向场内倾斜，保持连续完整地向前上方伸展的随挥动作。球拍挥至身体的左侧，重心移向前方，做到完全自然地跟进，向场内保持身体平衡。上手发球的方法如图 11-9 所示。

图 11-9

(7) 易犯错误：抛球过低；拉拍不到位；击球时拍面不对，击球点不对；身体不协调用力。

3. 不同的发球方式

根据球发出去后的旋转方向和飞行轨迹，发球大致分为平击球、侧旋球、上旋球三种方式。

(1) 平击球：击球点在额头的上方，拍面平直对准球，击球的后上方，击球时前臂要强烈内旋，做好鞭打和扣腕动作。

(2) 侧旋球：击球点在头的前方偏右的位置，球拍从球的右侧摩擦击球，使球产生侧旋或下旋。

(3) 上旋球：击球点在头的正上方偏后点，球拍从下向上擦击球的背面，并向右带出，使球产生上旋。

4. 发球的练习方法

(1) 抛球练习：在合适的高度挂一标志物，练习者对准标志物抛球。

(2) 挥拍练习：初学者要对技术动作熟练掌握，可以对着镜子或墙练习。

(3) 半场发球练习：练习者站在场地的中间，练习发球提高球感，根据熟练程度向后退。

(4) 对墙发球：当发球动作比较熟练，能够以比较适当的力量使球从墙上反弹到地上时，就应对墙做击球练习。

(5) 定点发球练习：在场地发球区内，放置标志物做定点发球练习。

五、截击球

截击球技术又称拦网，它是指球在空中未落地之前，直接回击的一种技术方法。网前截击球是攻击性打法不可缺少的技术。截击球分为正拍截击和反拍截击，分别如图 11-10 和图 11-11 所示。

图 11-10

图 11-11

(1) 握拍方法：采用大陆式握拍法，这种握拍法最大的优点是正反拍截击球都可以使用，在快速地近网截击时，不需要变换握拍方法，大陆式握拍能很好地解决各种凌空截击。

(2) 准备姿势：面对球网，双脚自然开立同肩宽，双膝微屈重心落在前脚掌上，球拍置于胸部。

(3) 拉拍：网前截击技术的引拍动作要迅速、简单且幅度要小。不管是正拍截击还是反拍截击，引拍动作一定要以转肩为主，引拍后要保持球拍与肩平行，稍高于肩膀，拍头高于手腕，同时眼睛紧盯住来球。

(4) 挥拍击球：向前挥拍要随正手出左脚或反手出右脚向前跨步，上步落脚时要与球拍接触到球同步，因为截击球是用整个身体的力量击球，要将身体的力量作用在球上。击球后球拍要向前小幅送出，然后迅速调整准备下次击球。

(5) 易犯错误：拉拍动作过大；击球时上步和击球不一致；击球时机晚。

(6) 练习方法：

① 空挥拍练习。练习时可背对墙或者挡网，以避免后摆过度，注意动作的规范性。

② 抓球练习。练习者做好准备姿势，两人相距 2～3 米远，教师将球抛出，练习者按照截击球动作上步抓球。

③ 两人对击。两人在网前相距 3 米左右，进行直线的连续正手截击练习，然后再进行反拍连续截击练习，距离可适当拉开。

④ 多球练习。练习者在网前做好准备姿势，教师在底线用球拍供球，正反拍交替练习。

⑤ 底线与网前配合练习。利用半片场地，两练习者一名在网前，另一名在底线配合练习，不许挑高球，尽量多打来回。

六、高压球

网球高压球是对付对方挑高球的一项进攻技术，一般来说打高压球就意味着得势和得分。在比赛中运用好高压球技术，能为网前截击增加信心，并且能够提升整体气势。

1. 击球方式

根据不同击球的方式，高压球分为落地高压球、凌空高压球和跳起高压球。

(1) 落地高压球。落地高压球是指落地后球基本上是直上直下的，所以步法移动要迅速退至球的后面，等球落地弹起后再打。这样一方面可以有更多的时间调整身体站位；另一方面可以增加打高压球的把握和信心；再者击球成功率较高。

(2) 凌空高压球。凌空高压球是指不等球落地，在空中就将球扣杀回去。虽然此种球的杀伤力极大，但是击球的时机不易把握。因为过早击球和过晚击球都对击球的效果有较大影响，所以击球者需具备良好的判断能力和熟练而精准的脚步移动。

(3) 后场高压球。后场高压球是指落点位于发球线之后，由于落点较深，需要练习者用更大的力量将球击出，因此练习者要迅速做出判断，调整身体站位，动作放松舒展，像发球一样将球击出。

2. 动作要领

(1) 握拍方法：高压球与网前截击球都采用大陆式握拍。

(2) 后摆拉拍：以准备姿势为基础，调整身体位置、转体、侧身拉拍后摆至肩上，左手指向来球（以右手击球为例），适度地屈膝及背弓。

(3) 挥拍击球：判断准击球点，以双脚为支撑向击球点方向蹬地、转体、收腹继而挥拍击球。击球时是靠腰腹、腿部及身体整体的协调发力，这与发球是一样的道理。

(4) 随挥收拍：球击出后，身体自然向前倾斜，保持连续完整地向前上方伸展的随挥动作。球拍挥至身体的左侧，重心移向前方，做到完全自然地跟进，保持身体平衡，并迅速调整身体准备下次击球。

(5) 易犯错误：击球动作不完整；击球点过低；盲目追求速度和力量。

(6) 练习方法：

① 动作模仿练习：初学者在场地内做完整的动作练习，教师指导并纠正错误动作。

② 对墙练习：距墙 5～8 米远，将球击向距墙 1 米的地面上，球反弹到墙上后向后弹起到一定高度时，练习者调整站位，将球击打到距墙 1 米的地面上，做连续击打。击球时球的力量不能太大，初学者一开始要轻一点击球，争取多打来回。

③ 定位多球练习：练习者在网前做好准备姿势，教师在半场处用球拍将球发到适合高度，练习者调整身体将球击出。

七、挑高球

挑高球就是把球向高空挑起，以迫使对手退回后场，因此挑高球已成为网球运动中的一项重要技术。根据挑高球的性质，挑高球可分为两种类型，即防守型与进攻型。

1. 防守型挑高球

(1) 握拍方法：防守型挑高球只要求拍面按照出球的角度打开就可以了，所以握法比较随意，一般采用大陆式握拍。

(2) 挥拍动作：击球的高度和深度是防守型挑高球的关键，在击球时拍面按照出球的角度打开，手腕绷紧，控制好力度，击球的下部，向上方送出。

(3) 随挥收拍：顺着击球的方向，自然向上随挥，迅速调整身体准备下次击球。

2. 进攻性挑高球

(1) 握拍方法：采用东方式握拍方法。

(2) 准备姿势：同底线击球一样。

(3) 挥拍动作：拍面垂直，拍头低于手腕的位置，击球点在身体侧前方，重心落在后脚，由后下向前上挥拍，使球拍在击球瞬间进行擦击，以产生强力上旋。

(4) 随挥收拍：击球后，球拍朝着出球方向充分跟进，随挥动作要放松，收拍于左肩。

(5) 易犯错误：挑高球高度不够；落点太浅。

(6) 练习方法：底线多球练习。

八、放小球

(1) 握拍方法：同底线击球握拍一样。

(2) 准备姿势：同底线击球一样，给对手感觉你要打底线球的错觉。

(3) 挥拍击球：在击球的瞬间减慢挥拍速度，同时拍面向下切削，挥拍动作小，击球的下半部以增强摩擦力，使球产生下旋，并减少向前的力量，使球以适当的弧线落在对方球场近网处。

(4) 随挥收拍：击球后身体重心向击球方向跟进，随挥动作协调自然，并迅速调整好身体重心准备下次击球。

(5) 易犯错误：球放得太高；落点太深；击球时机不对。

(6) 练习方法：原地多球练习，练习者在底线做好准备姿势，教师用球拍供球练习。

九、反弹球

(1) 握拍方法：因为一般反弹球都是比较突然的，所以要求练习者控制好拍面即可，最好能采用底线击球握拍方法。

(2) 准备动作：当判断来球需要打反弹球时，迅速下蹲使重心下降并侧身准备。

(3) 挥拍击球：若是正拍反弹球，则应转体右脚向前跨步并屈膝，此时身体前倾，保持平衡，迅速拉拍。击球时手腕与前臂紧固，拍面略开，随身体重心前移，球拍由下向上做反弹击球，同时使球略带上旋。

(4) 随挥收拍：随挥动作不宜太长，击球后要迅速调整身体到准备姿势。

(5) 易犯错误：拍面角度不对；击球动作过长。

(6) 练习方法：底线多球练习；中场多球练习。

第三节　网球基本战术

一、单打战术

1. 发球战术

发球可以不受对方支配，可以利用力量、速度和准确性来达到得分目的；针对对方弱点，攻其薄弱环节；利用不同的发球方式，随球上网截击；运用相似手法，发出不同性能的球，使对方不易捉摸；利用外界自然条件（如风向、阳光、硬地和草地等）发球，给对方接发球制造困难。

(1) 第一次发球及站位。在第一次发球时，很多的高水平运动员都用大力平击发球，使对方接发球失误。站位尽量接近中点线，发直线球逼住对方反拍。

(2) 第二次发球及站位。第二次发球要保证成功率，重点是控制球的落点和球的旋转，多用切削发球或上旋发球。站位可以距中线稍远，这样便于发斜线球到对方反拍区域，扩大自己正拍防守区域。

(3) 发球上网战术。利用快速有力和落点多变的发球，迫使对方接发球难于主动发力，然后快速移步上网。

2. 接发球战术

接发球一般是处于被动地位的，但高质量的接发球可以化被动为主动。

(1) 接发球站位：站在接发球区域的中间位置，因为反手较弱，所以一般向左偏一点。

(2) 接发球方法：接第一发球时，由于球速快、力量大，接球时拉拍动作要短，借力将球送出，在保证成功率的前提下，尽量回击到对方底线两角，造成对方左右奔跑，给自己创造更多的时间回位；接第二发球时，由于球速慢，要积极移动，主动攻击，打球的上升期。

(3) 接发球上网：接发球回击快且深的球或直接回球到空当，使对方失去主动，然后迅速上网截击。

3. 上网战术

1) 上网时机

(1) 借助第一次强有力的发球，在对方难于回击时上网截击。

(2) 把球打到对手的空当或把对手拉出场外击球时上网截击。

(3) 放小球，在对手急于救球时上网截击。

(4) 削球时，由于球在空中飞行时间长，球的旋转强烈，球落地反弹低，这时可以上网截击。

2) 上网站位

把握时机迅速移动，当不能够一次性移动到网前时，可以在发球线前一点做第一拦截，把球拦截到底线深处，然后跟进在网前截击得分。如果在近网，则进攻威胁性大，封网角度小，防守控制面积大，应尽可能站到距离网约 2 米处。

4. 底线战术

(1) 进攻型打法：当对手出现失误或回球质量不高时，要抓住机会，主动进攻，回球时加大力量、角度、旋转，攻击对手的空当或薄弱之处。

(2) 相持型打法：在相持状态时，要首先保证回球的成功率，在相持之中来寻找进攻机会，或者在回球时主动变线。

(3) 防守型打法：如果被对手调动，被迫大幅度奔跑，则应该加大回球的角度和旋转，以同样的方法迫使对手奔跑，从而给自己创造更多的时间准备回位。

5. 破网战术

(1) 挑高球破网：挑高球迫使对手到底线击球或直接得分。

(2) 打对手空当破网：当对手截击质量不高时，应积极移动并调整身体重心，把球击向对手空当直接得分。

(3) 直接攻击对手的弱侧：可以将球回击到对手的弱侧，直接得分或造成对手失误得分。

二、网球双打战术

双打比赛是四个人的比赛，在比赛中战术的运用，强调两人之间的配合与沟通。

1. 比赛的站位

比赛的站位分为双上网站位、双底线站位以及一前一后站位。

(1) 双上网站位：两名运动员同时在网前封网，这种站位一般是职业男运动员采用较多。

(2) 双底线站位：是一种防守型的站位，在接发球或者接高压球时采用；初学者的截击技术不熟练时可以采用。

(3) 一前一后站位：这种站位灵活、稳妥，是在比赛中采用最多的一种站位。

2. 发球战术

(1) 发球站位：发球队员和网前队员站成一条直线，网前队员在网前蹲着，准备截击，也称澳式站位。

(2) 第一发球：在双打比赛中，一般由发球比较好的选手先发，强调大力、上旋球或侧旋球发对方反手区，压制其进攻力量和回击角度，迫使对手到场外击球，也可用大力平击发球，迫使对方回击低质量球，以便上网扣杀。

(3) 第二发球：在保证发球成功率的前提下，应该加大球的旋转，发球的落点要深，使对手很难回出高质量的球。

3. 接发球战术

(1) 接发球站位：接球队员一般站在接发球区域偏反手位置一点。

(2) 回击方法：尽量不要直接攻击网前的对手，平击、切削、旋转三种方法交替运用，使对方捉摸不定，球要过网低、大角度、落点深，避开对方网前选手，当发球的质量不高时，也可以大力攻击网前对手反拍，利用时机随球上网。

第四节　网球比赛规则简介

网球规则是由国际网球联合会制定和修订的，了解网球规则有利于网球爱好者欣赏和参与比赛。以下按照一场正规的网球比赛流程，介绍相关规则。

一、场地

网球场可分为室外和室内，且有各种不同的球场表面。当今国际比赛中使用的场地地面主要有硬地、土地和草地三种。例如：四大网球公开赛中，法国网球公开赛使用的是红土场地；温布尔顿网球锦标赛使用的是草地；澳大利亚网球公开赛和美国网球公开赛使用的是硬地。由于场地的硬度各不相同，因此对运动员的影响差别很大。

网球场地长 23.77 米，单打场地宽 8.23 米，双打场地宽 10.97 米，中央网高 0.914 米，两端网柱高 1.07 米，发球线距端线 5.485 米，发球线距球网 6.4 米，发球区长 6.4 米，发球区宽 4.111 米，端线外至少要有 6.4 米的空地，边线外至少要有 3.66 米的空地，如图 11-12 所示。

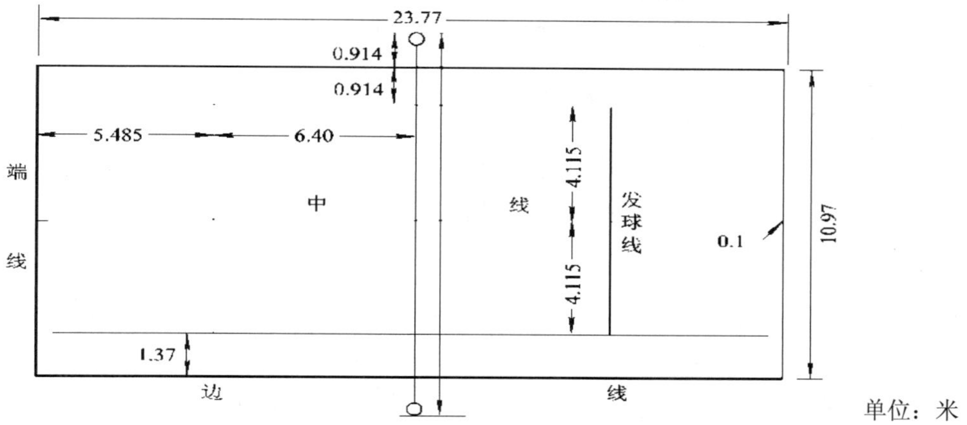

图 11-12

二、球

网球的外部需要由纺织材料统一包裹，颜色为白色或黄色，接缝处需无缝线痕迹。网球规格是一样的，其重量要介于 56.7 克和 58.5 克之间，并且在从 254 厘米的高度向混凝土地面做自由落体运动时，反弹的高度应该介于 134.62 厘米和 147.32 厘米之间。

三、球拍

碳素纤维是目前最适合作为球拍主材的材料。拍线主要有天然肠线和人造复合线两种材质。

球拍的标准长度是 68.58 厘米，现在大多数的球拍长度都接近 69.85 厘米了。球拍的拍面大小从 548.38 平方厘米到 870.96 平方厘米的都有。

四、比赛开始前的准备

在比赛开始之前，由主裁判把双方选手召集到网前开赛前会议，其内容是介绍赛制、比赛用球、司线、球童、裁判辅助设备等与比赛相关的事项。各项内容介绍完毕后，由主裁判抛硬币挑边。抛硬币获胜方可以选择发球权、接发球权或场地权。

挑边结束后，双方选手开始做准备活动（Warm Up），时间一般为 5 分钟。在剩下 2 分钟时主裁判会提示，并宣报“Two Minutes”，这时应该练习发球。还剩最后 1 分钟时主裁判宣报“One Minute”，并向观众介绍运动员及比赛赛制等，最后宣报“Time”，则开始比赛。

五、比赛中的计分

1. 一局中的计分

比赛开始报 0∶0（Love）；第一球报 15（Fifteen）；第二球报 30（Thirty）；第三球

报 40（Forty）；第四球报胜一局（Game）；先胜 4 分者胜 1 局。

双方各得 3 分即 40∶40 时为“平分”（Deuce），净胜两分为胜 1 局，如果一名选手先赢得一分，则裁判宣报“占先”（Advantage），继续赢一球，裁判宣报胜一局（Game）。

2. 胜 1 盘

(1) 一方先胜 6 局为胜 1 盘。

(2) 双方各胜 5 局时，一方要净胜 2 局为胜 1 盘，例如局数为 7∶5。

(3) 双方在局数为 6∶6 时，谁先赢得 7 分为胜 1 盘。

3. 平局决胜局的计分

在每盘的局数为 6 平时，有以下两种计分制，无论哪种计分都要在比赛前声明。

1) 长盘制

一方净胜 2 局为胜 1 盘，一盘比赛有可能一直持续，直到连赢两局结束比赛。

2) 平局决胜制

(1) 当比赛局数是 6∶6 时，采用 1、2、3、4、5、6、7… 计分（同样必须要净赢两球，例如得分数为 5∶7），先得 7 分者为胜该盘。

(2) 发球顺序。首先发球者发第 1 分球，对方发第 2、3 分球，然后轮流发两分球，直到比赛结束。第 1 分球在右区发，第 2 分球在左区发，第 3 分球在右区发，依此类推。

六、比赛中的规则

1. 发球的规定

(1) 在网球比赛中，每一分都有两次发球机会。如果第一次失误了，允许再发一次，当第二次发球失误了，才算丢一分。如果发球擦网，并且球落在有效区内则重新发球。

(2) 发球的站位。每一局比赛开始，应该从场地的右区开始发球，发球员在发球前应先站在端线后以及中点和边线的假定延长线之间的区域里（任何一只脚都不能触及到端线、中线及端线、中线、边线的假定延长线），用手将球向空中任何方向抛起，在球接触地面以前，用球拍击球。球拍与球接触时或没有接触到，都认定发球结束。一只手的选手可以用球拍抛球。

(3) 发球的时间和顺序。发球选手在对手准备好后才能发球，接发球选手必须在合理的时间内做好接球准备，每个选手发完一局球后交换发球。

(4) 双打发球次序。每盘第一局开始时，由发球方决定由何人首先发球。对方则同样在第 2 局开始时，决定由何人首先发球。第 3 局由第 1 局发球方的另一球员发球。第 4 局由第 2 局发球方的另一球员发球。以下各局均按此次序发球。

(5) 双打接发球。在接球队员回球后，本队的任何选手都可以回击。

2. 换球及交换场地

比赛换球根据比赛的规模和方案有不同的方法，在四大公开赛和大师杯的比赛中用 6 个球和在 7/9 局换球。双方选手应在每盘的第 1、3、5 等单数局结束后，以及每盘结束双方局数之和为单数时，交换场地。

3. 失分

发生下列任何一种情况，均判失分。

(1) 在球第 2 次着地前，未能还击过网。

(2) 还击的球触及对方场区界线以外的地面或其他物件上。

(3) 连续两次发球失误。

(4) 故意用球拖带或接住活球状态的球，或者故意用球拍触球超过一次。

(5) 运动员的身体或球拍在活球期间触及球网、网柱、网绳或钢丝绳、中线带或网带，或者对手场地地面。

(6) 过网击球。

(7) 抛拍击球。

(8) 接发球队员在球未落地前回击。

(9) 活球期间球触及到运动员手中球拍以外，身体或穿戴的任何物品。

(10) 双打比赛中，一次击球中球触及到两名选手的球拍。

(11) 比赛进行中，运动员故意改变其球拍形状。

七、辅助裁判设备

(1) 擦网器：擦网器是被固定在网带上，当发球队员发球擦到网带时会发出“嘀”的声音。

(2) 鹰眼设备：“鹰眼”设备是由多个高速摄像头、计算机和显示屏幕组成的。利用高速摄像头从不同角度同时捕捉网球飞行轨迹的基本数据，然后由计算机生成三维图像，在屏幕上模拟出网球的飞行路线及落点。在比赛中双方各有 2 次或 3 次挑战“鹰眼”的机会，在决胜局里有多一次机会。如果挑战成功，则机会保留；如果鹰眼不能判断，则以裁判判定为准。

第十二章

武　　术

第一节　武术运动概述

武术具有悠久的历史传统和独特的民族风格，深受我国广大人民群众喜爱，是中华民族在长期生活与斗争实践中逐步积累和丰富起来的一项宝贵文化遗产。它是以踢、打、摔、拿、击、刺等动作为素材，按照攻守、进退、动静、疾徐、刚柔以及虚实的相互变化规律，组成徒手的和器械的各种套路，用以增强体质、培养意志，训练搏击格斗技能的体育运动。

中华人民共和国成立后，武术被作为优秀的民族文化遗产加以继承和发展，并成为体育事业的一个组成部分而蓬勃发展。1956 年中国武术协会在北京成立；1957 年国家体委将武术列为体育竞赛项目；1985 年 8 月在中国西安举办了第一届国际武术邀请赛；1990 年 10 月国际武术联合会在北京正式成立；1990 年在北京亚运会上，武术被正式列为体育竞赛项目。2002 年 2 月，国际奥委会第 123 次全会通过正式承认国际武术联合会的决定，武术同时成为国际奥委会承认的体育项目。在 2008 年北京奥运会上，武术被列为奥运“展示节目”。目前，国际武术联合会已拥有 142 个国家和地区的协会成员，每两年举办一次世界锦标赛。2020 年 1 月 8 日在瑞士洛桑举行的国际奥委会执委会会议上，将武术正式列入到 2022 年在塞内加尔首都达喀尔举行的第 4 届青年奥运会的比赛项目之中，这是武术首次成为奥林匹克系列运动会的正式比赛项目。

武术运动内容丰富且流派甚多，按其运动形式可分为套路运动和搏斗运动。套路运动是武术动作以攻守、进退、动静、疾徐、刚柔、虚实等矛盾运动的变化规律编成的整套练习形式，主要内容包括拳术、器械、对练、集体表演。搏斗运动是两人在一定条件下，按照一定的规则进行斗智较力的对抗练习形式，目前武术竞赛中正在逐步开展的有散手、推手、短兵。

武术在长期的历史演变中逐渐形成了自己的运动规律，它以独特的技术风格和多方面的社会功能享誉于世。其特点是寓技击于体育之中，具有内外合一、形神兼备的民族风格，以及广泛的适应性。其作用是舒筋活络，强身健体，防治疾病；发展人体柔韧、灵敏、力量、协调等素质；培养机智、果敢、刻苦耐劳的品质；娱乐观赏，丰富文化生活。

第二节　武术基本功

武术基本功是初学者和有一定专业基础的人都应重视的专门训练内容。通过基本功练习，可使身体各部位得到较全面的训练，并能较快地发展武术运动的专项身体素质，为学习拳术和器械套路，以及为提高技术水平打下良好的基础。经常进行基本功练习，能增强各个关节、韧带的柔韧性和灵活性，提高肌肉的控制能力和必要的弹性。

一、长拳的手型、拳法、掌法及肘法

(一) 手型

长拳至少包括拳、掌、勾三种手型。

(1) 拳：四指并拢卷握，拇指紧扣食指和中指的第二指节（图 12-1），拳握紧，拳面平，直腕。

(2) 掌：四指并拢伸直，拇指弯曲紧扣于虎口处（图 12-2）。

(3) 勾：五指第一指节捏拢在一起，屈腕（图 12-3）。

图 12-1

图 12-2

图 12-3

(二) 拳法

长拳主要有冲、劈、崩、贯、砸等拳法。

(1) 冲拳：拳从腰间向前打击，直臂，力达拳面（图 12-4）。

图 12-4

(2) 劈拳：拳自上向下劈落，直臂，力达拳轮。

(3) 撩拳：拳自下向前上方弧形直臂撩起，力达拳眼或拳心。

(4) 贯拳：拳从侧下方向斜上方弧形横打，臂微屈，拳眼斜向下，力达拳面。

(5) 崩拳：臂由屈至伸，拳从腹部向前弹击，力达拳面。

(6) 砸拳：拳由上向下随屈臂下砸，拳心向上，力达拳背。

(三) 掌法

长拳主要有推、挑、撩、劈、砍等掌法。

(1) 推掌：掌从腰间立掌向前推击，直臂，力达掌外沿（图 12-5）。

图 12-5

(2) 挑掌：掌由下向上翘腕立掌上挑，力达四指。

(3) 穿掌：臂由屈至伸，掌沿身体某一部位穿出，力达指尖。

(4) 插掌：臂由屈至伸，掌向下或斜下插出，直腕，力达指尖（图 12-6）。

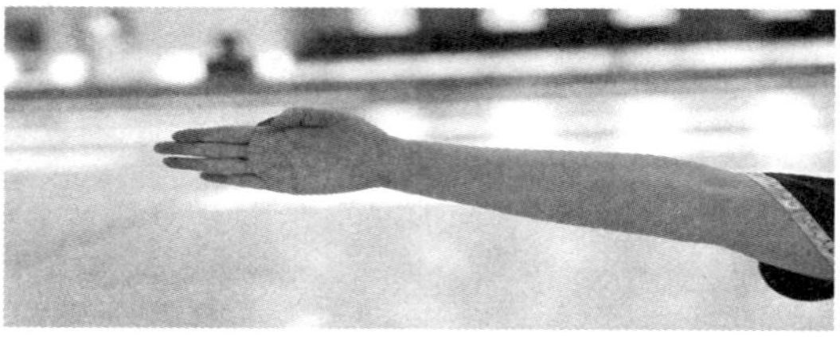

图 12-6

(5) 撩掌：掌心向前上，直臂向前撩出，力达掌心。

(6) 劈掌：由上向下侧掌劈落，直臂，力达掌外沿。

(7) 砍掌：仰掌或俯掌向左或向右击打，力达掌外沿。

(8) 按掌：自上向下按压，掌心向下，力达掌心。

（四）肘法

长拳主要有顶、盘、格等肘法。

(1) 顶肘：屈肘握拳，拳心向下，肘尖前顶或侧顶，力达肘尖。此肘法为进攻性肘法。

(2) 盘肘：屈肘握拳，拳心向下，肘尖前侧顶，力达肘尖（图 12-7）。

图 12-7

(3) 格肘：屈肘握拳，拳心向内，肘尖向下顶，力达肘尖。

二、步型

步型练习主要是增进腿部的速度和力量，以提高两腿移动转换的灵活性和稳固性。

(1) 弓步：一腿半蹲，大腿成水平，脚尖微内扣，膝约与脚尖垂直；另一腿伸直，脚尖内扣斜向前方，两脚全脚着地（图 12-8）。

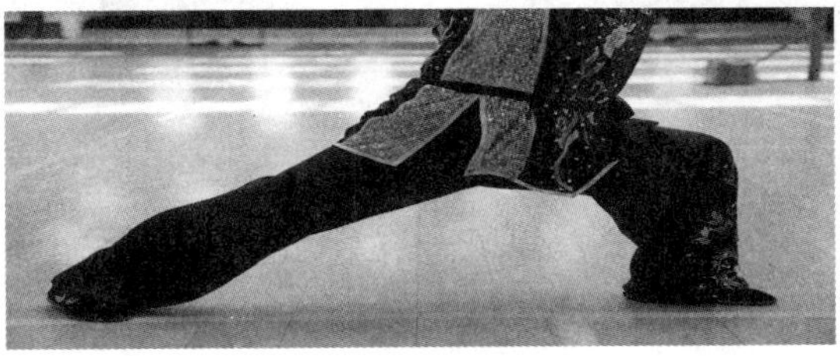

图 12-8

(2) 马步：两腿半蹲，大腿呈水平，脚尖正对前方，膝不超过脚尖，两脚全脚着地，两脚间距约为脚长的三倍（图 12-9）。

图 12-9

(3) 仆步：一腿全蹲，大腿和小腿靠紧，臀部接近小腿，膝与脚尖外展；另一腿平铺伸直，脚尖内扣，两脚全脚着地（图 12-10）。

图 12-10

(4) 虚步：一腿半蹲，脚尖外展；另一腿屈膝前伸，前脚掌虚点地面；身体重心落于后支撑腿（图 12-11）。

(5) 歇步：两腿交叉屈膝全蹲，前脚全脚着地，脚尖外展；后脚脚跟离地，臀部坐于后小腿接近脚跟处（图 12-12）。

图 12-11

图 12-12

三、腿法

1. 直摆性腿法

(1) 正踢腿：支撑腿伸直，全脚着地：另腿伸直，脚尖勾起前踢，接近前额；上体保持正直。

(2) 斜踢腿：支撑腿伸直，全脚着地；另一腿伸直，脚尖勾起向异侧耳边踢起；上体保持正直。

(3) 侧踢腿：支撑腿伸直，全脚着地；另一腿伸直，脚尖勾起，经体侧踢向脑后；上体保持正直。

(4) 里合腿：支撑腿自然伸直，全脚着地；另一腿上踢，脚尖勾起，经面前向异侧做扇形摆动下落；上体保持正直。

(5) 外摆腿：支撑腿自然伸直，全脚着地；另一腿向异侧上踢，脚尖勾起，经面前向同侧做扇形摆动下落：上体保持正直。

(6) 后撩腿：支撑腿伸直；另腿脚跟向后上方撩踢：上体前俯，抬头挺胸。

2. 伸屈性腿法

(1) 弹腿：支撑腿伸直或稍屈；另一腿由屈至伸，脚尖向前弹出，高不过腰，脚面绷平，力达脚尖（图 12-13）。

(2) 蹬腿：支撑腿伸直或稍屈；另一腿由屈至伸，脚尖勾起蹬出，高不过胸，低不过腰，力达脚跟（图 12-14）。

图 12-13

图 12-14

(3) 踹退：支撑腿伸直；另一腿由曲至伸，脚尖勾起内扣向同侧踹出，力达脚跟（图12-15）。

图 12-15

3. 扫转性腿法

(1) 前扫腿：支撑腿全蹲，前脚掌为轴；扫转腿伸直，脚尖内扣，脚掌擦地，向前扫转一周以上。

(2) 后扫腿：支撑腿全蹲，前脚掌为轴；扫转腿伸直，脚尖内扣，脚掌擦地，向后扫转一周。

四、平衡

持久性平衡保持静止状态的时间必须达到两秒钟以上，以下介绍几种平衡方式。

(1) 提膝平衡：支撑腿直立站稳；另一腿屈膝高抬过腰，小腿斜垂内扣，脚面绷平内收（图 12-16）。

图 12-16

(2) 侧身平衡：支撑腿直立站稳；另一腿伸直举于体侧，高于水平，脚面绷平或脚尖勾起；躯干侧倾成水平。

(3) 燕势平衡：支撑腿直立站稳；后举腿伸直，高于水平，脚面绷平；躯干前俯略高于水平，挺胸展腹。

(4) 仰身平衡：支撑腿伸直或稍屈站稳；另一腿伸直举于体前，高于水平，脚面绷平；躯干后仰接近水平。

(5) 扣腿平衡：支撑腿半蹲，大腿成水平；另一腿屈膝外展，踝关节紧扣于支撑腿的膝后腘窝处。

(6) 盘腿平衡：支撑腿半蹲；另一腿屈膝外展，踝关节盘放在支撑腿的大腿上。

(7) 探海平衡：支撑腿直立站稳；后举腿伸直，高于水平，脚面绷平；躯干前俯略低于水平，挺胸抬头。

第三节　武术基本套路

一、简化二十四式太极拳

太极拳是一种柔和、缓慢、轻灵的拳术。它以掤、捋、挤、按、采、挒、肘、靠、进、退、顾、盼、定为基本十三势，动作轻柔、圆活，处处带有弧形，运动绵绵不断，势势相承。传统太极拳有陈式、杨式、孙式、吴式、武式、赵堡、太极拳道等较有影响的流派。虽然各式太极拳有着各自不同的运动特点，但总体都遵循太极拳的十道要诀练习，即虚灵、含拔、松腰、定虚实、沉坠、用意不用力、上下相随、内外相合、相连不断和动中求静。简化二十四式太极拳的动作柔和均匀，姿势中正平稳，内容精炼，一套八组二十四式的练习时间为 4～6 分钟。

（一）动作名称

第一组：① 起势；② 左右野马分鬃；③ 白鹤亮翅。

第二组：④ 左右搂膝拗步；⑤ 手挥琵琶；⑥ 左右倒卷肱。

第三组：⑦ 左揽雀尾；⑧ 右揽雀尾。

第四组：⑨ 单鞭；⑩ 云手；⑪ 单鞭。

第五组：⑫ 高探马；⑬ 右蹬脚；⑭ 双峰贯耳；⑮ 转身左蹬脚。

第六组：⑯ 左下势独立；⑰ 右下势独立。

第七组：⑱ 左右穿梭；⑲ 海底针；⑳ 闪通臂。

第八组：㉑ 转身搬拦捶；㉒ 如封似闭；㉓ 十字手；㉔ 收势。

（二）动作说明

1. 起势

(1) 开步站立：身体自然直立，两脚开立，与肩同宽，膝关节微屈，脚尖向前；两臂自然下垂，两手放在大腿外侧；两眼向前平视（图 12-17）。

要点：头颈正直，下颌微向后收，不要故意挺胸或收腹；精神要集中（起势由立正姿势开始，然后左脚向左分开，成开立步）。

(2) 两臂前举：两臂慢慢向前平举，两手高与肩平，与肩同宽，手指张开微屈，指尖向前，手心向下，眼看两手方向（图 12-18）。

(3) 屈膝按掌：上体保持正直，两腿屈膝下蹲，同时两掌轻轻下按，两肘下垂与两膝相对；两眼平视前方（图 12-19）。

要点：两手下按时，先动肘，再动手，手指自然张开微屈。下蹲时，屈膝松腰，臀部不可凸出，身体重心落于两腿中间。两臂下落和身体下蹲的动作要协调一致。

图 12-17

图 12-18

图 12-19

2. 左右野马分鬃

(1) 丁步抱球：上体微向右转，身体重心移至右腿上；同时右臂收在胸前平屈，手心向下，左手经体前向右下画弧放在右手下，手心向上，两手成抱球状；左脚随即收到右脚内侧，脚尖点地，眼看右手方向（图 12-20）。

要点：抱球时，上手离身体约一肘（前臂）距离；上体右转时，以腰带动身体。

(2) 弓步分掌：上体微向左转，左脚向左前方迈出，右脚跟后蹬，右腿自然伸直，成左弓步；同时上体继续向左转，左右手随转体慢慢分别向左上右下分开，左手高与眼平（手心斜向上），肘微屈；右手落在右胯旁，肘也微屈，手心向下，指尖向前；眼看左手方向（图 12-21、图 12-22）。

图 12-20

图 12-21

图 12-22

要点：双手随转腰沿身体中线上下分掌，上手由下手内侧下按，两臂要保持弧形。上体不可前倾，也不可挺胸倒肩，胸部要宽松舒展。转身时，以腰为轴带动身体，同时后脚脚跟后蹬或脚尖前转使身体转正。分手与弓步动作应同时完成，且速度均匀。做弓步时，迈出的脚应该是脚跟先着地，然后脚掌慢慢踏实，脚尖向前，膝盖不超过脚尖；后腿自然伸直；前后脚沿线的夹角约成 45°～60°，两脚的脚跟要在中轴线两侧，它们之间的横向距离（以动作行进的中线为纵轴，其两侧的垂直距离为横轴）应该保持在 10～30 厘米之间。

(3) 后坐抱球：上体慢慢后坐，身体重心移至右腿，左脚尖翘起，上肢动作保持不变；身体左转，左脚尖随转腰向外撇（约 45°～60°），随后脚掌慢慢踏实，左腿慢慢前弓，身体重心再移至左腿；同时左手翻转向下，左臂收在胸前平屈，右手向左上画弧放在左手下，两手心相对成抱球状； 右脚随即收到左脚内侧，脚尖点地；眼看左手方向（图 12-23～图 12-25）。

图 12-23

图 12-24

图 12-25

要点：后坐时，上体保持正直，命门处如同有人用绳后拉，双手相对于身体不动。

(4) 弓步分掌：右腿向右前方迈出，左腿自然伸直，成右弓步；同时上体右转，左右手随转体分别慢慢向左下、右上分开，右手高与眼平（手心斜向上），肘微屈；左手落在左胯旁，肘微屈，手心向下，指尖向前；眼看右手方向（图12-26、图12-27）。

图 12-26

图 12-27

要点：同“左野马分鬃”式，唯方向相反。

(5) 与(3)同，唯左右相反（图 12-28～图 12-30）。

(6) 与(4)同，唯左右相反（图 12-31、图 12-32）。

图 12-28

图 12-29

图 12-30

图 12-31

图 12-32

3. 白鹤亮翅

(1) 转体抱球：上体微向左转，左手翻掌向下，左臂平屈胸前，右手向左上画弧，手心转向上，与左手成抱球状；眼看左手方向（图 12-33）。

(2) 虚步亮掌：右脚跟进半步，上体后坐，身体重心移至右腿，上体先向右转，面向右前方，眼看右手；然后左脚稍向前移，脚尖点地，成左虚步；同时上体再微向左转，面向前方，两手随转体慢慢向右上、左下分开，右手上提，停于右额前，手心向左后方；左手落于左胯前，手心向下，指尖向前；眼平看前方（图 12-34）。

图 12-33

图 12-34

要点：完成姿势时，胸部不要挺出，两臂上下都要保持半圆形，左膝要微屈。身体重心后移和两手下按要协调一致。

4. 左右搂膝拗步

(1) 转体侧抱：上体先微向左再向右转；同时右手从体前下落，由下向后上方画弧至右肩外侧，肘微屈，手与耳同高，手心斜向上；左手由左下向上、向右下方画弧至右胸前，手心斜向下；左脚收至右脚内侧，脚尖点地，眼看右手方向（图 12-35）。

(2) 搂膝推掌：左脚向左前方迈出，上体左转成左弓步；同时右手屈回由耳侧向前推出，高与鼻尖平，左手向下由左膝前搂过落于左胯旁，指尖向前；眼看右手手指方向(见图 12-36)。

图 12-35

图 12-36

要点：两手动作与转腰成弓步要协调一致，右手经耳侧前推时，手腕由直逐渐坐腕，上体端正，要松腰松胯，沉肩坠肘。成弓步时，两脚跟横向距离保持在 30 厘米左右。

(3) 后坐侧抱：右腿屈膝，上体后坐，身体重心移至右腿，左脚尖翘起随转腰微向外撇，身体左转，重心移至左腿；右脚收到左脚内侧，脚尖点地；同时左手向外翻掌，由左后向上画弧至左肩外侧，肘微屈，手与耳同高，手心斜向上；右手随转体向上、向左下画弧落于左胸前，手心斜向上；眼看左手方向（图 12-37、图 12-38）。

要点：后坐时，上肢动作保持不变，命门处好像有人用绳子后拽。转腰时，左脚同时外撇，上手与头由身体带动左转。

(4) 搂膝推掌：与(2)同，唯左右相反（图 12-39）。

图 12-37 图 12-38 图 12-39

(5) 后坐侧抱：与(3)同，唯左右相反（图 12-40、图 12-41）。

(6) 搂膝推掌：与(2)同（图 12-42）。

图 12-40 图 12-41 图 12-42

5. 手挥琵琶

右脚跟进半步，身体后坐，重心转至右腿上；上体半面向右转，左脚略提起稍向前移，变成左虚步，脚跟着地，脚尖翘起，膝部微屈；同时左手由左下向上挑举，高与鼻尖平，掌心向右，臂微屈；右手收回放在左臂肘部里侧，掌心向左；眼看左手食指方向（图 12-43、图 12-44）。

图 12-43 图 12-44

要点：身体要平稳自然，沉肩坠肘，胸部放松。左手上起时不要直向上挑，要由左向上、向前，微带弧形。右脚跟进时，脚掌先着地，再全脚踏实。身体重心后移和左手上起及右手回收要协调一致。

6. 左右倒卷肱（又名倒撵猴）

(1) 转体举臂：上体右转，右手翻掌（手心向上）经腹前由下向后上方画弧平举，臂微屈；左手同时翻掌向上；眼的视线随着向右转体先向右看，再转向前方看左手方向（图 12-45）。

图 12-45

要点：右手经腰侧向侧后 45° 方向上举，两手不要在一条线上，应与身体一起成圆弧状。

(2) 退步推掌：右臂屈肘折向前，右手由耳侧向前推出，手心向前；左臂屈肘后撤，手心向上，撤至腰侧；同时左腿轻轻提起向后（偏左）退一步，脚掌先着地，然后全脚慢慢踏实，身体重心移到左腿上，成右虚步；右脚随转体以脚掌为轴扭正；眼看右手方向（图 12-46）。

图 12-46

要点：左脚后撤与右手前推同时进行，两手在体前有一交错的过程。左手撤到腰侧时，成高虚步，且右手要推到位。前推时，要转腰松胯，两手的速度要一致，避免僵硬。退左脚时略向左后斜伸，退右脚时略向右后斜伸，避免使两脚落在一条直线上。做最后一个倒卷肱时，右脚脚尖外撇的角度略大些，便于接着做“左揽雀尾”的动作。左右四个倒卷肱的要点相同，唯方向相反。

图 12-47

(3) 转体举臂：上体微向左转，左手随转体向后上方画弧平举，手心向上；同时右手翻掌，掌心向上；眼随转体先向左看，再转向前方看右手方向（图 12-47）。

要点：后手由腰侧上举的同时，前手随前手臂向外旋转而翻掌，前后手心都朝上，眼睛随转体动作看后手。

(4) 退步推掌：与(2)同，唯左右相反（图 12-48）。

(5) 转体举臂：与(3)同，唯左右相反（图 12-49）。

(6) 退步推掌：与(2)同（图 12-50）。

(7) 转体举臂：与(3)同（图 12-51）。

(8) 退步推掌：与(2)同，唯左右相反（图 12-52）。

图 12-48　图 12-49　图 12-50　图 12-51　图 12-52

7. 左揽雀尾

(1) 右臂上举：上体微向右转，同时右手随转体向后上方画弧平举，手心向上；左手放松，手心向下；眼看右手方向（图 12-53）。

(2) 收脚抱球：身体继续向右转，左手自然下落逐渐翻掌经腹前画弧至右肋前，手心向上；右臂屈肘，手心转向下，收至右胸前，两手相对成抱球状；同时身体重心落在右腿上，左脚收到右脚内侧，脚尖点地；眼看右手方向（图 12-54）。

(3) 弓步掤臂：上体微向左转，左脚向左前方迈出；上体继续向左转，右腿自然蹬直；左腿屈膝，成左弓步；同时左臂向左前方掤出（左臂平屈成弓形，用前臂外侧和手背向前方推出），高与肩平，手心向后；右手向右下落放于右胯旁，手心向下，指尖向前；眼看左前臂（图 12-55）。

要点：掤出时，两臂前后均保持弧形。分手、松腰、弓腿三者必须协调一致。揽雀尾弓步时，两脚跟横向距离不超过 10 厘米。

图 12-53

图 12-54

图 12-55

(4) 转身下捋：身体微向左转，左手随即翻掌前伸，掌心向下；同时右手翻掌，掌心向上，经腹前向上、向前伸至左前臂下方；然后上体向右转，两手下捋，两手经腹前向右后上方画弧，直至右手手心向上，高与肩齐，左臂平屈于胸前，手心向后；同时身体重心移至右腿；眼看右手方向（图 12-56、图 12-57）。

图 12-56

图 12-57

要点：双手前伸时，身体只做微微左转，上体不可前倾。下捋时，臀部不要凸出，两臂随腰旋转走弧线，不可直线回拉双手。左脚全掌着地。

(5) 弓步前挤：上体微向左转，右臂屈肘折回，右手附于左手腕里侧（相距约 5 厘米），上体继续向左转，双手同时向前慢慢挤出，左手心向后，右手心向前，左前臂要保持半圆；同时身体重心逐渐前移变成左弓步；眼看左手腕部（图 12-58）。

图 12-58

要点：向前挤时，上体要正直。挤的动作要与松腰、弓腿相一致。

(6) 后坐下按：左手翻掌，手心向下，右手经左腕上方向前、向右伸出，高与左手齐，手心向下，两手左右分开，与肩同宽；然后右腿屈膝，上体慢慢后坐，身体重心移至右腿上，左脚尖翘起；同时两手屈肘回收至腹前，手心均向前下方，眼看前方（图 12-59、12-60）。

图 12-59

图 12-60

要点：后坐时，身体不要后仰，两臂打开在体前曲肘。下按时，身体微微前倾，同时降低重心。

(7) 弓步按掌：上动不停，身体重心慢慢前移成左弓步；同时两手向前、向上按出，掌心向前，眼平看前方（图 12-61）。

图 12-61

要点：向前按时，两臂保持弧度，轻轻向上顶肘，手腕高与肩平。

8. 右揽雀尾

(1) 转身抱球：上体后坐并向右转，身体重心移至右腿，左脚尖里扣；右手向右平行画弧至右侧，然后由右下经腹前向左上画弧至左肋前，手心向上；左臂平屈胸前，左手掌向下与右手成抱球状；同时身体重心再移至左腿上，右脚收至左脚内侧，脚尖点地；眼看左手方向（图 12-62～图 12-64）。

(2) 弓步掤臂：同“左揽雀尾”中的(3)，唯左右相反（图 12-65）。

图 12-62

图 12-63

图 12-64

图 12-65

(3) 转身下捋：同“左揽雀尾”中的(4)，唯左右相反（图 12-66、图 12-67）。

(4) 弓步前挤：同“左揽雀尾”中的(5)，唯左右相反（图 12-68）。

(5) 后坐下按：同“左揽雀尾”中的(6)，唯左右相反（图 12-69、图 12-70）。

(6) 弓步按掌：同“左揽雀尾”中的(7)，唯左右相反（图 12-71）。

图 12-66

图 12-67

图 12-68

图 12-69

图 12-70

图 12-71

要点：同“左揽雀尾”，唯左右相反。

9. 单鞭

(1) 转身侧抱：上体后坐，身体重心逐渐移至左腿上，右脚尖里扣；同时上体左转，两手（左高右低）向左弧形运转，直至左臂平举，伸于身体左侧，手心向左，右手经腹前运至左肋前，手心向后上方；眼看左手方向（图 12-72、图 12-73）。

(2) 丁步勾手：身体重心再渐渐移至右腿上，上体右转，左脚向右脚靠拢，脚尖点地；同时右手向右上方画弧（手心由里转向外），至右侧方时变勾手，臂与肩平；左手向下经腹前向右上画弧停于右肩前，手心向里；眼看左手方向（图 12-74、图 12-75）。

图 12-72

图 12-73

图 12-74

图 12-75

(3) 弓步推掌：上体微向左转，左脚向左前侧方迈出，右脚跟后蹬，成左弓步；在身体重心移向左腿的同时，左掌随上体的继续左转慢慢翻转向前推出，手心向前，手指与眼齐平，臂微屈；眼看左手方向（图 12-76）。

要点：上体保持正直，松腰。完成时，右臂肘部稍下垂，左肘与左膝上下相对，两肩下沉。左手向外翻掌前推时，要随转体边翻边推出，不要翻掌太快或最后突然翻掌。全部过渡动作上下要协调一致。如面向南起势，单鞭的方向（左脚尖）应向东偏北（约 15° ）。

图 12-76

10. 云手

(1) 转身扣脚：身体重心移至右腿上，身体渐向右转，左脚尖里扣；左手经腹前向右上画弧至右肩前，手心斜向后，同时右手变掌，手心向右前；眼看左手（图 12-77）。

(2) 左转云手：上体慢慢左转，身体重心随之逐渐左移；左手由脸前向左侧运转，手心渐渐转向左方；右手由右下经腹前向左上画弧至左肩前，手心斜向后；同时右脚靠近左脚，成小开立步（两脚距离约 10～20 厘米）；眼看右手方向（图 12-78、图 12-79）。

(3) 右转云手：上体再向右转，同时左手经腹前向右上画弧至右肩前，手心斜向后；右手向右侧运转，手心翻转向右，随之左腿向左横跨一步；眼看左手方向（图 12-80）。

图 12-77

图 12-78

图 12-79

图 12-80

(4) 左转云手：同(2)（图 12-81、图 12-82）。

(5) 右转云手：同(3)（图 12-83）。

(6) 左转云手：同(2)（图 12-84、图 12-85）。

图 12-81

图 12-82

图 12-83

图 12-84

图 12-85

要点：云手指尖高度不超过自己的眉毛，身体转动要以腰脊为轴，松腰、松胯，不可忽高忽低。两臂随腰的转动而运转时要自然圆活，速度要缓慢均匀。下肢移动时，身体重心要稳定，两脚掌先着地再踏实，脚尖向前。眼的视线随左右手而移动。第三个“云手”中的右脚最后跟步时，脚尖微向里扣，便于接“单鞭”动作。

11. 单鞭

(1) 丁步勾手：上体向右转，右手随之向右运转，至右侧方时变成勾手；左手经腹前向右上画弧至右肩前，手心向内；身体重心落在右腿上，左脚尖点地；眼看左手方向（图12-86、图12-87）。

(2) 弓步推掌：左脚向左侧前方迈出，成左弓步；随转腰移动重心，左掌慢慢翻转向前推出，成“单鞭”式（图12-88）。

要点：与前“单鞭”式相同。

图12-86

图12-87

图12-88

12. 高探马

(1) 跟步翻掌：右脚跟进半步，身体重心逐渐后移至右腿上；右勾手变成掌，两手心翻转向上，两肘微屈；同时身体微向右转，左脚跟渐渐离地；眼看左前方（图12-89）。

(2) 虚步推掌：上体微向左转，面向前方；右掌经右耳旁向前推出，手心向前，手指与眼同高；左手收至左侧腰前，手心向上；同时左脚微向前移，脚尖点地，成左虚步；眼看右手方向（图12-90）。

图12-89

图12-90

要点：上体自然正直，双肩下沉，右肘微下垂。跟步移换重心时，身体不要有起伏。

13. 右蹬脚

(1) 弓步分掌：左手手心向上，前伸至右手腕背面，两手相互交叉，随即向两侧分开并向下画弧，手心斜向下；同时左脚提起向左前侧方进步（脚尖略外撇）；身体重心前移，右腿自然蹬直，成左弓步；眼看前方（图12-91～图12-93）。

图12-91

图12-92

图12-93

(2) 收脚合抱：两手由外圈向里圈画弧，两手交叉合抱于胸前，右手在外，手心均向后；同时右脚向左脚靠拢，脚尖点地；眼平看右前方（图 12-94）。

(3) 蹬脚撑掌：两臂左右画弧分开平举，肘部微屈，手心均向外；同时右腿屈膝提起，右脚向右前方慢慢蹬出；眼看右手方向（图 12-95、图 12-96）。

图 12-94

图 12-95

图 12-96

要点：身体要稳定，不可前俯后仰。两手分开时，腕部与肩齐平。蹬脚时，左腿微屈，右脚尖回勾，劲使在脚跟。分手和蹬脚须协调一致。右臂和右腿上下相对。如面向南起势，蹬脚方向应为正东偏南（约 30°）。

14. 双峰贯耳

(1) 屈膝合掌：右腿收回，屈膝平举，左手由后向上并向前下落至体前，两手心均翻转向上，两手同时向下画弧分落于右膝盖两侧；眼看前方（图 12-97、图 12-98）。

图 12-97

图 12-98

(2) 弓步贯拳：右脚向右前方落下，身体重心渐渐前移，成右弓步，面向右前方；同时两手下落，慢慢变拳，分别从两侧向上并向前画弧至面部前方成钳状，两拳相对，高与耳齐，拳眼都斜向内下（两拳中间距离约为 10～20 厘米）；眼看右拳方向（图 12-99、图 12-100）。

图 12-99

图 12-100

要点：完成动作时，头颈正直，松腰、松胯，两拳松握，沉肩坠肘，两臂均要保持弧形。双峰贯耳式的弓步和身体方向与右蹬脚方向相同。弓步的两脚跟横向距离同“揽雀尾”式。

15. 转身左蹬脚

(1) 转身扣脚：左腿屈膝后坐，身体重心移至左腿，上体左转，右脚尖里扣；同时两拳变掌，由上向左右画弧分开平举，手心向前；眼看左手方向（图 12-101）。

图 12-101

(2) 收脚合抱：身体重心再移至右腿，左脚收到右脚内侧，脚尖点地；同时两手由外圈向里圈画弧合抱于胸前，左手在外，手心均向后；眼平看左方（图 12-102、图 12-103）。

(3) 蹬脚撑掌：两臂左右画弧分开平举，肘部微屈，手心均向外；同时左腿屈膝提起，左脚向左前方慢慢蹬出；眼看左手方向（图 12-104、图 12-105）。

图 12-102　图 12-103　图 12-104　图 12-105

要点：与“右蹬脚式”相同，方向相反。左蹬脚方向与右蹬脚方向成 180°。

16. 左下势独立

(1) 勾手收脚：左腿收回平屈，上体右转；右掌变成勾手，左掌向上、向右画弧下落，立于右肩前，掌心斜向后；眼看右手方向（图 12-106）。

(2) 仆步穿掌：右腿慢慢屈膝下蹲，左腿由内向左侧（偏后）伸出，成左仆步；左手下落（掌心向外）向左下顺左腿内侧向前穿出；眼看左手方向（图 12-107）。

要点：右腿全蹲时，上体不可过于前倾。左腿要伸直，左脚尖须向里扣，两脚脚掌全部着地，左脚尖与右脚跟踏在中轴线上。

(3) 弓步挑掌：身体重心前移，左脚跟为轴，脚尖尽量向外撇，左腿前弓，右腿后蹬，右脚尖里扣，上体微向左转并向前起身；同时左臂继续向前伸出（立掌），掌心向右，右勾手下落，勾尖向后；眼看左手方向（图 12-108）。

(4) 提膝挑掌：右腿慢慢提起平屈，成左独立式；同时右勾手变掌，并由后下方顺右腿外侧向前弧形摆出，屈臂立于右腿上方，肘与膝相对，手心向左；左手落于左胯旁，手心向下，指尖向前；眼看右手方向（图 12-109）。

图 12-106　图 12-107　图 12-108　图 12-109

要点：上体正直，独立的腿微屈，右腿提起时脚尖自然下垂。

17. 右下势独立

(1) 落脚转体：右脚下落在左脚前，脚掌着地，然后以左脚前掌为轴向左转动身体，同时左手向后平举抓勾，右掌随转体向左侧画弧，立于左肩前，掌心斜向后；眼看左手方向（图 12-110）。

(2) 仆步穿掌：同“左下势独立”中的(2)，唯左右相反（图 12-111）。

(3) 弓步挑掌：同“左下势独立”中的(3)，唯左右相反（图 12-112）。

(4) 提膝挑掌：同“左下势独立”中的(4)，唯左右相反（图 12-113）。

图 12-110

图 12-111

图 12-112

图 12-113

要点：右脚落地转体后，脚尖必须稍微提起，然后再向下仆腿。

18. 左右穿梭

(1) 丁步抱球：身体微向左转，左脚向左前落地，脚尖外撇，右脚跟离地，两腿屈膝成半坐盘式；同时两手在胸前成抱球状（左上右下）；然后右脚收到左脚的内侧，脚尖点地；眼看左前臂（图 12-114、图 12-115）。

(2) 弓步架推：身体右转，右脚向右前方迈出，屈膝弓腿，成右弓步；同时右手由脸前向上举并翻掌停在右额前，手心斜向上；左手先向左下再经体前向前推出，高与鼻尖平，手心向前；眼看左手方向（图 12-116、图 12-117）。

图 12-114

图 12-115

图 12-116

图 12-117

要点：完成姿势面向斜前方（与行进方向成约 30°）。手推出后，上体不可前俯。手向上举时，防止引肩上耸；一手上举与一手前推要与弓腿松腰上下协调一致。做弓步时，两脚跟的横向距离同“左右搂膝拗步”式，保持在 30 厘米左右。

(3) 丁步抱球：身体重心略向后移，右脚尖稍向外撇，随即身体重心再移至右腿，左脚跟进，停于右脚内侧，脚尖点地；同时两手在右胸前成抱球状（右上左下）；目视右前臂（图 12-118）。

(4) 弓步架推：同(2)，唯左右相反（图 12-119、图 12-120）。

图 12-118

图 12-119

图 12-120

19. 海底针

右脚向前跟进半步，身体顺势微微左转；然后身体边后坐边向右转腰，重心移至右腿，左脚尖稍稍点地；同时右手随后左转体下落，经体前向后并向上提抽至肩上耳旁；左手也随转腰自然向右下落至胸腹前；眼看右手；重心微微下沉，上体向左转正，左脚稍向前落，脚尖点地，成左虚步；随身体左转，右手由右耳旁斜向前下方插出，掌心向左，指尖斜向下；左手向下并向左画弧落于左胯旁，手心向下，指尖向前；眼看前下方（图 12-121、图 12-122）。

图 12-121

图 12-122

要点：右脚向前跟进半步时，上肢保持动作不变。后坐、转腰、动手要同时进行，上体向左一回转便插右掌。插掌时上体不可太前倾，避免低头和臀部外凸。

20. 闪通臂

上体稍向右转，左脚提起；右手由体前上提，屈臂上举，停于右额前上方，拇指向上，左手自然上提至胸前；然后左脚向前迈出，屈膝弓腿成左弓步；同时右手翻转，掌心斜向上，拇指朝下，架于右额前上方；左手由胸前向前推出，高与鼻尖平，手心向前；眼看左手（图 12-123、图 12-124）。

图 12-123

图 12-124

要点：完成姿势时，上体自然正直，松腰、松胯；左臂不要完全伸直，背部肌肉要伸展开。推掌、举掌和弓腿动作要协调一致。弓步时，两脚跟横向距离同“揽雀尾”式（不超过 10 厘米）。

21. 转身搬拦捶

(1) 转身握拳：上体后坐，身体重心移至右腿，左脚尖里扣，身体向右后转，右手随着转体向右画弧至头上方，左手亦随身体移动上举，眼看右方；然后身体重心再移至左腿，同时右手握拳随着转体向下经腹前画弧至左肋旁，拳心向下，左掌上举于头前，掌心斜向上；眼看前方（图 12-125、图 12-126）。

(2) 上步搬拳：向右转体，右拳经胸前向前翻转撇出，拳心向上，左手落于左胯旁，掌心向下，指尖向前；同时右脚收回后即向前迈出，脚尖外撇；眼看右拳方向（图 12-127）。

要点：右拳与右脚要同时提放。右脚起落时，不要停顿或脚尖点地。

(3) 上步左拦：身体重心移至右腿上，左脚向前迈一步；左手上起，经左侧向前上画弧拦出，掌心向前下方；同时右拳向右画弧收到右腰旁，拳心向上；眼看左手方向（图 12-128）。

要点：右拳不要握得太紧。右拳收回时，前臂要慢慢内旋画弧。

(4) 弓步冲拳：右腿蹬伸，重心前移，左腿前弓成左弓步；同时右拳向前打出，拳眼向上，高与胸平；左手附于右前臂里侧；眼看右拳方向（图 12-129）。

图 12-125

图 12-126

图 12-127

图 12-128

图 12-129

要点：向前打拳时，右肩随拳略微向前伸。沉肩坠肘，右臂要微屈。弓步时，两脚横向距离同“揽雀尾”式。

22. 如封似闭

(1) 分掌后坐：左手由右腕下向前伸出，右拳变掌，两手手心逐渐翻转向上并慢慢分开回收，与肩同宽；同时身体后坐，左脚尖翘起，身体重心移至右腿；眼看前方（图 12-130、图 12-131）。

要点：先动左掌，向右臂下穿出，待两手翻转时再后坐。身体后坐时，避免后仰，臀部不可凸出。左手向前伸出时，应从右肘下方沿小臂向前抹出。两臂随身体回收时，肩、肘部略向外松开，不要直着抽回双手，两手分开微微收回即可。

(2) 弓步推掌：两手在胸前翻掌，向下至腹前，再向上、向前推出，两臂保持弧度；腕部与肩平，手心向前；同时左腿前弓成左弓步；眼看前方（图 12-132、图 12-133）。

要点：两手向下、向前时都要有轻按的感觉。前推时，肘关节伴随蹬腿轻轻向前方用力。收掌至腹前的动作不可直线收回，两手推出的宽度不要超过两肩。

图 12-130

图 12-131

图 12-132

图 12-133

23. 十字手

(1) 转身分掌：身体后坐，重心移向右腿，左脚尖翘起，身体微向右转，双手随身体移动，眼看右手（图 12-134）。身体继续右转，右脚尖随着转体稍向外撇，左脚尖内扣，成右侧弓步；同时右手随着转体动作向右平摆画弧，与左手呈两臂侧平举，掌心向前，肘部微屈；眼看右手（图 12-135）。

要点：以腰带手从脸前向右摆动，眼看右手；重心平移，不要有起伏；脚尖扣转后，均向前。

(2) 收脚合抱：身体重心慢慢移至左腿，右脚尖里扣，向左收回，两脚间距离与肩同宽，两腿微屈；同时两手向下经腹前向上画弧交叉合抱于胸前，两臂撑圆，腕高与肩平；右手在外，成十字手，手心均向后；眼看前方（图 12-136、图 12-137）。

要点：两手分开和合抱时，上体不要前俯。站起后，身体自然正直，头要微向上顶，下颌稍向后收。两臂环抱时须圆满舒适，沉肩坠肘。

图 12-134

图 12-135

图 12-136

图 12-137

24. 收势

两手向外翻掌，手心向下，两臂慢慢下落，停于身体两侧；眼看前方（图 12-138～图 12-140）。

图 12-138

图 12-139

图 12-140

要点：两手左右分开下落时，要注意全身放松，同时呼气也徐徐下沉（呼气略加长）。呼吸平稳后，把左脚收到右脚旁，再走动休息。

二、初级长拳（第三路）

（一）动作名称

- 预备动作：① 预备势；② 虚步亮掌；③ 并步对拳。
- 第一段：① 弓步冲拳；② 弹腿冲拳；③ 马步冲拳；④ 弓步冲拳；⑤ 弹腿冲拳；⑥ 大跃步前穿；⑦ 弓步击掌；⑧ 马步架掌。
- 第二段：① 虚步栽拳；② 提膝穿掌；③ 仆步穿掌；④ 虚步挑掌；⑤ 马步击掌；⑥ 叉步双摆掌；⑦ 弓步击掌；⑧ 转身踢腿马步盘肘。
- 第三段：① 歇步抡砸拳；② 仆步亮掌；③ 弓步劈拳；④ 换跳步弓步冲拳；⑤ 马步冲拳；⑥ 弓步下冲拳；⑦ 叉步亮掌侧踹腿；⑧ 虚步挑拳。
- 第四段：① 弓步顶肘；② 转身左拍脚；③ 右拍脚；④ 腾空飞脚；⑤ 歇步下冲拳；⑥ 仆步抡劈拳；⑦ 提膝挑掌；⑧ 提膝劈掌弓步冲拳。
- 结束动作：① 虚步亮掌；② 并步对拳；③ 还原。

（二）动作说明

1. 预备动作

1) 预备势

两脚并步站立，两臂垂于身体两侧，五指并拢贴靠于腿外侧，眼向前平视（图 12-141）。

要点：头要端正，颏微收，挺胸，塌腰，收腹。

图 12-141

2) 虚步亮掌

(1) 右脚向右后方撤步成左弓步。右掌依次向右、向上、向前画弧，掌心向上；左臂屈肘，左掌提至腰侧，掌心向上；目视右掌［图 12-142(1)］。

(2) 右腿微屈，重心后移。左掌经胸前从右臂上向前穿出伸直；右臂屈肘，右掌收至腰侧，掌心向上；目视左掌［图 12-142(2)］。

(3) 重心继续后移，左脚稍向右移，脚尖点地，成左虚步。左臂内旋向左、向后画弧成勾手，勾尖向上；右手继续向后、向右、向前上画弧，屈肘抖腕，在头前上方成亮掌（即横掌），掌心向前，掌指向左；目视左方［图 12-142(3)］。

(1) (2) (3)

图 12-142

要点：三个动作必须连贯。成虚步时，重心落于右腿上，右大腿与地面平行。左腿微屈，脚尖点地。

3) 并步对拳

(1) 右腿蹬直，左腿提膝，脚尖里扣，上肢姿势不变［图 12-143(1)］。

(2) 左脚向前落步，重心前移；左臂屈肘，左勾手变掌经左肋前伸；右臂外旋向前下落于左掌右侧，两掌同高，掌心均向上［图 12-143(2)］。

(3) 右脚向前上一步，两臂下垂后摆［图 12-143(3)］。

(4) 左脚向右脚并步，两臂向外、向上经胸前屈肘下按，两掌变拳，拳心向下，停于小腹前；目视左侧［图 12-143(4)］。

(1) (2) (3) (4)

图 12-143

要点：并步后挺胸，塌腰。对拳、并步、转头要同时完成。

2. 第一段

1) 弓步冲拳

(1) 左脚向左上一步，脚尖向斜前方；右腿微曲，成半马步。左臂向左上格打，拳眼向后，拳与肩同高；右拳收至腰侧，拳心向上；目视左拳［图 12-144(1)］。

(2) 右腿蹬直成左弓步；左拳收至腰侧，拳心向上；右拳向前冲出，高与肩平，拳眼向上；目视右拳［图 12-144(2)］。

(1) (2)

图 12-144

要点：成弓步时，右腿充分蹬直，脚跟不要离地。冲拳时，尽量转腰顺肩。

2) 弹腿冲拳

重心前移至左腿，右腿屈膝提起，脚面绷直，猛力向前弹出伸直，高与腰平。右拳收至腰侧；左拳向前冲出；目视前方（图 12-145）。

要点：支撑腿可微曲，弹出腿时要用爆发力，力点达于脚尖。

图 12-145

3) 马步冲拳

右脚向前落步；脚尖里扣，上体左转；左拳收至腰侧，两腿下蹲成马步；右拳向前冲出；目视右拳（图 12-146）。

要点：成马步时，大腿要与地面平行，脚跟外蹬，挺胸，塌腰。

图 12-146

4) 弓步冲拳

(1) 上体右转 90°，右脚尖外撇向斜前方，成半马步；右臂屈肘向右打，拳眼向后；目视右拳［图 12-147(1)］。

(2) 左腿蹬直成右弓步；右拳收至腰侧；左拳向前冲出；目视左拳［图 12-147(2)］。

(1) (2)

图 12-147

要点：与本段的前一个“弓步冲拳”相同，唯左右相反。

5) 弹腿冲拳

重心前移至右脚，左腿屈膝提起，脚面绷直猛力向前弹出伸直，高与腰平；左拳收至腰侧；右拳向前冲出；目视前方（图 12-148）。

要点：与本段的前一个“弹腿冲拳”相同，唯左右相反。

图 12-148

6) 大跃步前穿

(1) 左腿屈膝；右拳变掌内旋，以手背向下挂至左膝外侧，上体前倾；目视右手［图 12-149(1)］。

(2) 左脚向前落步，两腿微屈；右掌继续向后挂，左拳变掌，向后、向下伸直；目视右掌［图 12-149(2)］。

(3) 右腿屈膝向前提起，左腿立即猛力蹬地向前跃出；两掌向前、向上画弧摆起；目视左掌［图 12-149(3)］。

(4) 右腿落地全蹲，左腿随即落地向前铲出成仆步；右掌变拳抱于腰侧，左掌由上向右、向下画弧成立掌，停于右胸前；目视左脚［图 12-149(4)］。

要点：跃步要远，落地要轻，落地后立即做下一个动作。

(1)　(2)　(3)　(4)

图 12-149

7) 弓步击掌

图 12-150

右腿猛力蹬直成左弓步；左掌经左脚面向后画弧至身后成勾手，左臂伸直，勾尖向上；右拳由腰侧变掌向前推出，掌指向上，掌外侧向前；目视右掌（图 12-150）。

8) 马步架掌

(1) 重心移至两腿中间，左脚脚尖里扣成马步，上体右转；右臂向左侧平摆，稍屈肘；同时左勾手变掌由后经左腰侧从右臂内向前上穿出，掌心均朝上；目视左手[图 12-151(1)]。

(2) 右掌立于左胸前；左臂向左上屈肘抖腕亮掌于头部左上方，掌心向前；目视右方[图 12-151(2)]。

(1)　(2)

图 12-151

要点：马步同前。

3．第二段

1) 虚步栽拳

(1) 右脚蹬地，屈膝提起；左腿伸直，以前脚掌为轴向右后转体 180°；右掌由左胸前向下经右腿外侧向后画弧成勾手；左臂随体转动并外旋，使掌心朝右；目视右手[图 12-152(1)]。

(2) 右脚向右落地，重心移至右腿，下蹲成左虚步；左掌变拳下落于左膝上，拳眼向里，拳心向后；右勾手变拳，屈肘向上架于头右上方，拳心向前；目视左方[图 12-152(2)]。

(1)　(2)

图 12-152

2) 提膝穿掌

(1) 右腿稍伸直，右拳变掌收至腰侧，掌心向上；左拳变掌由下向左、向上画弧盖压于头上方，掌心向前［图 12-153(1)］。

(2) 右腿蹬直，左腿屈膝提起，脚尖内扣；右掌从腰侧经左臂内向右前上方穿出，掌心向上；左掌收至右胸前成立掌；目视右掌［图 12-153(2)］。

(1) (2)
图 12-153

要点：支撑腿与右臂要充分伸直。

3) 仆步穿掌

右腿全蹲，左腿向左后方铲出成左仆步；右臂不动，左掌由右胸前向下经左腿内侧向左脚面穿出；目随左掌转视（图 12-154）。

图 12-154

4) 虚步挑掌

(1) 右腿蹬直，重心前移至左腿，成左弓步；右掌稍下降，左掌随重心前移向前挑起［图 12-155(1)］。

(2) 右脚向左前方上步，左腿半蹲，成右虚步；身体随上步左转 180°；在右脚上步的同时，左掌由前向上、向后画弧成立掌；右掌由后向下、向前上挑起成立掌，指尖与眼平；目视右掌［图 12-155(2)］。

(1) (2)
图 12-155

要点：上步要快，虚步要稳。

5) 马步击掌

(1) 右脚落实，脚尖外撇，重心稍升高并右移，左掌变拳收至腰侧；右掌俯掌向外搂手［图 12-156(1)］。

(2) 左脚向前上一步，以右脚为轴向右后转体 180°，两腿下蹲成马步；左掌从右臂上成立掌向左侧击出；右掌变拳收至腰侧；目视左掌［图 12-156(2)］。

(1) (2)
图 12-156

要点：右手做搂手时，先使臂稍内旋，腕伸直，手掌向下、向外转，接着臂外旋，掌心经下向上翻转，同时抓握成拳。收拳和击掌动作要同时进行。

6) 叉步双摆掌

(1) 重心稍右移，同时两掌向下、向右摆，掌指均向上；目视右掌［图 12-157(1)］。

(2) 右脚向左腿后插步，前脚掌着地；两臂继续由右向上、向左摆，停于身体左侧，均成立掌，右掌停于左肘窝处；目随双掌转视［图 12-157(2)］。

(1) (2)
图 12-157

要点：两臂要画立圆，幅度要大，摆掌与后插步要配合一致。

7) 弓步击掌

(1) 两腿不动；左掌收至腰侧，掌心向上；右掌向上、向右画弧，掌心向下［图 12-158(1)］。

(2) 左腿后撤一步，成右弓步；右掌向下、向后伸直摆动，成勾手，勾尖向上；左掌成立掌向前推出；目视左掌［图 12-158(2)］。

(1)　(2)

图 12-158

8) 转身踢腿马步盘肘

(1) 两脚以前脚掌为轴向左后转体 180°；在转体的同时，左臂向上、向前画半立圆，右臂向下、向后画半圆［图 12-159(1)］。

(2) 上动不停，两脚不动，右臂由后向上、向前画半立圆，左臂由前向下、向后画半立圆［图 12-159(2)］。

(3) 上动不停，右臂向下成反臂勾手，勾尖向上；左臂向上成亮掌，掌心向前上方；右腿伸直，脚尖勾起，向额前踢［图 12-159(3)］。

(4) 右脚向前落地，脚尖里扣；右手不动，左臂屈肘下落至胸前，左掌心向下；目视左掌［图 12-159(4)］。

(5) 上体左转 90°，两腿下蹲成马步；同时左掌向前、向左平掳变拳收至腰侧，右勾手变拳，右臂伸直，由体后向右、向前平摆；至体前时屈肘，肘尖向前，高与肩平，拳心向下；目视肘尖［图 12-159(5)］。

(1)　(2)　(3)　(4)　(5)

图 12-159

4．第三段

1) 歇步抡砸拳

(1) 重心稍升高，右脚尖外撇；右臂由胸前向上、向右抡直；左拳向下、向左，左臂抡直；目视右拳［图 12-160(1)］。

(2) 上动不停，两脚以前脚掌为轴，向右后转体 180°；右臂向下、向后抡摆，左臂向上、向前随身体转动［图 12-160(2)］。

(3) 紧接上动，两腿全蹲成歇步；左臂随身体下蹲向下平砸，拳心向上，臂部微曲；右臂伸直向上举起；目视左拳［图 12-160(3)］。

(1)　(2)　(3)

图 12-160

要点：抡臂动作要连贯完成，画成立圆；歇步要两腿交叉全蹲，左腿大、小腿靠紧，臀部贴于左小腿外侧，膝关节在右小腿外侧，脚跟提起；右脚尖外撇，全脚着地。

2) 仆步亮掌

(1) 左脚由右腿后抽出前上一步，左腿蹬直，右腿半蹲，成右弓步；上体微向右转；左拳收至腰侧，右拳变掌向下经胸前向右横击掌；目视右掌［图 12-161(1)］。

(2) 右脚蹬地屈膝提起，上体右转；左拳变掌从右掌上向前穿出，掌心向上；右掌平收至左肘下［图 12-161(2)］。

(3) 右脚向右落步，屈膝蹲，左腿伸直，成仆步；左掌向下、向后画弧成勾手，勾尖向上；右掌向右、向上画弧微曲，抖腕成亮掌，掌心向前；头随右手转动，至亮掌时，目视左方［图 12-161(3)］。

(1) (2) (3)

图 12-161

要点：仆步时，左腿充分伸直，脚尖里扣，右腿全蹲，两脚脚掌全部着地；上体挺胸，塌腰，稍左转。

3) 弓步劈拳

(1) 右腿蹲地立起；左腿收回并向左前方上步；右掌变拳收至腰侧，左勾手变掌由下向前上经胸前向左做搂手［图 12-162(1)］。

(2) 右腿经左腿前方向左绕上一步，左腿蹬直成右弓步；左手向左平搂后再向前挥摆，虎口朝前［图 12-162(2)］。

(3) 在左手平搂的同时，右掌向后平摆，然后再向前、向上做抡劈拳，拳高与耳平，拳心向上，左掌外旋接扶右前臂；目视右拳［图 12-162(3)］。

(1) (2) (3)

图 12-162

要点：左右脚上步稍带弧形。

4) 换跳步弓步冲拳

(1) 重心后移，右脚稍向后移动；右拳变掌臂内旋以掌背向下画弧挂至右膝内侧；左掌背贴靠右肘外侧，掌指向前；目视右掌［图 12-163(1)］。

(2) 右腿自然上抬，上体稍向左扭转，右掌挂至体左侧，左掌伸向右腋下；目随右掌转视［图 12-163(2)］。

(3) 右脚以全脚掌用力向下震跺，与此同时，左脚急速离地抬起；右手由左向上、向前掳盖而后变拳收至腰侧；左掌伸直向下、向上、向前屈肘下按，掌心向下；上体右转，目视左掌［图 12-163(3)］。

(4) 左脚向前落步，右腿蹬直成左弓步；右拳向前冲出，拳高与肩平；左掌藏于右腋下，掌背贴靠腋窝；目视右拳［图 12-163(4)］。

(1)　(2)　(3)　(4)

图 12-163

要点：换跳步动作要连贯协调。震脚时腿要弯曲，全脚掌着地。左脚离地不要太高。

5) 马步冲拳

上体右转 90°，重心移至两腿中间，成马步；右拳收至腰侧，左掌变拳向左冲出，拳眼向上；目视左拳（图 12-164）。

图 12-164

6) 弓步下冲拳

右腿蹬直，左腿弯曲，上体稍向左转，成左弓步；左拳变掌向下经体前向上架于头左上方，掌心向上，右拳自腰侧向左前斜下方冲出；目视右拳（图 12-165）。

图 12-165

7) 叉步亮掌侧踹腿

(1) 上体稍右转，左掌由头上下落于右手腕上，右拳变掌，两手交叉成十字；目视双手［图 12-166(1)］。

(2) 右脚蹬地并向左腿后插步，以前脚掌着地；左掌由体前向下、向后画弧成勾手，勾尖向上；右掌由前向右、向上画弧抖腕亮掌，掌心向前；目视左侧［图 12-166(2)］。

(3) 重心移至右腿，左腿屈膝提起，向左上方猛力蹬出；上肢姿势不变；目视左侧［图 12-166(3)］。

(1)　(2)　(3)

图 12-166

要点：插步时上体稍向右倾斜，腿、臂的动作要一致。侧踹高度不能低于腰，大腿内旋，着力点在脚跟。

8) 虚步挑拳

(1) 左脚在左侧落地；右掌变拳稍后移，左勾手变拳由体后向左上挑，拳背向上［图 12-167(1)］。

(2) 上体左转 180°，微含胸前俯；左拳继续向前、向上画弧上挑，右拳向下、向前画弧挂至右膝外侧，同时右膝提起；目视右拳［图 12-167(2)］。

(3) 右脚向左前方上步，脚尖点地，重心落于左脚，左腿下蹲成右虚步；左拳向后画弧收至腰侧，拳心向上；右拳向前屈臂挑出，拳眼斜向上，拳与肩同高；目视右拳［图 12-167(3)］。

(1) (2) (3)

图 12-167

5. 第四段

1) 弓步顶肘

(1) 重心升高，右脚踏实；右臂内旋向下直臂画弧以拳背下挂至右膝内侧，左拳不变；目视前下方［图 12-168(1)］。

(2) 左腿蹬直，右腿屈膝上抬；左拳变掌，右拳不变，两臂向前、向上画弧摆起；目随右拳转视［图 12-168(2)］。

(3) 左脚蹬地起跳，身体腾空，两臂继续画弧至头上方［图 12-168(3)］。

(4) 右脚先落地，右腿屈膝，左脚向前落步，以前脚掌着地；同时两臂向右、向下屈肘停于右胸前，右拳变掌，左掌变拳；右掌心贴靠左拳面［图 12-168(4)］。

(5) 左脚向左上一步，左腿屈膝，右腿蹬直成左弓步，右掌推左拳，以左肘尖向左顶出，高与肩平；目视前方［图 12-168(5)］。

(1) (2) (3) (4) (5)

图 12-168

要点：交换步时不要过高但要快，两臂抡摆时要成圆弧。

2) 转身左拍脚

(1) 以两脚前脚掌为轴向右后转体 180°；随着转体，右臂向上、向右、向下画弧抡摆，同时左拳变掌向下、向后、向前上抡摆［图 12-169(1)］。

(2) 左腿伸直向前上踢起，脚面绷平，左掌变拳

(1) (2)

图 12-169

收至腰侧，右掌由体后向上、向前拍击左脚面［图 12-169(2)］。

要点：右掌拍脚时手掌稍横过来，拍脚要准而响亮。

3) *右拍脚*

(1) 左脚向前落地，左拳变掌向下、向后摆，右掌变拳收至腰侧［图 12-170(1)］。

(2) 右腿伸直向前上踢起，脚面绷平；左拳变掌由后向上、向前拍击右脚面［图 12-170(2)］。

要点：与本段的“转身左拍脚”相同，唯方向相反。

(1)　　(2)

图 12-170

4) *腾空飞脚*

(1) 右脚落地［图 12-171(1)］。

(2) 左脚向前摆起，右脚猛力蹬地跳起，左腿屈膝继续前上摆；同时右拳变掌向前、向上摆起，左掌先上摆而后下降拍击右掌背［图 12-171(2)］。

(3) 右腿继续上摆，脚面绷平；右手拍击右脚面，左掌由体前向后上举［图 12-171(3)］。

(1)　　(2)　　(3)

图 12-171

要点：蹬地要向上，不要太向前冲，左膝尽量上提。拍击要在腾空时完成，右臂伸直成水平。

5) *歇步下冲拳*

(1) 左、右脚相继落地后，左掌变拳收至腰侧［图 12-172(1)］。

(2) 身体右转 90°，两腿全蹲成歇步；右掌抓握、外旋变拳收至腰侧；左拳由腰侧向前下方冲出，拳心向下；目视左拳［图 12-172(2)］。

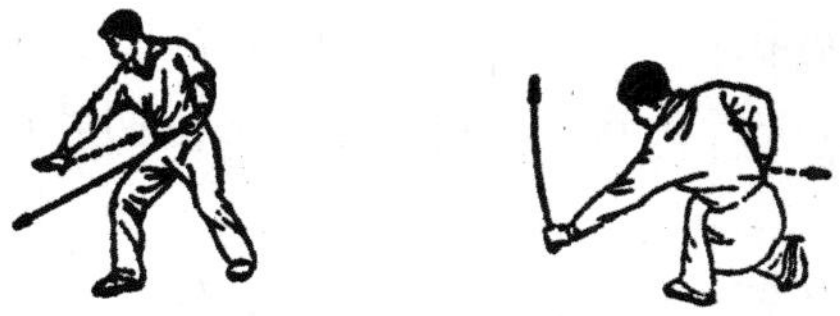

(1)　　(2)

图 12-172

6) *仆步抡劈拳*

(1) 重心升高，右臂由腰侧向体后伸直，左臂随身体重心升高而向上摆起［图 12-173(1)］。

(2) 以右脚前脚掌为轴，左腿屈膝提起，上体左转 270°；左拳由前向后下画立圆一周；右拳由后向下、向前上画立圆一周［图 12-173(2)］。

(3) 左腿向后落一步，屈膝全蹲，右腿伸直，脚尖里扣成右仆步；右拳由上向下抡劈，拳眼向上；左拳后上举，拳眼向上；目视右拳［图 12-173(3)］。

(1) (2) (3)

图 12-173

要点：抡臂时一定要画立圆。

7) 提膝挑掌

(1) 重心前移成右弓步；同时右拳变掌由下向上抡摆，左拳变掌稍下落，右掌心向左，左掌心向右［图 12-174(1)］。

(2) 左、右臂在垂直面上由前向后各画立圆一周。右臂伸直停于头上，掌心向左，掌指向上；左臂伸直停于身后成反勾手；同时右腿屈膝提起，左腿挺膝伸直独立；目视前方［图 12-174(2)］。

(1) (2)

图 12-174

要点：抡臂时要画立圆。

8) 提膝劈掌弓步冲拳

(1) 下肢不动；右掌由上向下猛劈伸直，停于右小腿内侧，用力点在小指一侧；左勾手变掌，屈臂向前停于右上臂内侧，掌心向左；目视右掌［图 12-175(1)］。

(2) 右脚向右后落地；身体右转 90°；同时左掌变拳收至腰侧，右臂内旋向右画弧做劈掌［图 12-175(2)］。

(3) 上动不停，左腿蹬直成右弓步；右手抓握变拳收至腰侧，左拳由腰侧向左前方冲出；目视左拳［图 12-175(3)］。

(1) (2) (3)

图 12-175

6．结束动作

1) 虚步亮掌

(1) 右脚扣于左膝后，两拳变掌，两臂右上左下屈肘交叉于体左前；目视右掌［图 12-176(1)］。

(2) 右脚向右后落步，重心后移，右腿半蹲，上体稍右转；同时右掌向上、向右、向下画弧停于左腋下；左掌向左、向上画弧停于右臂上与左胸前，两掌心左下右上；目视左掌［图 12-176(2)］。

(3) 左脚尖稍向右移，右腿下蹲成左虚步；左臂伸直向左、向后画弧成反勾手；右臂伸直向下、向右、向上画弧抖腕亮掌，掌心向前；目视左方［图 12-176(3)］。

(1) (2) (3)

图 12-176

2) 并步对拳

(1) 左腿后撤一步，同时两掌从两腰侧向前穿出伸直，掌心向上［图 12-177(1)］。

(2) 右腿后撤一步，同时两臂分别向体后下摆［图 12-177(2)］。

(3) 左脚后退半步向右脚并拢；两臂由后向上经体前屈臂下按，两掌变拳，停于腹前，拳心向下，拳面相对；目视左方［图 12-177(3)］。

(1) (2) (3)

图 12-177

3) 还原

两臂自然下垂，目视正前方（图 12-178）。

图 12-178

三、初级剑术

（一）动作名称

• 预备式。

• 第一段：① 弓步直刺；② 回身后劈；③ 弓步平抹；④ 弓步左撩；⑤ 提膝平斩；⑥ 回身下刺；⑦ 挂剑直刺；⑧ 虚步架剑。

• 第二段：① 虚步平劈；② 弓步下劈；③ 带剑前点；④ 提膝下截；⑤ 提膝直刺；⑥ 回身平崩；⑦ 歇步下劈；⑧ 提膝下点。

• 第三段：① 并步直刺；② 弓步上挑；③ 歇步下劈；④ 右截腕；⑤ 左截腕；⑥ 跃步上挑；⑦ 仆步下压；⑧ 提膝直刺。

• 第四段：① 弓步平劈；② 回身后撩；③ 歇步上崩；④ 弓步斜削；⑤ 进步左撩；⑥ 进步右撩；⑦ 坐盘反撩；⑧ 转身云剑。

• 结束动作。

（二）动作说明

1. 预备式

身体正直，并步站立。左手持剑，以拇指为一侧，中指、无名指和小指为另一侧，分握护手盘与剑柄的分界处，掌心贴在护手盘下部，手背朝前，食指贴于剑柄，剑身贴于前臂（即小臂）后侧。右手握成剑指；食指和中指伸直并拢，无名指和小指屈向手心，拇指压在无名指的指甲上，手腕反屈，手背朝上，食指和中指内扣指向左下侧。两臂在体侧下垂，两肘微上提。目向左平视（图 12-179）。

图 12-179

要点：持剑时，前臂与剑身紧贴并垂直于地面。两肩松沉，上身挺胸收腹，两膝挺直。

(1) 上身半面向右转，右脚向右上一步，屈膝；左脚前脚掌碾地、脚跟外展，膝盖挺直，成右弓步；在右脚上步的同时，右手剑指从身体右侧经胸前屈肘上举，至左肩后向右前方平伸指出，拇指一侧在上；目视剑指［图 12-180(1)］。

上身右转，左手持剑由左侧直臂上举，经头部前上方向右侧画弧，至身前时，拇指一侧朝下做反臂平举；同时右手剑指屈肘收于右腰侧，手心朝上［图 12-180(2)］。

左脚向右并步；左手持剑随之下落，垂于身体左侧，同时右手剑指向右侧平伸指出，拇指一侧在上；目视剑指［图 12-180(3)］。

(1) (2) (3)

图 12-180

要点：上述的上步剑指平伸、转体持剑向右画弧和并步剑指平伸三个分解动作，必须连贯起来做。动作过程中，两肩必须放松。持剑转体向右侧画弧时，左臂直臂上举，腰向右后转，两脚不可移动。左臂向右侧画弧至与肩同高时，肘略屈，使右手剑指从左手背后上穿出成立指。左手持剑继而下落于身体左侧，剑身垂直于地面。

(2) 左脚向左上一步，屈膝；右脚前脚掌碾地、脚跟外展，膝部挺直，成左弓步；上身随之向左转；在左脚上步的同时，左手持剑屈肘经胸前向上、向前弧形绕环，平举于身体左侧，拇指一侧在下［图 12-181(1)］。

左腿伸直站立，右脚向前并步；左手持剑随之身前下落，垂于身体左侧；同时右手剑指屈肘沿右耳侧向前平伸指出，拇指一侧在上；目视剑指［图 12-181(2)］。

(1)　(2)
图 12-181

要点：右手剑指向前指出时，肘要伸直，剑指尖稍高于肩。

(3) 左手持剑由右手剑指上面向前平伸穿出，拇指一侧在下；右手剑指顺左臂下面屈肘收于左肩前，并且屈腕使手指朝上；上身右转，右脚向右侧跨步，屈膝；左脚脚尖随之里扣，膝盖挺直，成右弓步；目向左平视［图 12-182(1)］。

上身右转，右手剑指经身前向右侧平伸直出，拇指一侧在上；目视剑指［图 12-182(2)］。

(1)　(2)
图 12-182

要点：成右弓步时，左腿要挺直，两脚全脚掌着地。上体略前倾，挺胸，塌腰。左手持剑平伸，左肩放松。

(4) 右脚前脚掌里扣，上身左转，重心落于右腿；左脚随之移回半步、屈膝，并以前脚掌虚着地面，成左虚步；在左脚移步的同时，左手持剑向胸前屈肘，手心朝外；右手剑指也向胸前屈肘，手心朝里，准备接握左手之剑；目视剑尖（图 12-183）。

图 12-183

要点：做左虚步时，右实左虚要分明，右脚跟不要掀起，上身要挺胸、塌腰、稍前倾。两臂要平，剑尖稍高于左肘。

2. 第一段

1) 弓步直刺

右手接握左手之剑，左手握成剑指，左脚向前上一步、屈膝；右脚前脚掌碾地、脚跟外展，膝部挺直，成左弓步。同时上身左转，右手持剑向身前平伸直刺，拇指一侧在上；左侧剑指随之伸向身后平举，拇指一侧在上；目视剑尖（图 12-184）。

图 12-184

要点：做弓步时，前腿屈膝蹲平，两脚全脚掌着地。上身稍向前倾，腰要向左拧转，下塌，臀部不能凸起，两肩松沉，右肩前顺，左肩后弓。剑尖稍高于肩。

2) 回身后劈

左脚不动，膝部伸直；右脚向前上一步，膝微屈，上身右转；同时右手持剑经上向后劈，剑高与肩平，拇指一侧在上；左手剑指随之由下向前上弧形绕环，在头顶上方屈肘侧举，拇指一侧在下；目视剑尖（图 12-185）。

图 12-185

要点：上步、转身、平劈和剑指向上侧举必须协调一致。转身后，腰要向右拧转，左脚不要移动。剑身和持剑臂必须成直线。

3) 弓步平抹

图 12-186

左脚向左前方上一步、屈膝；右腿在后，膝部挺直，脚尖里扣，成左弓步；同时左手剑指由胸前下降，经左下向上弧形绕环，在头顶上方屈肘侧举，拇指一侧在下；右手持剑（手心转向上）随之向前平抹，剑尖向右斜；目视前方（图 12-186）。

要点：平抹时手腕用力须柔和。

4) 弓步左撩

(1) 上身左转，右腿屈膝在身前提起，脚尖下垂，脚背绷直；同时右手持剑臂外旋使剑由前向上、向后画弧，至后方时屈肘使手腕、前臂贴靠腹部，手心朝里；左手剑指随之由头顶上方下落，附于右手腕部（手心朝下）；目视剑身［图 12-187(1)］。

(2) 右腿继续向右前方落步、屈膝；左腿向后蹬直，脚尖里扣，成右弓步；同时右手持剑由后向下、向前反手撩起，小指一侧在上；左手剑指随右手运动，仍附于右手腕处；目视剑尖［图 12-187(2)］。

(1) (2)

图 12-187

要点：剑由前向后和由后向前弧形撩起时，必须与提膝和向前落步的动作协调一致，握剑不可太紧。形成弓步后，上体略向前倾，直臂、收臀，剑尖稍低于剑指。

5) 提膝平斩

左脚向前上一步，右手手腕向左上翻转、屈肘，使剑向左平绕至头部前上方，右脚随之由后向身前屈膝提起；右手继续翻转手腕，使剑向右平绕至右方后，手心朝上，再用力向前平斩；左手剑指由下向左、向上弧形绕环，屈肘横举于头部左上方；目视前方（图 12-188）。

图 12-188

要点：剑从左向后平绕时，上身必须后仰，使剑从脸部上方平绕而过，不可从头顶绕行。提膝时，左腿必须挺膝伸直站稳，右腿屈膝尽量上提，右脚贴护裆前，上身稍向前倾，挺胸、收腹。

6) 回身下刺

图 12-189

右脚向前落步，脚尖外撇，膝略屈，上身右转；同时右手持剑手腕反屈，使剑尖下垂，随之向后下方直刺，剑尖低于膝，拇指一侧在上；左手剑指先向身前的右手靠拢，然后在刺剑的同时，向前上方伸直，拇指一侧在上；目视剑尖（图 12-189）。

要点：右手持剑要先屈肘收于身前，在右脚向前落步和上身右转的同时，使剑用力刺出。左腿伸直，右腿稍屈，腰向右拧转，剑指、两臂和剑身须成一直线。

7) 挂剑直刺

(1) 左脚向前上一步，屈膝略蹲，右臂内旋先使拇指一侧朝下成反手，然后翘腕，摆臂，使剑尖向左、向上抄挂，当持剑手抄至左肩时，再屈肘使剑平落于胸前，手心朝里；此时左腿伸直站立，右腿随之在身前屈膝提起，左手剑指屈肘附于右手腕处[图 12-190(1)]。

(2) 以左脚前脚掌碾地，上身右转，右手持剑使剑向下插，左手剑指仍附于右手腕处；目视剑尖［图 12-190(2)]。

(3) 上动不停，仍以左脚前脚掌为轴碾地，右脚回身后跨一大步，屈膝，上身从右向后转；左腿在后蹬直，脚尖里扣，成右弓步。同时右手持剑向前直刺，剑尖与肩同高，拇指一侧在上；左手剑指随之向后平伸，拇指一侧在上；目视剑尖［图 12-190(3)]。

(1) (2) (3)

图 12-190

要点：持剑、下插、直刺三个动作必须连贯，它们与跨步、提膝、转身、弓步的动作要协调一致。弓步直刺后，两脚全脚掌着地，上身稍向前倾，挺胸、塌腰。

8) 虚步架剑

(1) 右手持剑先将剑尖由左向右绕一小圈，臂内旋使持剑手的拇指一侧朝下；同时以右脚跟和左脚前脚掌为轴碾地，右脚尖外撇，上身从右向后转，左脚向前收拢半步，两膝均略屈成交叉步；在转身的同时，右手持剑反手向后上方屈肘上架，左手剑指屈肘经左肩前附于右手腕处；目向左平视［图 12-191(1)]。

(2) 右腿屈膝不动，左脚向前进一步，膝盖稍屈，前脚掌虚着地面，重心落于右腿，成左虚步；在右手持剑略向后牵引的同时，左手剑指向前平伸指出，手心朝下；目视剑指［图 12-191(2)]。

(1)

(2)

图 12-191

要点：虚步虚实分明，右肘略屈使剑身成立剑架于额前上方，左臂伸直，剑指稍高过肩。

3．第二段

1) 虚步平劈

左脚脚跟外展，上身右转，重心移于左腿，右脚跟随之离地，成为前脚掌虚着地面的右虚步；在转身的同时，右手持剑向下平劈，拇指一侧在上；左手剑指即向上屈肘，手心向左上方；目视剑尖（图12-192）。

图 12-192

要点：虚步必须虚实分明，劈剑时手腕要挺直。

2) 弓步下劈

右脚踏实，身体重心前移，左手剑指伸向右腋下，右手持剑臂内旋使手心朝下；左脚随即向左前方上步，屈膝，右腿在后蹬直，脚尖里扣，成左弓步；在左脚上步的同时，右手持剑屈腕向左平绕，画一小圈后向前下方劈剑，剑尖高与膝平；左手剑指随之由右腋下向左、向上绕环，在头顶上方屈肘侧举，上身略前俯；目视剑尖（图 12-193）。

图 12-193

要求：劈剑时，右肩前顺，左肩后引，剑尖与手和肩成一直线。

3) 带剑前点

(1) 右脚向左脚靠拢，以前脚掌虚着地面，两腿均屈膝略蹲；右手持剑向上屈腕，使剑向右耳际带回，肘微屈；左手剑指随之由前下落，附于右手腕处；目向右前方平视［图12-194(1)］。

(2) 上动不停，右脚向右前方迈一步，落地后即屈膝半蹲，全脚着地；左脚随之跟进，向右脚并步屈膝，以脚尖点地，成丁步；同时右手持剑向前点击，拇指一侧在上，左手剑指即屈肘向头顶上方侧举，手心朝上；目视剑尖［图 12-194(2)］。

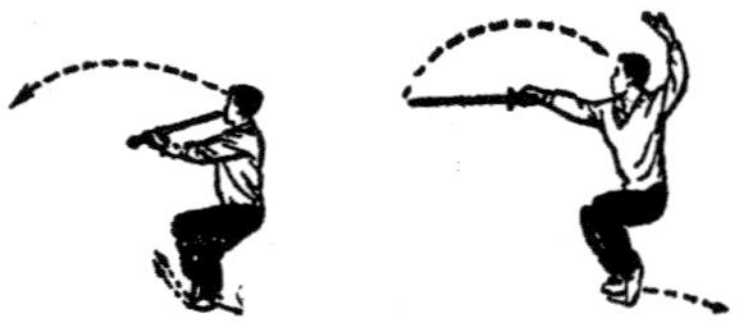

(1) (2)

图 12-194

要点：向前点击时，右臂前伸，屈腕，力点在剑尖，手腕稍高于肩，剑尖略比手低。成丁步后，右大腿尽量蹲平，左脚脚背绷直，脚尖点在右脚脚弓处，两腿必须并拢，挺胸、直臂、塌腰。

4) 提膝下截

(1) 右腿伸直，左腿退步后屈膝，上身后仰；右臂外旋使手心朝上，使剑向右、向后上方弧形绕环，左手剑指不动［图 12-195(1)］。

(2) 上动不停，右臂内旋使手心朝下，继续使剑向左、向前下方画弧下截，同时上身向前探倾，左腿屈膝提起；目视剑尖［图 12-195(2)］。

(1) (2)

图 12-195

要点：膝从右向左的圆形画弧下截是一个完整的动作，必须连贯起来做。左膝尽量高提，脚背绷直，右腿膝部挺直，站立要稳。右臂和剑成一直线，剑身斜平。

5) 提膝直刺

(1) 右腿略屈膝，左脚向前落步，脚尖外撇；右臂外旋使手心朝上，并在左脚落步的同时向上屈肘，将剑柄收抱于胸前，手心朝里，剑尖高与肩平；左手剑指随之下落，屈肘按于剑柄上；此时两腿成交叉步；目视剑尖［图 12-196(1)］。

(2) 右腿向身前屈膝提起，左腿伸直站立；右手持剑向前平直刺出，拇指一侧在上；同时左手剑指向后平伸指出，手心朝下；目视剑尖［图 12-196(2)］。

(1) (2)

图 12-196

要点：抱剑与落步、直刺与提膝，必须协调一致。

6) 回身平崩

(1) 右脚向前落步，脚尖外撇；左脚前脚掌碾地，使脚跟外转，屈膝略蹲，同时上身向右后转，成交叉步；右手持剑臂外旋使手心朝上，屈肘向胸前收回，剑身与右前臂成水平直线，左手剑指随之直臂上举，经左耳侧屈肘前落，附于右手心上面；目视剑尖［图 12-197(1)］。

(2) 上身稍向右转，左腿挺膝伸直，右腿略屈膝；同时右手持剑使剑的前端用力向右平崩，手心朝上；左手剑指屈肘向额部左上方侧举；目视剑尖［图 12-197(2)］。

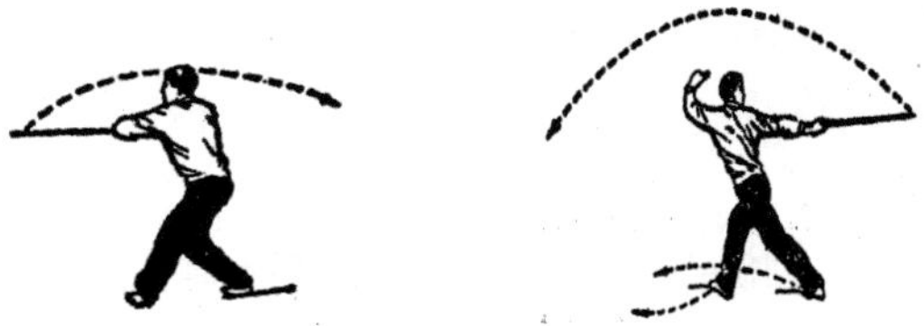

(1) (2)

图 12-197

要点：收剑和平崩两个动作必须连贯起来做。平崩时，用力点在剑的前端；平崩后，上身向右拧转，但左脚不得移动。

7) 歇步下劈

右脚蹬地起跳，左脚向左跃步横跨一步，落地后右腿即向左腿后侧插步，继而两腿屈膝全蹲，成歇步；在跃步的同时，右手持剑向上举起，并在形成歇步时向左下劈，拇指一侧在上，剑尖与踝关节同高；左手剑指随着下劈动作下按于右手腕上面；目视剑身（图 12-198）。

图 12-198

要点：成歇步时，左大腿盖压在右大腿上面，左脚全掌着地，右脚脚跟离地，臀部坐在右小腿上。劈剑时，右臂尽量向前下方伸直，剑身与地面平行。劈剑与跃步成歇步动作必须同时完成。

8) 提膝下点

(1) 右手持剑先使手心朝下成平剑，然后以两脚的前脚掌碾地，上身经右后转动一周，两腿边转边站立起来，右手持剑平绕一周。当剑绕至上身右侧时，上身稍向左后仰，同时剑身继续向外、向上弧形绕环，剑尖接近右耳侧；此时左手剑指离开右手腕向上屈肘侧举；目视前下方［图 12-199(1)］。

(2) 上动不停，右腿伸直站立，左腿屈膝提起，上身向右侧下探俯，同时右手持剑向前下点击，拇指一侧在上；目视剑尖［图 12-199(2)］。

要点：仰身外绕剑与提膝下点两个动作必须连贯且同时完成。右腿独立时，膝部要挺直，左膝尽量上提。点剑时，右手腕要下屈，剑身、右臂、左臂和剑指要在同一个垂直面内。

(1) (2)

图 12-199

4．第三段

1) 并步直刺

(1) 以右脚前脚掌为轴碾地，使上身向左后转。在转身的同时，右臂内旋并向拇指一侧屈腕，使剑尖指向转身后的身前；左手剑指随之由上经右肩前、腹前绕环，向正前方指出，手心朝下；目视剑指［图 12-200(1)］。

(2) 左脚向前落步，右脚随之跟进并步，两腿均屈膝半蹲；同时右手持剑向前平伸，左手剑指顺势附于右手腕处；目视剑尖［图 12-200(2)］。

(1) (2)

图 12-200

要点：两腿半蹲时大腿要蹲平，两膝、两脚均须紧靠并拢，上身前倾，直臂，落臀。两臂伸直，剑尖与肩平。

2) 弓步上挑

右脚上步屈膝，同时左脚脚跟稍内转，左腿挺膝伸直，成右弓步；右手持剑直臂向上挑举，剑尖向上，手心朝左；左手剑指仍向前平伸指出，手心朝下；上身微前倾，目视剑指（图 12-201）。

图 12-201

要点：左臂伸直，左肩前倾，剑指略高于肩；右臂直上举，剑刃朝前后，上身挺胸、直背，塌腰。

3) 歇步下劈

右腿伸直，左脚向前上步，脚尖外撇，随之两腿交叉屈膝全蹲，成歇步；同时右手持剑向前下劈，拇指一侧在上，剑尖与踝关节同高；左手剑指屈肘附于右手腕里侧；上身稍前俯，目视剑身（图 12-202）。

图 12-202

要点：与第二段中的“歇步下劈”动作相同。

4) 右截腕

两脚用前脚掌碾地，并且两腿稍伸直立起，使上身右转，右腿屈膝半蹲，左腿稍屈膝，左脚前脚掌虚着地面，成左虚步；右臂内旋使拇指一侧朝下，用剑的前端下刃向前上方画弧翻转，随着上身起立成虚步，右手持剑再向右后上方托起，左手剑指仍附于右手腕，两肘均微屈；目视剑的前端（图 12-203）。

图 12-203

要点：两腿虚实必须分明，上身稍向前倾，剑身横于右额前上方，剑尖稍高于剑柄。

5) 左截腕

左脚向前上一步，并以前脚掌碾地使上身向左后转，右脚随之向前上一步，前脚掌着地，两腿均屈膝，成左实右虚之右虚步；在右脚进步的同时，右臂外旋，使剑身的前端向左前方画弧翻转，手心朝上，剑身与地面平行；左手剑指随之离开右手腕，屈肘向上侧举；目视剑的前端（图 12-204）。

图 12-204

要点：同“右截腕”。

6) 跃步上挑

(1) 左脚经身前向前上一步，右脚随之在身后离地，小腿后弯，同时右臂外旋，手心朝里，使剑由右向上、向左屈肘画弧，剑至上身左侧时，右手靠近左胯旁，拇指一侧在上并向上屈腕；左手剑指在右手向左下落时附于右手腕上；目视剑尖［图 12-205(1)］。

(1) (2)
图 12-205

(2) 左脚蹬地，右脚向右侧跃步，落地后屈膝略蹲，左脚随之离地屈膝从身后伸向右侧方，形成望月式平衡；上体向左侧倾俯。左右脚跃步的同时，右手持剑由左胯旁向下、向右画弧，当剑达到右侧方时，臂外旋并向拇指一侧屈腕，使剑向上挑击；左手剑指即向左上方屈肘横举，拇指一侧在下；目视右侧方［图 12-205(2)］。

要点：跃步和上步动作必须协调一致，迅速进行。挑剑时，腕部要猛然用力上屈。形成平衡动作后，右腿略屈膝站稳，左小腿尽量向上抬起，上身向右拧转，剑身斜举于右侧上方，持剑手略松，便于手腕上屈。

7) 仆步下压

(1) 右手持剑使剑尖从头上经过，继而向身后、向右弧形平绕，当剑绕到右侧时，即屈肘将剑柄收抱于胸部前下方，手心朝上；同时右膝伸直，上身立起，左腿屈膝提于身前，左手剑指仍横举于左额前上方［图 12-206(1)］。

(2) 上动不停，左手剑指经胸前下落，按在右手腕上；左脚随之向左侧落步，屈膝全蹲；右腿在右侧平铺伸直，脚尖里扣，成右仆步；同时右手持剑用剑身平面向下带压，剑尖斜向右上方；上身前探，目向右平视［图 12-206(2)］。

(1) (2)
图 12-206

要点：做仆步时，左腿要全蹲，臀部要紧靠脚跟，不要凸起，两脚全脚掌均着地。上身前探时要挺胸，两肘略屈环抱于身前。

8) 提膝直刺

两腿直立站起，左腿屈膝提于身前，右腿挺直站立；同时右手持剑向身前平伸直刺，拇指一侧在上；左手剑指屈肘在左侧上举，拇指一侧在下；目视剑尖（图 12-207）。

图 12-207

要点：右腿独立须挺膝站稳，左膝尽量上提，脚背绷直，脚尖下垂。上身稍后倾，右肩、右臂和剑身要成一直线，左臂屈成半圆形。

5. 第四段

1) 弓步平劈

右臂外旋，先使手心朝上，剑的下刃翻转向上，继而上身左转；同时左脚向左侧落一大步，屈膝；右脚以前掌为轴碾地，脚跟稍外转，右腿挺膝伸直，成左弓步；左手剑指随着持剑臂的运行而向右、向下、向左、向上圆形绕环，仍屈肘于头部左上方；同时右手持剑向身前平劈，拇指一侧在上，臂要伸直，剑尖略高于肩；目视剑尖（图 12-208）。

图 12-208

要点：向前劈剑和剑指绕环这两个动作必须协调一致且同时完成，两肩要放松。

2) 回身后撩

右脚向前上一步，膝微屈；左脚随之离地，小腿向上弯曲；上身前俯，腰向右拧转；右手持剑随右脚上步而向右反撩，剑尖斜向下方，拇指一侧在下；左手剑指前伸成侧上举，拇指一侧在下；目视剑尖（图 12-209）。

图 12-209

要点：右脚站立要稳，左脚脚背绷直，上身挺胸，两肩放松。

3) 歇步上崩

(1) 右脚蹬地，左脚向前跃步，上身随之向右后转；左脚落地，脚尖稍外撇，右腿摆向身后；在上身转动的同时，右臂外旋，使拇指一侧朝上，左手剑指在身后平伸，手心朝下；目视剑尖［图 12-210(1)］。

(2) 上动不停，右脚在身后落步，两腿均屈膝全蹲，左大腿盖在右大腿上，臀部坐在右小腿上，右手持剑直臂下压，手腕向拇指一侧上屈，使剑尖上崩；左手剑指随之屈肘在头部上方侧举，拇指一侧在下；目视剑身［图 12-210(2)］。

(1)　(2)

图 12-210

要点：向前跃步、歇步和剑尖上崩三个动作要连贯协调。跃步要远，落地要轻。上崩时腕部要猛然用力上屈，剑尖高与肩平。歇步时上身前俯，胸须内含。

4) 弓步斜削

(1) 左脚脚尖里扣，上身右转，右脚随之向前上步，屈膝，左腿在身后挺膝伸直，成右弓步；右手持剑臂外旋使手心朝上，在转身的同时，屈肘向左腋前收回；左手剑指随之从身前下落，按在剑柄上；上身向右前倾，目视前方［图 12-211(1)］。

(2) 上动不停，右手持剑由后向前上方斜面弧形上削，手心斜向上方，手腕稍向掌心一侧弯曲；同时左手剑指伸向后方，拇指一侧在上；目视剑尖［图 12-211(2)］。

(1)　(2)

图 12-211

要点：斜削时，右臂稍低于肩，剑尖斜向脸前右上方，略高于头；左臂在身后侧平举，剑指指尖略高于肩部。

5) 进步左撩

(1) 右腿伸直，上身向左转，左腿稍屈膝；同时右手持剑使手心朝里经脸前转身向左画弧，剑经体前时，左手剑指附于右手腕里侧；目视剑尖［图 12-212(1)］。

(2) 以右脚跟为轴碾地，脚尖外撇，上身向右后转；左脚随之向前上步，以前脚掌虚着地面；同时右手持剑反手向下、向前、向上继续画弧撩起，剑至前上方时，肘部略屈，拇指一侧在下，剑尖高与肩平；左手剑指随手动作，仍附于右手腕上；目视剑尖［图 12-212(2)］。

(1)　(2)

图 12-212

要点：上述两个剑身的画弧动作，必须连贯成一个完整的绕环动作。撩剑后，右腿微屈，左腿伸直，身体重心落于右腿，剑尖稍微朝下。

6) 进步右撩

(1) 右手持剑直臂向上、向右后方画弧，左手剑指随势收于右肩前，手心朝左；目视剑尖［图 12-213(1)］。

(2) 左脚踏实后以脚跟为轴碾地，脚尖外撇；右脚随之向左脚前上一步，前脚掌虚着地面；同时右手持剑由右向下、向前画弧抡臂撩起；剑至前方时，肘微屈，手心朝上，剑尖高与头平；左手剑指

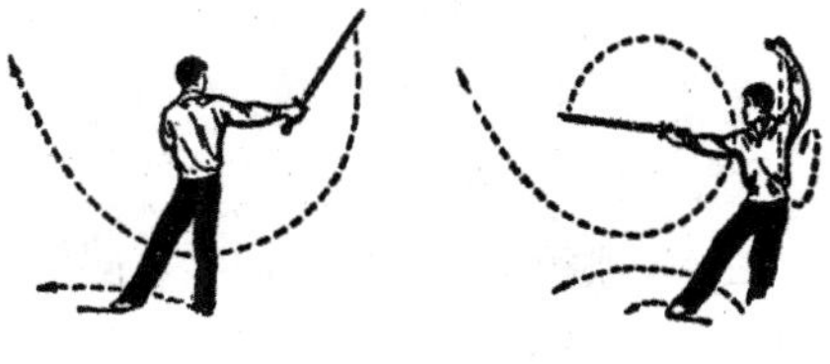

(1)　(2)

图 12-213

随之由右肩前向下、向前、向后上方绕环，屈肘侧举于头部左上方；目视剑尖[图 12-213(2)]。

要点：同“进步左撩”中的左右脚相反。

7) 坐盘反撩

右脚踏实后向前上一步，随即左脚从右腿后向右侧插一步，两腿屈膝下坐，成坐盘式；在左脚插步的同时，右手持剑向上、向左、向下，再向右上方反手绕环斜上撩，剑尖高过头顶；左手剑指随之经体前向下、向后上方划弧，屈肘横举于左耳侧，拇指一侧在下；上身向左前倾俯；目视剑尖（图 12-214）。

图 12-214

要点：坐盘必须与反撩动作协调一致进行。坐盘时，左腿盘坐地面，左脚背外侧着地；右腿盘落于左腿上，全脚掌着地，脚尖朝身前，上身倾俯时胸要内含，剑尖与右臂、左肘、左肩成一直线。

8) 转身云剑

(1) 右脚蹬地，两腿伸直站起，并以两脚的前脚掌碾地，使上身向左后转；转身之后，右腿屈膝略蹲，右脚踏实，左膝微屈，前脚掌虚着地面，身体重心落于右腿；同时右手持剑随身体转动一周后屈肘使剑平举，拇指一侧在下；此时左手剑指附于右手腕处；目视剑尖［图 12-215(1)］。

(2) 上动不停，上身后仰，右手持剑向左、向右、向前圆形云绕一周，剑至身前时，右手手心朝上，松把，使剑尖下垂；左手剑指放开，拇指一侧朝上，准备接握右手之剑；此时重心前移，左脚踏实，右腿伸直，上体前倾；目视左手［图 12-215(2)］。

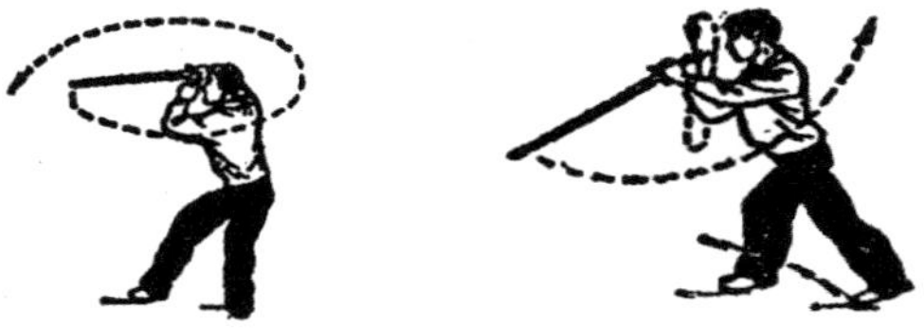

(1) (2)

图 12-215

要点：转身和云剑动作必须连贯，云剑要平、要快，腕关节放松，使之灵活。

6．结束动作

(1) 右手将剑柄交于左手后即握成剑指，左手接剑后反握住剑柄向身体左侧下垂；此时右脚向右前方上步，脚尖里扣，屈膝略蹲，上身随之左转；左脚随之向前移步，以前脚掌虚着地面，膝微屈。在上身左转的同时，右手剑指随之由身后向上屈肘侧举于头部右上方，手心朝上；目向左平视［图 12-216(1)］。

要点：重心落于右腿，上身前倾，挺胸，塌腰，两肩松沉，左肘略上提，剑身紧贴前臂后侧，并与地面垂直。

(2) 右腿伸直，右脚向左脚靠拢，并步站立；右手剑指下落于身体右侧，手心朝下，恢复成预备式；目向正前方平视［图 12-216(2)］。

(1)　　(2)

图 12-216

要点：同预备式。

第四节　武术套路比赛规则简介

一、武术套路比赛规则简介

按照比赛规则的规定，武术套路比赛从性质上可分为个人竞赛、团体竞赛、个人及团体竞赛。其比赛项目包括如下几项：

(1) 拳术：长拳、南拳、太极拳。

(2) 器械：剑术、刀术、棍术、枪术。

(3) 其他拳术：除规则规定的自选拳术内容以外的拳术。

(4) 其他器械：除规则规定的自选器械内容以外的器械项目。

(5) 对练项目：徒手对练、器械对练、徒手与器械对练。

(6) 集体项目。

二、武术套路比赛规则

(1) 武术套路的比赛分预赛和决赛。预赛为个人单项及器械全能资格赛。凡是在预赛中获得前 12 名的男女运动员，均有资格参加决赛的角逐，争夺金牌，并录取和奖励各项目的前 8 名运动员。

(2) 运动员参赛顺序的确定。在竞赛委员会的监督下，由编排组用电脑抽签决定分组顺序，或在竞赛委员会监督下，赛前由各代表队派代表抽签决定分组顺序，临场由运动员本人抽签决定出场顺序。

(3) 武术套路比赛场地的规定。武术套路比赛在地毯上进行，场地为长方形。单练和对练的场地长 14 米、宽 8 米，四周内沿由 5 厘米宽的边线组成，在场地的两长边中间各做一条长 30 厘米、宽 5 厘米的中线标记。

场地外至少有 2 米宽的安全区。比赛场地上空从地面量起，至少有 8 米无障碍空间。

(4) 运动员比赛完成套路的规定时间。长拳及刀、剑、枪、棍的自选套路，成人组不得少于 1 分 20 秒，儿童组不得少于 1 分钟；南拳采用规定比赛套路比赛时不再计时；太极拳比赛套路要求在 5～6 分钟内完成（到 5 分钟时，裁判长鸣哨示意）；对练不得少于 50 秒钟；单练不得少于 1 分钟。

(5) 拳、刀、剑、枪、棍的技术水平评定及运动员最后得分的计算。拳、剑、刀、枪、棍的分值：长拳、南拳、太极拳、刀、枪、棍比赛的满分均为 10 分。其中动作规格的分值为 6.8 分，演练水平的分值为 3 分，创新难度分值为 0.2 分。

对运动员长拳以及刀、剑、枪、棍技术水平的评定，其根据的是运动员临场比赛中完成动作的质量和表现出的功力水平与演练技巧以及套路编排四个方面。

(1) 动作规格：主要看手型、手法、步型、步法、身型、身法以及平衡、跳跃等动作完成的质量。

(2) 功力水平：主要看劲力和协调两个方面的动作完成质量。

(3) 演练技术：主要看运动员精神、节奏、风格特点的表现情况。

(4) 套路编排：主要从套路内容、结构、布局给予评价。

运动员最后得分的确定，是根据裁判员对运动员的评判，即动作规格应得分、演练水平应得分以及运动员应得分，按一定的方法和程序计算而得出来的。

第五节　竞赛礼仪

一、抱拳礼

并步站立。左掌右拳在胸前相抱，左指根线与右拳棱相齐，高与胸齐，掌、拳与胸部的距离为 20～30 厘米（图 12-217）。

图 12-217

二、抱刀礼

并步站立。左手抱刀，屈臂抬起使刀横于胸前，刀刃向上；右手成掌，掌心附于左手拇指第一指节上，高与胸齐，两手与胸部的距离为 20～30 厘米。

三、持剑礼

并步站立。左手持剑，屈臂抬起使剑身贴前臂管外侧解横于胸前；右手成掌，掌外潜附于左手食指根节，高与胸齐，两手与胸部的距离为 20～30 厘米。

四、持枪（棍）礼

并步站立。右手持枪（棍）靠把端约三分之一处，屈臂置于胸前，枪（棍）身直立；左手成掌，附于右手拇指第二指节上，两手与胸部的距离为20～30厘米。

运动员若持双器械，应将器械交一手持握，行抱刀礼或持剑礼、持枪（棍）礼；若不能一手持握器械，则应两手持握器械面向裁判长立正行注目礼。其他器械参照以上各种礼仪执行。

当检录员检查器械或裁判长要求检查器械时，若是短器械，运动员则应使器械尖向下，将器械竖直递上；若是长器械，运动员则应使梢（尖）向上，将器械竖直递上。

第十三章

跆　拳　道

第一节　跆拳道运动概述

一、跆拳道的起源和发展

跆拳道（英文名 Taekwondo）是起源于朝鲜半岛的搏击运动，它是朝鲜民族在生产和生活实践中发展起来的一项运用手、脚技术和身体能力进行自身修炼和搏击格斗的传统体育项目。跆拳道在朝鲜民族史上已经有3000多年的历史了，深受人民的喜爱，被称为国技。“跆拳道”这个词的字面意思就是“踢与拳法的武艺”。“跆”（TAE）的意思是脚踢；“拳”（KWON）的意思是指用拳击打；“道”（DO）是指方法、技艺和道理，同时道也是一种文化、一种学问。由此可见，跆拳道是以脚为主，以手为辅，手脚并用，内练精神气质，外练搏击格斗的武道。

当前，跆拳道可分为传统跆拳道和现代竞技跆拳道两大类。传统跆拳道的内容主要包括品势、搏击和功力检测三个部分，传统跆拳道的品势，相当于中国武术中的套路，共有24套统一的架型；搏击格斗仍然保留着一些传统的技法，比如拳技、擒拿、摔锁等；功力检测主要包括威力表演和特技两部分。现代跆拳道是随着时代的进步和竞技体育的发展而衍生的，也就是我们所说的竞技跆拳道。即在一定的规则限制下，互以对方技击动作为转移，以切磋技艺、增进友谊、提高竞技水平为目的的对抗性体育竞赛项目。它具有高度的攻防实战性和激烈的对抗性，吸取了传统跆拳道的精华，进一步突出了跆拳道善于用腿技的特点，使跆拳道的技击格斗性质在体育运动中得到了完美的体现。

跆拳道运动具有典型的东方文化色彩。它不仅是一项具备较强攻击力的运动项目，而且是一种形体艺术和行之有效的强身健体方法。跆拳道的本身还蕴涵着一种深层的精神追求和理念，首要的就是以修心养性为核心，培养强烈的爱国热情和为正义而献身的崇高精神。道是一种方法、途径、技艺、精神，更表现为一种道理、道德和礼仪，同时它也是民族精神的体现。练习跆拳道者须具备勇猛善战、敢打敢拼的精神品质，坚韧不拔、拼搏向上的精神气概。在学习的过程中不仅要学习跆拳道的技击技术，而且要注重对跆拳道礼仪、道德修养的学习和遵从。每一次练习都要求“以礼始、以礼终”，培养人忍耐、谦虚和坚韧不拔的精神。

跆拳道的精神对青少年有着积极的教育意义。学习跆拳道可以内修精神、性情，外修技术、身体，培养常人难以达到的意志品质和忍让谦恭的美德。因此，这项内外双修，精神气质与技击技术全面发展的体育运动深受广大青少年的喜爱。至今，跆拳道已成为世界上发展最快的体育项目之一，并已成为奥运会比赛项目。

二、跆拳道基础知识

（一）跆拳道精神释义

精神通常是指人的意识、思维活动和一般心理状态。跆拳道精神是跆拳道练习者需要培养的心理状态，这种心理状态在不同的时期有不同的要求。例如在古代跆拳道的精神具体体现在以“事君以忠、事亲以孝、事友以信、临阵无退、杀身有择”为主的忠孝爱国精神。现代跆拳道的精神与体育的精神是相互交融的，可以概括为礼仪、廉耻、忍耐、克己、百折不屈的精神，具体释义如下。

(1) 礼仪（义）：礼节和仪式，也指崇礼行义。要求跆拳道练习者要互相尊重，培养友爱、正义、谦虚的精神。

(2) 廉耻：廉洁的操守和羞耻的感觉。要求跆拳道练习者要分辨是非，有羞耻之心，努力使自己成为正直和道德高尚的人。

(3) 忍耐：把痛苦的感觉或某种情绪抑制住不使其表现出来。忍耐是用来克服跆拳道练习过程中所遇到困难的秘诀，只有忍耐才能超越自己。

(4) 克己：克制自己的私心，对自己要求严格。要求跆拳道练习者要自我控制，排除不良情绪和私心杂念。

(5) 百折不屈：无论受多少挫折都不退缩。要求跆拳道练习者要有坚强的意志品质，在挫折、困难面前不退缩、不轻易放弃。

（二）跆拳道的运动特点

1. 以腿为主，以手为辅

跆拳道技术中腿法技术的比例占整个跆拳道技术体系的 80%左右，这是跆拳道运动的鲜明特点。在实战比赛中腿的攻击力量远远大于手，而且腿法攻击范围广、威力大，是跆拳道比赛中主要的得分手段。另外，竞技跆拳道的比赛规则对腿法使用有着积极的鼓励作用，在竞技跆拳道比赛中只允许使用一种进攻或反击的拳法，而且得分率很低，这无疑提高了运动员腿法的使用率。但在竞赛规则以外的跆拳道实战中，人体的一些主要关节都可以作为攻击对手的武器。这便构成了跆拳道运动的鲜明特点，即以腿为主，以手为辅的运动模式。

2. 技击方法简捷实用，动作刚直相向

在跆拳道的实战中多使用拳、掌、臂等格挡防守，随即以连续快速的腿法组合连击，或直接去打，或接触防守，很少使用闪躲避让法。用简明硬朗的方法直接去打击对方，追求以刚制刚、硬拼硬打，尽可能保持或缩短双方的距离，进攻或反击时的动作路线多为直线，方法简练，强调击打的有效性。因此，技击方法简捷实用，动作刚直相向是跆拳道运

动的又一特点。

3. 内外兼修，功法独特

跆拳道训练是在赤手空拳下进行的。经过专门的训练，练习者的关节部位能够发挥常人难以具备的威力，尤其是手和脚的功力。这是意念与动作在长时期的彼此渗透中产生的综合效应，使人体达到内外合一的境界，即内力与外力、精神与劲道的协调统一。

4. 以功力验水平

跆拳道练习者修炼的水平如何，技术动作的威力到底有多大，往往是通过运用手脚或其他关节部位分别击碎木版、砖石等物体来检测的。这种方法已成为跆拳道练习、晋级、表演、比赛的一个主要内容之一，也是检测跆拳道练习者功力水平的有效手段之一。

5. 发声扬威，强调气势

跆拳道练习时无论是品势练习，还是比赛训练，都要求训练者给人以气势上的震慑。跆拳道练习者多以发出洪亮并有威慑力的声音来显示自己的功力。发声扬威的作用可以归纳为以下四点：

(1) 通过发声可以提高自己的注意力，提高大脑皮层的兴奋度，从而更好地完成训练或比赛；

(2) 有关专家研究表明，洪亮的喊声可以增强人的爆发力，以声催力来加大技术的杀伤力；

(3) 通过发声可以提高自己的斗志，在气势上压倒对手，从而达到在心理上战胜对手的目的；

(4) 在竞技比赛中，运动员通过发声配合击打效果来得到裁判的认可，达到得分的目的。

6. “以礼始，以礼终”，培养良好的道德品质

跆拳道练习者始终把“礼”作为训练内容之一，强调“以礼始，以礼终”，即训练是从行礼开始以行礼结束，并突出爱国主义精神。随着练习者技术水平的提升，道德修养也不断地提高。练习者通过向老师、长辈、教练、队友鞠躬行礼，养成发自内心的礼仪习惯，形成谦虚、谨慎、友好、忍让的态度和互相学习的作风，培养其坚韧不拔的意志品质和拼搏向上的精神。

(三) 跆拳道运动的作用

1. 强身健体，防身自卫

通过跆拳道练习，可以提高人体各关节的灵活性及肌肉的伸展和收缩能力，提高人的力量、柔韧、灵敏、耐力素质，并对神经系统的功能有较大的促进作用。长时间练习可以增强体质，塑造健美的身材和强壮的体魄。跆拳道的训练是围绕着攻防对抗来完成的，练习者在反复的练习中不断提高技战术水平，增强反应能力。另外，通过长时间的跆拳道训练，可以使手、脚及其他关节具备超乎常人的威力，从而达到防身自卫的目的。

2. 修身养性，培养人优秀的意志品质

跆拳道的练习过程本身就是一个内外兼修的过程。练习中推崇“以礼始，以礼终”的尚武精神，要以“礼仪廉耻、克己忍耐、百折不挠”的跆拳道精神为宗旨。在这样的跆拳

道精神的指导下，练习者可以养成顽强果断、吃苦耐劳的好习惯，磨炼出坚韧不拔、积极向上的意志品质，形成礼让谦逊、宽厚待人的美德及高尚的爱国主义情操。

3. 娱乐观赏

跆拳道不但有强身健体和防身自卫的功能，而且具有极高的娱乐观赏价值。跆拳道比赛实战时，运动员不仅要斗志斗勇，而且要通过比赛将跆拳道的技术发挥得淋漓尽致。运动员在紧张激烈的对抗的同时也给观赏者以美的享受，并且激发人们的斗志，鼓舞人奋发向上的精神，陶冶人的道德情操，使人们在潜移默化中受到运动员高尚道德品质的感染。

三、跆拳道礼节与段位

（一）跆拳道的礼节

跆拳道的礼节是跆拳道基本精神的体现，也是跆拳道练习者需要修炼的内容之一。跆拳道的礼节不只是形式的表现，而是要发自内心地进行。跆拳道是以对抗为表现形式的运动，训练或比赛中无论打斗如何激烈，双方运动员都是以提高运动技术水平和磨炼意志为目的的，因此参加跆拳道比赛的运动员都要有向对方持有尊重和学习的心态。做到场上是对手，场下是朋友，这就是跆拳道运动始终倡导的“以礼始，以礼终”的精神。礼节也是每一个跆拳道练习者在接触跆拳道运动时的第一堂课，练习者只有树立礼仪谦虚的学习态度，才能够获得理想的人格和健康的体魄。跆拳道中最常用的礼节是向教练、队友、长辈行鞠躬礼，具体方法是面向对方直体站立，向前屈腰 15°，头向前屈 45°，双手紧贴两腿，两脚跟并拢；此外，还有向国旗和对手行礼的方法（图 13-1）。

行鞠躬礼　向国旗敬礼　相互敬礼

图 13-1

1. 进入道馆训练时的礼节

(1) 练习者衣着端正，头发整洁，对教练和队友都要表现出恭敬、服从和谦虚、互动互学的心态。

(2) 进入道馆时，首先向国旗敬礼，方法是将右手掌放于左侧胸前，成立正姿势，目视国旗 2～3 秒，然后向教练行鞠躬礼。

(3) 两人一组进行练习时，首先应相互敬礼，练习结束后，再次相互敬礼。

(4) 训练中如果有事请假，应首先向教练敬礼，再说明理由。

(5) 训练中服装或护具脱落时，应背对国旗和教练，整理整齐后再恢复训练。

(6) 训练结束后，首先向国旗敬礼，然后向教练敬礼，离开道馆时再次向国旗和教练敬礼。

2．参加比赛时的礼节

(1) 个人比赛开始时的礼节。

运动员走入场地时，应向裁判及教练敬礼，待场上主裁判下达“立正”“敬礼”的口令后，比赛双方运动员相互敬礼，等主裁判发出“准备”“开始”的口令后方能进行比赛。

(2) 个人比赛结束时的礼节。

比赛结束时，双方运动员到各自的位置相对站好，待主裁判发出“立正”“敬礼”的口令后双方相互敬礼，然后面对裁判长席等待比赛结果。比赛结果宣布结束后向裁判长席、场上裁判员及对方教练敬礼，之后结束比赛。

(3) 团体对抗赛比赛前的礼节。

首先参赛两队的全体队员按名单顺序面向裁判席，成纵队站立，然后两队运动员依主裁判“敬礼”口令向裁判席敬礼。

(4) 团体对抗赛比赛结束后的礼节。

当最后一对运动员比赛结束后，两队的全体运动员立即进入竞赛区相对站立，待主裁判发出“立正”“敬礼”的口号后相互敬礼，然后两队依主裁判口令先向监督官立正站好，再向陪审敬礼。

（二）跆拳道的服装

参加跆拳道比赛时，运动员必须穿戴由世界跆拳道联盟规定的统一服装（包括护头、护胸等道具），平时训练时须穿跆拳道道服。

（三）跆拳道的段位划分

跆拳道是用段位来显示练习者的跆拳道学习造诣的。练习者的腰带是技术等级的标志，段位越高表明水平越高。跆拳道的段位可以划分为十级九段：从十级（低）到一级（高）是初学者的等级；从一段到三段是黑带新手的段位，称为 Assistant Instructor（副师范）；四段到六段为高水平段位，称为 Instructor（师范）；七段至九段是授予那些有很高学识造诣或为跆拳道发展作出杰出贡献者的段位，七段和八段者称为 Master（师贤），九段为最高段，称为 Grandmaster（师圣）。只有黑带才称为段，黑带的段位是通过黑带上的特殊标记区分的。另外，区别跆拳道的段位还要看道服上的标记：一段至三段的道服边有黑色带条，四段以上道服的衣袖和裤腿两边有黑色带条。黑带以下称为级，十个等级各代表的水平不同，初学者只有从十个级别中的十级开始晋升至一级，然后才能入段。十个级别划分如下：

十级为白带：表示空白，还没有跆拳道知识，也就是处于入门阶段。

九级为白带加黄杠。

八级为黄带：表示大地。草木在大地生根发芽，意味着开始学习基础动作，正处于基础阶段。

七级为黄带加绿杠。

六级为绿带：表示草木。成长中的绿色草木，意味着正处于技术进步阶段。

五级为绿带加蓝杠。

四级为蓝带：表示蓝天。草木向着蓝天茁壮成长，意味着进度达到相当高的阶段。

三级为蓝带加红杠。

二级为红带：表示已具备相当的威力，意味着克己和警示对手不要接近。

一级为红带加黑杠。

四、跆拳道学练方法

(一) 跆拳道学习的阶段划分

跆拳道的学习是一个渐进的过程，根据跆拳道的学习特点和运动技能形式的生理学规律，可以将跆拳道的技术形成分为三个阶段：初型概念阶段，培养攻防意识和战术意识阶段，提高个人技术特长以及形成个人技术打法阶段。

(1) 初型概念阶段（泛化阶段）。

处于这一阶段时，运动员的大脑皮层兴奋过程广泛扩散，动作表象较模糊，以视觉表象为主，此时动作的控制与调节易受到外界干扰。因此，这一阶段运动员完成动作的精确性较差且质量不高。这一阶段的学习目标是学习基本理论知识、基本功、基本技术动作。此时应加强基本功训练，掌握理论知识、动作原理，特别是掌握正确的基本动作，它决定着击打的力量、速度及攻防转换等制胜对方的重要因素。

(2) 培养攻防意识和战术意识阶段（分化阶段）。

这一阶段大脑皮层兴奋与抑制过程开始分化，兴奋相对集中，内抑制逐步发展巩固。因此，这一阶段运动员可以较轻松地完成技术动作，实战中的“距离感”“空间感”逐步形成。这一阶段的主要任务是在巩固基本动作，不断提高专项素质和熟练掌握多种技术动作及组合的前提下，通过进攻、防守及防守反击的训练，逐渐培养攻防意识，为进一步提高竞技水平做好准备。另外，在此阶段还要注重战术意识的培养，因为战术意识是一名运动员走向成熟的标志，在训练中注重战术意识的培养与练习，对提高运动员自身的技术水平有很大的促进作用。

(3) 提高个人技术特长以及形成个人技术打法阶段（巩固提高阶段）。

这一阶段运动员大脑皮层的兴奋过程高度集中，内抑制相当牢固，动作表现精确、连贯、熟练，对动作的控制和调节能力日益完善，抗干扰能力加强，达到高度的自动化水平，并随着技术的升华在实际运用中能够发展和创造。通过前两个阶段的学习，运动员的个人及战术水平有所提高，形成了个人的技术特色，这时教练员应因材施教，培养个人的技术“绝招”。在全面提高掌握攻防技术的前提下形成个人技术特长，不断提高专项素质及增强打击力量，从而逐步走向成熟。

(二) 各阶段学习要求

(1) 第一阶段要求打好基础。

竞技跆拳道训练是一个既复杂又系统的过程，在这个过程中首要的一条就是练好专项素质和基本功。为此，初级阶段的训练应以练好专项素质和基本技术为主要目的。专项素质包括力量、速度、灵敏、协调、柔韧等素质。基本功包括：基本的站立姿势、步法、基本进攻技术和基本防守技术等。在练习专项身体素质之前，首先要提高一般身体素质（包括跑、跳、力量等）。在具备一般身体素质的基础下，通过严格的跆拳道基本功、基本技术训练，提高专项素质。在掌握了正确的基本动作和具备了专项身体素质的基础上，逐步提高进攻技术的速度和力量，增加攻击的实效性，提高抗击打能力和实战意识，为深入学习做好准备。

(2) 第二阶段要求熟练掌握攻防技术。

有了一定的跆拳道基础后，在继续巩固技术动作的前提下，逐渐过渡到攻防技术阶段，全面系统地学习跆拳道实战的攻防技术及战术，由简单的单个技术练习进入组合的攻防技术练习，形成个人的技术特点。学习时要从动作原理入手，了解动作的本质，体会攻防含义，从理论上去认识和掌握招式组合规律。还要根据自己的不足进行一些针对性的练习，如力量弱者要安排一定时间与数量的力量练习，技术动作不规范者要反复纠正错误动作，直到能够完成正确的技术动作为止，为进一步的学习及实战训练打好基础。

(3) 第三阶段的要求是通过实战积累经验、检验成果并形成个人技术专长。

竞技跆拳道运动是双方斗智、较技的对抗性项目，是以击败对手来取得比赛胜利的，练习的效果与水平都要通过实战来得到检验。高水平的跆拳道训练应当以实战需要为标尺，实战的原则要先从本队与自己水平相近的队友进行交手，以克服自己的胆怯心理。在实战中通过自己的感觉及教练的提示来发现问题，改进关键技术环节，使之合理、有效、实用。通过实战不断地总结经验教训，不断地完善自己，提高技术水平。另外，要善于总结和发现，针对自己的特点形成个人的技术风格，也就是所谓的“绝招”，这样才能使自己成为一名优秀的跆拳道运动员。

（三）学习跆拳道的注意事项

(1) 加强礼仪和武德修养。

跆拳道的修炼过程是一个内外双修的过程，讲究礼仪、廉耻、克己、忍耐、百折不挠的跆拳道精神，也可以说这种精神是跆拳道运动的灵魂。要练就上乘的功夫，还需要在道德方面达到较高的境界。武德是指尚武崇德的精神，这是评价跆拳道修炼者道德水平的标准。学习跆拳道的目的不仅是追求强健的体魄以及自强不息的尚武精神，而且要培养宽厚谦让、诚实守信、除暴安良、扶助弱小的道德修养。因此，学练跆拳道必须加强品德修养，树立助人为乐、见义勇为的良好风尚，切不可恃强凌弱、打架斗殴、肆意闹事、违反社会公德。同时，良好的武德也是一名跆拳道运动员必须具备的道德修养。

(2) 树立坚韧不拔的意志和持之以恒的学习态度。

跆拳道是一项既复杂又难练的体育项目，学习的过程中将遇到各种各样的困难，在这些困难面前只有树立坚韧不拔的意志和持之以恒的学习态度，潜心钻研才能不断提高自身的武技。

(3) 练习前准备活动要充分。

练习跆拳道或参加比赛前应有充分的准备活动，准备活动的时间大约在20～30分钟，内容包括跑步、关节操、游戏、拉韧带等。通过充分的准备活动使各韧带关节充分拉伸灵活，提高神经与肌肉的兴奋性，有效地克服内脏器官的生理惰性，使肌体各器官处于兴奋及运动状态。切不可没有做准备活动就进行剧烈的运动，以免造成关节、肌肉、韧带的拉伤，影响正常的训练甚至活动，做好充分的准备活动是避免运动损伤的有效手段。

(4) 遵循循序渐进原则，不可舍本逐末。

学习跆拳道最重要的一个原则就是系统性。正确、科学、合理地安排学习训练计划，才能够较好地掌握跆拳道技术，切不要贪多、图快，否则欲速则不达。如在学习的过程中，还没有学习防守技术，就进行实战练习，这样不但不能进步，反而容易造成运动损伤，影响学习进度。

(5) 要具备自我保护能力。

跆拳道学习必须经历的过程就是实战，如果在没有穿护具的情况下进行实战练习则是很容易受伤的，因此在实战练习时穿戴护具是较好的自我保护措施。护具包括护胸、护腿、护裆、护头等。有条件者最好在垫子上进行练习，无条件者可在平整的场地上进行练习。

(6) 训练结束后要进行全面的放松。

跆拳道训练结束后，人体的各种生理机能还维持在一个较高的水平，需要有一个由高到正常的调整过程。全面地进行放松整理，能有效消除疲劳，消除代谢产生的乳酸，缓解肌肉疼痛。

第二节 跆拳道实战（竞技）基本技术

一、实战姿势

实战姿势也称为准备姿势，它是指跆拳道比赛中运动员运用技法进攻或防守时的预备动作。

跆拳道的实战姿势可以分为三种类型，即标准实战姿势、侧向实战姿势和低位实战姿势。运动员在比赛时可以根据对手的情况来调节相应的实战姿势。练习时左腿在前称为左实战姿势，右腿在前称为右实战姿势。如图 13-2 所示为标准实战姿势和侧向实战姿势。

标准实战姿势　　侧向实战姿势

图 13-2

1. 标准实战姿势

两脚前后开立，两脚之间的距离是本人肩宽的 1.5 倍，脚尖斜向前方 45°，脚前掌支撑后脚跟抬起，两膝微屈，身体重心落于两脚之间，身体放松，右手握拳置于胸前，高度应距下颌约一拳左右。左手握拳高度与肩同平，左手肘关节角度应大于或等于 90°。上体保持正直，目视前方。

要点：实战姿势时身体要放松，两膝要微屈，做标准实战姿势时两腿不要站在一条直线上，应站在直线的两侧以便保持身体平衡，使身体时刻处于待发状态。

2. 侧向实战姿势

身体完全侧向，两脚间距离为肩宽的 1.5～2 倍，两脚在一条直线上，其他同标准实战姿势。侧向实战姿势适用于侧踢、后踢等腿法。

3. 低位实战姿势

低位实战姿势站立时，上体微向前倾，两腿屈膝的角度加大，身体重心降低，两脚间隔为肩宽的 1.5～2 倍，其他同标准实战姿势。低位实战姿势适用于反击技术，如后踢、后旋踢的反击。

4. 跆拳道实战中与对手相关的站位

跆拳道实战中按双方运动员相对站立的姿势可以分为开式站位和闭式站位两种（图 13-3）。

开式站位　　闭式站位

图 13-3

1) 开式站位

我方左实战姿势站立，对方右实战姿势站立时，或我方右实战姿势站立，对方左实战姿势站立时，称为开式站位。

2) 闭式站位

我方左实战姿势站立，对方左实战姿势站立时，或我方右实战姿势站立，对方右实战姿势站立时，称为闭式站位。

二、实战（竞技）基本步法

步法是跆拳道实战中实现攻防转换的关键技术，其作用可以概括为以下四点：

(1) 连接进攻与反击技术。在跆拳道实战中无论是进攻、防守，还是防守反击，绝大多数是在身体运动的情况下完成的，因此需要快速、灵活、多变的步法连接技术。

(2) 抢占有利的实战位置。实战中通过灵活多变的步法移动占据场上的有利位置，为进攻与反击做好准备。

(3) 保持身体重心，维持身体平衡。跆拳道比赛的攻防转换是在运动状态下完成的，较好地掌握步法技术才能较好地维持身体平衡，才能在相对动态的平衡下实现有力的进攻与反击。

(4) 破坏对方距离感，遏制对方进攻技术的发挥。灵活多变的步法可以有效地破坏对方进攻与防守的距离感，给对方心理造成压力。

跆拳道比赛中常见的步法有以下几种。

1. 前进步

前进步包括前滑步、上步和前跃步（图 13-4），下面分别予以介绍。

前滑步　　上步　　前跃步

图 13-4

1) 前滑步

实战姿势站立，右脚蹬地，左脚向前上半步，落地时左脚掌先着地，而后右脚再向前跟半步。

要点：移动时两脚距离保持不变，两脚离地不要太高，进步要稳，跟步要快。

2) 上步

实战姿势站立，以左脚掌为轴，脚尖外转，右脚蹬地向前上步，成右实战姿势站立。

要点：动作要协调，要有整体性，上步要快。

3) 前跃步

战姿势站立，两脚同时蹬地向前纵出 30～40 厘米，动作完成后保持实战姿势站立。

要点：

(1) 要依靠两脚踝关节与膝关节的力量弹跳纵出，双脚要紧贴地面，不要腾空过高；

(2) 动作起动时重心不宜过低，否则容易暴露动作意图。

2. 后退步

后退步包括后滑步、后跃步和后撤步（图 13-5）。

后滑步　　后跃步　　后撤步

图 13-5

1) 后滑步

实战姿势站立，左脚蹬地，右脚先后退半步，落地时右脚掌先着地，随之左脚向后跟半步，落地后保持实战姿势不变。

要点：右脚退步距离不宜过大；右脚退多大距离，左脚要跟多大距离，要借助蹬地的反作用力加快移动速度。

2) 后跃步

实战姿势站立，两脚同时蹬地向后跃出 30～40 厘米，动作完成后成实战姿势站立。后跃步主要用于躲闪对方的进攻或配合技术反击。

3) 后撤步

实战姿势站立，以右脚为轴内转，左脚向后撤步，成右实战姿势站立。

要点：动作要协调一致，撤步要快。后撤步主要用于躲闪对方的进攻或配合技术反击。

3. 侧移步

向左移动时称为左侧移步，向右移动时称为右侧移步（图 13-6）。

左侧移步　　右侧移步

图 13-6

1) 左侧移步

实战姿势站立，右脚蹬地，左脚向左侧上步，右脚随之跟上使身体重心向左移动离开原来的位置。

2) 右侧移步

实战姿势站立，左脚蹬地，右脚向右侧方上步，左脚随之跟上，使身体重心向右移动，离开原来的位置。

要点：移动时要有弹性，速度要快，身体要放松。侧移步主要用于躲闪对方的进攻或躲闪后反击。

4. 弧形步

向左跨步时称为左弧形步，向右跨步时称为右弧形步（图 13-7）。

左弧形步　　右弧形步

图 13-7

1) 左弧形步

实战姿势站立，以左脚为轴右脚蹬地向左侧跨步，上体随之左转。

2) 右弧形步

实战姿势站立，以左脚为轴右脚蹬地向右侧跨步，上体随之右转。

要点：整个动作要协调一致。

5．跳换步

实战姿势站立，左右脚同时离地，以腰部力量带动双腿位置互换，落地后仍成实战姿势站立（图 13-8）。

跳换步

图 13-8

要点：换步要灵活，弹跳不宜太高。

6．垫步

垫步包括前垫步和后垫步（图 13-9）。

前垫步　　后垫步

图 13-9

1) 前垫步

实战姿势站立，重心前移，右脚蹬地向左脚内侧并拢，同时前脚蹬地向前迈步。

要点：右脚向前上步要迅速，不待右脚落地，左脚就向前移动，移动的距离不要过大。

2) 后垫步

实战姿势站立，左脚向右脚方向并拢，同时右脚蹬离地面向后移动，两脚落地成实战姿势。

要点：左脚撤步要迅速，整个动作要协调连贯。

7．冲刺步

实战姿势站立，右脚向前上步成左实战姿势，紧接着左脚向前上步回到原的位置（图 13-10）。

冲刺步

图 13-10

要点：两腿动作要迅速，频率要快，如冲刺跑一般。移动时的步幅不宜过大。

三、实战（竞技）基本进攻技术

跆拳道的进攻技术由手的技术和腿的技术组成，这里所介绍的手法技术是在比赛中运用的，大家在练习时要仔细揣摩，以便为今后的深入学习打好基础。

1. 冲拳

学习拳法技术之前先了解一下拳法的发力顺序，在拳法的发力过程中的腰、腿和肩的作用是很大的，也就是说冲拳的同时要借助“蹬地、转腰、送肩、旋臂”的力量，只有这样才能将身体的力量集中在一点，从而发挥拳法的最大威力。

冲拳也称为正拳击打，是竞技跆拳道中唯一允许使用的拳法技术，但只能击打对方的躯干部位。冲拳可以分为左冲拳和右冲拳两种（图 13-11）。在竞技跆拳道中，使用拳法进攻对方时，只能用拳的正面攻击对方的躯干部位。

左冲拳　　右冲拳

图 13-11

左冲拳：实战姿势站立；右脚蹬地，左脚以脚前掌为轴脚跟外旋，重心移至左脚，合髋转腰送肩，上体催动左肩、左臂将左拳从胸前准备姿势向前旋臂沿直线冲出；冲拳的同时右臂做下格挡动作；接触目标的瞬间拳心向下，目视前方，动作完成后按原路线返回，成实战姿势站立。

右冲拳：实战姿势站立；右脚蹬地，同时以脚前掌为轴向内扣转，重心移至左脚，右脚随之转动扣膝；合髋转腰送肩，上体催动右肩、右臂将右拳从胸前准备姿势向前旋臂沿直线冲出，冲拳的同时左臂做下格挡动作；接触目标的瞬间拳心应向下，目视前方，动作完成后按原路线返回，成实战姿势站立。

要点：

(1) 冲拳时应充分利用蹬地、转髋、转腰、顺肩和旋臂的力量，达力点应在拳面；

(2) 冲拳时发力要果断，整个动作要协调流畅；

(3) 击打瞬间，肩、肘、腕、指各关节应紧张用力，动作完成后迅速放松，将拳收回成实战姿势站立。

2．前踢

前踢是跆拳道最基本的腿法之一。前踢技术在跆拳道比赛中很少运用，它主要运用于搏击自卫或跆拳道基础练习中。实战姿势站立；右脚蹬地，身体重心移至左脚；右脚向正前方屈膝上提，右小腿夹紧，随即以膝关节为轴向前送髋、顶膝，小腿快速向前踢出，力达脚背或脚前掌，动作完成后成右实战姿势站立。

要点：提膝时小腿要夹紧，踢腿动作应迅速有力，髋关节前送。

3．横踢

横踢是跆拳道比赛中运用率最高的腿法。笔者对多届国际比赛及全国比赛的技术应用进行了统计，结果显示：横踢技术的得分率占全部腿法的85%以上。横踢技术动作简单实用，技术变化多样，是跆拳道技术中的重点之一。因此，练好横踢技术是跆拳道运动员和爱好者的首要任务。在教学训练中，为了便于大家掌握，我们把横踢技术分解为提膝、转体和弹腿三个部分。

实战姿势站立；右脚蹬地，身体重心移至左腿，同时右腿小腿夹紧向正前方提起；以左脚脚前掌为轴脚跟内旋，身体向左侧旋转，转体时右腿小腿接近水平，大腿与上体成一条直线，上体微侧倾；右腿以膝关节为轴迅速伸膝弹腿向左侧方踢出，脚面绷直，以脚背为力点踢击对方的头部或躯干，动作完成后小腿放松沿出腿路线收回，成右实战姿势站立。

要点：

(1) 提膝时膝关节夹紧，直线向前提膝；

(2) 横踢动作时支撑腿要以脚前掌为轴，随横踢动作脚跟逐渐内旋（约180°），横踢发力时髋关节应展开；

(3) 髋关节前送上体与右腿成一条直线，击打的感觉似鞭打动作；

(4) 横踢时摆动腿应踢过身体中线约30厘米后收回；

(5) 小腿弹踢的瞬间，要有一个制动的过程，使击打腿产生鞭打的效果。

4．侧踢

侧踢在跆拳道比赛中主要用于攻击对方的躯干和头部，也可以用于阻截对手的进攻。它有力量大、速度快、进攻动作直接的特点。

实战姿势站立；身体重心前移，右脚蹬地屈膝上提；脚尖勾起左脚以脚前掌为轴外旋约180°，同时迅速伸膝发力，右脚沿直线向右前方踢出，力达脚外侧或整个脚掌，踢击动作完成后右腿迅速放松按出腿路线返回成实战姿势站立。

要点：

(1) 提膝时，膝关节夹紧向前直线提起，提膝、转体与踢击要协调连贯；

(2) 踢击时要转体、展髋，上体略侧倾，踢击目标的瞬间，头、肩、腰、髋、膝、腿应在同一平面内；

(3) 动作完成后，应按原路线返回。

5. 劈踢

劈踢是跆拳道技术中杀伤力较大的腿法之一，也常作为跆拳道的招牌腿法动作，比赛中得分率较高，主要用于攻击对方的头部、面部、肩部，比赛中运用得当会给对方造成重创。

实战姿势站立；右脚蹬地，身体重心前移至左脚；以左脚支撑，左脚跟抬起；右腿快速上举过头顶，左髋关节上送，右膝伸直贴近上体，随即右腿迅速向前下方劈落，力点达脚跟或脚前掌；动作完成后小腿放松下落成实战姿势站立。

要点：

(1) 右腿上摆时大腿应放松，踝关节应举过头顶，身体重心应向上高起；

(2) 动作要迅速有力，支撑脚脚跟要离地，同时髋关节上送；

(3) 向下劈落时踝关节应放松；

(4) 向下劈落时要有控制。

6. 勾踢

勾踢也称为侧摆踢，它是跆拳道中侧向进攻技术，主要用于攻击对方头部的侧面，实战中运用得当也会给对手带来重创。

实战姿势站立；右脚蹬地，身体重心前移至左脚，以左脚支撑，右腿屈膝提起；左脚以脚前掌为轴脚跟向内旋转约 180°，右腿膝关节向左内扣，右小腿由外向内伸出，伸直后以脚掌为力点用力向右侧摆击，身体随之侧倾，动作完成后右腿放松回收成实战姿势站立。

要点：

(1) 勾踢时身体要适当放松，起腿后右腿屈膝抬过水平，然后内扣；

(2) 勾踢时要充分发挥腰腿的力量，小腿后勾要快；

(3) 鞭打后要顺势放松。

7. 推踢

推踢属于直线型腿法技术，它具有动作突然、起动较快的特点。实战中主要用于阻截对方的进攻或与其他动作配合进攻，一般情况下推踢很少用于直接得分。

实战姿势站立；右脚蹬地，身体重心移至左脚，随即右脚大小腿夹紧屈膝提起；左脚以脚前掌为轴外旋约 90°，上体略后仰，同时右腿以膝关节为轴迅速向前蹬出，力达脚掌；动作完成后右腿放松回收成实战姿势站立。

要点：

(1) 提膝时大小腿应夹紧，推踢时腿法运行的路线应是水平向前的；

(2) 推踢时髋关节应向前送，应利用身体重心的前移来加大腿法的力量。

8. 后踢

后踢是跆拳道中的转身攻击技术，比赛中可以直接用于反击或与其他动作相配合用于进攻，运用得当会给对手以重创。

实战姿势站立；右脚蹬地，身体重心移至左腿，右脚以脚前掌为轴脚跟向内旋转；同时左脚以脚前掌为轴脚跟向外旋转 180°，使脚跟正对对手方向，呈背向对方姿势；此时右脚蹬地提起，左腿支撑，右腿大小腿折叠，髋关节收紧，脚尖勾起；右肩微下沉；随即迅速向后展髋伸膝沿直线向后蹬踢，上体侧倾力达脚跟；动作完成后上体右转，右脚向前落步成右实战姿势站立。

9. 后旋踢

后旋踢同后踢一样，均属于转身腿法，动作相对较为复杂。在观看跆拳道比赛时，经常可以看到这样的镜头：一名运动员以一记漂亮的后旋踢击中对手的头部将其击倒，轻松取得了比赛的胜利。后旋踢也是比赛中常用的技术，应用时可以直接用于进攻也可以与其他技术配合用于进攻，还可以用于反击，运用得当往往会重创对方。

实战姿势站立；身体重心移至左脚同时以左脚为轴内旋约 90°，左膝关节内扣，右腿脚前掌蹬地外旋，背向对手；动作不停，右腿蹬地起腿，腰部带动身体向右后转动，同时右腿随转体向右上方屈膝提起；随即用右脚掌自左向右弧线踢击，接近目标时右腿伸直，力达脚掌；动作完成后恢复实战姿势站立。

要点：

(1) 摆动腿在正前方时击打的路线应是水平弧线；

(2) 以腰带动腿发力，原地旋转 360°；

(3) 起腿要快，蹬地、转腰、转上体、摆腿发力要连贯、协调、快速，不要停顿。

10. 前腿横踢

实战姿势站立；右腿向前垫步同时左腿屈膝上提使大腿接近水平；膝关节夹紧；动作不停，以右脚脚前掌为轴脚跟内旋，上体微向右侧转体，由转体动作带动大小腿，横向由外向上、向前、向内呈弧线形摆击，力达脚背；目视击出脚，击打的瞬间小腿、大腿、腰部、上体基本成直线，动作完成后按原路线收回成实战姿势站立。

要点：动作衔接要快，横踢时迅速伸膝发力，借助转腰的力量加大打击力度，上体不要倾斜过大，弹踢的瞬间同侧手应置于大腿外侧，异侧手置于下颌外防守。

11. 前腿侧踢

实战姿势站立；右腿向前垫步，身体重心后移，左腿屈膝提起与腰同高，大腿贴近胸部，小腿收紧，脚尖自然勾起，双手握拳成实战姿势；身体向侧后仰；同时大腿猛力伸直，带动脚掌向前沿直线踢击，发力的同时展髋，支撑腿脚尖指向侧后方，此时左手置于出腿大腿侧上方，右手置于胸前防守；动作完成后按原路线收回成实战姿势站立。

要点：配合垫步练习时垫步与侧踢衔接要顺畅；提膝与侧踢腿动作要协调一致。

12. 前腿推踢

实战姿势站立；右脚向前上步同时左脚大小腿夹紧屈膝提起，右脚以脚前掌为轴外旋约 90°，上体略后仰；随即左腿以膝关节为轴迅速向前推踢，力达脚前掌；动作完成后右腿放松成实战姿势站立。

要点：垫步与推踢要协调连贯，发力时要有控制，避免因用力过猛而失去重心；要力达脚前掌（其他参考推踢）。

13. 前腿劈踢

实战姿势站立；右腿向前垫步，左腿提起，左侧髋关节上送同时右脚跟抬起；左腿快速举过头顶，然后迅速向下方劈落，力达脚跟或脚前掌；动作完成后迅速成实战姿势站立。

要点：步法与劈腿配合要快。

14．双飞踢

双飞踢是跆拳道实战中将两次或多次的横踢动作在腾空状态下的快速组合。双飞踢有动作突然、得分率高的特点，按动作完成的先后顺序可以分为前腿双飞踢和后腿双飞踢两种。

1) 前腿双飞踢

实战姿势站立；右脚向前垫步同时左腿向前做前腿横踢动作；在左腿动作即将完成之际右腿向前起跳做横踢动作；动作完成后两腿放松成实战姿势站立。

2) 后腿双飞踢

实战姿势站立；身体重心移至左脚同时右腿向前做横踢动作；在右腿动作即将完成之际左腿向前起跳做横踢动作；动作完成后两腿放松成实战姿势站立。

要点：

(1) 双飞踢动作要连贯，一般情况第一次击打比第二次击打力量要小，这样有利于双腿的连贯发力；

(2) 击打时髋关节应充分前送，膝关节和小腿要放松，上体要随之转动，小腿犹如鞭子一样向前摆击；

(3) 双飞踢动作方向应是向前而不是向上；

(4) 完整练习时身体要放松，动作起动要快。

15．旋风踢

旋风踢主要用于中远距离的进攻，进攻部位为腹部、胸部和头部，也可以用于反击。

实战姿势站立；右腿蹬地，身体重心移至左腿，以左脚脚前掌为轴身体向右后转体360°，转体的同时右腿提起并随之转动；当转动至正前方时，身体稍后仰；右腿下落的同时左腿蹬地向前做左腿横踢动作，动作完成后成右实战姿势站立。练习时可左右交替练习，右腿练习时动作与左腿相反。

要点：

(1) 旋风踢转体时，提膝腿应围绕支撑腿转动，两大腿内侧的夹角不宜过大；

(2) 击打时击打腿的脚面要绷直，踝关节要放松；

(3) 转体要迅速连贯，动作完成后要有控制。

四、实战（竞技）基本防守技术

进攻与防守是矛盾的，也是相生相克的，但都是跆拳道技术中不可缺少的技术组成。一名高水平的跆拳道运动员除了要掌握娴熟的进攻技术外，还要熟练掌握防守技术。建立稳固有效的防守意识，化解对手的进攻，从而在防守的基础上反击对方，达到战胜对方的目的。

在竞技跆拳道比赛中，防守技术主要分为两类，即接触式防守和非接触式防守。接触式防守包括两种形式，即格挡防守和截击防守；非接触式防守可分为利用距离防守和利用角度防守两种。

1. 接触式防守

在竞技跆拳道比赛中不允许使用抓、推、抢、摔、夹等动作防守，但可以利用手臂或手刀去格挡。格挡技术按其方向可分为上格挡、下格挡、侧格挡、阻挡和截击。

1) 上格挡

利用手臂或手刀自下向上的格挡动作称为上格挡。

动作方法：实战姿势站立；左（右）手握拳，手臂沿身体正中线向上迅速上格挡，格挡时前臂与地面平行，格挡的位置应在头部的正上方；格挡时前臂内旋以尺骨外侧阻挡对手的攻击腿。

要点：判断对手进攻要准确，上格挡要迅速有力。

2) 下格挡

利用手臂或手刀自上向下的格挡动作称为下格挡。

动作方法：实战姿势站立；身体重心向前移动，用前臂向下或向斜外侧格挡对方的攻击。

要点：应以前臂尺骨外侧接触对方的攻击腿。

3) 侧格挡

利用手臂或手刀向左或向右的格挡动作称为侧格挡。

动作方法：实战姿势站立；用前臂向左或向右格挡对方的攻击。

要点：侧格挡动作要迅速果断，用前臂的尺骨或桡骨外侧格挡对方的攻击腿。向左右侧格挡的技术在跆拳道比赛中运用较多，比赛中对手沿水平方向进攻自己的拳和腿都可以用侧格挡的方法进行防守。

4) 阻挡

阻挡是把手臂贴放在自己的得分部位，来降低对方打击力度，令对方难以得分。

动作方法：实战姿势站立；将手臂贴放在自己的得分部位上。

要点：阻挡防守时手臂与身体不宜贴得太紧，距离也不宜太大。

5) 截击

截击是指利用进攻技术阻截或破坏对手的进攻，从而达到防守的目的。截击是竞技跆拳道比赛中运用较多的防守方法，也是比较上乘的防守技术。截击防守是接触式防守的完善和提高。

动作方法：对方使用双飞踢进攻我方时，我方在准确判断对方动作意图的前提下，以侧踢后发先至，以攻代防阻截对方。对方使用下劈踢进攻我方时，我方在准确判断对方动作意图的前提下，运用勾踢以攻代防。

2. 非接触式防守

非接触式防守是利用步法或身法的移动，来改变双方之间的距离和角度，使对方进攻动作不能够有效地接触到目标。非接触式防守可以分为利用距离防守和利用角度防守两种。

1) 利用距离防守

利用距离防守包括以下两种形式：

(1) 利用步法拉大与对方的距离，使自身退出对方的有效攻击范围；

(2) 利用步法缩短距离贴近对方，造成对方攻击的力点因超越目标而失去作用。

2) 利用角度防守

利用角度防守是指通过调整与对方的相对角度来进行防守的方法。即通过步法向左、向右或向前、向后移动，改变与对方的位置角度，使对方在原来位置上的进攻失去意义，从而达到防守的目的。当移动到有力于反击的位置时，可以进行有效地反击。

第三节　跆拳道比赛（竞技）规则简介

一、比赛场地

跆拳道竞赛场地应为平整、无障碍物的场地，并铺设有弹性的防滑垫。必要时，竞赛场地可置于离地面 0.6～1 米高度的平台上。边界线外缘部分应以低于 30° 的坡度向下倾斜，以保障参赛运动员的安全。可选择下列任意一种形状的竞赛场地进行比赛。

1. 正方形赛场

竞赛场地由竞赛区域与安全区域构成。正方形的竞赛区域为 8 米 × 8 米。竞赛区域周边为安全区域，四面距离应相等。竞赛场地（竞赛区和安全区）应不小于 10 米 × 10 米，不大于 12 米 × 12 米，如果竞赛场地在平台上，安全区域可按需扩大，以确保参赛运动员的安全。依据竞赛操作指南，应以不同的颜色区分竞赛区域和安全区域。

2. 八角形赛场

八角形竞赛场地的中央为八角形的竞赛区域，该赛区直径为 8 米，八角形的每一侧边长度为 3.3 米。竞赛场地的外围线和竞赛区域的边界线之间为安全区域。

二、比赛规则

1. 运动员参赛资格

参加世界级跆拳道比赛的运动员需持有参赛国家国籍证明，还有经会员国协会推荐并持有国技院或世界跆拳道联盟颁发的段位证书。参加世界青年锦标赛则需持有国技院或世跆联颁发的品或段位证书，比赛当年的年龄为 14～17 周岁。参加国内比赛的运动员必须携带“运动员注册证”和参加比赛的人身保险证明以及身体健康证明，并持有世界跆拳道联盟或中国跆拳道协会的段位证书。

2. 比赛服装和竞赛装备

(1) 在所有列于赛事日历的比赛中，必须使用批准认证的道服或比赛服装及地垫、PSS、IVR、护具等竞赛装备。道服或比赛服装、护具和所有其他装备的规格应分开阐述。

(2) 参赛运动员须穿着世界跆拳道联盟所认证的道服、护胸、头盔、护裆、护臂、护腿、手套、电子感应袜（使用 PSS 的情况下），并在进入竞赛区域之前配戴护齿。进入竞赛区域时，头盔必须紧夹于左臂下。在竞赛开始前，应遵循主裁指示戴上头盔。

(3) 穿着道服时，护臂、护腿应戴在道服内；穿着比赛服装时，护臂、护腿应戴在服装内。以上两种情况下，护裆都应穿在服装内。

(4) 参赛运动员应自带认可的护具，如手套、护齿等，以供个人使用。少年运动员的头盔必须备有面罩。禁止穿戴头盔之外的任何物品。任何宗教物品，应佩戴于头盔与道服内，且不得造成伤害或妨碍对方运动员。

3．跆拳道竞赛中的礼节

(1) 介绍运动员时，运动员要向观众敬礼。

(2) 比赛入场时的礼节。运动员走入场地时，应向裁判及教练敬礼，待场上主裁判“立正敬礼”的口令下达后，比赛双方运动员相互敬礼，然后主裁判发出“准备”“开始”的口令后方能比赛。

(3) 比赛结束时的礼节。比赛结束时，双方运动员到各自的位置面对面站好，待主裁判发出“立正”“敬礼”的口令后双方相互敬礼，然后面对裁判长席等待比赛结果。比赛结果宣布结束后，运动员应向裁判长席、场上裁判员及对方教练敬礼，之后结束比赛。

4．竞赛中的有关规定

(1) 临场执行裁判人员应集中精力，不得与其他人员交谈，未经裁判长许可不得离开席位。

(2) 运动员必须遵守规则，尊重和服从裁判。在场上不准有吵闹、谩骂、甩护具等任何表示不满的行为。

(3) 比赛时，教练员和本队医生坐在指定位置。局间休息时，允许给运动员按摩和指导。

(4) 运动员严禁使用兴奋剂，局间休息时不能吸氧。

5．弃权

(1) 比赛期间，运动员若因伤病或体重不符合要求不能参加比赛，则作弃权论，不再参加以后的比赛，但已进入名次的成绩有效。

(2) 比赛进行时，若双方运动员实力悬殊，为保护本方运动员的安全，则教练员可表示弃权，运动员也可举手要求弃权。

(3) 不能按时参加称量体重、赛前三次点名未到或点名后擅自离开以及不能按时上场者，作无故弃权论。

(4) 比赛期间，若运动员无故弃权，则取消本人全部成绩。

6．犯规行为

以下所有犯规行为均应被判罚“扣分”。

(1) 越出边界线；

(2) 倒地；

(3) 回避或者拖延比赛；

(4) 抓或推对方运动员；

(5) 为阻碍对方运动员进攻而提腿阻挡，或有意图踢击（使用侧踢或推踢技术）对方腰部以下部位的行为；

(6) “分开”口令后攻击对方运动员；

(7) 用手攻击对方运动员头部；

(8) 用膝部顶撞或攻击对方运动员；

(9) 攻击倒地运动员；

(10) 运动员或教练员有不良言行；

(11) 不服从主裁判员的判罚和指令；
(12) 对技术官员的判罚进行不恰当的抗议行为；
(13) 对比赛结果有不恰当的干扰、影响行为；
(14) 离开指定的教练员席位或除申请录像审议外的站立；
(15) 挑衅和侮辱裁判、对方运动员或教练员等不良行为；
(16) 非注册队医或其他运动队官员坐在医生席位；
(17) 运动员或教练员有其他严重的不良行为或违反体育道德的行为。

7．得分标准

(1) 使用有效拳的技术击打躯干得分部位得 1 分；
(2) 使用有效踢击技术击打躯干部位得 2 分；
(3) 使用有效旋转踢技术击打躯干部位得 3 分；
(4) 使用有效踢击技术击打头部得 3 分；
(5) 使用有效旋转踢技术击打头部得 4 分；
(6) 被判罚 1 个“扣分”则给对方加 1 分；
(7) 比赛两局的得分总和为本场比赛得分。

8．胜负评定

(1) 主裁判终止比赛胜（RSC）；
(2) 比分胜（PTF）：三局比赛得分领先的运动员获胜；
(3) 分差胜（PTG）：在第二局结束或第三局开始后，分差胜的分差值为 20 分（成年组比赛的半决赛和决赛中不使用分差胜）；
(4) 加时赛先得分胜；
(5) 优势判定胜；
(6) 对方弃权胜：一方运动员申请弃权获得大会医生鉴定和竞赛监督委员会批准后，对方运动员获胜（弃权的运动员不能继续参加复活赛）；
(7) 对方失去资格胜；
(8) 主裁判员判罚犯规胜。

9．名次评定

1) 个人名次

淘汰赛时，直接产生名次。

循环赛时，积分多者名次靠前，若两人或两人以上积分相同，则按下列顺序排名次：
(1) 犯规少者列前；
(2) 体重轻者列前（以抽签体重为准）；
(3) 主动性好、动作难度大、礼节好者列前。

若上述三种情况名次仍相同，则名次并列。

2) 团体名次

名次分：级别录取前 8 名时，分别按 9、7、6、5、4、3、2、1 的得分计算；级别录取前 6 名时，分别按 7、5、4、3、2、1 的得分计算。

积分相等时的处理办法是两个或两个以上的团体分数相等时，按下列顺序列名次：

(1) 按个人获第 1 名多的队名次列前，若积分再相等，则按个人获得第 2 名多的队名次列前，依次类推；

(2) 犯规少的队名次列前。

若以上几种情况积分仍相等，则名次并列。

10．比赛程序

1) 点名

该场比赛开始前 3 分钟点名 3 次，比赛开始前 1 分钟仍未到场者，视为弃权。

2) 检查

点名后，运动员必须在指定检查台接受世界跆拳道联盟或组织赛会的跆拳道协会派出的指定人员进行身体和服装检查，不得携带任何奇异标志及任何可能伤害对方的物品。

3) 入场

检查合格后，运动员和一名教练员进入比赛场指定位置。

4) 比赛开始和结束

每局比赛由主裁判发出“Shi-jak”（开始）口令开始，主裁判发出“Ke-man”（停）口令结束。

5) 比赛开始前及结束后的程序

双方相向站立，听到主裁判发出“Cha-ryed”（立正）和“Kyeong-rye”（敬礼）口令时互相敬礼。要求自然立正，双手握拳置于身体两侧，腰部前屈不小于 30°，头部前屈不小于 45°。

主裁判发出“Joon-bi”（准备）和“Shi-jak”（开始）口令开始比赛。

最后一局结束后，选手相向站在各自指定位置，主裁判发出“Cha-ryeot”（立正）和“Kyeong-rye”（敬礼）口令时相互敬礼，之后站立等待主裁判判定。

主裁判举起自己的一侧手臂，宣布同侧方运动员获胜。

运动员退场。

11．团体赛程序

(1) 两个参赛队的所有运动员在选手位置相向站立，按第一边界线方向顺序排列。

(2) 按照比赛开始前和结束后的程序进行比赛。

(3) 双方运动员需到比赛场外指定位置等待每场比赛开始。

(4) 比赛全部结束后，双方队员进场相向列队站立。

(5) 主裁判举起自己的一侧手臂，宣布同侧方参赛队获胜。

第四节 品势训练

一、跆拳道品势修炼的重要性

品势是攻击和防守技术按规定的形式修炼的技术体系。在跆拳道修炼中，品势是精神和技术的精髓，是直接或间接表现身心修养和攻防原理的行动方式。

构成跆拳道的三大内容包括品势、对抗和击破，其中最重要的部分就是品势。

品势是跆拳道基本动作组成的攻防技术体系，经常进行品势练习，可以培养和提高竞技跆拳道的技术应用能力，还可以通过跆拳道品势的演练水平得知练习者的修炼程度。

二、品势修炼的目的

积极进行品势训练的目的是通过品势修炼提高跆拳道技术水平，进一步促进品势技术的发展。

三、跆拳道品势基本技术

（一）跆拳道品势的基本站姿

在跆拳道品势当中，基本站姿有并排步、走步、弓步、三七步和马步五种。移动时重心不能上下起伏，每次移动时脚底离地面约 2 厘米，旋转时要利用腰部的力量，以前脚掌为轴旋转。

1. 并排步

规定动作：两脚间相距是一脚长的距离，脚内侧平行，两腿膝关节伸直（图 13-12）。

扣分事项：两脚尖向里或向外时。

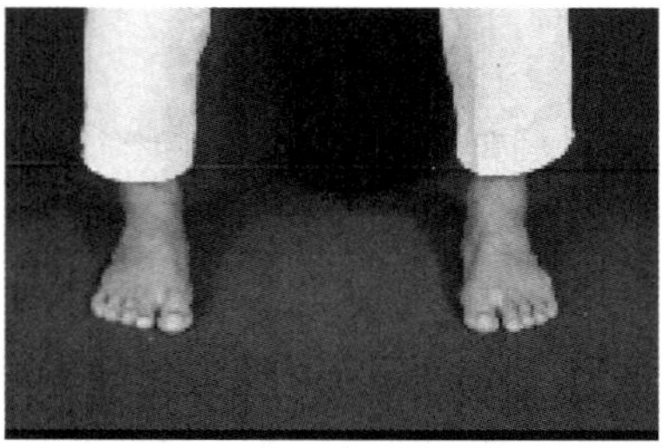

图 13-12

2. 走步

规定动作：

(1) 自然走步时，有停顿的动作。

(2) 双腿伸直，重心均匀分布在两脚上。

(3) 身体中正，肩部与正前方自然形成 30°。

(4) 前后脚的距离为三脚长（图 13-13）。

扣分事项：

(1) 两脚相距过宽或过窄时。

(2) 上身向前或向后倾斜时。

图 13-13

3. 弓步

规定动作：

(1) 前后脚相距四脚半长的距离，左右脚的宽度是一拳距离。

(2) 上体中正，前腿膝关节弯曲。低头向下看时，膝关节与前脚尖在一条直线上。

(3) 后脚尖与正前方自然形成 30°，后脚膝关节伸直，重心的 2/3 放在前腿（图 13-14）。

图 13-14

扣分事项：

(1) 后脚的脚后跟抬起或后腿膝关节弯曲时。

(2) 后脚尖与正前方大于 30° 时。

(3) 重心的 2/3 没有放在前腿时。

(4) 前后脚的距离过多或过少时。

4. 三七步

规定动作：

(1) 双脚跟并拢时，脚内侧形成 90°。

(2) 前后脚相距为三脚长距离。

(3) 重心的 70%放在后腿，30%放在前腿（图 13-15）。

图 13-15

扣分事项：

(1) 双脚跟并拢时，脚尖没有形成 90°。

(2) 上身的重心过于向前或向后时。

(3) 前脚跟离开地面时。

(4) 前后脚之间的距离过多或过少时。

5. 马步

规定动作：

(1) 双脚间相距两脚长距离。

(2) 两腿膝关节弯曲，膝关节向正前方。

(3) 上体中正，低头向下看时，膝关节与前脚尖在一条直线上。

(4) 膝关节扣紧，不能向外（图 13-16）。

图 13-16

扣分事项：

(1) 膝关节过多向外或向内时。

(2) 双脚尖过多向外或向内时。

(3) 上身向前倾斜或臀部过于向后时。

（二）跆拳道品势的基本格挡

在跆拳道品势当中基本格挡姿势有下格挡、中内格挡、中外格挡、上格挡和手刀中位格挡五种。做格挡动作时，要求发力动作到位，充分利用好腰部发力。

1. 下格挡

起始动作：

(1) 右侧下格挡时，右臂弯曲放在左肩部，拳心向脸部。

(2) 辅助手臂伸直，拳心向下与胸口同高。

规定动作：

(1) 动作完成后，格挡的拳与左右大腿部的距离为一立拳距离。

(2) 辅助拳放在髋关节处，手臂向后夹紧。

扣分事项：

(1) 格挡拳的起点没有从肩部开始或拳心向外时。

(2) 在动作过程中双手交叉或辅助手没有伸直时。

(3) 格挡的手臂没有伸直时。

(4) 格挡的拳在大腿左右两侧时。

2. 中内格挡

起始动作：

(1) 右中内格挡时，右手臂弯曲，拳心向外，腕部伸直，拳与颈部同高。

(2) 辅助手臂伸直，拳心向下与胸口同高。

规定动作：

(1) 格挡的拳要到身体的中心线。

(2) 格挡动作完成后，拳与肩部同高。

(3) 格挡动作完成后，手臂的角度是 90°～120°。

(4) 辅助拳放在髋关节处，手臂向后夹紧。

扣分事项：

(1) 格挡的拳没有到身体的中心线时。

(2) 格挡拳的高度比肩部高或低时。

(3) 格挡手臂的肘关节向外翘起时。

(4) 格挡手臂的腕部没有伸直时。

3. 中位外格挡

起始动作：

(1) 右臂中外格挡时，右臂弯曲并放在左髋关节处，拳心向上。

(2) 辅助手臂弯曲并放在右肩部，拳心向外。

规定动作：

(1) 格挡的拳心向外，拳与肩部同高。

(2) 格挡手臂的角度是 90°～120°。

(3) 辅助拳放在髋关节处，手臂向后夹紧。

(4) 格挡时，格挡手臂的拳经过肩部。

扣分事项：

(1) 格挡的拳比肩部高或低时。

(2) 格挡的拳在肩部以外或以内时（动作过大或过小时）。

4. 上格挡

起始动作：

(1) 右上格挡时，右臂放在左髋关节处，拳心向上。

(2) 辅助的左臂弯曲放在右肩部，拳心向外。

规定动作：

(1) 格挡手臂的腕部在人体中心线。

(2) 格挡手臂与前额为一拳距离。

(3) 格挡完成后，格挡的手臂形成 45°。

扣分事项：

(1) 格挡手臂的腕部不在人体的中心线时（过于向前或向后和过高或过低时）。

(2) 起始动作过于夸张时（动作过大或过小时）。

(3) 动作完成后，格挡手臂的角度不准确时。

5. 手刀中位格挡

起始动作：

(1) 左侧手刀格挡时，左手放在右髋关节处，掌心向上。

(2) 辅助的右臂展开 120°，手尖与肩部同高，掌心向外，腕部伸直。

规定动作：

(1) 格挡手臂的掌心向外，腕部伸直。

(2) 格挡手臂的角度是 90°～120°。

(3) 格挡的手尖与肩部同高。

(4) 格挡的手刀经过右肩部。

(5) 辅助手臂的掌心向上与胸口同高，并与身体相隔一立掌距离。

扣分事项：

(1) 格挡的手刀从髋关节直接格挡时。

(2) 辅助手刀起始动作比肩部高或低时。

(3) 格挡手刀的手尖比肩部高或低时。

(4) 双臂肘关节向外翘起时。

四、太极一章（乾）

（一）太极一章品势线路图

太极一章的品势线路如图 13-17 所示。

图 13-17

(二) 太极一章动作分解

动作1：面向A方向，双脚开立形成并排步，双手握拳置于腹前形成准备姿势（图13-18）。

要领：拳和拳的间隔为一拳的距离，拳和道带的间隔为一拳的距离。脚尖向正前方，双脚间隔为一脚长的距离。

动作2：转向C1方向，左脚向左移步，带动身体向左旋转90°；同时形成左走步，左下格挡（图13-19）。

动作3：右脚上步形成右走步，右手直拳，上步与直拳要同步进行（图13-20）。

图13-18

图13-19

图13-20

动作4：转向D1方向，以左前脚掌为轴，右脚向后移步，带动身体向后旋转180°形成右走步；同时做右下格挡（图13-21）。

动作5：向D1方向，左脚上步形成左走步，左手直拳，走步与直拳要同步进行（图13-22）。

图13-21

图13-22

动作6：转向A方向，左脚向左移步，带动身体向左旋转90°形成左弓步；同时做左下格挡（图13-23）。

动作7：步法不变，右手直拳（图13-24）。

图13-23

图13-24

动作 8：转向 D2 方向，右脚向前跟步，身体同时向右旋转 90° 形成右走步；同时做左中内格挡（图 13-25）。

动作 9：向 D2 方向，左脚上步形成左走步；同时右手直拳（图 13-26）。走步与直拳要同步进行。

动作 10：转向 C2 方向，左脚向后移步，带动身体向后旋转 180° 形成左走步；同时做右中内格挡（图 13-27）。

动作 11：右脚上步形成右走步；同时做左手直拳（图 13-28）。

图 13-25

图 13-26

图 13-27

动作 12：转向 A 方向，右脚向右移步，带动身体向右旋转 90° 形成右弓步；同时做右下格挡（图 13-29）。

图 13-28

图 13-29

动作 13：步法不变，左手直拳（图 13-30）。

动作 14：转向 C3 方向，左脚先向前跟步，身体向左旋转 90° 形成左走步；同时做左上格挡（图 13-31）。

图 13-30

图 13-31

动作 15：转向 C3 方向，右脚前踢，双拳放到胸前（图 13-32）。

动作 16：前踢的右脚向前落地形成右走步；同时做右手直拳（图 13-33）。

图 13-32

图 13-33

动作 17：转向 D3 方向，右脚向后移步，带动身体向后旋转 180° 形成右走步；同时做右上格挡（图 13-34）。

动作 18：转向 D3 方向，左脚前踢（图 13-35）。

图 13-34

图 13-35

动作 19：前踢的左脚向前落地形成左走步；同时做左手直拳（图 13-36）。

动作 20：转向 B 方向，左脚向右移步，带动身体向右旋转 90°形成左弓步；同时做左手下格挡（图 13-37）。

图 13-36

图 13-37

动作 21：转向 B 方向，右脚向前移形成右弓步；同时做右手直拳并配合发声（图 13-38）。

动作 22：以右前脚掌为轴，带动身体向后旋转 180°，左脚回收形成还原姿势，脚内侧平行，两脚间隔为一脚长的距离（图 13-39）。

侧视图

图 13-38

图 13-39

五、品势竞赛规则简析

品势是攻击和防守技术按照规定的形式修炼的技术体系。在跆拳道修炼中，品势是精神和技术的精髓，是直接或间接表现身心修养和攻防原理的行动方式。经常进行品势练习，可以培养和提高竞技跆拳道的技术应用能力，还可以通过跆拳道品势的演练水平得知练习者的修炼程度。

(一) 品势项目竞赛种类

1. 规定品势

(1) 个人（分男女组）。

(2) 混双。

(3) 团体（分男女组）。

2. 自创品势

(1) 个人（分男女组）。

(2) 混双。

(3) 团体（男女混合）。

3. 新品势

(1) 个人（分男女组）。

(2) 混双。

(3) 团体（男女混合）。

(二) 竞赛方式

1. 规定品势

(1) 5 裁制或 7 裁制。

(2) 竞赛时间为 90 秒。

(3) 采用对决制或排位制。

2. 自创品势

(1) 5 裁制或 7 裁制。

(2) 竞赛时间为 60～70 秒。

(3) 必须有音乐。

(4) 采用排位制。

六、品势比赛评分标准

(一) 品势评分标准

品势比赛评分标准是通过动作的规范性、熟练程度以及演练水平来评价的。

(1) 以规定基本动作当中的手、腿法为标准打分。

(2) 按照品势动作的技术规则和完成动作时的准确性来评分。

(3) 按照动作的自然、熟练程度和动作的平衡（重心移动）以及速度和力量的分配来打分。

(4) 品势通过一定时间的反复修炼才能完成，评分时要对动作的刚柔、缓急等节奏进行评判。

(5) 不同素质、不同形体的修炼者做出的动作不同，评分时结合演练者的身体条件、特点以及完成品势动作的完美性来判断。

(二) 品势比赛的比分设定及各项目细节标准

1. 比分设定

规定品势比赛的比分设定如图 13-40 所示。

项　目	各项目细节标准	分　值
准确度（4.0）	1. 基本动作 2. 各品势动作的正确性 3. 均衡	4.0
表现力（6.0）	速度与力量	2.0
	刚柔、缓急、节奏	2.0
	气的表现	2.0

图 13-40

2. 细节标准

品势比赛各项目细节的具体评价标准主要有以下几个方面。

1) 均衡

(1) 均衡指的是在做出各别动作时出现的中心移动的稳定性，动作过程中上下、左右、前后姿势均衡，姿势与手脚间的协调与均衡，动作与动作之间连接中出现的中心移动稳定性。

(2) 做出技术动作时，向目标点发力的过程中，身体重心的把控能力也是评价均衡的重要因素。

(3) 做完高难动作时，是否不失去身体重心，保持稳定性也是评价均衡的因素。

2) 速度与力量

速度与力量是确认运动员对动作规范是否熟练的表现过程。攻击的技术（正拳、踢腿等动作）是否充分展现，开始动作是否柔和、舒展，利用身体的均衡发力达到极限速度与力量，并确认是否对于特殊缓慢的动作故意放慢或者加快。

3) 刚柔、缓急、节奏

(1) 刚柔指的是通过柔和、舒展在动作开始至结束时，快速进行的动作。

(2) 缓急指的是动作的过程，根据动作特征，通过调整呼吸进行的快与慢。

(3) 节奏指的是根据规则制定的，动作与动作衔接部分适当调整速度。

4) 气的表现

(1) 根据各品势特征做出舒展（动作大小）的动作，专注度、气势、自信心、动作干净利落，达到熟练的表现。

(2) 根据运动员的体型特征做出的动作，视线、气合（发声）、态度、服装等表现。

第十四章

健 美 操

第一节 健美操运动概述

一、健美操的起源与发展

健美操的起源可追溯到两千多年前。古希腊人采用跑跳、投掷、柔软体操和健美舞蹈等项目进行人体美的锻炼。古印度很早就有瑜伽术，其中的一些姿势与当前流行的健美操所常用的基本姿势是一致的。因此，古代人对健身和健美的追求以及锻炼方式是现代健美操形成与发展的基础。

19 世纪末，20 世纪初，欧洲出现的各种体操流派在理论和实践上的创新，对健美操的发展起到了积极的推动作用。健美操作为一项独立的体育运动项目兴起于 20 世纪 70 年代末，其明显的标志就是“简·方达健美操”的出现。简·方达根据自己的体会和实践编写了《简·方达健美术》一书。该书自 1981 年首次在美国出版并引起了世界轰动，对健美操运动在世界范围内的流行与发展起了巨大的推动作用。从 1985 年开始，美国正式举办一年一度的健美操锦标赛，并确定了竞赛项目和规则，使健美操发展成为了竞技性运动项目。

国际体操联合会于 1994 年接受健美操为其正式的比赛项目，从 1995 年开始每年举办世界健美操锦标赛。随着规则的修订，从 2000 年起，每逢双数年举办一次世界健美操锦标赛。

1992 年，经民政部注册，中国健美操协会正式成立，它同时也成为中华全国体育总会的团体会员。1995 年《健美操运动员等级制度》推出。1997 年国家体育总局成立了体操运动管理中心，健美操项目归体操运动管理中心管理，各省市体育局也明确了健美操项目的管理部门。1998 年推出了《健美操指导员专业技术等级制度》和《全国健美操大众锻炼标准（试行）办法》，并于 2000 年推出会员制等一系列措施。2004 年 1 月开始推行《全国健美操大众锻炼标准第二套规定动作》。这些都推动了我国健美操运动的快速发展。

1995 年底，我国首次派队参加了在法国举行的第一届世界健美操锦标赛。目前，我国已多次参加了世界健美操锦标赛，并取得了优异的成绩，这标志着我国竞技健美操开始走向世界。

二、健美操的特点

（一）健身的安全性

健美操运动的本质就是为了强身健体，使参与此项运动的人能保持健康的体魄。一套操的编排充分考虑到运动过程中的运动负荷、运动强度、运动时间和运动节奏等方面，以及对身体产生的一系列刺激结果的可行性，适合不同体制、不同人群进行锻炼。此项运动是在富有节奏感的音乐伴奏下进行的，并且在地面平整的室内外均可进行，不受时间、场地等因素的影响，可达到很好的锻炼效果。

（二）鲜明的节奏性

健美操是在音乐的伴奏下进行的，健美操的音乐多取材于迪斯科、爵士、摇滚等现代音乐和具有上述特点的民族乐曲，音乐中的高低、长短、强弱、快慢等节奏的变化，使健美操运动展现出一种鲜明的时代气息和韵律感。健美操的音乐节奏鲜明清晰，既便于练习者随乐而舞，又能激发练习者的情绪，使练习者在轻松愉悦的氛围中既得到美的享受，又提高了协调性、节奏感、韵律感和表现力。

（三）广泛的群众性

健美操是时代发展的产物。它给人们带来了奔放的情感体验，符合现代人追求健康与健美和自娱自乐的需要，深受广大群众的喜爱。健美操练习形式多样，运动量可大可小，容易控制，运动负荷与练习难度可以选择，因此不同年龄、性别、个性、气质、素质的人，都可以选择适合自己的健美操动作进行锻炼。健美操运动对场地及器材的要求也不高，练习起来简单安全，适合不同地区、不同条件的单位和部门开展，具有广泛的群众性。

（四）优美的观赏性

健美操是通过动作组合来综合表现出力度、弹力和活力的。在追求人体健康与美丽的过程中，它将人体语言艺术和体育美学融为一体，使健美操成为极具观赏性的项目。一直以来，“健、力、美”都是人们追求身体美的目标，健美操将“健、力、美”的项目特征体现的淋漓尽致。

（五）动作的创新性

随着健美操运动的发展，不断创编出独特新颖的健美操动作，是健美操运动长盛不衰的重要原因。健美操运动的创新主要体现在完成动作的技术风格和质量、动作的组合形式、成套动作的编排、集体动作的配合、队形的变化、音乐选配的推陈出新上，在原有基本动作的基础上经过加工、提炼、操化，使之成为具有健美操风格的动作。

第二节　健美操基础知识

一、健美操的概念

健美操是以有氧运动为基础，以身体练习为基本手段，在音乐的伴奏下，运用各种操化动作，融体操、舞蹈、音乐为一体的运动项目。健美操既是健身美体、陶冶情操的大众健身方式，又是竞技体育项目之一。

二、健美操的分类

根据当今世界健美操和我国健美操运动的发展状况和未来的发展趋势，按照不同的活动目的和主要任务，健美操运动可分为健身性健美操、竞技性健美操和表演性健美操。

（一）健身性健美操

健身性健美操也称为大众健美操，其练习的主要目的是锻炼身体、保持健康。健身性健美操的动作简单、实用性强，运动强度和难度较低，动作多有重复，并均以对称的形式出现。健身性健美操的音乐速度也较慢，且为了保证一定的运动负荷和锻炼的全面性，其练习时间也可长可短，在具体要求上可以根据个体情况而变化。还应严格遵循健康、安全的原则，防止运动中出现损伤，从而在保证安全的基础上达到锻炼身体的目的。

（二）竞技性健美操

竞技性健美操是在健身性健美操的基础上产生的，其主要目的是“竞赛”。竞技性健美操是根据竞赛规则与技术规程的要求，创编出具有较高艺术性，展示运动员高水平技术能力的成套动作，以比赛取得优异成绩为主要目的的竞技运动。目前世界上公认的竞技性健美操的定义是“竞技性健美操是在音乐伴奏下，完成连续复杂的和高强度的成套动作的运动”。该项目起源于传统的有氧健身舞。竞技性健美操以成套动作为表现形式，在成套动作中必须展示连续的动作组合、柔韧性、力量与七种基本步法的综合使用，并结合难度动作完美地完成。竞技性健美操在参赛人数、比赛场地和成套动作的时间等方面有严格的规定，而对成套的编排、动作的完成、难度动作的数量等也有严格的规定。

（三）表演性健美操

表演性健美操是根据场合、目的、要求和表演者的实际情况进行编排的健美操。它主要是用于在各种节日庆典、宣传活动时烘托气氛。表演性健美操对表演的人数、形式、规模及动作设计的自由度较大。表演性健美操重复动作较少，音乐速度可快可慢，动作编排新颖。表演性健美操可以通过一些道具烘托气氛，让动作各具风格，感染观众，增加表演效果，具有较强的观赏性。

三、健美操音乐

音乐使健美操更具生命力与艺术性。音乐为健美操插上了翅膀，扩展了健美操的表现空间，为健美操注入了灵魂，并使参与者内心的激动“呐喊”出来。音乐的节奏与速度控制着动作的节奏与速度，因此也在很大程度上控制着运动的强度。音乐时间相同，节奏与速度越快，动作越复杂，运动的强度就越大，反之越小。音乐的风格决定着动作的风格，音乐风格受时代变迁、民族、地域、环境、作者等因素影响，因此我们应当尊重音乐的风格，只有这样动作与音乐才能协调，音乐才能有力地支撑起动作。

音乐的强弱变化为动作的力度与起伏创造了内在的条件，使动作与音乐在结构上产生联系。曲调与节奏的变化，加之动作起伏，增加了健美操的韵律感，使健美操的美学价值更高。音乐的情绪有控制健美操动作与人体脑细胞兴奋度的作用，因此在音乐伴奏下进行锻炼，可以延缓疲劳的出现，同时音乐的情绪可以影响人的情绪，这也是健美操多选择曲调欢快和节奏强劲的音乐作为伴奏的重要原因之一。欢快明朗的音乐可以更快地调动起人的兴奋性，使参与者能积极主动的进行运动。

四、健美操术语

健美操术语是用来专门表达健美操动作名称以及描述动作和技术过程的专门语言和专有词汇。因为健美操运动源于国外，所以常见的健美操动作术语既有转义词也有音译词。例如弹踢（Flick）、吸腿（Knee Lift）就属于转义词，漫步（Mambo）、依柳辛（Illusion）则属于音译词。各国语言文字虽然不同，但术语所表达的概念应尽量追求一致。

1. 动作之间相互关系术语

(1) 同时：不同部位的动作要在同一时间内完成。

(2) 依次：肢体或不同个体相继做同样性质的动作。

(3) 交替：不同肢体或不同动作反复进行。

(4) 同侧：与最初开始动作的肢体同一方向的上肢或下肢动作的配合。

(5) 异侧：与最初开始动作的肢体不同方向的上肢及下肢动作的配合。

(6) 对称：左、右肢体做相同的动作，但方向相反。

(7) 不对称：左、右肢体做互不相同的动作。

2. 动作中连接术语

连接术语是在描述一个连续动作的过程时，用于表达动作相互关系及先后顺序的术语。

(1) 由：动作开始的方位。例如：由内向外。

(2) 经：动作过程中经过的位置。例如：两臂经体前交叉。

(3) 成：动作完成的结束姿势。例如：左脚侧迈一步成左弓步。

(4) 至：动作必须到达某一指定位置。例如：提膝至水平位置。

(5) 接：强调两个单独动作之间连续完成。例如：团身跳接屈体分腿跳。

3. 动作强度术语

强度术语用于划分以脚接触地面时，身体承受的冲击力的大小。

(1) 无冲击力动作：两脚始终接触地面，身体重心在两腿中间，没有腾空动作。一般在练习前的准备部分和结束部分使用。

(2) 低冲击力动作：只有一脚始终接触地面。

(3) 高冲击力动作：只有腾空阶段对身体有一定的冲击力。

4. 动作表现形式术语

(1) 弹性：关节自然的屈伸，给人一种轻松、自然的感觉。

(2) 力度：动作的用力强度，通常以动作的制动技术来体现力度。

(3) 节奏：动作的用力强度交替出现，并合乎一定的规律。

(4) 幅度：动作展开的大小，一般是动作经过的轨迹越大则幅度越大。

(5) 风格：一套动作所表现的主要艺术特色和思想特点。

(6) 激情：充满健美操特点的强烈兴奋地情感表现。

第三节 健美操基本技术

一、健美操上肢动作

在完成健美操基本步伐动作时，配合上不同的手型和上肢动作，会使动作的完成更加丰富多彩。上肢动作的加入会相应增加成套动作的强度和难度。

（一）常用手型

(1) 并掌：五指并拢伸直（图 14-1）。

(2) 开掌：五指分开用力伸直（图 14-2）。

(3) 立掌：五指并拢，手掌用力上翘（图 14-3）。

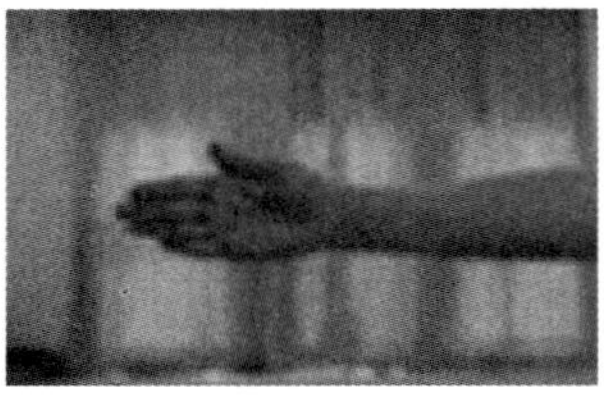

图 14-1

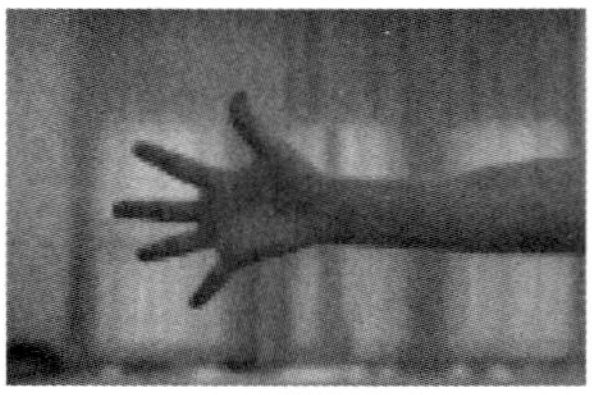

图 14-2

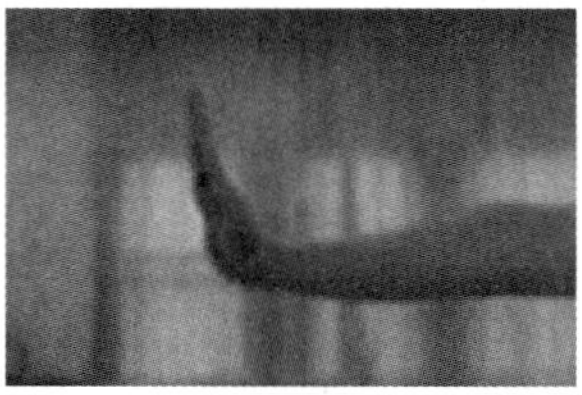

图 14-3

(4) 花掌：五指用力伸直，小指、无名指、中指、拇指稍内扣，食指伸直上翘（图 14-4）。

(5) 拳：握拳，拇指扣在食指上（图 14-5）。

图 14-4

图 14-5

（二）上肢动作

(1) 举：臂伸直向某方向抬起。

(2) 屈臂：前臂与上臂角度不断减小。

(3) 伸臂：前臂与上臂角度不断增大。

(4) 屈臂摆动：屈肘在体侧自然地摆动，可依次或同时进行。

(5) 上提：直臂或屈臂由下至上抬起，如屈臂前提、直臂侧提。

(6) 下拉：臂由上举或侧上举拉至身体两侧。

(7) 胸前推：立掌，臂由肩部向前推。

(8) 冲拳：屈臂握拳，由腰间猛力向前冲拳。

(9) 肩上推：立掌，屈臂由肩部向上推。

(10) 摆动：以肩关节为轴，手臂在 180° 以内运动。

(11) 绕和绕环：以肩关节为轴，手臂在 180° ～360° 之间的运动为绕；大于 360° 以上的圆周运动为绕环。

(12) 交叉：两臂重叠成“×”形。

在进行上述上肢动作练习时，应注意肌肉的用力阶段，使动作富有弹性，避免上肢动作过分僵硬。

二、健美操基本步法

健美操基本步法按冲击力可分为三种：低冲击力步法动作、高冲击力步法动作、无冲击力步法动作（见表 14-1）。

表 14-1　健美操基本步法分类表

类　别	低冲击力步法动作	高冲击力步法动作	无冲击力步法动作
交替类	踏步（March） 走步（Walk） 一字步（Easy Walk） V 字步（V-step） 漫步（Mambo）	后踢腿跑（Jogging）	
点地类	脚尖前点地　（Tap Forward） 脚跟前点地（Heel Forward） 脚尖侧点地（Tap Side） 脚尖后点地（Tap Back）		
迈步类	并步（Step Touch） 迈步点地（Step Tap） 迈步屈腿（Step Curl） 迈步吸腿（Step Knee） 迈步弹踢（Step Flick） 侧交叉步（Grapevine）	并步跳（Step Jump） 迈步吸腿跳（Step Knee Jump） 迈步后屈腿跳（Step Curl Jump）	
抬腿类	吸腿（Knee Lift） 踢腿（Kick） 弹腿（Flick） 后屈腿（Leg Curl）	吸腿跳（Knee Lift Jump） 后屈腿跳（Log Curl Jump） 弹踢腿跳（Flick Jump） 摆腿跳（Leg Lift Jump）	
双腿类		并腿纵跳（Jump） 分腿半蹲跳（Squat Jack） 开合跳（Jumping Jack） 并腿滑雪跳（Ski Jump） 弓步跳（Lunge Jump） 小马跳（Pony）	弹动（Spring） 半蹲（Squat） 弓步（Lunge） 提踵（Calf Raise）

(一) 低冲击步法动作

低冲击力步法动作指始终有一只脚接触地面的动作。

1. 交替类

交替类有以下五种基本步法：

(1) 踏步：两脚依次抬起，依次落地。在落地时，膝、踝关节弹性地缓冲（图 14-6）。

(2) 走步：像走路一样自然迈步，但仍要注意膝、踝关节的弹性（图14-7）。退步时方法相同。

图 14-6

图 14-7

(3) 一字步：脚尖朝前，两脚依次向前迈出一步再依次收回，呈一字形（图 14-8）。做后一字步也就是 A 字步时步法相同，但两脚依次向后退步。

图 14-8

(4) V 字步：两脚依次向前侧方迈步。当两脚平行时，双膝瞬间屈膝再依次退步呈 V 字形（图 14-9）。

图 14-9

(5) 漫步（以右脚为例）：右腿向左前侧迈步，右脚落地的同时左脚跟微微抬起（图 14-10）。

图 14-10

2. 点地类

点地类有以下四种基本步法：

(1) 脚尖前点：两腿有弹性地屈伸，大脚趾的趾腹着地（图 14-11）。

(2) 脚跟前点：一脚向前迈出，脚后跟着地，主力腿重心下压，膝盖微屈（图 14-12）。

图 14-11

图 14-12

(3) 脚尖侧点：直腿向侧点地，大脚趾内侧着地；主力腿微屈，重心下压（图 14-13）。

(4) 脚尖后点：直腿向后撤步，脚前掌点地，主力腿微屈，重心下压成弓步（图 14-14）。

图 14-13

图 14-14

3. 迈步类

迈步类有以下六种基本步法：

(1) 并步：一只脚向侧迈出，同时移动重心，另一只脚并脚点地（图 14-15）。

图 14-15

(2) 迈步点地：一只脚向侧迈步的同时两腿半蹲，移重心至迈步脚，另一只脚侧点（图 14-16）。

图 14-16

(3) 迈步屈腿：一只脚向侧迈出，同时两腿半蹲，转移重心至迈步脚，另一只脚后屈腿（图 14-17）。

图 14-17

(4) 迈步吸腿：一只脚向前或向侧迈步，另一只腿屈膝抬腿至 90°（图 14-18）。

图 14-18

(5) 迈步弹踢：一只脚向前迈一步，将重心也转移至此脚，另一只脚擦地前踢（图 14-19）。

图 14-19

(6) 侧交叉步：一只脚向侧迈出，同时转移重心，另一只脚向后迈，交叉于重心脚，再将重心脚继续向侧迈步，另一只脚跟并（图 14-20）。

图 14-20

4. 单脚抬起类

单脚抬起类有以下四种基本步法：

(1) 吸腿：主力腿有控制地稍屈膝弹动，另一只腿以各种形式抬起，同时立腰收腹（图 14-21）。

图 14-21

(2) 踢腿：主力腿有控制地稍屈膝弹动，另一只腿向前擦地踢出（图 14-22）。

图 14-22

(3) 弹腿：主力腿有控制地屈膝弹动，另一只腿先屈腿接着向前踢出（图 14-23）。

图 14-23

(4) 后屈腿：主力腿有控制地屈膝弹动，另一只腿向后屈腿（图 14-24）。

图 14-24

(二) 高冲击步法动作

高冲击力步法动作指两脚都离开地面的动作。

1. 迈步跳起类

迈步跳起类有以下三种基本步法：

(1) 并步跳：一只脚迈出，移动重心，跳起，两脚一起落地（图 14-25）。

(2) 迈步吸腿跳：一只脚蹬地迈出，起跳的同时吸腿（图 14-26）。

图 14-25

图 14-26

(3) 迈步后屈腿跳：一只腿屈膝迈出，蹬地起跳的同时另一只腿向后屈腿（图 14-27）。

图 14-27

2. 双脚起跳类

双脚起跳类有以下六种基本步法：

(1) 并腿纵跳：两脚并拢，双脚起跳，双脚落地（图 14-28）。

图 14-28

(2) 分腿半蹲跳：两脚分开稍宽于肩，屈膝半蹲，蹬地起跳并在空中打开两腿，保持姿态落地（图 14-29）。

图 14-29

(3) 开合跳：并脚，屈膝，蹬地起跳，落地时两腿分开稍宽于肩（图 14-30）。

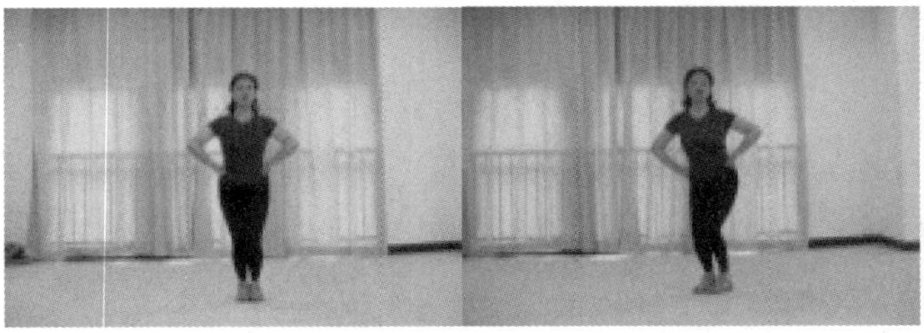

图 14-30

(4) 并腿滑雪跳：并腿屈膝起跳，向左、右交替落地（图 14-31）。

图 14-31

(5) 弓步跳：屈膝并脚起跳，落地时两脚一前一后，前腿屈膝，后腿蹬直，呈弓步；左右弓步步法相同，方向改变（图 14-32）。

图 14-32

(6) 小马跳：双脚同时起跳，一只脚作为主力脚起跳，另一只脚用大脚趾跳点。

3. 单腿起跳类

单腿起跳类有以下四种基本步法：

(1) 吸腿跳：抬起一只腿呈 90°，同时另一只脚起跳（图 14-33）。

(2) 后屈腿跳：一只腿后屈，同时另一只脚起跳（图 14-34）。

图 14-33

图 14-34

(3) 弹踢腿跳：一只腿后屈，另一只脚起跳，同时向前踢（图 14-35）。

(4) 摆腿跳：一只腿向侧抬起时，另一只脚起跳，左右交替（图 14-36）。

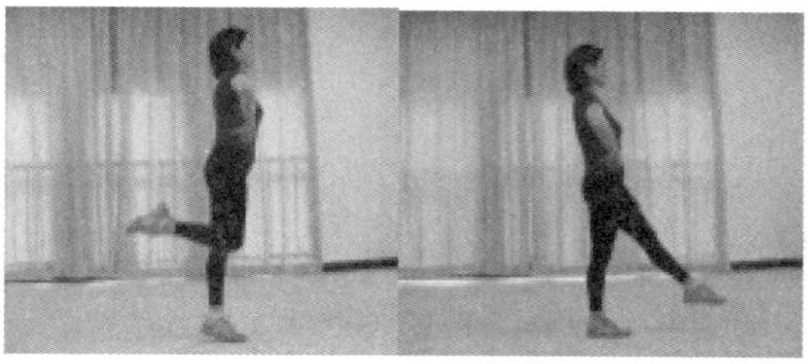

图 14-35

图 14-36

4. 后踢腿跑类

后踢腿跑：两脚依次离开地面，轻快地交替做后屈和跑跳运动（图 14-37）。

图 14-37

(三) 无冲击步法

无冲击力步伐动作指两脚始终接触地面的动作。无冲击步法主要有以下四种基本步法：

(1) 弹动：两脚始终接触地面，膝关节做有节奏的弹性屈伸（图 14-38）。

(2) 半蹲：两脚分开站立稍宽于肩，膝关节做屈伸运动（图 14-39）。

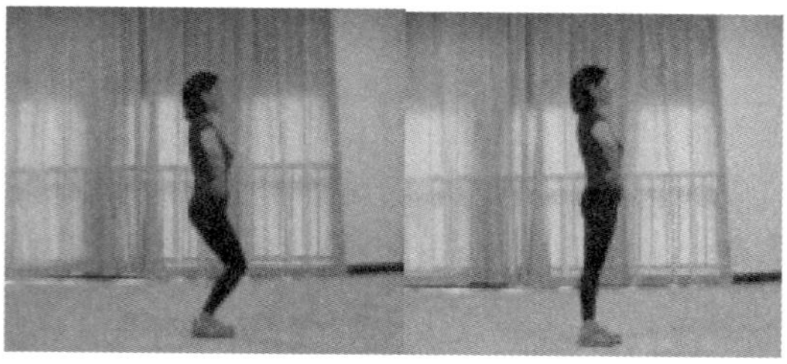

图 14-38

图 14-39

(3) 弓步：一只脚向侧或向前屈膝迈出，另一脚直腿蹬地，重心在两腿之间（图 14-40）。

(4) 提踵：两脚并拢，重心上提，吸气，立腰，脚跟抬起（图 14-41）。

图 14-40

图 14-41

第四节 大众健美操创编

一、大众健美操创编步骤

（一）创编前准备工作

(1) 明确创编的目的、任务、要求。

(2) 了解练习者的情况。

(3) 了解练习时间、场地、器材等条件。

(4) 学习观看相关的文字和音像资料。

（二）制定总体方案

(1) 确定类别是健身类、表演类或竞赛类。

(2) 确定风格是民族或爵士风格，还是柔美的、刚劲的或活泼的。

(3) 确定音乐的类型、长短及节奏。

(4) 确定动作的难度、长度和速度。

(5) 确定动作类型以及高潮动作的设计。

（三）遵循大众健美操的创编原则

在熟悉、理解音乐之后，按照总体设计方案分段设计具体动作，使创编的动作符合设计方案，并与音乐和谐统一。成套动作按难度由易到难、强度由小到大的规律进行编排。各节的基本姿势和连接方法要统一。

（四）记写动作

记写动作与编排动作同时进行，编排过程中就记写下动作。可以文字速记或图解记写，也可以视频记录。文字和图解记写的内容和顺序如下：

(1) 记写每节动作的名称、节数及重复次数。

(2) 绘制动作简图或拍摄图片。

(3) 记写动作说明。记写顺序是先下肢后上肢，先左边后右边，并明确写出动作的路线、方向和做法等。还要记写好注意事项。

（五）练习与修正

按编排好的动作进行练习，记录不合理的地方进行修改和调整，并继续练习检查，直至达到最佳结果。一般需要检查修改的问题如下：

(1) 动作长度是否与音乐结束时一致。

(2) 动作是否与音乐的风格、高潮融为一体。

(3) 运动量和运动强度是否适宜。

(4) 动作结构和顺序是否合理。

（六）撰写文字说明与图片记录

撰写文字说明与图片记录以便保存资料，供练习参考。文字说明应简明扼要，术语正确，绘图形象，方向清晰。也可拍摄图片或视频记录动作。

二、大众健美操创编音乐的选用

（一）音乐的风格与动作的风格应相一致

音乐的选择直接影响着健美操的风格、结构、节奏和速度。音乐选配得当，容易激发编操者的创作灵感和练习者的锻炼激情。大众健美操应体现出民族风格，并向着突出时代特征的方向发展。

（二）音乐体现健美操的特点

健美操是“健、力、美”的统一体，选配音乐时要注意体现这一点，强调美与力的结合，音乐旋律要动听、节奏鲜明、力求新颖、丰富多变。

（三）注意音乐速度的选用

健美操的音乐速度，通常以 10 秒为单位作为设计动作速度的标准。规则规定健身性健美操音乐必须在 2 分 30 秒至 3 分钟之间，速度在每 10 秒 22～26 拍，充分体现健身性健美操的有氧性及健身性。相比之下，较快节奏的音乐更容易提高一套动作的活跃性，同时也更容易引起观众的共鸣。

（四）成套动作的连贯性和完整性

一般成套音乐套路开始采用 10 秒的慢拍或造型变化以突出风格特点。中间每部分或小的阶段要体现高低起伏的变化。经过剪接的音乐，剪接前后乐曲的旋律应统一，并且具有一定的连贯性。音乐的结尾一定要保证音乐的完整性，切勿动作完成或时间到了就直接把音卡断，这样会给人一种悬在空中没有结束的感觉。

三、大众健美操动作的创编

大学生成套健美操除参加比赛外，各类表演也是广大学生丰富文化生活的重要内容，在大学生中积极开展介于竞技与表演之间的健身性健美操，特别是更具感染力和更多参与者的集体健身性健美操，已成为健美操运动发展的重要途径。

（一）动作创编设计

(1) 根据大学生特点进行创编。在校大学生的年龄一般在 18～24 岁，因此在编排时，应选择一些富有朝气、刚劲有力、健美大方、幅度较大、舞蹈因素多、有明显锻炼价值的动作。同时，造型动作力求形式新颖、设计独特、有趣多变、热情奔放。

(2) 借鉴相关项目，内容设计要突出特色。动作编排应有机结合舞蹈、体操、武术等相关项目。创造性地编排出既刚又柔、协调流畅的动作。此外，在设计时可考虑加入健美操中的一些风格动作，如拉丁健美操、街舞等的动作来渲染整套操，但动作不宜太多，时间不能太长，要起画龙点睛的作用，设计要具有特色。

（二）成套结构设计

创编一套操时，先要根据这套操所要达到的要求，创编它的核心动作、风格动作，再反复分析所选的音乐，从而确定整套操风格，设计难度动作、操化动作及造型动作的数量。集体项目还应考虑队员间的配合等，设计出成套动作的整体结构和框架。

（三）动作的连接设计

(1) 合理分配各类动作。选择设计好单个动作和成串的组合动作后，要将风格动作、难度动作、配合动作等按照一定的原则，合理地连接起来，避免出现“头重脚轻”等不平衡的安排。

(2) 把握好成套动作的节奏。节奏是健美操表演的基本要素，一套成功的健美操编排，主题动作和操化动作要节奏分明，动作要有快慢、强弱的搭配，有开始、高潮和结束。

（四）路线和队形设计

首先，要合理充分地利用场地，注意利用队形变化加强整套操的流动性，不要在同一个队形上做过多的动作。队形、方位的变化要巧妙、自然顺畅、整齐一致。在队形变化中注意把新颖独特、观赏性强的动作安排在场地中间，给观赏者留下清晰深刻的印象。初步完成整套操的编排后，配合音乐完成整套操的动作练习，观察整体表演效果并修改，使整套操的动作和音乐的风格相吻合。根据学生特点修改或增加一些表演效果好以及学生擅长完成的动作，反复练习修正，使之更加完善。

四、大众健美操队形的创编

（一）选择队形的方法

“队形”就是多名运动员在健美操表演时每个人所占位置形成的图形。队形编排可以从最基本、常见的平面几何图形入手，以个体为“点”，多个“点”前后相依，左右相近为“线”（曲、直线），点线相接为“面”，以此为基础设计出不同的点、线、面相结合的形式多样又新颖的队形。具体队形包括直线、弧形、正方形和三角形和组合队形。其中横排、斜排和八字型等通常称之为直线型队形，这种队形既利于表现一些整齐划一的动作，同时又能展示依次顺序完成特殊编排动作；而半圆形、圆形、椭圆形等称之为弧形队形，这一类队形所展示出来的动作造型流畅，视觉效果明显；正方形、菱形、风车形、十字形等属于对称型队形，此类队形的变化方式多种多样，能体现方正、大气的感觉；T形、厂字形等不对称队形最能体现队形变化的复杂性与多样性，使健美操的观赏性更强。

（二）队形变化的方法

分析健美操基本步法及其套路中丰富多样与复杂的动作特征，寻找动作规律，从中挑选出“方便移动”步法（如踏步、走步、跑跳步等）与“较适宜移动”步法（迈步、交叉步等），进行队形变化。依照成套动作表演顺序，精心选择步法动作，找准时机借助步法自然产生的方向、路线移动，使队形快速、自然流畅的变化。

（三）时间顺序的掌握

队形编排的均衡性是评价健美操艺术表现力的一个重要因素。成套动作队形编排应按时间顺序协调、均衡地进行队形变化，使编排队形不过分集中于成套动作前半段、后半段或中间部分，达到成套动作队形变化节奏稳定的效果。

（四）合理使用场地

根据规则的要求，在健美操集体项目中，其队形移动、变化的距离、范围以及覆盖面积越充分越好。而队形变化的优劣和场地使用是否充分合理息息相关。编排者在设计队形变化时，要考虑队形的使用区域、队形的方向及动作的行进方向三个要素，以达到充分使用场地和有效展示健美操动作特征的目的，使队形变化随套路动作在场地各个区域自然巧妙流动。

（五）队形变化自然流畅

场上队员要就近移动，队形变化要达到自然、迅捷的要求，队员移动距离和位置的合理安排至关重要。健美操队形变化时，要尽可能选择移动到相邻队形距离相近的位置点上，使队员轻松、自然地完成队形变化，达到“瞬间”改变队形，令人眼前一亮的效果。尽可能避免从前到后与从左到右式的大幅度移动而造成的混乱，破坏成套动作的完整性与流畅性。

第五节　健美操大众锻炼标准

大众健美操以健身娱乐为目的，以个体条件为基础，注重参与意识和锻炼的自我检测。在运动过程中运动负荷始终保持在有氧的范围内，使练习者达到增强体质、增进健康、塑造美的形体，并形成良好的心理状态。

一、健美操大众锻炼标准的制定原则

（一）有氧原则

注意在运动过程中运动负荷始终保持在有氧的范围内。通过多种组合练习，以提高心肺功能和影响人的整体为基础，达到锻炼身体、增强体质、健美形体的目的。

（二）无损伤原则

在选择动作时，注意避免使用高难度动作和超负荷动作以及运动范围过大的动作，以确保无损伤，并有益健康。

（三）简单易学原则

健美操大众锻炼标准的实施对象是一般群众，其目的是使更多的人参与到健美操运动中来。因此，在动作的选择上注重简单易学和实效性，使之便于开展普及。

（四）循序渐进性原则

健美操各等级之间保持着有机联系，在保证合理运动负荷的基础上，运动量和难度逐渐加大，动作由易到难，幅度由小到大，速度由慢至快，练习步骤由分解至完整。

（五）提高人体基本素质原则

根据不同等级的任务和技术等级的要求，通过基本动作、组合动作和力量素质的教学，提高人体的力量、柔韧、协调、灵敏等基本素质和基本能力。

二、健美操大众锻炼标准的级别、层次与对象

健美操大众锻炼标准共分为 6 个等级和 4 个层次。

等级水平由低至高分别为：一级、二级、三级、四级、五级、六级。

层次：一级为入门套路；二级、三级为初级套路；四级和五级为中级套路；六级为高级套路。

对象：一级面向大众；二级和三级面向有意参加健美操锻炼者；四、五级面向健美操爱好者；六级面向有意于健美操深造及准备进入竞技健美操训练者。

三、健美操大众锻炼标准的评定因素

（一）动作的正确性

(1) 动作技术要正确。

(2) 身体姿态要舒展。

(3) 动作范围要适当。

（二）身体的协调性

(1) 全身协调运动。

(2) 动作轻松有弹性。

(3) 动作清晰无多余动作。

(4) 动作避免过分松弛或过分紧张。

（三）连接动作的流畅性

(1) 动作之间的连接要自然、流畅。

(2) 动作的转换及方向的变化要干净利落，无多余动作。

（四）节奏感

(1) 动作要充分表现音乐情绪。

(2) 动作和音乐节奏要配合协调。

(3) 一连串动作节奏要准确。

（五）表现力

(1) 动作要展示内心的激情，体现一种健康向上的情绪。

(2) 提倡个人风格的表现力。

四、健美操大众锻炼标准教学套路

（一）一级教学套路动作说明

一级教学套路是健美操大众锻炼标准的入门套路，它始终保持低强度的有氧练习，并进行最简单的腹背肌肉力量和身体核心部位的稳定性练习。每一个组合由3～5个最常见的健美操步法组成，并配合简单和对称性的上肢动作。

（二）一级教学套路

1. 组合一

- 第一个八拍

下肢动作：右脚开始一字步2次。

上肢动作：1—2双臂胸前屈，3—4后摆，5胸前屈，6上举，7胸前屈，8放于体侧。

- 第二个八拍

下肢动作：1—4右脚开始向前走3步吸腿，5—8左脚开始向后退3步吸腿。

上肢动作：1—3双肩经前举后摆至肩侧屈，4击掌，5—8同1—4。

- 第三个八拍

下肢动作：1—4右脚开始侧并步2次，5—8右脚向侧连续并步2次。

上肢动作：1右臂肩侧屈，2还原，3左臂肩侧屈，4还原，5双臂胸前平屈，6还原，7—8同5—6。

- 第四个八拍

下肢动作：1—4左脚十字步，5—8左脚开始踏步4次。

上肢动作：1—4手臂自然摆动，5击掌，6还原，7—8同5—6。

第五个八拍至第八个八拍，动作相同，但方向相反。

2. 组合二

- 第一个八拍

下肢步伐：1—8右脚开始脚尖点地4次。

上肢动作：1双臂屈臂右摆，2还原，3左摆，4还原，5右臂摆至侧上举和左臂胸前平屈，6还原，7—8同5—6。

- 第二个八拍

下肢步伐：1—4右脚开始向右弧形走270°，5—8并腿半蹲2次。

上肢动作：1—4 自然摆臂，5 双臂前举，6 右臂胸前平屈（上体右转），7 同 5，8 放于体侧。

- 第三个八拍

下肢步伐：1—4 左脚上步吸腿右转转体 90°，5—8 右脚上步吸腿。

上肢动作：1 双臂前举，2 屈臂后拉，3 前举，4 还原，5—8 同 1—4。

- 第四个八拍

下肢步伐：1—8 左脚开始向侧迈步后屈腿 4 次。

上肢动作：1—8 屈肘前后摆动。

第五个八拍至第八个八拍，动作相同，但方向相反。

3. 组合三

- 第一个八拍

下肢步伐：1—4 右脚向右交叉步，5—8 左脚向侧迈步成分腿半蹲。

上肢动作：1—3 双臂经侧至上举，4 胸前平屈，5—6 双臂前举，7—8 放于体侧。

- 第二个八拍

下肢步伐：1—4 右脚开始侧点地 2 次，5—8 右脚连续 2 次点地。

上肢动作：1 右臂左前举并左臂收于腰间，3—4 同 1—2(方向相反)，5—8 同 1—2(重复 2 次)。

- 第三个八拍

下肢步伐：1—8 左腿开始向前走 3 步接吸腿 3 次。

上肢动作：1 双臂肩侧屈，2 胸前交叉，3 同 1，4 击掌，5 肩侧屈外展，6 腿下击掌，7—8 同 3—4。

- 第四个八拍

下肢步伐：1—8 右腿开始向后走 3 步接吸腿 3 次。

上肢动作：同上第三个八拍。

第五个八拍至第八个八拍，动作相同，但方向相反。

4. 组合四

- 第一个八拍

下肢步伐：1—8 右腿开始 V 字步+A 字步。

上肢动作：1 右臂侧斜上举，2 双臂侧斜上举，3—4 击掌 2 次，5 右臂侧斜下举，6 双臂侧斜下举，7—8 击掌 2 次。

- 第二个八拍

下肢步伐：1—8 弹踢腿跳 4 次（单单双）。

上肢动作：1 双臂前举，2 下摆，3—4 同 1—2，5 前举，6 胸前平屈，7—8 同 1—2。

- 第三个八拍

下肢步伐：1—8 左腿漫步 2 次。

上肢动作：自然摆动。

- 第四个八拍

下肢动作：1—8 迈步后点地 4 次。

上肢动作：1 右臂胸前平屈，2 右臂左下举，3—4 同 1—2 但方向相反，5 右臂侧斜上举，6 右臂左下拳，7—8 同 5—6 但方向相反。

第五个八拍至第八个八拍，动作相同，但方向相反。

（三）二级教学套路动作说明

二级套路为健美操大众锻炼标准的初级套路动作，二级动作的练习目的是进行中低强度的有氧练习与简单的腰腹和身体核心部位的稳固性练习。每一个组合均由 4～5 个基本步伐组成，并出现了 45°～90° 的方向变化，路线以简单的前后和左右为主，大部分的手臂动作为对称性的，个别动作出现了依次的手臂动作。

（四）二级教学套路

1. 组合一

- 第一个八拍

下肢步伐：1—4 右脚十字步，5—8 向后走四步。

上肢动作：1 右臂侧举，2 右臂侧举，3 双臂上举，4 下举，5—8 屈臂自然摆动。

- 第二个八拍

第二个八拍动作同第一个八拍，但 5—8 向前走 4 步。

- 第三个八拍

下肢步伐：1—6，6 拍漫步，7—8 1/2 后漫步。

上肢动作：1—2 右手前举，3 双手叉腰，4—5 左手前举，6 双手胸前交叉，7—8 双臂侧后下举。

- 第四个八拍

下肢步伐：1—2 右脚向右并步跳，3—8 左脚向右前方做 6 拍前侧后漫步。

上肢动作：1—2 屈左臂自然摆动，3—4 前平举弹动 2 次，5—6 侧平举，7—8 后斜下举。

第五个八拍至第八个八拍，动作相同，但方向相反。

2. 组合二

- 第一个八拍

下肢步伐：1—2 右脚向右侧滑步，3—4 拍 1/2 后漫步，5—8 左脚开始向左前方做侧并步 2 次。

上肢动作：1—2 屈左臂自然摆动，3—4 前平举弹动 2 次，5—6 侧平举，7—8 后斜下举。

- 第二个八拍

下肢步伐：1—4 左脚开始向左后方做侧并步 2 次，5—6 左脚向左侧滑步，7—8 进行 1/2 后漫步。

上肢动作：1—2 击掌 3 次，3—4 双手叉腰，5—6 左臂侧上举，右臂侧平举，7—8 双臂屈臂后摆。

- 第三个八拍

下肢步伐：1—4 右转 90°，上步吸腿 2 次，5—8 V 字步左转 90°。

上肢动作：1—4 双臂向前冲拳、向后下冲拳 2 次，5—8 双臂由右向左水平摆动。

- 第四个八拍

下肢步伐：1—4 左腿吸腿（侧点地）2 次，5—8 同 1—4，但方向相反。

上肢动作：1 双臂胸前平屈，2 左臂上举，3 同 1，4 还原，5—8 同 1—4，但方向相反。

第五个八拍至第八个八拍，动作相同，但方向相反。

3. 组合三

- 第一个八拍

下肢步伐：1—4 右脚侧并步跳，5—8 右转 90° 侧交叉步。

上肢动作：1—4 双臂上举，5—8 双臂屈臂自然摆动，第 8 拍，双臂侧下举，上体向左扭转 90°，朝正前方。

- 第二个八拍

下肢步伐：1—4 向右侧并步跳，5—8 左转 90° 左脚开始侧并步 2 次。

上肢动作：1—4 双臂上举，5—6 右臂前下举，7—8 左臂前下举。

- 第三个八拍

下肢步伐：1—4 左脚向前一字步，5—8 依次分并腿。

上肢动作：1 双臂肩侧屈，2 双臂下举，3—4 双臂胸前屈，5—6 双臂上举掌心朝前，7—8 双手放膝上。

- 第四个八拍

下肢步伐：1—4 向后一字步，5—8 依次分并腿 2 次。

上肢动作：1—2 手侧下举，3—4 胸前交叉，双臂经胸前交叉 1 次侧上举，1 次侧下举。

第五个八拍至第八个八拍，动作相同，但方向相反。

4. 组合四

- 第一个八拍

下肢步伐：1—8 右脚开始小马跳 4 次，向侧向前呈梯形。

上肢动作：1—4 单臂体侧向内绕环，5—8 同 1—4。

- 第二个八拍

下肢步伐：1—4 向右后弧形跑四步，右转 270°，5—8 开合跳 1 次。

上肢动作：1—4 屈臂自然摆动，5—6 双手放腿上，7 击掌，8 放于体侧。

- 第三个八拍

下肢步伐：1—4 右脚向右前上步后屈腿，5—8 右转 90°，左脚向前上步后屈腿。

上肢动作：1 双臂胸前交叉，2 右臂侧举、左臂上举，3 同 1，4 双手叉腰。5—8 动作同 1—4，但方向相反。

- 第四个八拍

下肢步伐：1—4 右、左侧点地各一次，5—8 右脚上步转髋，还原。

上肢动作：1 右手左前下举，2 双手叉腰，3—4 动作相同，但方向相反，5 双臂胸前平屈，6 前推，7 同 5，8 放于体侧。

第五个八拍至第八个八拍，动作相同，但方向相反。

第十五章

体育舞蹈

第一节 体育舞蹈概述

一、体育舞蹈的起源和形成

体育舞蹈起源于西方的民间舞蹈，它像各种艺术一样，在不断汲取劳动人民的文化营养过程中，随着社会的变革和经济的发展，又经过一代又一代人的创造与发展而逐渐形成现代各种形式的交谊舞和体育舞蹈。如“华尔兹”舞步来源于欧洲人在打谷场上的踢场动作，“伦巴”舞也是从西方劳动人民头顶重物（或水罐）移步时转换中心的劳动节奏中产生的。

早在 11～12 世纪，欧洲一些国家将一些民间舞动作加以精练、规范、提高成具有社交和礼仪性质的舞蹈进入宫廷，成为宫廷中男女交际的集体“宫廷舞”，并专供贵族享受。这种宫廷舞拘谨、高雅、复杂的特点大大失去了民间舞蹈原有的自由活泼的自然风格。18 世纪法国大革命后，这种贵族独享的“宫廷舞”进入平民社会，经过人们的加工和改变，发展成为比较自然、活泼的以及社会上人人可跳的舞会舞蹈，如波尔卡、玛祖卡、波洛涅兹等舞蹈。

19 世纪末出现了探戈舞，其先传入西班牙，后转至美洲。20 世纪初探戈已经非常盛行，其舞步动作刚劲、深沉典雅、俊俏、流畅，深受欧美群众的喜爱。20 世纪初，北美和南美的一些社交舞爱好者又创编了布鲁斯舞。1913 年，哈利·福克斯创编出情绪轻柔、节奏活泼、风格优雅洒脱、舞步平滑宽大而流利的狐步舞。这些舞蹈的出现，对交谊舞的发展起到了推动的作用。社交舞除华尔兹外，又增加了布鲁斯、慢华尔兹、狐步和探戈等舞蹈。

鉴于众多不同流派、不同风格交谊舞的出现，1910 年，为了使各种社交舞蹈有统一的规范，英国皇家舞蹈教师协会（简称 ISTD）在政府的支持下，汇集各种交谊舞专家，对当时的交谊舞进行了科学的整理，将各种舞蹈的舞姿、舞步、跳法加以系统化、规范化和美化，使之严谨、规范，舞姿挺拔、潇洒，从眼神到表情更具绅士气派。1924 年共同审定了 7 种公认的、合乎标准的舞蹈，即布鲁斯、慢华尔兹、慢狐步、快华尔兹、快步、伦巴、探戈，并定名为“国际标准交谊舞”。

1960 年，英国皇家舞蹈教师协会在对非洲和拉美一些国家的民间舞进行规范、整理和加工后，又增加了 5 种拉丁舞，并将其纳入国际标准交谊舞的范畴，列为正式比赛项目。

1964 年，国际舞的内容中又增加了新的表演和比赛项目——团体舞，使国际舞 10 个舞种的风格特点得到了更为鲜明的体现。

三种崭新的舞蹈形式——摩登舞、拉丁舞、团体舞，被称为现代国际标准交谊舞，简称国标舞。国标舞的诞生，改变了社交舞的自娱性质，演变成为一种艺术性高、技术性强的兼具表演性和竞技性的舞蹈，受到了社会各阶层的广泛喜爱，其典雅的风格，优美的舞姿是其他舞蹈所无法比拟的。

二、体育舞蹈的发展

一种体育项目的发展离不开该体育项目组织的管理和推广，体育舞蹈也不例外。目前国际上有两个国际体育舞蹈组织，一个是国际体育舞蹈联合会（International DanceSport Federation，IDSF），另一个是世界舞蹈及体育舞蹈理事会（World Dance and DanceSport Council，WDDSC）。2000 年国际体育舞蹈联合会与世界舞蹈及体育舞蹈理事会签署理解合作备忘录，并拟定将合并成立世界舞蹈运动联合会。

（一）世界体育舞蹈的发展

体育舞蹈的第一个国际组织是于 1935 年 12 月 10 日在布拉格成立的国际业余舞蹈联合会。1956 年更名为国际业余舞蹈理事会，后来在 1990 年又更名为国际舞蹈联合会。

1950 年 5 月在英国黑池，世界舞蹈协会主办了首届世界性的大赛——Blackpool Dance Festival，即著名的黑池舞蹈节，此后该赛事在每年的 5 月底举行。

1992 年国际体育舞蹈联合会成为国际单项体育运动联合会总会的正式成员。1995 年 4 月 2～5 日，国际奥林匹克委员会在摩纳哥召开执委会，对国际体育舞蹈联合会的资格予以承认。至此，国际舞蹈联合会成为国际奥委会的临时会员。1997 年 9 月国际奥林匹克委员会在洛桑召开执委会，正式承认国际体育舞蹈联合会。此时，国际体育舞蹈联合会成为唯一的代表体育舞蹈的国际组织。1997 年，体育舞蹈成为芬兰拉赫蒂世界运动会的比赛项目。1998 年，体育舞蹈成为曼谷亚运会的表演项目。2000 年，在悉尼奥运会闭幕式上进行了体育舞蹈表演。2001 年，体育舞蹈成为日本秋田世界运动会比赛项目。2005 年，体育舞蹈成为在曼谷召开的第一届亚洲室内运动会正式比赛项目。2007 年，体育舞蹈成为在澳门召开的第二届亚洲室内运动会正式比赛项目。2010 年，体育舞蹈成为在广州召开的第十六届亚洲运动会正式比赛项目。目前国际体育舞蹈联合会正在积极争取将体育舞蹈项目列入奥运会比赛项目。

（二）我国体育舞蹈的发展

交谊舞在 20 世纪 30 年代率先进入我国的上海市，而后在天津、广州等大城市广泛流行。20 世纪 80 年代初，随着改革开放的不断深入和生活观念的改变，以及外国的专家和优秀选手不断来我国讲学、表演、培训和交流，体育舞蹈的发展进入了一个新的时期。

1991 年 5 月，以前身为中国国际体育舞蹈俱乐部的中国体育舞蹈运动协会宣告成立，制定了我国第一个《体育舞蹈竞赛规则草案》。1993 年 12 月举办了“中国上海、北京世界杯体育舞蹈锦标赛”，这是我国首次获得世界体育舞蹈职业总会和世界体育舞蹈业余总会认可的世界性公开赛，也是中国当时最具规模的舞蹈大赛。

中国体育舞蹈联合会自2000年8月改组以来，协会的组织建设、赛事的改革、对外交流活动的开展等方面都得到了很大的发展。

体育舞蹈进入中国以来已经得到了飞速的发展，运动员的竞技水平有很大提高，尤其是在近几年的国际比赛中取得了骄人的成绩。2004年的黑池比赛中，中国选手栾江和张茹获职业新星拉丁舞组冠军；2005年，张劲和罗文青获职业新星拉丁舞组冠军，杨超和谭轶凌获21岁以下摩登舞组冠军；2006年的黑池比赛中，陆宁和魏巍获业余新星拉丁舞组冠军，杨超和谭轶凌获业余新星摩登舞组冠军；2007年，我国国标舞选手赵亮和张丁芳获得英国黑池舞蹈大赛职业新星拉丁舞组冠军；在2010年广州亚运会中，我国体育舞蹈选手在十个舞种项目中包揽了全部金牌。

三、体育舞蹈的分类

(一) 体育舞蹈的分类

体育舞蹈按舞蹈的风格特点和动作的技术结构来分类，可以分为现代舞（即摩登舞）和拉丁舞两大类。按竞赛的项目分类，可以分成摩登舞、拉丁舞和团体舞三大类。

(二) 体育舞蹈各个舞种的起源及特点

1. 摩登舞（现代舞）

1) 华尔兹

华尔兹又称“圆舞”，它是英国皇家舞蹈教师协会最早规范的标准舞之一，是体育舞蹈中历史最悠久、生命力最强的一种舞蹈。它起源于德国和奥地利地区的一种农民舞蹈——土风舞。华尔兹的风格特点是庄重典雅、华丽多彩、舞蹈动作流畅、旋转性强、热烈而兴奋、中心起伏跌宕以及接连不断的潇洒转体。

2) 探戈

探戈源于非洲中西部的民间舞蹈——“探戈诺”舞。跳探戈时，膝关节松弛、微屈，中心略下沉；脚下干净利落，不拖泥带水，斜性横步，步步为营。这样跳起来才能把探戈刚劲有力、欲退还进的风格表现出来。探戈动作中的动、静、快、慢错落有致，头左顾右盼、快速转动，舞蹈风格中动、静交织，转体潇洒大方，沉稳中见奔放，闪烁中显顿挫。

3) 狐步

狐步起源于美国黑人舞蹈。1914年，美国演员哈利·福克斯模仿马在慢步行走时的动作，并设计了一种舞蹈形式，迅速在全美风行。现在国际上流行的狐步是英国的约瑟芬·宾利改编的，其风格特点除具有华尔兹的典雅大方、舒展流畅和轻盈飘逸之外，更具狐步独有的平稳大方、悠闲自在、从容恬适的韵味。

4) 快步

快步从美国民间“P、E、E、P BODY”改编而来，早期的快步吸收了快步狐步的动作，后又引进了芭蕾舞的小动作，使动作更加轻快灵巧。现在体育舞蹈中的快步是“英国式”的快步舞。快步其动作轻快活泼、富于激情、舞步轻松、自由洒脱；其舞蹈风格简洁明快、动力感强。

5) 维也纳华尔兹

维也纳华尔兹也是历史比较悠久的舞蹈，它和华尔兹一样是起源于奥地利北部山区的农民舞蹈。维也纳华尔兹又称“快华尔兹”，是德国农村的“土风舞”和三拍子的奥地利民间舞结合而成的。维也纳华尔兹动作优美、舒展大方、连绵起伏，舞步轻快流畅、旋转性强，音乐节奏清晰、旋律活泼。

2. 拉丁舞

1) 伦巴

伦巴是拉丁舞中独具魅力的舞蹈，其动作受雄鸡走路启发，它的形成与西班牙舞蹈“波莱罗”以及非洲黑人舞蹈有关。伦巴的音乐缠绵、浪漫，舞蹈风格柔媚、抒情，是表现爱情的舞蹈。它与其他拉丁舞不同的是在舞步运行中，舞者的髋部富有魅力地扭摆，上身自由舒展，在抑扬的韵律节奏下，具有文静、含蓄、柔媚的风格，展示了女性婀娜多姿的美态。伦巴在拉丁舞中历史悠久，并且以其成熟的舞形和独特的异国情调被誉为“拉丁舞之魂”。

2) 恰恰恰

恰恰恰起源于非洲，在古巴得到了很大的发展，它是模仿企鹅的姿态创始的舞蹈，借以表达青年男女之间追逐嬉戏的情景，其风格风趣诙谐，热烈而俏美。恰恰恰由于名字动听，节奏欢快易记，配以帮伐斯鼓和沙球的“咚咚”“沙沙”声，与动作相吻合，舞蹈又有诙谐、花俏的风格，所以倍受欢迎，它是拉丁舞中最流行的舞蹈。

3) 捷舞

捷舞（也译为“牛仔舞”）源于美国西部，舞蹈带有踢踏动作，节奏快速兴奋，强烈地扭摆和连续快速地旋转使人目不暇接、眼花缭乱。其动作粗犷并带有举持舞伴和甩动的技巧，是一种表现人的强健体魄和自由奔放情绪的舞蹈。它的风格欢快、热烈、诙谐、风趣。

4) 桑巴

桑巴源自非洲黑人舞蹈，是从巴西农村的摇摆桑巴舞传入城市演变而成的，最初称为摩尔人的桑巴。桑巴是拉丁舞中最强烈、最有个性节奏的舞蹈，乐曲热烈、欢快而兴奋，舞蹈动作粗犷豪放、起伏强烈。膝部连续弹动，舞步奔放敏捷，富有强烈的感染力。桑巴区别于其他拉丁舞的一个显著特点是舞蹈时沿舞程线方向绕场移动，所以它是一种流动性舞蹈。

5) 斗牛舞

斗牛舞又称帕索多布雷舞，起源于西班牙，流行到法国宫廷后发展为国标舞。它是模仿西班牙斗牛士的动作，用西班牙风格的进行曲伴舞的一种拉丁舞。在舞蹈中，男士象征斗牛，女士象征斗牛士的斗篷，舞蹈中保持着一种英武、敏捷、自豪的姿态，因此该舞蹈应表现出男子强壮英武和豪迈昂扬的气概。

6) 团体舞

团体舞是现代舞或拉丁舞的混合舞，由 8 对选手组成，借助音乐的引导，将 5 种舞蹈在变化莫测的队形中编织出丰富多样的图案。它将音乐、舞姿、队形、图案和选手们的和谐配合融为一体，达到了完美的统一，使体育舞蹈的风格特点得到了更为鲜明的表现。

同一系列的舞种除在风格和内容上有其共同特点外，每个舞种在步法、书奏、技术处理以及风格上都有自己的独特之处。

第二节 体育舞蹈基本知识

一、体育舞蹈的音乐节奏

(1) 小节：音乐的基础单位，是基本的节奏。小节是二拍、三拍、四拍的约定俗成的组合，它赋予动作以性格，同样时值在一起的小节能表达出一种匀称感。

(2) 节奏：节奏给动作以活力，它构筑在强拍和弱拍交替进行的基础上。节奏是运动的脉搏。

(3) 节奏与旋律、和声并称为音乐三大要素。只有通过节奏才能把音乐组织起来。

体育舞蹈的音乐基本运用鼓声、打击乐器和低音乐器清晰地演奏出基本节奏。它的强拍是用鼓声“蓬”来表示，弱拍是钹声“嚓”进行配合。只要在起步时仔细地倾听鼓声和钹声，一般都能分清是哪种舞曲和舞步。当已判断出是何种舞步和速度的乐曲时，最好在每一个乐句的第一拍开始起步，华尔兹、探戈、狐步、快步、维也纳华尔兹、桑巴、牛仔、斗牛舞都必须在强拍起步，而伦巴、恰恰恰则要在弱拍起步。

二、各种舞蹈舞曲的节奏

(1) 华尔兹为3/4节拍，每小节三拍，节奏是“强、次强、弱”，舞曲中鼓、钹声为“蓬、嚓、嚓”。

(2) 探戈为2/4节拍，每小节四拍，节奏是“强、弱、强、弱”，舞曲中鼓、钹声为“蓬、嚓、蓬、嚓”。慢步占两拍，快步占一拍。

(3) 狐步为4/4节拍，每小节四拍，节奏是“强、弱、次强、弱”，舞曲中鼓、钹声为“蓬、嚓、蓬、嚓”。慢步占两拍，快步占一拍。

(4) 快步为4/4节拍，每小节四拍，节奏是“强、弱、次强、弱”，舞曲中鼓、钹声为“蓬、嚓、蓬、嚓”。慢步占两拍，快步占一拍。一拍走一步或两拍走三步。

(5) 维也纳华尔兹为3/4节拍，每小节三拍，节奏是“强、次强、弱”，舞曲中鼓、钹声为“蓬、嚓、嚓”。

(6) 桑巴为2/4节拍，每小节四拍，节奏是“强、弱、强、弱”，舞曲中鼓、钹声为“蓬、嚓、蓬、嚓”。一拍走一步或一拍走两步。

(7) 牛仔为4/4节拍，每小节四拍，节奏是“强、弱、次强、弱”，舞曲中鼓、钹声为“蓬、嚓、蓬、嚓”。一拍走一步或两拍走三步。

(8) 斗牛为2/4节拍，每小节四拍，节奏是“强、弱、强、弱”，舞曲中鼓、钹声为“蓬、嚓、蓬、嚓”。

(9) 伦巴为4/4节拍，每小节四拍，节奏是“强、弱、次强、弱”，舞曲中鼓、钹声为“蓬、嚓、蓬、嚓”。强拍后的弱拍起步，四拍走三步。

(10) 恰恰恰为4/4节拍，每小节四拍，节奏是“强、弱、次强、弱”，舞曲中鼓、钹声为“蓬、嚓、蓬、嚓”。强拍后的弱拍起步，四拍走五步。

三、体育舞蹈术语

1. 体育舞蹈的基本名词

(1) 舞程向：在一个舞池中，为了避免互相碰撞而严格规定舞者必须按逆时针方向行进，这个方向就叫舞程向。

(2) 舞程线：沿舞程向行进的路线。

(3) 节奏：以一定规律反复出现、赋予音乐以性格的具有特色的节拍。

(4) 速度：音乐速度，即每一分钟所演奏的小节总数。

(5) 组合：两个或两个以上的舞步型的结合。

(6) 套路：由若干个组合串编成的一套完整的舞步型。

2. 体育舞蹈基本舞姿术语

(1) 舞姿：泛指舞者跳舞的姿态。

(2) 合对位舞姿（闭式位舞姿）："合"指男女交手抱握；"对"指男女面对面。泛指男女面对面双手扶握的身体位置。

(3) 侧行位舞姿：男士的右侧和女士的左侧身体紧密贴靠，身体的另一侧略向外展开成 V 形的站立或行进的身体位置。

(4) 并肩位舞姿：拉丁舞中男女面对同一方向肩臂相并的身体位置。以男士为基准，男士左肩与女士右肩相并叫"左并肩位"，男士右肩与女士左肩相并叫"右并肩位"。

(5) 影子位舞姿：男女舞伴面向同一方向重叠而立并形影相随的身体位置。以女士居前较为常见。

(6) 反身动作：一侧脚前进或后退，异侧肩和胯后让或前送，使身体与舞步形成反向配合的身体动作。

(7) 反身动作位置：在身体不转动的情况下，一脚在身前或身后形成交叉，以保证两人身体维持相靠姿态的身体位置。常用于外侧舞伴姿态与侧行位置姿态的舞步中。

(8) 升降动作（起与伏）：跳舞时身体的上升与下降。升降动作是在膝、踝、趾关节的屈和伸动作的转换中完成的。

(9) 摆荡动作：舞者在身体上升做斜向或横向移动时，像钟摆似的把身体摆动起来。

(10) 倾斜动作：跳舞时身体的倾斜。从形体上讲，指肩的平衡线向左或向右的倾斜，它与地面的水平线成三角斜线。

3. 体育舞蹈基本技术动作术语

(1) 准线：双脚的位置或双脚方向与房间的关系。

(2) 平衡：舞蹈中身体重心的准确分配。

(3) 基本舞步：构成一种特定舞蹈的基调舞步动作。

(4) 擦步：当动力脚从一个开位向另一个开位移动时，必须先与主力脚靠拢而重心不变的脚步。

(5) 滑步：在第二步时双脚并拢的三步组成的舞步。

(6) 脚跟转：向后迈出的脚的脚跟转。在动作过程中并上的脚必须与主力脚平行，旋转结束时，身体重心移动至并上的那只脚。

(7) 脚跟轴转：不变重心的单一脚跟旋转。

(8) 踌躇步：前进暂时受阻的舞步型或舞步型中的一部分，重心停留于一脚超过一拍。

(9) 逗留步：身体运动或旋转受阻时的舞步型，双脚几乎静止不动，重心停留于双脚超过一拍。

(10) 开式转：第三步不是并靠而是超越第二步的旋转。

(11) 轴转：一脚脚掌的旋转，另一脚处于或前或后的反身动作位置。

(12) 锁步：两脚前后交叉的舞步。

4. 体育舞蹈的场地、旋转角度与方位

1) 场地

国际体育舞蹈的场地是有一定规格的，标准场地为长 23 米、宽 15 米的长方形场地，场地中长的两条边线叫 A 线，短的两条边线叫 B 线（图 15-1）。

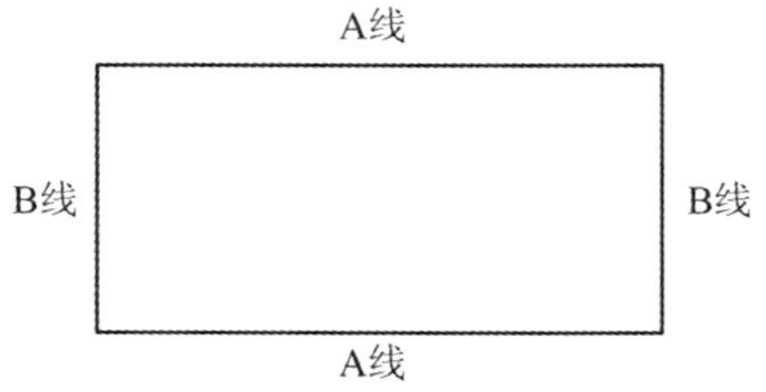

图 15-1

2) 旋转角度

旋转时以 360° 为一周，旋转 45° 为 1/8 周，旋转 90° 为 1/4 周，旋转 135° 为 3/8 周，旋转 180° 为 1/2 周；旋转 225° 为 5/8 周，旋转 270° 为 3/4 周，旋转 315° 为 7/8 周（图 15-2）。

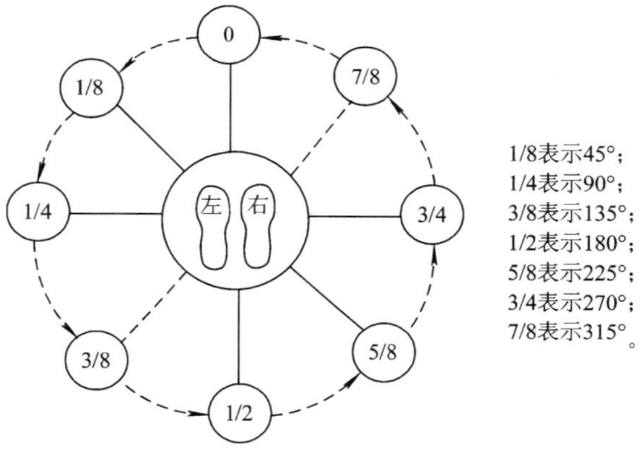

图 15-2

3) 方位

为了表明人的身体于舞蹈进行中在场地上所处的位置，以便于检查旋转的角度，根据国际上记录舞蹈的惯例，在舞场上要规定一定的方位。我们借鉴舞蹈中基本方位的术语，把开始确定的某一面（主席台）定为基本方位的基点——“1 点”（也可在场地中任选一个面为“1 点”），按顺时针方向，每 45° 为一个基本方位，将场地划分为 8 个基本方位（图 15-3）。

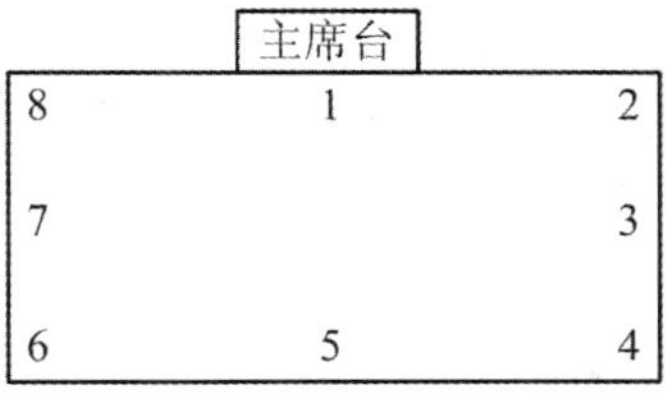

图 15-3

上面所说的方位是针对一个固定的位置时使用的。如果舞蹈者按舞程线不断变换方位，向前移动，则要和舞程线发生联系。国际体育舞蹈中规定了 8 条线来指示舞蹈者每个舞步的行进方向（图 15-4）。

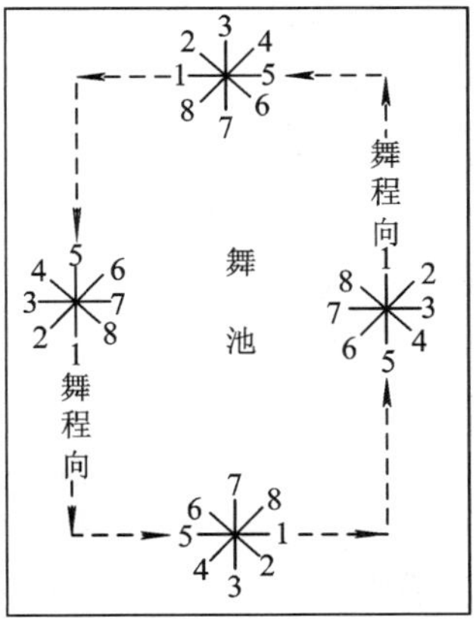

1—面对舞程线；
2—面对斜墙壁；
3—面对墙壁；
4—背对斜中央；
5—背对舞程线；
6—背对斜墙壁；
7—面对中央；
8—面对斜中央。

图 15-4

第三节　体育舞蹈基本技术与套路组合

一、摩登舞基本技术

(一) 握持姿势

1. 华尔兹、狐步、快步、维也纳华尔兹的握持姿势

华尔兹、狐步、快步、维也纳华尔兹的握持姿势见图 15-5、图 15-6。

图 15-5

图 15-6

(1) 男士握持姿势：自然直立，双脚并拢、平放，两膝微屈、自然放松，挺胸立腰，肩膀自然放松，身体重量往前在前脚掌上。右手五指并拢，轻放在女士左肩胛骨下端，从肩膀到肘的右手臂向下倾斜，肘到手之间成直线，右臂与女士左臂轻轻相贴。左手与女士右手掌心相对握，虎口向上，手腕自然伸直，前臂与大臂之间的夹角为135°左右，左手高度与女士右耳峰水平一致。头部自然伸直，左转45°左右，从女士右肩方向看出。右腹部与女士右腹部轻轻相贴。

(2) 女士握持姿势：自然直立，双脚并拢、平放，两膝稍屈、自然放松，收腹提臀，紧腰向后上方打开胸腰，肩膀自然放松。左手虎口轻放在男士右肩肩峰下三角肌处，左臂轻贴于男士右臂。右手与男士左手掌心相对握，虎口向上，手腕自然伸直，前臂与大臂之间的夹角为135°左右，右手高度与自己右耳峰水平一致。头部自然伸直，左转45°左右，从男士右肩方向看出。右腹部与男士右腹部轻轻相贴。

2. 探戈的握持姿势

探戈具有独特的风格特点和技术要求，它的握持姿势（图15-7、图15-8）与其他四种摩登舞不同。

(1) 男士握持姿势：双脚合并，左脚稍微滑步后退并到右脚内侧脚弓处，前后错开半脚，膝关节弯曲，重心下沉，左手回收，肘关节上抬，前臂内收90°左右，右臂围绕女士的背部，右手接近女士右肩胛骨的地方，右肘与女士左肘不叠加。

(2) 女士握持姿势：双脚合并，右脚稍微滑步后退并到左脚内侧脚弓处，前后错开半脚，膝关节弯曲，重心下沉。左手拇指贴向掌心，四指并拢放在男士的腋窝下，更紧密地握持在男士的右侧。

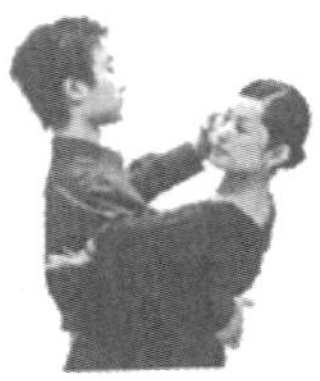

图15-7

图15-8

（二）摩登舞的技术要求

1. 左肩或右肩引导

左肩或右肩引导指在前进或后退时，身体与脚步的同一侧同时移动。也就是说，当左脚前进或后退时，左肩就跟随向前或向后移动，反之则右肩移动。它通常在外侧步之前进行（图15-9、图15-10）。

图15-9

图15-10

2. 倾斜

倾斜指在一些舞步中，身体由足踝关节以上向右或向左的倾斜（图15-11、图15-12）。倾斜的原则是倾向转圈的内侧，有助于平衡或旋转，更主要的是为了舞姿优美。虽然反身动作不能倾斜，但在右脚反身动作进行后，一定是向右倾斜的，左脚反身动作后一定是向左倾斜的。

图15-11

图15-12

3. 反身动作

反身动作指一侧脚前进或后退时，身体的另一侧向移动脚方向移动，使身体与舞步形成反向配合的身体动作（图 15-13、图 15-14）。当移动脚前进使用反身动作时，脚尖会稍微后转向外侧，当移动脚后退时，脚尖则会移向内侧。反身动作在左右轴转步时反应最强烈。

图 15-13

图 15-14

4. 反身动作位置

反身动作位置指在身体不转动的情况下，移动脚前进或后退时与另一脚形成交叉，以保证两人身体维持相靠姿态的身体位置，常用于外侧舞伴和侧行位置的步伐中。

5. 脚跟运转

脚跟运转指后退旋转时，先由迈出脚的脚掌开始，之后脚跟下降，将脚跟打平继续由脚跟转动，并上的脚必须与主力脚平行，身体重心在旋转结束时移动到并上的那只脚。

6. 轴转

轴转指身体处于反身动作位置时，一脚前进，一脚进行旋转。

二、摩登舞套路组合

1. 华尔兹

华尔兹的动作流畅、典雅、大方，重心起伏跌宕，旋转性强。每分钟 30 小节，每小节三步，节拍为 3/4 拍，基本节奏为 123，重拍在 1 拍上，一步相当于一拍，但也有每小节跳四步的舞步，例如由侧行至追步、后退锁步、旋转锁步等动作。华尔兹的基本套路动作共 11 小节：(1) 左足并换步，123；(2) 右转步，123 456；(3) 右足并换步，123；(4) 左转步，123 456；(5) 拂步，123；(6) 由侧行至追步，123；(7) 右旋转在角落里，123 456；(8) 左转步，456。

2. 探戈

探戈的音乐华丽，舞态刚劲，步法顿挫磊落，音乐节拍是 2/4 拍，每分钟 30～34 小节，音乐特点以分音为主，带有符点和停顿，步法为 S 和 Q，S 为 2 拍，Q 为 1 拍。探戈的基本套路动作共 8 小节：(1) 2 常步，SS；(2) 直行侧步，QQS；(3) 常步，SS；(4) 分式左转步（女士外侧并步结束），QQS QQS；(5) 2 常步，SS；(6) 右摇转步，QQS QQS。

3. 狐步

狐步的音乐恬愉，舞态潇洒，步法形如流水，音乐节拍是 4/4 拍，重拍在第 1、3 拍上，每分钟 30 小节，以数完第一小节后累计下一节拍继续数来计算节拍，如 1234，2234，3234…。

一个快拍相当于一拍，慢拍相当于两拍。狐步多采用反身动作位置，上身动作多变，舞步技术中多运用托跟和足跟旋转，是一种特性很鲜明的舞蹈，也是摩登舞中技术动作最难掌握的舞蹈。狐步的基本套路动作共 9 小节：(1) 羽步，SQQ；(2) 左转步，SQQ SQQ；(3) 3 直步，SQQ；(4) 右转步，SQQSSS；(5) 羽步，SQQ；(6) 换向步，SSS。

三、拉丁舞基本技术

（一）握持姿态

1. 闭式握持姿态

在伦巴、桑巴、恰恰恰、牛仔舞中，男女相距约 15 厘米，女士略靠男士的右侧，重心可以落在两个人相对的任意一脚上，男士的右手轻轻放在女士的左肩胛骨的下半部，手肘的高度约与女士的胸部相齐，女士的左臂轻轻靠在男士的右臂上，左手轻放在男士的右肩上（图 15-15、图 15-16）。男士的左臂高度与右臂相互对齐，左前臂上举，手心约在鼻子的高度（牛仔舞中手臂握持的位置稍微低一些），左手微握女士的右手，位置约在两人之间的中心点。斗牛舞握持姿态除了男、女士身体相贴，男士左手臂握女士右手臂抬高大约 15 厘米外，其他握姿和上述舞种基本一致。

图 15-15

图 15-16

2. 分时握持姿态

男女分开大约一个手臂的距离，互相对视，握手有男左女右、男右女左、男右女右或男女不相握等几种。握手时肘略为弯曲，双手高度略低于胸骨，不握的手向外侧伸出略为下收弯曲，与肩成一柔和曲线，身体重心放在男女相对的任意一脚上（图 15-17、图 15-18）。

图 15-17

图 15-18

（二）拉丁舞的技术要求

1. 拉丁交叉

拉丁交叉即一脚在另一脚的前方或后方交叉所成的位置。交叉时双膝弯曲、前后相靠，双肩的高度相同，一脚脚尖和另一脚的脚跟相距大约 15 厘米。

2. 引导

引导分为肢体引导和形式引导两种方式。男士以其握女士的手臂来施力，从而达到引导目的的叫肢体引导。在引导时，女士与男士相握的手臂也要配合男士回应施力，才能达到引导到正确位置的目的。男士以手臂位置、握手和身体位置进行的引导叫形式引导。引导时，男士以身体或手臂的动作很明显地指示女士做出正确的移动（图 15-19、图 15-20）。

图 15-19

图 15-20

3. 手臂位置

在跳拉丁舞时，舞蹈的动作包括身体的摆动，而手臂的摆动就是身体摆动的延伸，其摆动必须符合音乐节拍的律动，并且手臂的摆动须在身体动作完成后才能完成。手臂的摆动大致有向旁伸展、向旁收回、向前收回、经身体的另一边收回和向侧收回等几种。

四、拉丁舞套路组合

1. 伦巴

伦巴在拉丁舞中历史最悠久，舞型最成熟，其音乐缠绵抒情，舞姿柔媚浪漫，步法婀娜，以表达情侣间的爱情为主题，气氛迷人，被称为拉丁之魂。伦巴的音乐节拍是 4/4 拍，强拍在每小节的第 4 拍，起跳从第 4 拍开始（正式开始前的预备舞步），每分钟 27～29 小节，是一种 4 拍走 3 步的舞蹈。它的步法算法是 4&1234&1…，2、3 拍上各走一步，4 和 1 拍共走一步。伦巴的髋部动作是一种自然的横向臀部扭摆，它是靠一脚向另一脚移动身体重心来控制的，每次脚步的移动用掉半拍的音乐，在跳 2、3 拍时，身体的动作和重心的变换从第 2 拍的后半拍开始，在跳 4 和 1 拍时，身体的动作和重心的变换要用掉一半的时间。伦巴的基本套路动作共 14 小节：(1) 基本步，3 小节；(2) 扇形步，1 小节；(3) 曲棍形转步，2 小节；(4) 后退走步，3 小节；(5) 臂下右转步，1 小节；(6) 手对手，3 小节；(7) 原地左转步，1 小节。

2. 恰恰恰

恰恰恰的音乐诙谐有趣，舞态花俏，步法利落紧凑，音乐节拍是 4/4 拍，每小节的强拍在第 1 拍上，起跳从第 1 拍开始，每分钟 30～32 小节，是一种 4 拍走 5 步的舞蹈。它的步法算法是 1234&1…，1、2、3 拍各走一步，4 拍走两步。前进走步时，先以脚尖着地，再以脚掌对地面施加压力，最后脚跟在步法完成前降下；后退走步时，先以前脚掌着地，再随着脚的移动换成脚尖，最后脚跟在步法抵达时降下，重心也转过来，不支撑体重一侧的膝盖不能弯曲。恰恰恰的基本套路动作共 18 小节：(1) 闭式基本步，5 小节；(2) 扇形步，1 小节；(3) 曲棍形转步，2 小节；(4) 前进锁步，2 小节；(5) 后退锁步，3 小节；(6) 臂下右转步，1 小节；(7) 手对手，3 小节；(8) 原地左转步，1 小节。

3. 牛仔

牛仔的音乐热烈，舞态豪放，步法活泼，音乐节拍是 4/4 拍，每小节的强拍在第 2 和第 4 拍上，每分钟 42～44 小节。它的步法算法是 123a4 或 QQQaQ 和 123a45a6 或 QQQaQQaQ 两种，1、2、4、6 各占一拍，3 和 5 各占 3/4 拍，a 占 1/4 拍。牛仔的基本动作是以一组 3 步的舞步组成，也就是追步，可以转或不转地向任何方向跳，以膝关节的弹动带动臀部的摆动。牛仔的基本套路动作共 18 小节：(1) 右至左换向步，1.5 小节；(2) 左至右换向步，1.5 小节；(3) 连结步，1.5 小节；(4) 绕转步，2.5 小节；(5) 侧行走步（慢）/（快），2.5 小节；(6) 右至左换向步，1 小节；(7) 美式旋转步，3 小节；(8) 左至右换向步，1.5 小节；(9) 背后换手，1.5 小节；(10) 左至右换向步，1.5 小节。

第四节　体育舞蹈比赛规则简介

一、体育舞蹈比赛的特点

体育舞蹈比赛是以男女双人相互配合搭件，在音乐的伴奏下，以肢体舞蹈表现艺术的内涵，进行个人单项、全能和集体队列舞蹈的体育运动。在我国，体育舞蹈是一个年轻的体育项目，但随着经济的飞速发展和人民文化生活的丰富以及全民健身活动的发展，体育舞蹈比赛已蓬勃展开。作为一项新兴的外来体育运动项目，如何按照国际惯例并结合我国实际情况，组织和开展好体育舞蹈比赛工作，是发展这项运动所面临的重要任务。

因为体育舞蹈是从文艺项目演变而来的体育项目，所以体育舞蹈在比赛上具有文艺和体育的双重特点。

（一）主持人制

体育舞蹈比赛自始至终在主持人的指挥和控制下运行，主持人既是司仪、广播员，又是宣传鼓动员、观众代言人，也是场上的中心人物。

（二）比赛和表演相结合

在体育舞蹈比赛之前、中间或结尾经常穿插有国内外优秀选手的表演，这使比赛更加丰富多彩和气氛热烈，也使裁判、选手和计分组等比赛人员得以休息和重新准备。

（三）“淘汰”与“顺位”结合的比赛方法

1. 淘汰法

体育舞蹈比赛从预赛至半决赛采用淘汰制比赛方式，即根据比赛编排从参赛人数中按规定录取定量选手进入下一轮比赛，淘汰其余选手。

2. 顺位法

体育舞蹈比赛决赛采用顺位法决定单项和全能的名次，即将决赛时评判的名次通过顺位排列的方法计算名次。

（四）评分特点

体育舞蹈评议时，每个评委在 1.5～2.5 分钟的时间内，要从 6～20 多对选手中确定入选者或名次顺序，这要求评委要精力集中、业务熟练、眼光敏锐、反应迅速、判断正确。

二、体育舞蹈比赛规则

（一）比赛种类

世界比赛分为专业（职业）比赛和业余比赛两大类，每类都有不同级别和层次的比赛。比赛规模有世界的、洲际的、国与国的、全国性的大赛，也有省市间、地区性的、行业体协等中小型比赛。

比赛名称通常有锦标赛、公开赛、邀请赛、友谊赛、精英赛等。前两种比赛属于世界性和全国性的大赛，后面几种属于双边的或地区性的比赛。

（二）裁判组的组成及工作

裁判组通常设裁判长一名，裁判员若干名，上场裁判员人数必须是单数。全国性和国际性的大赛通常设裁判员 7～11 名。裁判姓名用英文字母 A、B、C、D…代表，在裁判评分夹上表示。

(1) 赛前裁判长制定裁判代用字母，宣布裁判轮换方法，提出注意事项。

(2) 由裁判长指派裁判位置。位置根据裁判人数和字母顺序按逆时针方向等距排开。赛中裁判可以移动观察选手动作，但是在下一组选手评判前应回到原位。

(3) 评判前裁判应在评分表裁判字母上圈上代号，并核对上场选手的背号，必要时裁判长应逐一宣布选手背号。

(4) 评判时，裁判员应快速、准确地判定选手情况，决定取舍，按预定要求作出记号并签字，将评分表交给跑分员。

(5) 裁判长应注意比赛节奏，善于改进比赛各环节的联系，防止意外发生。

（三）评判要素

(1) 基本技术：足部动作，姿态，平衡稳定，移动。

(2) 音乐表现力：节奏，风格的理解和体现。

(3) 舞蹈风格：区别各种不同舞种之间的风格、韵味上的差别，个人风格的展现。

(4) 动作编制：动作流畅新颖，运用自如；体现舞种的基本风韵并有一定的技术难度；动作与音乐密切配合，发挥音乐效果；编排有章法，充分利用场地。

(5) 临场表现：赛场上的应变能力；良好的竞技状态，专注、自信以及能自我控制临场发挥。

(6) 赛场效果：舞者的风度、气质、仪表及出入场的总体形象。

在以上六要素中，前三项主要指选手的技艺品质，后三项是选手的艺术魅力。在第一、二次预赛中着重于前三条要素的评判，在半决赛时着重于后三条要素的评判，在决赛中则要全面地评价选手各项要素的完成情况。

（四）选手的规定

(1) 不准在同类舞场中交换舞伴；

(2) 准时入场，违者按弃权论处；

(3) 编组后不能改变组别；

(4) 摩登舞比赛中必须男女交手跳舞，拉丁舞比赛中不许做托举上肩、跪腿等动作。

第十六章

形 体 训 练

第一节 形体训练概述

形体训练是一项优美、高雅的健身项目，它主要是通过舒展优美的舞蹈基础练习（以芭蕾为基础），结合古典舞、身韵、民族民间舞蹈进行综合训练，从而塑造人们优美的体态，培养人们高雅的气质，纠正人们生活中不正确的姿态。

一、形体训练的概念

形体训练是一个外来语，至今还未见到权威的定义，目前比较典型的意见有两种，即狭义的形体训练和广义的形体训练。

狭义的形体训练可定义为形体美训练。而在广义上，只要是有形体动作的训练就可以称其为形体训练，这样各式各样的动作就都可以称为形体训练，甚至某些服务行业的程式化动作，比如迎宾、端菜、送菜、礼仪姿势等，也被称为形体训练。

我们认为以形体美训练来作为形体训练的定义比较确切，这也符合大多数形体训练者的意愿。他（她）们花费大量的时间、金钱和体力进行训练，绝不仅仅是为了活动一下身体，娱乐和游戏更在其次，对自身体态美的塑造才是最终目的，具有很强的目的性。

二、形体训练的特点和作用

1. 形体训练的特点

(1) 适用于不同水平的练习者；

(2) 有效地锻炼人体各个部位；

(3) 符合青少年追求美的愿望；

(4) 具有一定的艺术性要求；

(5) 可以培养人的内在气质。

2. 形体训练的作用

(1) 通过形体锻炼可以起到强身健体的作用；

(2) 通过形体锻炼可以拥有健美的形体。

三、形体训练的基本内容与目的

1. 形体素质训练

(1) 素质训练内容：可概括为力量、柔韧性、控制能力、人体的协调性、灵活性和耐力的训练，最重要的是力量和柔韧性的训练。

(2) 素质训练目的：影响形体的控制力和表现力。

2. 身体基本形态训练

(1) 形态训练内容：音乐伴奏下大量的徒手练习、地面练习、把杆练习。

(2) 形态训练目的：培养练习者正确的体态及完成动作的协调性和准确性，进一步改变身体形态的原始状态，逐步形成正确的站姿、坐姿、走姿和优雅的举止，提高形体动作的灵活性和表达能力。

3. 形体综合练习

(1) 综合练习内容：主要以有节奏的形体动作为主要练习手段，采用基本舞步、舞蹈组合、韵律操、健美操、交谊舞等多种项目进行训练。

(2) 综合练习目的：提高练习者有氧代谢能力，促进身体全面均衡的发展，提高其节奏感、音乐表现能力和形体表达能力，增强练习者的兴趣，陶冶情操，培养高雅的气质和风度，提高美的感受及欣赏能力，丰富练习者的想象力和创造力，保持健美的形体，促进优美体态的形成。

第二节 形体训练基本动作

在参加形体锻炼时，首先要从最基本的动作学起，明确基本动作的做法，并掌握较规范的动作。遵循由易到难、由简到繁、循序渐进的原则，为进行较复杂的练习和成套的动作练习打好基础，使锻炼真正达到预期的目的。

一、脚和腿的基本动作

1. 自然站立

动作做法：两脚跟并拢，脚尖分开约 15～20 厘米的距离（图 16-1）。

2. 开立

动作做法：两脚向侧分开站立，两脚开度大约与肩同宽（图 16-2）。

3. 点地立

动作做法：一脚站立，另一脚向前（或侧、或后）伸出，脚尖点地（图 16-3～图 16-5）。

图 16-1

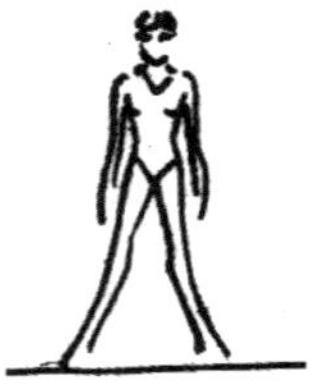
图 16-2

图 16-3

图 16-4

图 16-5

4. 芭蕾脚的五个基本位置

1) 一位

动作做法：两脚跟并拢，脚尖向外侧打开，两脚成一横线（图 16-6）。

2) 二位

动作做法：两脚跟相对，左右分开相距一脚站立，脚尖向外侧打开成一横线（图 16-7）。

3) 三位

动作做法：脚尖向外侧打开，前脚外侧与后脚内侧重叠一半站立（图 16-8）。

4) 四位

动作做法：两脚尖向外侧打开，前脚尖与后脚跟平行，两脚间距一脚左右（图 16-9）。

5) 五位

动作做法：两脚尖向外侧打开，两脚前后重叠相靠（图 16-10）。

图 16-6

图 16-7

图 16-8

图 16-9

图 16-10

要求：所有的站立姿势要保持身体挺拔、两腿夹紧、收臀、收腹、立腰、挺胸、梗头、肩部放松。在做芭蕾脚的五个位置的站立动作时，要注意两脚的开度尽量充分，身体重心放在两脚之间。

5. 腿部的摆动和绕环

1) 腿部的摆动

(1) 前后摆动：一脚支撑，另一脚向前上方摆至水平位置，然后再向下后摆动（图 16-11）。也可做曲膝的前后摆动。

(2) 向前踢腿摆动：一脚支撑，另一脚用力向前上方踢起至最大限度，然后还原成直立（图 16-12）。

(3) 向侧踢腿摆动：一脚支撑，另一脚用力向肩侧上方踢腿至最大限度后还原成直立（图 16-13）。

(4) 向后踢腿摆动：一脚支撑，另一脚用力向后上方踢起至最大限度后还原成直立（图 16-14）。

图 16-11

图 16-12

图 16-13

图 16-14

要求：在做腿部的摆动动作时，支撑腿须伸直，要有摆动的速度，特别是在做向前、向侧或活泼的踢腿摆动时，要尽量使动作幅度加大，并充分用力。脚下落时要轻，速度要慢。

2) 腿部的绕环

(1) 踝部的绕环：单（双）脚做由内向外或由外向内的小绕环动作（图 16-15）。

(2) 膝部的绕环：双脚站立，两膝同时做向左、向右的绕环动作，或单膝支撑另一腿屈膝做向内、向外的绕环动作（图 16-16、图 16-17）。

(3) 髋部的绕环：双脚站立，髋部做向左、向右的水平绕环，或一脚支撑另一腿做由内侧踢腿向外绕环的动作，也可由外向内做相反方向的动作（图 16-18、图 16-19）。

图 16-15

图 16-16

图 16-17

图 16-18

图 16-19

要求：腿部绕环动作速度要均匀，不宜突然用力，幅度要尽量大，绕环的关节要松弛。

二、脚和腿的基本动作组合

预备姿势：面对一点，自然站立，双手叉腰。

1. 第一个八拍

1～4 拍：左脚支撑，右脚向前擦地成脚尖点地立（图 16-20）。

5～8 拍：左脚尖向内侧划弧成侧点地立，右脚不动（图 16-21）。

图 16-20

图 16-21

2. 第二个八拍

1～4 拍：左脚跟落下，重心移至两脚间成开立。

5～6 拍：重心移至左脚支撑，右脚尖侧点地立。

7～8 拍：右脚收回成直立。

3. 第三、四个八拍

换脚重复做第一、第二个八拍的动作。

4. 第五个八拍

1～4 拍：右脚支撑屈膝半蹲，左脚向前擦地，脚绷直（图 16-22）。

5～8 拍：右腿不动，左腿屈膝向回收脚经一位至后点地立（图 16-23）。

图 16-22

图 16-23

5. 第六个八拍

1～4 拍：左脚尖向内侧划弧成侧点地，右腿不动（图 16-24）。

5～8 拍：左脚收回，两腿伸直成并立。

6. 第七、八个八拍

换脚重复做第五、第六个八拍的动作。

7. 第九个八拍

1～4 拍：左脚支撑，右腿屈膝前举（图 16-25）。

5～6 拍：右腿膝关节伸直，脚尖前点地（图 16-26）。

7～8 拍：右脚收回成直立。

图 16-24

图 16-25

图 16-26

8. 第十个八拍

1～2 拍：左腿支撑，右腿屈膝向侧抬起，抬起的脚贴在支撑腿膝关节的内侧（图 16-27）。

3～4 拍：右腿向后伸直举腿，左脚不动（图 16-28）。

5～6 拍：右腿落下后点地。

7～8 拍：右脚并于左脚成并立。

图 16-27

图 16-28

9. 第十一个八拍

1～2 拍：右脚支撑，左脚向侧擦出成点地立。

3～4 拍：左脚跟落下，重心移至两脚之间，同时两腿屈膝半蹲（二位蹲），上体正直（图 16-29）。

5～6 拍：重心移至左脚，右脚侧点地立。

7～8 拍：右脚收回成并立。

图 16-29

10. 第十二个八拍

换脚做第十一个八拍的动作。

要求：

(1) 每个动作要充分做到位。

(2) 做所有动作时，脚面和膝盖必须外开，两腿夹紧。

(3) 上体不要有多余动作。

三、手臂的基本动作

1. 两臂同方向的举

1) 前平举

动作做法：两臂前举至水平位置，掌心向下、向上或相对（图 16-30）。

2) 侧平举

动作做法：两臂向各自的侧方抬起至水平位置，掌心向上、向下或向前（图 16-31）。

3) 上举

动作做法：两臂向上举至垂直位置，掌心向前或相对（图 16-32）。

图 16-30

图 16-31

图 16-32

4) 前上举

动作做法：两臂向前抬起至前上 45° 的方向，掌心向上或向下（图 16-33）。

5) 前下举

动作做法：两臂向前抬起至前下 45° 的方向，掌心向上或向下（图 16-34）。

6) 侧上举

动作做法：两臂向各自的侧方抬起至侧上 45° 的方向，掌心向上或向下（图 16-35）。

7) 侧下举

动作做法：两臂向各自的侧方抬起至侧下 45° 的方向，掌心向上、向下或向前（图 16-36）。

图 16-33

图 16-34

图 16-35

图 16-36

2. 两臂不同方向的举

(1) 一臂前举，另一臂向上举（图 16-37）。

(2) 一臂向上举，另一臂向下举（图 16-38）。

(3) 一臂侧上举，另一臂侧下举（图 16-39）。

(4) 一臂后上举，另一臂后下举（图 16-40）。

图 16-37

图 16-38

图 16-39

图 16-40

要求：所有手臂举得动作方向要正，部位要准确，手臂必须伸直，肩部放松。身体姿势同站立动作的要求。

3. 芭蕾手臂的七个基本位置

1) 一位

动作做法：两臂于体前成弧形，掌心向内，指尖相对，手臂稍离开身体（图 16-41）。

2) 二位

动作做法：两臂前举（稍低于水平），手掌成弧形，掌心向内，指尖相对（图 16-42）。

3) 三位

动作做法：两臂成弧形上举，掌心相对（图 16-43）。

4) 四位

动作做法：两臂成弧形，一臂上举，掌心内向，另一臂前举，掌心向内（图 16-44）。

图 16-41

图 16- 42

图 16-43

图 16-44

5) 五位

动作做法：一臂上举，掌心向内，另一臂侧举，掌心向前，两臂成弧形（图 16-45）。

6) 六位

动作做法：一臂侧举，掌心向前，另一臂前举，掌心向内，两臂成弧形（图 16-46）。

7) 七位

动作做法：两臂成弧形侧举，掌心向前（图 16-47）。

图 16-45

图 16-46

图 16-47

要求：芭蕾手臂的七个基本位置动作，一定要做到准确到位，手臂始终保持弧形，身体要挺拔，肩部放松，梗头，眼睛看手，头部要随手臂的运动方向有规律地转动。身体姿势同站立动作的要求。

4. 手臂的摆动和绕环

1) 手臂的摆动

(1) 两臂同时向前后方向的摆动：以肩为轴，两臂向前摆至水平位置，接着再向后摆动，掌心向下（图 16-48）。

(2) 两臂同时向左右方向的摆动：以肩为轴，两臂同时向左侧摆至水平位置，接着再向右摆动，掌心向下（图 16-49）。

(3) 两臂同时做一前一后的摆动：以肩为轴，一臂向前摆动，到水平位置，另一臂同时向后摆动，掌心向下（图 16-50）。

(4) 两臂同时向内外的摆动：以肩为轴，两臂由侧举同时向内摆动至两臂体前交叉，接着两臂同时向外侧摆动至水平位置。向内摆动时掌心向上，向外摆动时，掌心向下（图 16-51）。

图 16-48

图 16-49

图 16-50

图 16-51

要求：做摆动动作时，身体要保持正直，肩关节放松，臂要伸直，动作幅度要大。

2) 手臂的绕环

手臂的绕环分大绕环、中绕环和小绕环三种形式，一般以肩为轴的绕环为大绕环，以肘关节为轴的绕环为中绕环，以腕关节为轴的绕环为小绕环。这里介绍的是几种常见的大绕环的动作，在练习时要注意动作的细节，以免和手臂的摆动及绕的动作混淆。

区别手臂的摆动、绕和绕环的方法：两臂移动范围在 180° 以内的运动为摆动；两臂移动范围在 180° 以上至 360° 以内的运动为绕；两臂移动范围在 360° 以上的运动为绕环。

(1) 两臂向内大绕环：两臂侧平举，以肩为轴，经头上体前交叉向内绕环至侧平举（图 16-52）。

(2) 两臂向外大绕环：动作同“两臂向内大绕环”，只是手臂运动的方向相反。

(3) 单臂向后大绕环：一臂自然下垂不动，另一臂以肩为轴，手臂由体前经上向后做绕环（图 16-53）。

(4) 两臂同时向后大绕环：动作同“单臂向后大绕环”，只是两臂同时做动作。

(5) 两臂依次向后大绕环：一臂前上举，另一臂后下举，掌心向下，两臂以肩为轴，同时做向后的依次大绕环。动作同“单臂向后大绕环”，只是两臂依次做动作（图 16-54）。

(6) 两臂向左大绕环：两臂向右侧平举，以肩为轴，经体前下向左侧做同时的大绕环（图 16-55）。

图 16-52

图 16-53

图 16-54

图 16-55

(7) 两臂向右大绕环：动作同“两臂向左大绕环”，只是手臂的运动方向相反。

要求：手臂的各种动作方向要正，手臂的运动路线要准确，肩部充分放松，动作幅度要大，动作速度稍慢。

四、手臂基本动作组合

预备姿势：面对一点（正对前方），自然站立。

1. 第一个八拍

1～2 拍：两腿做屈伸 1 次，同时两臂向前摆至前平举，掌心朝下（图 16-56）。

3～4 拍：两腿做屈伸 1 次，同时两臂向侧摆至前平举，掌心朝下（图 16-57）。

5～6 拍：两腿做屈伸 1 次，同时右臂经左侧向上绕至侧上举，掌心向内（图 16-58）。

7～8 拍：两腿做屈伸 1 次，同时左臂经右侧向上绕至侧上举，掌心向内（图 16-59）。

图 16-56

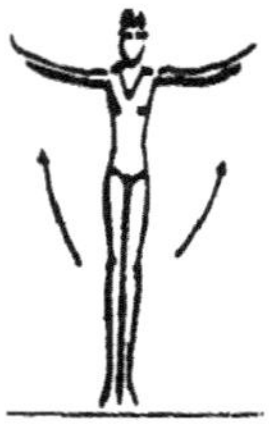
图 16-57

图 16-58

图 16-59

2. 第二个八拍

1～4 拍：两腿做屈伸 1 次，同时两臂经侧向外绕环一周至侧上举，掌心相对（图 16-60）。

5～6 拍：两臂向内交叉绕环 1 周至上举，掌心相对，两腿不动（图 16-61）。

7～8 拍：右腿屈膝站立，左腿侧伸，脚尖点地，两臂上举，身体稍右转（图 16-62）。

图 16-60

图 16-61

图 16-62

3. 第三个八拍

1～2 拍：左脚并于右脚，两腿做屈伸 1 次，同时右臂摆至前平举，左臂摆至后举，两手掌心向下（图 16-63）。

3～4 拍：同 1～2 拍的动作，方向相反。

5～8 拍：两腿做屈伸 1 次，同时两臂做一前一后的绕环至右臂前举，左臂后举，掌心向下（图 16-64）。

图 16-63

图 16-64

4. 第四个八拍

第四个八拍同第三个八拍的动作，只是动作方向相反。

5. 第五个八拍

1～2 拍：两腿做屈伸 1 次，同时两臂向右摆至侧平举，掌心向下。

3～4 拍：同 1～2 拍的动作，只是动作方向相反。

5～8 拍：两腿做屈伸 1 次，同时两臂经下向右绕环至左侧平举，掌心向下（图 16-65）。

图 16-65

6. 第六个八拍

第六个八拍同第五个八拍的动作，只是动作方向相反。

7. 第七个八拍

1～4 拍：右腿屈膝半蹲，左腿伸直，脚尖前点地，同时两臂上举，掌心相对，上体直立（图 16-66）。

5～8 拍：重心前移，右脚支撑站立，左腿伸直，脚尖后点地，双手叉腰，身体左转，右肘关节正对前方，左肘对后方，挺胸抬头（图 16-67）。

图 16-66

图 16-67

8. 第八个八拍

1～4 拍：重心后移，右腿支撑，左脚尖前点地，同时自右臂开始两臂依次向后绕环至右臂前上举，左臂后下举，掌心向下（图 16-68）。

5～8 拍：左脚向侧一步成右脚点地立，同时左臂侧平举，掌心向下，右臂上举，掌心向内（图 16-69）。

图 16-68

图 16-69

9. 第九个八拍

1～4 拍：向右转体 45°，右腿屈膝半蹲，左腿前伸，脚尖前点地，两臂侧上举，掌心向外，头向左转（图 16-70）。

5～8 拍：左脚后退一步，右脚尖在左脚后点地，同时两臂肘关节做向内的中绕环至前上举，掌心向下（图 16-71、图 16-72）。

图 16-70

图 16-71

图 16-72

10. 第十个八拍

第十个八拍同第九个八拍的动作，只是动作方向相反。

11. 第十一个八拍

1～2 拍：左脚向侧一步成弓步，右脚尖侧点地，同时右臂在前、左臂在后做体前水平摆动（图 16-73）。

3～4 拍：同 1～2 拍的动作，只是动作方向相反。

5～8 拍：身体转向左侧 45° 的方向，同时左臂向后至后举，右臂前上举，掌心向下（图 16-74）。

图 16-73

图 16-74

12. 第十二个八拍

第十二个八拍同第十一个八拍的动作，只是动作方向相反。

要求：

(1) 整套动作要舒展、大方、柔和。

(2) 手臂位置和路线要明确、清楚。

(3) 注意做动作时要始终收腹、挺胸，肩部保持松弛。

(4) 时刻注意上下肢动作的协调配合。

五、躯干的基本动作

1. 胸部的含、展

动作做法：充分含胸低头，同时用力弓背，然后再挺胸抬头，使后背挺直。可将双手背于体后或叉腰做动作，也可两臂侧平举做动作（图 16-75、图 16-76）。

要求：动作幅度要大，用力均匀，身体尽量松弛。

图 16-75

图 16-76

2. 躯干弯曲

动作做法：上体做向前、向侧或向后的弯曲动作（图 16-77～图 16-79）。可采用站立、开立、跪姿或坐姿做练习，动作幅度可大可小。

图 16-77

图 16-78

图 16-79

要求：做躯干弯曲时，要注意保持正确的身体姿态，手臂动作要与身体动作协调一致。

3. 腰部绕环

动作做法：上体由体前屈向左（右）侧方向做水平绕环。手臂可配合身体做动作（图 16-80）。

图 16-80

要求：绕环时，两腿不要弯曲，身体尽量保持在一个水平面上。也就是说，各方向和各部位的幅度要同样大。

六、躯干基本动作组合

预备姿势：面对一点，自然站立，双手叉腰（图 16-81）。

1. 第一个八拍

1～4 拍：含胸低头，同时两肘向后收（图 16-82）。

5～8 拍：挺胸抬头，同时两肘向后展开（16-83）。

2. 第二个八拍

1～2 拍：左脚向侧一步，同时两腿屈膝半蹲，腰向左转动 90°（图 16-84）。

3～4 拍：还原成直立。

5～8 拍：同 1～4 拍的动作，只是动作方向相反。

图 16-81

图 16-82

图 16-83

图 16-84

3. 第三个八拍

1～4 拍：两腿屈膝半蹲，同时两臂经侧向前至体前交叉，含胸低头（图 16-85）。

5～8 拍：两腿伸直，同时两臂向侧打开，抬头挺胸（图 16-86）。

图 16-85

图 16-86

4. 第四个八拍

1～4 拍：左脚支撑，右脚尖侧点地，同时上体向右侧弯曲，右臂叉腰，掌心向内，左臂上举，掌心向内（图16-87）。

5～8 拍：重心移至两脚之间成开立，上体直立，两臂成侧平举，掌心向前（图 16-88）。

图 16-87

图 16-88

5. 第五个八拍

第五个八拍同第四个八拍的动作，只是动作方向相反。

6. 第六个八拍

1～4 拍：两脚开立，上体前屈，两臂侧平举（图 16-89）。

5～8 拍：上体抬起成直立，两臂经下至上举。

7. 第七个八拍

1～4 拍：双手经侧方成叉腰，同时上体向后弯曲。

5～8 拍：上体抬起成直立，双手叉腰（图 16-90）。

图 16-89

图 16-90

8. 第八个八拍

1～4 拍：左脚向前侧方一步成弓步，右脚尖后点地，同时两臂上举，上体向左侧弯曲（图 16-91）。

5～8 拍：右脚并于左脚，两腿屈膝全蹲，两臂自然下垂，同时含胸低头（图 16-92）。

图 16-91

图 16-92

9. 第九个八拍

第九个八拍同第八个八拍的动作，只是动作方向相反。

10. 第十个八拍

1～6 拍：左脚向侧一步成开立，同时上体直立，上体由右向左做水平绕环一周半（图16-93）。

7～8 拍：右脚并于左脚成双脚提踵立，左臂后举，掌心向下，右臂于胸前平屈，掌心向内（图 16-94）。

图 16-93

图 16-94

11. 第十一个八拍

1～2 拍：两腿经屈伸至提踵立，同时两臂上举，掌心相对（图 16-95）。

3～4 拍：左脚向侧一步成开立，同时腰向右转动，右臂放下至后下举（图 16-96）。

5～6 拍：上体还原，两臂经侧向内交叉绕环（图 16-97）。

7～8 拍：右脚支撑，左腿曲膝向侧打开，脚尖在右脚侧点地，同时上体前屈至水平部位，两臂侧举，掌心向下（图 16-98）。

图 16-95

图 16-96

图 16-97

图 16-98

12. 第十二八拍

1～4 拍：同第十一个八拍 1～4 拍的动作，只是动作方向相反。

5～6 拍：左腿屈膝半蹲，右腿前伸，脚尖点地，同时上体前屈，两臂于体前向内画圆（图 16-99）。

7～8 拍：左腿支撑，右脚尖后点地立，两臂前侧举，掌心向下，上体向后弯曲（图 16-100）。

图 16-99

图 16-100

要求：

(1) 动作幅度要大。

(2) 四肢与躯干动作的匹配要协调一致。

(3) 身体面向要准确。

第三节　基本步法和舞步组合

一、基本步法

1. 柔软步

预备姿势：自然站立。

动作做法：一脚支撑，另一脚向前迈出，前脚掌过渡到全脚掌着地，重心前移，异侧手臂向前摆，另一手臂向后摆，然后换另一腿做动作，依此类推。

要求：

(1) 向前抬腿时，脚面、膝盖向外打开并充分绷直。

(2) 动作要自然、柔和。

(3) 注意收腹、挺胸、梗头，手臂摆动要协调、自然。

2. 足尖步

预备姿势：两腿要提踵站立，双手叉腰。

动作做法：一脚支撑，另一脚向前下方抬起，脚面、膝盖绷直，前脚掌着地，同时重心前移，然后换另一腿做动作，依此类推。

要求：

(1) 向前抬腿时，脚面、膝盖要向外打开并充分伸直。

(2) 立踵要充分，越高越好。

(3) 动作中，上体保持正立，重心平稳。

(4) 步幅要稍小，与柔软步一致。

3. 滚动步

预备姿势：两腿要提踵站立，双手叉腰。

动作做法：一脚跟下落成全脚掌着地，另一腿屈膝、绷脚，脚尖前点地，并向前拖脚大约 15 厘米；然后换另一脚在前做动作，依此类推。

4. 跑步（柔软跑）

预备姿势：自然站立。

动作做法：一脚蹬地，另一腿屈膝向前上方抬起，脚面绷直，然后前脚边伸直边下落，脚掌过渡到全脚掌着地，重心前移，另一脚再抬起继续做动作，依此类推。

要求：

(1) 脚每次离地时必须马上绷直脚面。

(2) 动作要轻松并有弹性。

(3) 两臂协调配合前后摆动。

(4) 重心充分向上，臀部不要下坐。

5. 并步跳

预备姿势：自然站立，双手叉腰。

动作做法：右腿支撑，左脚向前一步，前脚掌过渡到全脚掌着地，同时屈膝成弓步，重心前移，然后左脚用力向上蹬起离地，空中右脚与左脚并拢，脚面、膝盖绷直，接着后脚落地屈膝缓冲（图 16-101）。换另一只脚继续做同样的动作。

图 16-101

要求：

(1) 上体保持正直，梗头。

(2) 蹬地时要充分用力。

(3) 跳起离地后，两腿要伸直并拢，脚尖绷直。

(4) 中心始终前移，不要往后坐。

6. 跑跳步

预备姿势：自然站立，双手叉腰。

动作做法：右脚蹬地向上跳起，同时左腿屈膝向上抬起至水平部位，落地后换左脚蹬地做同样的动作（图 16-102）。

要求：

(1) 蹬地的脚离地后，膝盖、脚面要充分伸直。

(2) 掌握好两臂交替的时间。

(3) 尽量将腿抬至水平部位。

(4) 动作要轻松、活泼。

图 16-102

7. 踏跳步

预备姿势：自然站立。

动作做法：一脚向前上一步蹬地向上跳起，另一腿伸直后举，同时异侧的手臂前举，另一手臂侧举，然后前脚落地稍屈膝缓冲，再换另一腿做同样的动作（图 16-103）。

图 16-103

要求：

(1) 两腿和脚面在空中要充分伸直。

(2) 跳起要轻松。

(3) 手臂与腿要配合协调。

二、舞步

1. 变换步

预备姿势：自然站立，双手叉腰。

动作做法：左脚向前一步，右脚并于左脚，接着左脚再向前一步，重心前移，后腿伸直，脚尖点地，然后换另一脚做同样的动作（图 16-104）。该动作除向前做以外，还可以向后做；可做点地，也可做举腿、屈膝和半蹲点地等等。可根据需要选择不同的做法。手臂可配合腿做各种部位的举、摆动、绕和绕环等动作（图 16-105）。

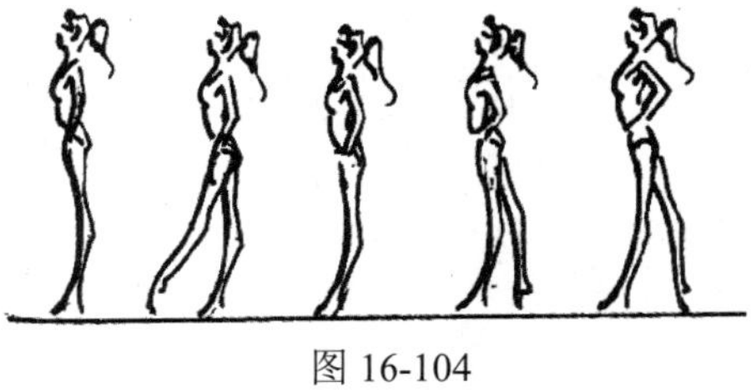

图 16-104

图 16-105

要求：

(1) 出脚时，脚面、膝盖要绷直并向外打开。

(2) 配合手臂动作时，要注意动作的规格。

2. 华尔兹步

预备姿势：自然站立，双手叉腰。

动作做法：左脚向前一步，前脚掌过渡到全脚掌着地，稍屈膝，重心前移，右腿经屈膝前伸后，向前做两次足尖步，然后再换另一腿做同样的动作（图16-106）。还可以向侧和向后做同样的动作。

图 16-106

要求：

(1) 第一步动作幅度要大些，后面两个足尖步的步幅要稍小。

(2) 动作要柔和，上下起伏要明显。

(3) 出脚时，注意脚面、膝盖要外开并充分伸直。

三、舞步组合

1. 变换步组合

预备姿势：面对正前方自然站立，手臂在一位。

1) 第一个八拍

1～4 拍：左脚向前做变换步一次，同时两臂经前向侧打开至七位（侧平举），掌心向前（图 16-107）。

5～8 拍：右脚向前做变换步一次，同时两臂向内交叉绕环一周至侧平举，掌心向下。

2) 第二个八拍

1～4 拍：左脚向侧做变换步一次，同时两臂经一位至左臂侧平举，右臂前平举，掌心向下（图 16-108）。

5～8 拍：同 1～4 拍的动作，只是动作方向相反。

3) 第三个八拍

1～4 拍：左脚向后做变换步成右腿屈膝前举，双手叉腰（图 16-109）。

5～8 拍：同 1～4 拍的动作，只是换腿做动作。

4) 第四个八拍

1～4 拍：左脚向侧做变换步成左腿半蹲，右脚在左前方点地，同时两臂经一位至二位（前平举），掌心相对。

5～8 拍：右脚向侧做变换步成右腿屈膝半蹲，左脚在右前方点地，同时两臂经体前向侧打开至上举（三位），掌心相对（图 16-110）。

5) 第五个八拍

1～4 拍：左脚向前做变换步一次成后举腿，同时两臂落下经体前（二位）向侧打开至七位（侧平举），掌心向前（图 16-111）。

5～8 拍：同 1～4 拍的动作，换另一腿做动作。

6) 第六个八拍

1～4 拍：左脚向左侧 45° 的方向做变换步成右脚后点地的弓步，同时两臂经一位至五位（左臂侧举，右臂上举），头向右转（图 16-112）。

5～8 拍：同 1～4 拍的动作，只是动作方向相反。

图 16-107

图 16-108

图 16-109

图 16-110

图 16-111

图 16-112

要求：

(1) 动作方向和手臂路线要准确、规范。

(2) 上体保持正直，重心平稳。

(3) 动作速度要均匀且稍慢。

2. 华尔兹组合

预备姿势：自然站立，两臂侧平举。

一个八拍：

1 拍：右脚向前华尔兹，同时两臂经下向前至上举，掌心相对（图 16-113）。

2 拍：右脚向前华尔兹，同时两臂向内交叉绕至侧平举，掌心向下（图 16-114）。

3 拍：左脚向侧华尔兹，同时左臂向后，右臂向前做水平摆动（图 16-115）。

4 拍：同 3 拍的动作，只是换腿做动作。

5 拍：左脚向后华尔兹，同时双手叉腰（图 16-116）。

6 拍：同 5 拍的动作，只是换腿做动作。

7 拍：左脚向前华尔兹，同时左臂侧举，右臂经左侧绕至上举，掌心向内（图 16-117）。

8 拍：右脚向前华尔兹成右腿支撑，左脚尖后点地，同时右臂侧举，左臂经右侧绕至上举，掌心向内，头向左转。

图 16-113

图 16-114

图 16-115

图 16-116

图 16-117

要求：

(1) 整套动作幅度要大，身体重心上下起伏要明显。

(2) 速度均匀且稍慢。

(3) 身体各部位的配合要协调、一致。

第十七章 瑜伽

第一节 健身瑜伽概述

一、健身与瑜伽

党的十九大报告指出，中国特色社会主义进入新时代，我国社会主要矛盾已经转化为“人民对美好生活的需要同不平衡不充分的发展之间的矛盾”，健康是美好生活的基本条件，因此要“把人民健康放在优先发展的战略地位”，整合健康资源、健康产业，建设人人共建共享的健康中国。全民健康是国家综合实力的重要体现，是经济社会发展进步的重要标志。全民健身是实现全民健康的重要途径和手段，是全体人民增强体魄、幸福生活的基础保障。实施全民健身计划是国家的重要发展战略。面对人民群众日益增长的体育健身需求、全面建成小康社会的目标要求、推动健康中国建设的机遇挑战，需要更加准确把握新时代全民健身发展内涵的深刻变化，不断开拓发展新境界，使其成为健康中国建设的有力支撑和全面建成小康社会的国家名片。

瑜伽作为一项起源于印度，风靡于全球的身心锻炼方法，正被越来越多的人群接受和喜爱。瑜伽在中国，不仅成为了一项强健体魄的大众体育运动，更成为了一种追求平衡、平和、放松的时尚健康生活方式。人们通过练习瑜伽，获得了生理上和心理上的健康。健身瑜伽在中国的有序健康推广，是满足大众个性化、差异化健身需求的具体体现。

二、健身瑜伽的定义

健身瑜伽以促进身心健康为目的，通过自身的体位训练、气息调控和心理调节等手段，改善体质，增强身体活力，延缓机体衰老，是体育养生的重要组成部分。

健身瑜伽不是瑜伽的一个流派或一个分支，而是基本涵盖了瑜伽中与健康相关的全部内容，包括调身、调息、调心在内，是瑜伽中国化、本土化的产物，是在全民健身战略背景下的一种时尚休闲运动项目和运动方式。健身瑜伽的文化价值，主要体现在瑜伽与中国传统文化精髓融合发展后，产生的东方养生哲学思想、康养文化内涵以及健康生活方式。

三、健身瑜伽产生的时代背景

当今，运动促进健康的理念越来越受到广泛认可和重视。经济全球化浪潮推动了瑜伽在全世界的流行。1893 年，辩喜在世界宗教大会上的演讲把瑜伽介绍到了西方，其著作已被翻译成十几种语言，在西方世界广受尊崇。1896 年，随着他的《王瑜伽》的出版，现代瑜伽在全世界蓬勃发展。进入 21 世纪，瑜伽与人体解刨学、运动生理学、心理学等结合，使得瑜伽逐步朝着科学化的路径发展。2010 年以后，全球健身呈现出以客户需要为导向的课程产品供给多样化的趋势，体育与文化的结合更加紧密，也随之越发体系化、商业化、品牌化和时尚化。包容了东西方文化的瑜伽更加贴近生活，更被大众所接受。

中国社科院《中国人才发展报告》显示，当前中国有 76%的白领长期处于亚健康状态，2.7 亿人患有高血压，超重或者肥胖症的人数也达到了 2 亿。在影响中国人寿命的所有疾病中，心脑血管疾病、癌症、帕金森综合症成为三大“杀手”。与此同时，越来越多的疾病开始年轻化，“健康”已经成为中国人最大的刚需，随着人民群众经济收入增加、生活水平提高、休闲时间增多，人们的健康观念、审美要求随之提升，人们越来越意识到养生的重要性，“未病先防”“全民养生”逐步深入人心。从生了病再就医，去线下医院就诊的“被动医疗”习惯，发展为人们渐渐开始接受线上线下结合就医新模式，并愿意投入金钱和时间进行健身运动和养身保健。为了满足广大人民群众日益增长的体育需求，纪念北京奥运会成功举办，国务院批准从 2009 年起的每年 8 月 8 日为“全民健身日”。关于健康这个千百年来一直被谈论的话题，在当代中国人身上正在被重新审视与建构。在这样的时代背景下，健身瑜伽在中国的生存发展，具备了物质基础和需求空间。

第二节　瑜伽的起源与历史发展

一、瑜伽的起源

关于瑜伽的起源，有很多不同视角的研究和推断。从印度神话传说来看，流行最广的是 7000 年前希瓦（Shiva）发明了秘密瑜伽并传授瑜伽的神话故事。然而，从印度河流域文明时期的摩亨约・达罗（Mohenjo Daro）和哈拉帕（Harappa）古城遗址考古挖掘的文物来确证，瑜伽的起源年代和从现存的瑜伽经典文本追溯的瑜伽起源都是被广泛认可的。

1922 年，英国考古队在印度河流域文明遗址的考古挖掘中发现了摩亨约・达罗和哈拉帕古城遗址，两处遗址中有大量的文物出土，其中挖掘出了一些刻绘有冥想者形象的陶制印章，印章上的男性呈莲花式盘坐着。莲花坐是瑜伽的体式之一，由此可以从印章推断出瑜伽在印度河文明产生之前就已经存在。对印章考证后得知，印章是公元前 3000 多年的文物，所以从考古学的角度可以推测出，瑜伽距今至少应当有 5000 多年的历史。

对瑜伽起源的研究除了通过考古以外，就是对瑜伽经典文本的研究。不同时期的瑜伽经典文本都记录了瑜伽宗教哲学思想的形成和特点，以此勾勒出了瑜伽发展、演变的基本线路。

印度古籍文本主要是吠陀经典。吠陀经是印度古代传统文化的重要组成部分，可追溯至印度上古时代也称吠陀时代。印度河文明始于公元前3000—1800年，这一时期在最古老的典籍吠陀本集中就出现了对瑜伽的描写，特别是在《梨俱吠陀》《阿闼婆吠陀》中描述了瑜伽最初的表现形式。可以看出，早在吠陀时期就有了瑜伽的踪迹。瑜伽至今也应该有5000多年的历史，这与考古文献的记载也是一致的。

对瑜伽具体形态的描述是在梵书时期，瑜伽只是作为实践行法而存在，并未有进一步的发展。古典奥义书时期的《白螺奥义书》则对瑜伽行法有进一步的系统阐述，如对静坐的姿势要胸、颈、头保持一致，躯干挺直，坐姿对称，呼吸气息要长而细，对意念的控制要像制服野马一样。公元前500—200年的《薄伽梵歌》对瑜伽的系统阐述标志着瑜伽开始形成系统化思想并受到重视，此时的瑜伽处于另一个发展新阶段的起点。成书于公元前200年前后的《瑜伽经》内容丰富，将瑜伽行法确定为八支体系，标志着瑜伽修习实践体系化发展的开始。《瑜伽经》的理论和修习体系作为一种实践方法，其身心兼修的功效对后世瑜伽的发展影响深远。

二、瑜伽的历史发展阶段

从有关瑜伽的史料记载来看，瑜伽各阶段的发展总是和印度社会宗教哲学的发展交织在一起。为此，按照瑜伽发展、演变的脉络和所呈现出来的显著特征划分瑜伽的发展阶段也是非常合理的。瑜伽的发展可分为原始瑜伽、前古典瑜伽、古典瑜伽、后古典瑜伽和近现代瑜伽五个阶段。

第三节 瑜伽基本技术

一、瑜伽坐姿

所有的瑜伽坐姿动作均要将重心放于坐骨上，脊柱伸展向上，微收腹部，收肋骨，胸骨柄向前向上提。以下介绍几种常用的瑜伽坐姿及其功效。

1. 简易坐

(1) 双腿伸直坐于垫子上，屈左膝，左脚放于右膝下；屈右膝，右脚放于左膝下。

(2) 挺直腰背部，提起躯干和胸腔，头放正。臀部下方可垫毛毯，使髋部同膝盖等高。

(3) 双手掌心向上放于双膝，食指轻触大拇指第一个关节，成智慧手印。

功效：加强髋部、膝盖、脚踝的灵活度，减轻和消除关节炎，补养和加强神经系统，平衡身体能量，增强睡眠和健康。

2. 平常坐（吉祥坐）

(1) 双腿伸直坐于垫子上，屈右膝，右脚跟抵靠会阴；屈左膝，左脚跟自然放于右脚跟前侧，与右脚跟在一条线上。

(2) 手印同上。

功效：同至善坐，但效果稍逊。

3．至善坐（高僧坐）

(1) 双腿伸直坐于垫子上，屈左膝，左脚跟抵靠会阴；屈右膝，右脚背放于左大腿和小腿之间，右脚跟放在左脚跟上，两脚跟在一条线上。

(2) 手印同上。

功效：保持身体机能的平衡，有助于身体和精神的稳定，让神经系统宁静，促进骨盆区域血液循环；缓解膝关节僵硬，预防风湿。

4．半莲花坐

(1) 双腿伸直坐于垫子上，屈右膝，右脚跟抵靠会阴；屈左膝，将左脚背放于右腿根部，双膝尽量贴靠垫面。

(2) 手印同上。

功效：同全莲花坐，但效果稍逊。

5．全莲花坐

(1) 双腿伸直坐于垫子上，屈左膝，左脚背放于右大腿根部；屈右膝，右脚背放于左大腿根部；双膝尽量贴靠垫面。

(2) 手印同上。(换侧练习)

功效：保持躯干的稳定，滋养腹胸所有脏器、腰椎、骶骨以及整个中枢神经；焕发神经系统的活力；缓解肌肉紧张，降低血压。

禁忌：坐骨神经痛、骶骨和膝关节损伤、髌骨劳损或错位者，需在医生的许可下才可以练习。

6．武士坐

(1) 双腿伸直坐于垫子上，屈双膝双脚踩地，转动左髋，左脚自右膝下穿出放于右臀外侧；右脚跨过左膝放于左臀外侧；双膝一条线，双脚一条线。

(2) 双手放于双膝上。

功效：促进精神平衡和自我认知；灵活髋、膝、踝关节。

7．雷电坐（金刚坐、钻石坐）

(1) 双膝并拢跪立于垫子上，双脚大脚趾接触，脚跟往两边分开，臀部坐脚内侧（重心放在脚跟处，不要前倾放在膝盖上）。

(2) 左手背置于右手心上，放于小腹处（禅那手印），女士右手上，左手下。

功效：凝神静气；加强消化系统功能，改善胃溃疡、胃酸过多或其他胃部不适；对所有的生殖腺体和生殖器官有益，防止疝气和生殖器官疾病。

8．英雄坐

(1) 双膝并拢跪立于垫子上，两脚分开与肩宽，小腿胫骨和脚背平放于垫面，臀部向下坐于双脚中间（脚趾指向后）。

(2) 躯干正直向上，挺起胸腔，头放正。

(3) 手印同上。

功效：同上，同时可加强大腿前侧肌肉的拉伸；缓解扁平足和骨刺。

二、瑜伽呼吸

常用的瑜伽呼吸练习方式包括腹式呼吸、胸式呼吸以及完全式呼吸三种。

1．腹式呼吸（横膈呼吸）

腹式呼吸是一个简单而有效地呼吸练习，从这个呼吸开始，我们将慢慢找回一些与生俱来的良好而正确的生存方式。

可以选择山立功以及任何一种瑜伽坐姿或仰卧放松式来开始这个练习。

(1) 可以将双手放在脐部，不要施加压力。吸气时，感受小腹隆起，双手被小腹抬起。

(2) 呼气时小腹回落。当气将呼尽时双手微向下施压，感觉内脏内收并上提，彻底呼尽肺底残留气体。

腹式呼吸是所有呼吸技巧的基础，是最安全有效的呼吸练习，可调节神经系统从而身心减压，还有助于调节循环和呼吸系统的紊乱。所有的腹部器官都可得到按摩，促使各内脏腺体以正常的方式分泌激素。

2．胸式呼吸

可以选择山立功以及任何一种瑜伽坐姿或仰卧放松式来开始这个练习。

(1) 请将双手放在第十二肋两侧，不要施加压力，保持骨盆中立位。

(2) 收缩腹部，吸气。在保证腹腔壁内收的前提下感觉胸廓下部升高并向两侧推出。

(3) 腹腔壁持续内收，呼气。感觉胸廓回落。

(4) 在呼与吸的过程中始终收缩腹部，感觉肋骨像手风琴那样向两侧扩张和收缩。

功效：加强腹肌肌力，镇静心脏，净化血液，改善循环。

3．完全式呼吸

可以选择山立功以及任何一种瑜伽坐姿或仰卧放松式开始这个练习。

将胸式呼吸、腹式呼吸的技巧结合起来就形成了完全式呼吸。这三种呼吸应衔接的顺畅而自然，就像一个稳定而渐进的波浪滑向胸腹。

(1) 慢慢吸气，小腹隆起，在保持小腹隆起的前提下继续吸气至肋骨扩张，保持现在的状态，放松肺上部，吸气，锁骨上推，肩稍耸。

(2) 慢慢呼气，肩放平，锁骨下移，肋骨回缩，放松胸部，呼出浊气再以腹部内收的方式将所有浊气排出。

功效：促使血氧含量增大，血液被净化，肺部组织更为强壮，从而增强身体抵抗力。活力、耐力、协调感和集能力增强，镇静神经系统，促使心率平稳，身心会充满平静与安详。心境变得清澈而警醒。

注意：这个练习一定要在完全掌握腹式呼吸和胸式呼吸之后再做，不要急于求成。

第四节　瑜伽经典拜日式

一、瑜伽经典拜日式（12 式）

拜日式又称太阳致敬式，由 12 个体式组成。在瑜伽体系中，因为右脉或阳脉代表着太阳，是最重要的生命能量的通道，所以练习时先从右侧开始练习。这一系列动态体位练习法，须有节奏的依序练习。

1．祈祷式

山式站姿，双手胸前合掌，前臂成一直线，平行地面，骨盆中正，目视前方，保持自然呼吸，如图 17-1 所示。

图 17-1

2．展臂式

吸气，双臂经体侧向上举过头顶置于两耳侧，与肩同宽，掌心相对，肩下沉，脊柱延展，骨盆中正，胸腔上提。

呼气，双臂带动脊柱充分后展，头在双臂之间，不可过度后仰，保持几组呼吸，如图 17-2 所示。

再吸气，双臂带动躯干回正。

图 17-2

3．站立前屈伸展式

呼气，屈髋，身体向前向下，双手放于双脚两侧，掌跟对齐脚跟，屈双肘，肘向后，腹、胸、额依次贴近双腿，重心前移、双腿垂直地面，膝不过伸，脊柱充分延展，保持几组呼吸，如图 17-3 所示。

图 17-3

4．骑马式

吸气，右腿向后一大步，膝盖落于地面，脚尖回勾触地，左膝在脚踝正上方且与脚尖同一个方向，双手掌置于前脚两侧，手指尖与前脚尖在一直线上。

呼气，骨盆中正，前推下沉，脊柱充分伸展，目视前方，保持几组呼吸，如图 17-4 所示。

图 17-4

5．顶峰式

吸气，左腿向后，双脚并拢。

呼气，腹部收紧，臀部上提，伸直双膝，脚跟下压，手掌推地，前臂内旋，大臂外旋，肘不过度伸展，头部和背部在一直线上，保持几组呼吸，如图 17-5 所示。

图 17-5

6．八体投地式

吸气，身体前倾，双膝落地，双臂、大腿垂直于地面，脚尖触地。

呼气，身体前移，屈肘，肘内收并指向正后方，胸部落于双手之间，

保持下颌、双手、胸部、双膝及双脚尖八个部位与地面接触，保持几组呼吸，如图 17-6 所示。

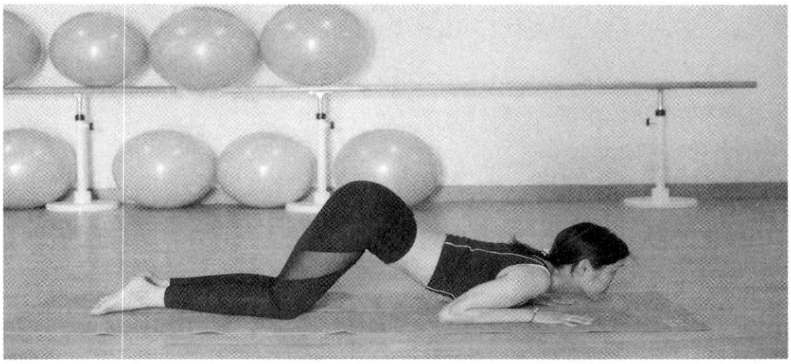

图 17-6

7．眼镜蛇式

吸气，双手压实地面，背部发力将头部和胸部依次抬离地面，胸腔上提。

呼气，双手用力推地，脊柱充分后展，头不过度后仰，双肘微屈内收，趾骨和双腿前侧及脚面贴地，双腿并拢，保持几组呼吸，如图 17-7 所示。

图 17-7

8．顶峰式

吸气，双脚并拢，脚尖触地。

呼气，腹部收紧，臀部上提，伸直双膝，脚跟下压，手掌推地，前臂内旋，大臂外旋，肘不过度伸展，头部和背部在一直线上，保持几组呼吸，如图 17-8 所示。

图 17-8

9．骑马式

吸气，左腿向前迈一大步屈膝，双手掌置于前脚两侧，手指尖与前脚尖在一条直线上，膝关节在脚踝正上方且与脚尖同一方向，右腿膝盖落于地面，脚尖回勾触地。

呼气，骨盆中正，前推下沉，脊柱充分伸展，目视前方，保持几组呼吸，如图 17-9 所示。

图 17-9

10．站立前屈伸展式

吸气，右腿收回，双腿并拢，重心前移，双腿伸直垂直于地面，膝不过度伸展。

呼气，屈双肘，肘向后，腹、胸、额依次贴近双腿，脊柱充分延展，保持几组呼吸，如图 17-10 所示。

图 17-10

11．展臂式

吸气，双臂向前伸展，与头部和躯干在一直线上，起身立直，置于耳侧，与肩同宽，掌心朝前，肩下沉，脊柱延展，骨盆中正，胸腔上提。

呼气，双臂带动脊柱充分后展，头在双臂之间，不可过度后仰，保持几组呼吸，如图 17-11 所示。

再吸气，双臂带动躯干回正。

图 17-11

12．祈祷式

呼气，双手合掌落于胸前，前臂成一直线，平行地面，骨盆中正，目视前方，保持自然呼吸，如图 17-12 所示。

图 17-12

二、练习注意事项及功效

1．注意事项

(1) 感冒、发烧、有炎症等体内毒素过多时，不宜练习。

(2) 有高血压、心脏病、冠状动脉硬化、中风病史者以及患心脑血管疾病、腰间盘突出者，禁止练习。

(3) 女性经期、孕妇、剖腹产手术在三个月之内者，不宜练习。

2．体式功效

拜日式系列体位能有效地放松、伸展、按摩和强健所有关节、肌肉和内脏器官，其用途广泛且实用性强，是使人身体健康、精力充沛、积极向上最有效的运动方式之一。

第十八章

野 外 生 存

第一节 野外生存运动概述

野外生存运动源于军事训练“野外生存”的科目，是指在远离人群的山区、丛林、荒漠、高原、孤岛等野外环境，在完全不依靠外部提供的维持生命的物质条件的情况下，通过个人或集体的努力，保存生命和维持健康的技能。简而言之，即人在住宿无着的山野丛林中求生。

野外是指与居住环境相对应的地域。野外不同于户外，前者更强调环境的原始性和自然性。因此，我们在理解本章所涉及的“野外”这个概念时，除了“田野”“旷野”之外，更着重的还是指那些人迹较少的自然环境。我们可以把野外生存理解为人类在非生活环境下，最大限度地维持生命力的行为。野外生存是一种行为，也是一种能力，更是一种精神。

早期的野外活动其实是人类的一种生活和生存的技能和手段。古时候，人们为了生活和生存，在野外狩猎、砍柴、伐木和采掘野果、野菜、药材、矿产等生活和生产资料，翻山越岭进行商品、生产资料、文化艺术的交流，在自然环境中军队利用自然屏障进行格斗战争，从而形成了各种民俗、踏青、旅游、健身活动等。

随着现代登山运动的不断发展，野外生存这种“绿色运动”迅速掘起。不同国籍、不同性别、不同年龄、不同体质的人们，纷纷从喧嚣污浊、紧张忙碌的都市生活中走出，投身到青山绿水之中、蓝天白云之下，根据各自的身体状况和条件，选择与自己相适应的野外生存运动方式、活动内容和运动强度。据有关资料表明，20 世纪末，我国的野外生存运动只在北京和几个沿海城市有着“星星之火”。2001 年，深圳几乎是一夜之间冒出了 20 多家与野外生存有关的俱乐部。紧接着，天津、武汉、广东、云南、四川、新疆、湖南、辽宁…… 几乎每个省都有了自己的野外生存俱乐部。在全国，参与野外生存活动的人数更是以几何倍速增长，从 1999 年的几千人，到 2000 年的几万人，2002 年已约 40 万人。目前，我国的野外生存运动爱好者已达到 5000 万人以上。

在野外生存运动中，我们倡导安全、科学、理智、团队、环保的理念，并且要把握好以下三条原则：

(1) “规范操作、安全第一”的原则。因为野外生存运动有许多不可预测的突发事件，具有较高的危险性，所以开展野外生存运动首先要确立“规范操作、安全第一”的原则。要把“安全第一”的要求传达给所有的参与者，使其贯穿于户外活动的始终。野外生存运动要规范操作程序，列出详细的计划安排，包括活动路线、户外装备、活动进程、分组编队、责任分工、野外生存技术技能培训、体能训练等；要预测野外生存活动过程中可能会出现的意外事件，并且要制定出相应的应急处理预案。

(2) “科学管理、理性实施”的原则。野外生存运动是一门专业性非常强的体育运动项目，一切野外生存实践活动都要用科学的方法指导实施。在大自然面前人是渺小的，所以不要试图想征服什么，要随意并顺其自然，科学地掌握自然规律，科学地使用装备，科学地进行技术操作。在野外生存运动实践中，参与者应该多一些理智，少一些浮躁，不要过于追求高难度、高风险，而是强调适合自己的就是最好的。野外生存运动项目的难度级别一般确定在初级、中级为宜，只有那些在野外生存运动方面学有所长的参加者才可适当参与比较高级的项目。野外生存运动应采用循序渐进的方法，合理安排运动强度和运动量。

(3) “遵纪守法、保护环境”的原则。在进行野外生存运动的过程中，所有参与者都应遵纪守法，遵守国家关于开展野外生存运动的有关规定；遵守俱乐部和野外生存活动过程中的有关规定和要求；爱护自然，保护环境，自觉遵守社会公德。应广泛开展环保宣传和环保行动，培养人们热爱自然、保护自然、融入自然的优良品质，确保野外生存活动健康有序地开展。

第二节　野外生存的基本技能

在野外生存活动中，不仅需要掌握野外生存的技能，而且更需要掌握野外生存必需的本领。下面介绍野外生存的一些基本的技能。

一、方向的判别

在野外生存活动中，为了防止迷路，必须掌握判定所在位置和方向的知识和方法。野外判定方向和位置的方法很多，主要有如下三种方法：

1. 利用指北针辨别方向

打开指北针，水平放置使气泡居中，磁针静止后，其标有“N”的黑色一端所指的便是北方。除了测出正北方向外，指北针还可测出某一目标的具体方位，方法是打开指北针，将照准器对准目标，或将刻度盘上的 0 刻度对准目标，使目标 0 刻度和磁针中点在同一直线上，待指北针水平静止后，N 端所指的刻度便是测量点至目标的方位，如磁针 N 端指向 30°，则目标在测量位置的北偏东 30°。

利用指北针辨别方向简单快捷，但在使用中需注意以下几种情况：

(1) 尽量保持水平；

(2) 不要离磁性物质太近；

(3) 勿将磁针的 S 端误作北方，造成 180° 的方向误差；

(4) 掌握活动地区的磁偏角，以利于对方向进行校正。

2. 利用日影辨别方向

晴天时，在地上竖立一木棍，木棍的影子会随太阳位置的变化而移动，这些影子在中午时最短，其末端的连线是一条直线，该直线的垂直线为南北方向。通常在一张 50 厘米×50 厘米的绘图纸上绘制一系列的同心圆，同心圆的半径以 1 厘米递增，钉在平板上并水平固定好，将一根 12～15 厘米长的细钢针或针状物垂直插在圆心上。当太阳位置变化时，影子的端点总会与同心圆相交，标绘出这些点。然后把同一个圆上的两点直线相连，再把这些直线的中心与圆心相连，这条连线就是南北方向线，圆弧顶的方向为北方，如图 18-1 所示。

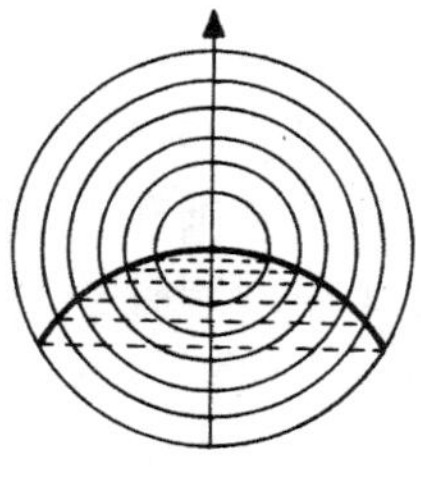

图 18-1

3. 利用地形和植物特征辨别方向

野外的一些地形和植物的特征也是良好的方向标志。

(1) 利用植物特征判别。一般在阴坡即北侧山坡，低矮的蕨类和藤本植物比阳面发育得更好；一般单个植物的向阳（南面）面枝叶较茂盛，植物向北一侧的基部较潮湿并可能生长低矮的苔藓植物。

(2) 树皮一般南面比较光洁，北面则较为粗糙，这种现象以白桦树最为明显。秋季果树朝南的一面枝叶茂密结果多，以苹果、红枣、山楂、荔枝、柑橘等最为明显。果实在成熟时，朝南的一面先变色。

(3) 树下和灌木附近的蚂蚁窝总是在树和灌木的南面。

(4) 草原上的蒙古菊和野莴苣的叶子都是南北方向对称的。

(5) 在我国北方的山岳、丘陵地带，茂密的乔木林多生长在阴坡，而灌木林多生长在阳坡。这是由于阴坡土壤的水分蒸发慢，水土保持好，所以植被恢复比阳坡快，容易形成森林。另就树木的习性来讲，冷杉、云杉等在北坡生长得好，而马尾松、华山松、桦树、杨树等就多生长于南坡。北方的许多树木的树干断面可见清晰的年轮，向南一侧的年轮较为稀疏，向北一侧的年轮则较紧密。

(6) 利用沙漠判别方向。如木制的柱架，其迎风面颜色深黑且容易腐坏，而悬崖及石头则迎风面较为光滑。风是塑造沙漠地表形态的重要因素，沙丘一般是西北向东南走向。沙丘西北面坡度小，沙质较硬，东南面坡度大，沙质松软。在西北风的作用下，沙漠地区的植物，如酥油草、红柳、梭梭柴、骆驼刺等都向东南方向倾斜。蒙古包的门通常也朝向背风的东南方向。冬季在枯草附近往往形成许多小雪垄、沙垄，其头部大尾部小，头部所指的方向就是西北方向。

(7) 利用雪山判别方向。雪山上无论气温有多低，向阳坡的雪通常比阴坡的雪要硬。春季积雪先融化的一面朝南方，后融化的一面朝北方。北方冻土地带的河流，多为北岸平缓、南岸陡。

二、野外宿营

野外生存活动中不可避免地要在荒野中露营。在经过一天辛苦的活动后，要进行野营休整。因此，要积极主动地想办法在不同季节和地区以及任何困难条件下，都能较好地露营与休息是十分重要的。

图 18-2

1. 营地的选择

夏季，露营地点应选择在干燥、地势较高、通风良好、蚊虫较少的地方。通常，湖泊附近和通风的山脊、山顶是夏天较为理想的设营地点（图 18-2）。

冬季，设营地点应视避风以及距燃料、设营材料、水源的远近等情况而定。一般来说，森林和灌木丛是理想的设营地。应避开易被积雪掩埋的地点，如避开崖壁的背风处，因为在这种地形上，风很快会吹起大量的雪，将帐篷或遮棚埋没。总之，营地的选择要因地制宜，从客观条件出发，按照安全、避风、近水、平坦、防兽和日照的原则，这样宿营安全才有保障。同时各个营地必须注意环保问题，宿营结束后应还给大自然一个洁净的空间。在野外要保护自然环境，不伤害野生动物，不乱砍乱伐，不破坏自然植被，不污染水源，撤营时必须将火源彻底熄灭，垃圾废物要尽可能带出，或丢放在指定的地点，特殊情况无法带走时可将垃圾挖坑掩埋。

2. 帐篷的搭建

宿营地可选择的帐篷种类繁多，按其形状可分为"人"字形帐篷、"蒙古包"形帐篷、六角形帐篷、拱形帐篷、屋形帐篷等；按其用途可分为高山帐篷、低山帐篷、旅游帐篷、军用帐篷等；按其布料可分为帆布帐篷、尼龙帐篷、防水棉布帐篷、合成纤维（树脂）帐篷等；按其支架的材质又可分为金属杆帐篷、尼龙杆帐篷、玻璃钢杆帐篷、铝合金杆帐篷等；从帐篷的结构上来说，还可将其分为单层、双层、复合层等诸多种类。

选择帐篷应考虑其用途、季节、环境等因素，根据自己的实际需要来选择合适的帐篷。一般来说，春、秋两季野营以"人"字形或"蒙古包"形帐篷为最佳；冬季从防寒的角度考虑，经济条件允许的话，可购置一个质地上乘的高山帐篷；夏季出游，一顶带凉棚的屋式帐篷可谓是最佳的选择。如果只想买一顶帐篷，不妨选一顶双层"蒙古包"形帐篷，天热的时候，可以除去外罩，将帐篷内的通风窗打开，也能散出一些暑气。

一人或两人出行，可选用"人"字形帐篷（图 18-3）。它最大的优点是一个人就很容易架设，"人"字形帐篷的底部规格通常为 200 厘米 × 150 厘米，高 90～110 厘米，两个人并排睡下也不成问题。它的缺点是内部空间较小，架设完之后要想搬家比较困难，而且不宜在沙地和土质松软的地面上架设。架设"人"字形帐篷，首先要在地面上打地钉来固定主绳，如果地面较硬不好打入，可将绳拴系在附近的树干的根部或用大石块固定；接着将主绳拉紧，调整好长度，要将帐篷顶环套入撑杆；然后将杆拴好，用主绳固定，要保证受力平衡；最后将帐篷的四个角用帐篷钉固定好。

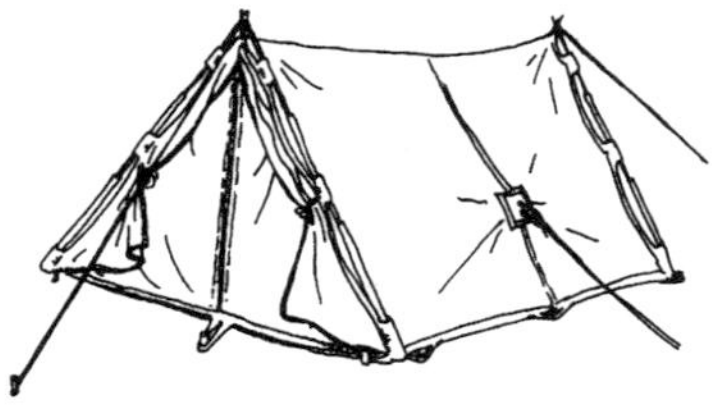
图 18-3

如果 2～3 人出行，则可选用"蒙古包"形帐篷（图 18-4），这是现代人们最常用的帐篷，它的底部多为 200 厘米 × 200 厘米，高为 110～115 厘米，还有一种底部为正六边形的帐篷，帐内空间显得很大，但重量也会随之增加。"蒙古包"形帐篷的最大优点就是可以随意搬迁，它就如同一个大纱罩，提起后可任意摆放，无需重新架设。一般说来，只要有一块 4.5 平方米的平地就可搭一顶帐篷了。架设"蒙古包"形帐篷通常需要两个人合作，首先将两根杆分别接好（通常一根杆有 8 节），穿入帐篷吊带内，然后两人一起将支杆呈"十"字形撑起，最后将穿入帐篷四个角上的金属杆调整好位置后

图 18-4

用帐篷钉固定在地上即可。通常，一个人要想架设起一顶“蒙古包”形帐篷是很困难的，现在国外的一些帐篷采用了新的技术，使得一个人的操作成为可能，即将支撑杆接好后，一端先固定在帐篷角上的金属圈内，另一端用力撑起后依样固定，然后同样操作，一个“十”字支撑架就搭成了。随后只需将帐篷吊钩都挂在支好的杆上，再罩上外帐即可。

不同类型的帐篷架设方法可能略有差异，但基本原理都是一样的。帐篷搭好后，还应在帐篷四周挖一条约20厘米深的排水沟，为防蛇虫的入侵可在四周撒上点石灰、烟叶水或煤油，有条件的话还可在帐篷上喷一些防蚊药水。

三、野外寻找水源

水对于人类的生存是至关重要的。俗话说：“饥能挡，渴难挨”，水在某种程度上比食物还重要。水是生命之源，研究表明，一个成年人维持生命和健康，每天约需要消化2～3升的水，即使不活动，每日也需要约1升的水。野外实践表明，求生者在没有食物的情况下，可以维持生命三周，而无水的情况下维持的时间很难超过三天。可见，水对于户外活动者是生死攸关的东西，寻找水源和处理饮用水是野外给养中最重要的一项工作。在登山或野营时，登山者要不断地补充水分，除了自带的饮用水外，在意外的情况下，人还必须学会向自然界要水。在野炊中，也同样需要水来准备食物。

1. 寻找水源的方法

在野外活动中，除直接饮用水外，洗漱、烹饪和降温等生活事项都需要水。因为随身携带的饮用水是有限的，所以找寻水源及净化水质就非常重要。可根据区域的地质和地貌形态特点、植被分布特征、水源指示植物的分布情况和旱生植物的分布等来帮助判断水源所在。在野外，水的来源很广，只要留心观察，草木的生长分布，鸟、兽、虫等的出没活动，常常可以给寻找浅层地下水提供一些线索。在地下水较浅的地方，泥土潮湿，蚂蚁、蜗牛、螃蟹等会在此做窝，夏天的傍晚时蚊虫会在此地成柱状盘旋飞绕，冬天时，青蛙、蛇类动物也喜欢在此冬眠，根据这些情况便可找到水源。

(1) 听：凭借灵敏的听觉器官，在一些山区距离山溪或瀑布较近时，可听到“哗哗”的流水声；多注意山脚、山涧、断崖、盆地、谷底等是否有山溪或瀑布的流水声，有无蛙声和水鸟的叫声等。如果能听到这些声音，说明已经离有水源的地方不远了，并可以证明这里的水源是流动的活水，可以直接饮用。

(2) 观察：凭着丰富的经验和知识去观察动物、植物、气象、气候及地理环境等也可以找到水源。根据地形地势（地理环境）可判断地下水位的高低，如山脚下往往会有地下水，低洼处、雨水集中处以及水库的下游等地的地下水位均会很高。另外，在干河床的下面或河道的转弯处外侧的最低处，往下挖掘就可能有水，但其泥浆可能较多，需净化处理后方可饮用。

(3) 植物代用水：除非身处大沙漠，否则水源寻找还是比较容易的。若逢地上、地下水源均干枯时，或水源不洁不得饮用时，植物的根、皮、叶都可用来吸吮，抑制干渴，而植物代用水亦遍地皆是。只要对植物有深切认识，就能敏锐辨别与观察，“水”都可唾手而得。可实现在植物上找到代用水，并直接从植物中取水。从植物中获取的饮用“水”，容易变质，最好即取即饮，不要长时间存放。

上述取水方法在野外缺水时是可以的。然而，单纯地依靠上述方法去寻找水源却不是长久之计，且很复杂、很辛苦，只适于少数人员（3～7 人）和短时间（3～5 天），不适合人员众多或时间过长。就安全而言，最好不要远离水源超过一两天的路程，也不要单枪匹马独闯丛林。切记，当在极度疲惫干渴之际，找到水源时，最好不要立即狂饮，应该就当时的环境条件对水源进行必要的净化和消毒处理，以避免因饮水而中毒或染上疾病。

2. 野外饮用水的净化和消毒处理

一般来说，在野外生存活动中，除泉水和井水（地下深水井）可直接饮用外，其余的水源，不管是河水、湖水、溪水、雪水、雨水、露水，人都不能随意地直接饮用，因为不洁净的水中经常会带有一些致病的物质，如导致变形虫痢疾、伤寒、血吸虫、肝蛭、霍乱等疾病的病菌；腐烂的植物茎叶以及昆虫、飞禽的尸体和粪便；有的还可能会带有重金属盐或有毒矿物质等。所以在极度干渴之际找到了水源后，最好不要急于饮用，应就当时的环境条件，对水源进行必要的净化消毒处理，以避免因饮水而中毒或染上疾病，造成人的体能急剧下降，在很短的时间内耗尽体力，丧失行动的能力，甚至危及性命。以下介绍几种野外饮用水净化消毒处理的具体方法：

(1) 纺织物过滤。用编织较紧密的织物，如长袜、手帕、布手套、棉布衣裤的衣袖和裤腿部分等做成一个自制的过滤器，将要清洁的水倒入其中，过滤后流入下面盛接的容器中，即可得到清澈的水。

(2) 自制过滤器过滤。用一个矿泉水瓶（或可乐瓶），把瓶底割掉，瓶口向下，再用小刀或缝衣针把瓶盖扎出几个小孔，在瓶里依次将干净木炭粉、干净细砂交互分层填紧，一般需 5～7 层，分层厚度一般为 2～4 厘米。分层厚度越厚滤水效果越好，但滤水速度慢；反之，速度快，效果差些，这样就自制出了一个过滤器。然后，将不清洁的水慢慢倒入其中，等过滤器下面有水溢出时，用盆或水壶等容器将过滤后的干净水收集起来。如果过滤后的水清澈度不佳，可以重复过滤直到满意为止。如果没有矿泉水瓶或可乐瓶，可以用树皮和竹筒等来制作过滤器，按上述过滤方法亦可获得清澈的水。

(3) 过滤法。如果在野外找到的水源里有漂浮的异物或水质混浊不清，可以在离水源 3～5 米处向下挖一个大约 50～80 厘米深、直径约 1 米的坑，让水从砂、石、土的缝隙中自然渗出，然后轻轻地将已渗出的水取出，放入盒或壶等存水容器中。注意：不要搅起坑底的泥沙，要保持水的清洁干净。

(4) 物理方法消毒处理（煮沸法）：煮沸消毒是一种简便、可靠的消毒方法。有生火条件的话，煮沸法是饮用之前最常见也是最行之有效的一种对水进行消毒的处理方法。一般情况下，在野外获取的湖水、河水、溪水、雨水、露水和冰雪水等，只需要将其煮沸约 5 分钟，就可以杀死绝大部分的细菌，达到安全饮用的标准。在海拔 2500 米以上的地区，因为水的沸点降低，所以煮沸的时间应当加长，2500～4000 米的海拔高度上，约需煮沸 5～8 分钟，4000 米以上则需要煮沸 10 分钟。

3. 野外科学饮水方法

在野外水源紧缺的情况下，要合理安排饮水，不要因一时口渴而过分饮用。如果一次喝得太多，那么身体会将吸收后多余的水分排泄掉，这样就会白白地浪费很多的水。科学合理的饮水方法是少喝，勤喝；一次只喝一两口，然后让水在口中充分湿润口腔各部位后慢慢咽下，过一会儿感觉到口渴时再喝一口，慢慢地咽下。这样重复饮水，既可使身体将喝下的水充分吸收，又可解决口舌和咽喉的干燥。正确的饮水方法可以使一壶水（大约 1 升）的利用时间延长 5～6 个小时。

四、野外取火的方法

对野外生存活动者来说，火有许多种用途。首先，火是烹饪的必备条件。在野外有许多的可食动植物资源，只有在经过烹饪加工后方可成为现实的可用食品。其次，火在寻找食物、驱兽、发求援信号和取暖等方面也有着不可替代的作用。所以，取火是野外生存的重要内容之一。

明火的产生需要三个基本条件：空气、热量和燃烧物。取火由火源、火种、可燃物和空气等成火要素组成。它包括制造明火、点火和使火势扩大燃烧三个基本环节，其中制造明火是最关键的环节。应当明确，取火不是目的，让火为取火者的所需服务才是目的。在野外，制造明火的方法多种多样，可以根据具体条件和功能需要选用。

1. 凸透镜取火

凸透镜是一种中间厚、周边薄的透镜，即凸面的圆形玻璃镜片，日常所用的放大镜就是凸透镜。透过凸透镜，阳光可聚焦照射在引火物上，用于点燃引火物，如图 18-5 所示。凸透镜还可将受潮的或被水浸湿后晒干的火柴点燃。在野外，若无放大镜，可将望远镜、照相机上的凸透镜取下来代替，或利用身边的物品制作成可折射光的凸面透明物点燃引火物。

图 18-5

2. 击石取火

击石取火是人类最早的取火方法。可以找一块坚硬的石头作为“火石”，用小刀的背部向下敲击“火石”，使火花落到引火物上。当引火物开始冒烟时，缓缓地吹或扇引火物，使其燃起明火。

3. 钻木取火

钻木取火（图 18-6）是用手不断地搓动一个干燥的木棍，使之在一小块硬木上迅速地旋转，这样就会钻出黑色的粉末，最后这些粉末会冒烟继而生出火花，点燃引火物。但用这种方法通常手会有些疲乏，因此可将强韧的树枝绑上绳子或皮带，做成一个弓，在弓上缠一根干燥的木棍，用它在小硬木上迅速地转动，同样可以达到上述目的。

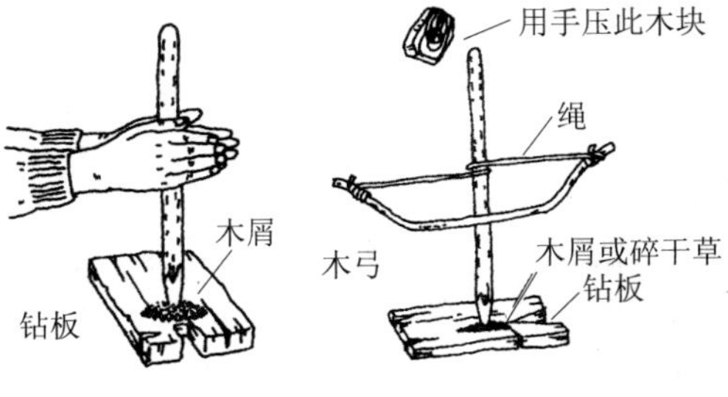

图 18-6

五、结绳技术

结绳技术就是结绳的方法，是野外生存运动中必须掌握的基本技术之一，通过绳索上所打的各种结，使绳索之间或绳索与其他装备之间互相连接，从而解决各种实际需要。在野外生存活动过程中，登山者互相保护、翻越障碍、登山、渡河、荡涧、攀登岩石或冰雪峭壁等都离不开绳索。绳索是野外生存活动过程中最重要的技术装备之一。绳索只有通过与登山者身体或其他物体相互连接和固定时，才能起到辅助行进和保证安全的作用。

1. 固定结

1) 称人结（布林结）

称人结也叫万能结、水手结，是绳结之王。称人结是当绳索系在其他物体或者是在绳索的末端结成一个圈时使用。通过这种绳结可将绳索一端与自然物体固定在一起，有时也用于结组中的胸绳连接，在高山结组前进中，前一人和最后一人一般都打布林结相连。其特点是易结易解、使用方便、安全性高、用途广泛、变化多端。

打法：首先在绳索的中间打一个绳环，将绳头穿过绳环的中间，绕过主绳，再次返穿回绳环，最后将打结处拉紧便完成（图 18-7）。

图 18-7

2) 双套结

双套结适用于将绳索绑系在金属等易滑物品和其他物品上，是野外生存活动中深受人们喜爱的一种绳结。双套结的打法和拆解都很容易，具备极高的安全性，非常实用。双套结简单而实用，在绳索两端使力均等时，双套结可以发挥很大的效用。

打法：把绳索绕过物体一圈，从上方再绕一圈，用力拉紧绳索两端，最后再打个半扣结，这样即使朝箭头方向用力拉扯绳子，也不用担心结形散开（图 18-8）。

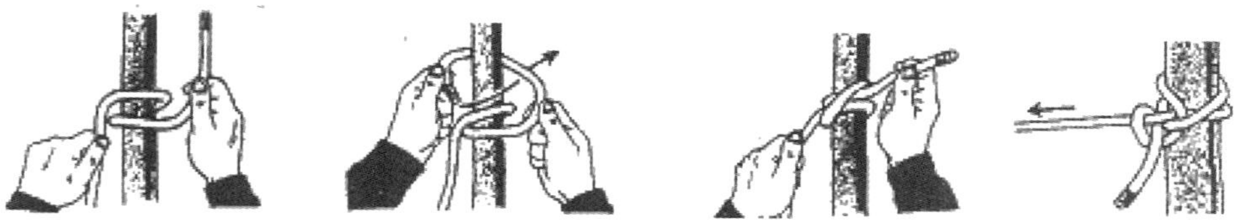

图 18-8

2. 接绳绳结

接绳绳结是在绳索的长度不够的情况下，将两根或几根不同材质、不同粗细的短绳接成长绳使用的绳结。接绳绳结的打法简单迅速，耐力很强，甚至可作为拖引船只之用，不论拉得多紧，接绳绳结的拆解都应十分容易。

1) 平结（也称海员结）

平结仅适用于同样粗细、同样材质的绳索连接，而且两条的绳索拉力必须均等。平结不适用于较粗、表面光滑的绳索连接。平结若没系紧，便会松开；若是系得紧，就会难解开。所以，平结是在完成动作后不需解开或是连接同一条绳索的两头时使用。

打法：首先将绳索两端缠绕后拉拢，在交叉的上方再反方向缠绕一次（此时如果缠绕方向错误，结果会变成外行平结，请特别注意），然后，握住两端绳头用力拉紧即可（图18-9）。

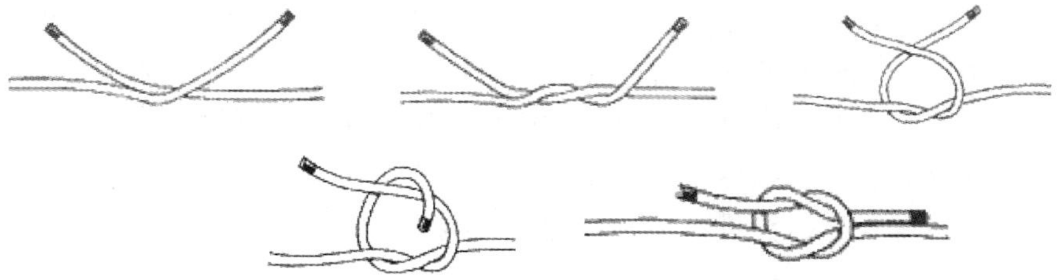

图 18-9

2) 混合结

混合结又叫科学结，用于不同直径绳索之间的连接，也可用于连接两条直径相同的绳索（图 18-10）。

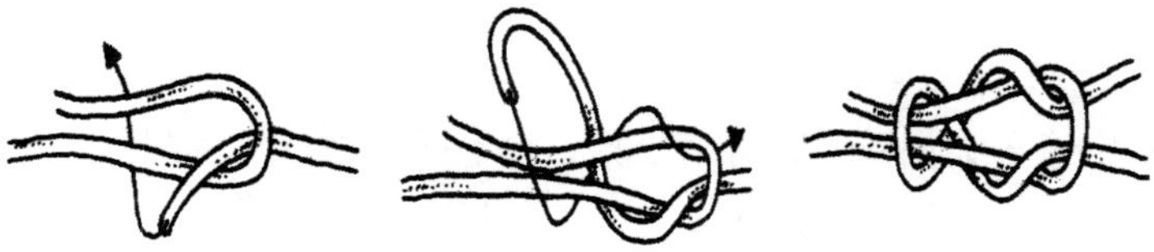

图 18-10

六、意外伤害的处理

野外生存活动时遇到突发伤病的处理方法如下。

1. 昏迷晕厥的防治方法

野外昏厥多是由于摔伤、疲劳过度、饥饿过度等原因造成，主要表现为脸色突然变得苍白，脉搏微弱而缓慢，失去知觉。遇到这种情况可进行如下处理：

(1) 检查病情：如果伤员昏迷，则首先检查他是否停止呼吸，再检查伤口及流血情况，尽快查出昏迷原因。如果伤员呼吸正常，似乎也无脊椎受伤的症状，则应检查口部有无阻塞物，让伤员平趴在地面上，手脚分别分开放于身体两侧，肘部和膝部弯曲，头部与身体偏向同侧，下颌朝前，留意舌头是否堵住气管，松开伤员扣紧的衣服，让其侧躺，这样任何从胃部或腹腔中流出的液体或呕吐物都不会封住气管或进入肺部，舌头也不会后压封住气管。正常的呼吸自然而放松，粗重的呼吸表明呼吸困难或者不畅。检查昏迷病人的呼吸状况，除去阻塞物，保持呼吸畅通。如果呼吸困难，则应进行人工呼吸，并检查颈部或腹部的脉搏跳动。

(2) 昏迷晕厥的救护：如果呼吸停止，则应立即除去呼吸道中的阻塞物，并进行人工呼吸。清除呼吸道阻塞物，如水草、假牙或食物。用手指清除口中杂物，确保舌头不会向后阻住呼吸通道。如果伤员似乎快要窒息，但暂时还能呼吸和咳嗽，则让他咳嗽，捶背有时会对其有所帮助。如果病人不能说话，则站或跪在病人身后，双臂抱住病人腰部，双手叠放在腹部中间，用拇指揿压肋骨以下的腹间，加压并迅速向上猛推，连做四次。如果仍无效，则在其后背部猛击四次，使阻碍物放松，然后再做四次。当伤员开始恢复呼吸或者大声咳嗽时即可停止。

2. 食物中毒的防治方法

凡进食被细菌及其毒素污染的食物，或摄入含有毒性物质（如升汞、砷剂及有机磷等）的食物以及食物本身的自然毒素（如毒蕈、有毒鱼类等），即摄入了含有生物性、化学性有毒有害的食品，而引起的非传染性的急性、亚急性疾病均属于食物中毒。食物中毒的特征是突然暴发、潜伏期短、易集体发病以及发病者均与毒性食物有明确的联系等。一旦误食而发生中毒，会出现头痛、头晕、恶心、呕吐、腹痛、腹泻等症状，应立即停止食用中毒食品，对病人采取催吐、洗胃、清肠等急救治疗。

(1) 临床表现：一般餐后少则半小时，多则 48 小时就可发病。其症状因进食的食物种类不同而异，总的来说有腹痛、恶心、呕吐、腹泻等，个别患者的便中有脓血、黏液等。患者除有上述急性胃肠炎症状外，还有神经系统症状，如头痛、怕冷、发热、乏力、瞳孔散大、视力模糊、吞咽及呼吸困难等，中毒严重者可因腹泻造成脱水性休克或因器官衰竭而死亡。

(2) 食物中毒的救护：

① 催吐法：快速喝大量的水，可用手指、鸡毛或其他代用品探至中毒者的咽喉部引起呕吐，使患者将毒物全部吐出为止。

② 洗胃法：可用肥皂水或浓茶灌进胃内洗胃，也可用 2%的碳酸氢钠溶液洗胃；然后吃蓖麻油等泻药清肠，可以同时消除已到肠内的毒物，起到洗胃又洗肠的作用；随后再吃活性炭等解毒药及其他镇静药，同时多喝水以加速排泄，但为保证心脏正常搏动，应喝些糖水、浓茶，暖暖脚，并尽快送往医院救治。

发生食物中毒的情况后，因为反复呕吐和腹泻是机体排泄毒物的途径，所以在出现食物中毒症状的 24 小时内，不要擅用止吐药或止泻药。值得注意的是，人体水分大量散失可造成脱水，此时必须及时补充丢失的液体，如喝水或通过静脉补液。

3. 冻伤的防治方法

(1) 冻伤的起因：冻伤是由于人体内部产生的热量小于身体散发的热量，导致体温降到正常值以下。冻伤常在风中、雨中及低温中产生，也有以下原因：体乏脱力、穿衣过少、住所条件差、食物摄入不足、对于低温缺乏认识和准备。体温过低在任何低温环境中都会产生，但导致体温过低的地方多为极地区域。在猛烈的寒潮袭击下，冻伤几乎是常见病，严重时会致人死亡，一旦发现就应积极对待。

(2) 冻伤的部位与症状：当体温降到−1℃时，皮肤与肌肉就会发生冻伤，身体远端血液循环较差，表面温度较低，例如手、脚、鼻、耳、脸等相对裸露的部位，保护较差，而鞋袜、手套等又易因出汗而受潮紧缩，因此冻伤最易发生在这些部位。皮肤冻伤时，首先感到刺痛，接着皮肤出现苍白的斑点，感到麻木，进一步就会出现卵石似的硬块，伴有疼痛、肿胀、发红、起疱，最后减弱、消失。

当人体在低温中冻伤严重时会出现行为烦躁，一阵好动后接着嗜睡。也会变的反应迟钝，对于一些问题和指导不能应对，会突然出现难以控制的战栗、行动不协调、走路跌跌绊绊易于摔倒，以及头痛、视觉模糊、腹痛、瘫倒、昏迷、失去知觉等。

(3) 冻伤的救护：

① 冻伤者应尽快脱离寒冷环境，在温暖的地方迅速脱去寒冷潮湿或紧缩的衣服。如果衣服、鞋袜因冻结脱不下，可立即将其浸入温水中，待融化后再行解脱以防皮肤撕脱。

② 若发现皮肤有发红、发白、发硬等现象，则应用手或干燥的绒布摩擦伤处，促进血液循环，减轻冻伤，轻度冻伤用辣椒泡酒擦抹便可见效。在保温的情况下，对患冻伤的部位涂冻疮膏并包扎或就近治疗。对耳廓或面部冻伤可用约 42℃的温水浸湿毛巾进行局部热敷，无温水时可将伤肢置于抢救者胸部、腹部、腋下等温暖部位。足部、足跟等部位冻伤复温后不应立即行走，否则可使组织遭到严重的损伤。

③ 全身冻伤者应速送医院救治。若发生身体冻僵的情况，则不要立即将伤者抬进温暖的室内，应先摩擦伤者肢体，做人工呼吸，待伤者恢复知觉后再移动至较温暖的地方进行抢救。抢救中禁用火烤或用雪摩擦受冻部位，因为这样做只能加重损伤程度。较重的下肢冻伤应卧床休息，防止外伤，可用护架支撑盖被，以免肢体受压影响血液循环。

4. 中暑的防治方法

(1) 中暑的起因：中暑是指在高温环境下人体体温调节功能紊乱而引起的以中枢神经系统和循环系统障碍为主要表现的急性疾病。除了高温、烈日曝晒外，活动强度过大或时间过长以及睡眠不足、过度疲劳等均为中暑常见的诱因。

(2) 中暑的救护：当发现自己和其他人有先兆中暑和轻症中暑表现时，首先要做的是迅速撤离引起中暑的高温环境，选择阴凉通风的地方平躺休息。解开衣裤带，使全身放松，再服十滴水、仁丹、藿香正气水等中药。发烧时可用凉水浇头或冷敷进行散热，并多饮用一些含盐分的清凉饮料，还可以在额部、颞部涂抹清凉油、风油精等。如果出现血压降低、虚脱，则应立即平卧并及时进行静脉滴注盐水。若昏迷不醒，则可掐人中穴、合谷穴，促其苏醒。对于重症中暑者，除了立即把中暑者从高温环境中转移至阴凉通风处外，还应该迅速将其送至医院，同时采取综合措施进行救治。

5. 高原反应的防治方法

高原反应指未经适应的人迅速进入海拔 3000 米以上高地，由于大气压强降低，空气中氧分含量减少，机体对低氧环境耐受性有限，难以适应而造成缺氧，由此引发一系列的高原不适应症。当然，除了高原缺氧的因素之外，还有恶劣天气如风、雨、雪、寒冷和强烈的紫外线照射等，都可以加剧引发不同的高原适应不全症。

(1) 高原反应的症状：部分初次进入高原的人，在海拔 3000 米的高度会在 24 小时内出现头疼、头晕、眼花、耳鸣、全身乏力、行走困难、难以入睡等症状，严重者会出现腹胀、食欲不振、恶心、呕吐、心慌、气短、胸闷、面色及口唇发紫或面部水肿等症状。出现这些症状时，应在原高度处停留休息 3～5 天，或立即下降数百米高度，一般就可恢复正常。

(2) 高原反应的预防措施：

① 进入高原前应严格体检，有严重贫血、高血压以及患有明显的心、肝、肺、肾等疾病者，不宜进入高原。肥胖者由于耗氧量较高，出现高原反应的机会一般大于较瘦者。

② 初入高原，要减少体力活动来保护心脏，所以要严格掌握登山速度，一般在登山活

动中不宜在一天内上升超过 1000 米。

③ 进入高原，还要注意饮食合理，多吃碳水化合物，少吃难消化的食品。禁止饮酒，因为饮酒会加快心跳，给尚未习服的心脏增加负荷。饮酒能扩张全身血管，使得皮肤散热增加，于是再度加快心跳，周而复始，恶性循环，导致心力衰竭和高原脑水肿的机会大大增加。

④ 合理补充水分。高原环境及长期缺氧等都可造成红细胞数量明显增多，血液黏度升高。登山时出汗量过大，加上过快、过深地呼吸，体内水分消耗量增加，加重了血液黏稠度。黏稠的血液导致血液循环不畅，供血供氧不足，不少人因此出现剧烈头疼、胸闷、气短、疲惫等症状，严重时导致心力衰竭。所以，每天至少喝 3～4 升水来保证机体水分充足，血液稀释后可以减轻心脏的负荷，减少高原反应症状。喝水应该多次但每次少喝，以免增加心脏负担。水分补充合理与否，以尿量充分、尿液清澈为准，并注意电解质平衡。

并不是每一个登上高原的人都会出现高原反应；高原反应的发生以及恢复的快慢与个体代偿适应能力有关，个体差异很大；这次没有高原反应的人也未必在下一次登上高原时就不会发生高原反应；有一些人会在上高原生活了六七天后才出现高原反应；有一些人每次上高原都会发生高原反应，这些人就是高原反应敏感者或高度易发者。高原反应并不是通过反复锻炼就可以克服的，所以为了保证生命健康，建议有心血管疾病的人或高原反应易发者不要登达 3000 米以上的高海拔地区。

6. 脱水的防治方法

当体液丧失过多时就会引起人体脱水。一般人体内含有 50 升（约 11 加仑）的水分，如果其中 1 / 5 丧失，就不可能存活。当体液丧失 1%～5%时，人会感到口渴、身体隐隐不适、缺乏食欲、皮肤发红、焦躁、易困、恶心。当丧失 6%～10%的体液时，人会感到晕眩、头痛、呼吸困难、无唾液分泌、话语模糊不清、不能走动。当体液丧失 11%～20%时，人会产生昏迷、舌头肿胀而不能吞咽、视觉模糊、麻木无知觉、皮肤皱缩等。若更进一步脱水，则会产生肌肉无力、思维能力削弱。

(1) 脱水的起因：引起脱水的原因是多方面的，如疾病拉肚子、高热地区行进而大量出汗、环境中无水分补给等。

(2) 脱水的救护：疾病拉肚子引起的脱水，可通过静脉注射生理盐水来缓解。高热地区行进而大量出汗引起的脱水，一方面可避开高温时间行进，而昼伏夜行；另一方面，如果是沙漠地区迷路，则按保守的方法搭建蔽护所，避免消耗体力而脱水，还应接留尿液，制取凝结水，等待救援。在野外行进中，应保持随身水容器的充满状态，在有水的地方要随时加满水壶或水袋。这样，在无水时随身就有足够的水饮用，另外再带上如黄瓜一类的果类食品等，这样即可减小或避免环境中无水分补给造成脱水的概率。

7. 穿刺伤的防治方法

穿刺伤是开放性损伤中常见的一种，是由尖锐而细长的致伤物（如木刺等锐器）穿入人体组织所致。

(1) 穿刺伤的特点：伤口直径小，往往被凝血块所堵塞，故易被忽略。创口深度深和直径大者，可能损伤多层人体组织或内脏。在四肢可损伤重要血管或神经；在胸部如刺破胸膜，可造成血气胸；在腹部可造成出血或肠破裂而危及生命。

(2) 穿刺伤的救护：首先是控制出血，如无人救护时，伤者应保持镇静，切勿惊慌失措。发生在四肢的伤口出血严重，最好用无菌敷料加压包扎，或用干净的衣物、手帕、毛巾等包扎，包扎应松紧适度，防止移位、脱落和阻碍血液循环。每间隔 1 小时应将止血带松动 10 分钟，防止扎止血带时间过长引起肢体缺血性坏死。小而浅的伤口，可将异物拔除并清洁伤口。如木刺等刺入较深，应用消毒针头剔除，外涂红汞，敷料包扎。对刺伤伤口深、污染重者易发生破伤风，需注射破伤风抗毒素预防治疗。若刺伤深，估计伤及了血管、神经、内脏者，则刺入物不能随意拔除，以防止出现大出血等意外情况，应小心地护送到医院做进一步的处理。

8. 扭伤的防治方法

扭伤俗称为伤筋，是在野外活动中常见的一种损伤。多发生于指、踝、腰、膝关节等部位，是在肢体动力失衡的情况下发生的常见创伤。造成扭伤的原因主要是由于关节部位的一侧受到过大的牵张力，关节发生一时性脱位，相关的韧带、肌腱或肌肉可能有部分撕裂。当肢体恢复平衡后，关节大多随即复位，虽然没有造成骨折，但软组织损伤却需一定的时间才能够恢复。扭伤后可出现局部疼痛、软组织淤血、肿胀，还可能出现关节运动障碍。

扭伤正确的救护方法是采取冷却止血：用冰袋或冷水敷在患处约 10 分钟，使血管收缩，降低局部血流量，以起到止血作用；待肿痛基本消散后，再改用皮肤可接受的温水敷患处，以活血化瘀消除关节内淤血。同时，可将受伤处抬至高处，以加快血液的回流，不致使血流到血管破裂处而大量渗出，促使血肿消散。

9. 脱臼的防治方法

关节处于不正确状态并产生一定的压力时就会出现脱位。骨折脱位是一种最严重的脱位，由于骨折而引起的关节面破坏或凹陷，关节韧带松弛，不经过严重应力就可以发生脱位。常见的脱臼部位有下颚、肩部、肘部等。

(1) 关节脱臼的特点：当运动或受伤时，如果听到“喀嚓”一声，关节部位变形，不能移动，疼痛剧烈，就有脱臼的可能。此时受伤肢体会处于异常位置，正常的关节部位可出现异常形态，如肩关节脱位后可出现方肩形态，髋关节后脱位时下肢内收内旋，脱位关节处伴有肿痛，关节的伸屈、旋转功能丧失。

(2) 脱臼的救护：脱臼一般应经医生整复治疗，不要请他人强行推拿或盲目牵拉复位，以免造成血管和神经的压迫和损伤，也不要试图自己移动关节使脱臼复位，应争取时间，尽早送医院治疗，复位越早越好。脱位并伴有骨折的病人在送医之前应妥为固定受伤处。为了减轻肿胀和疼痛，可用冰袋、凉水敷于无外伤口的患处，以减轻瘀血和肿胀。

10. 骨折的防治方法

因外伤而使骨的连续性或完整性被破坏就称为骨折。根据骨折断端是否与外界相通，又可分为开放性骨折和闭合性骨折。三周以内的骨折称为新鲜骨折，三周以上的骨折称为陈旧性骨折。

骨折后可伴有休克、局部疼痛、肿胀、压痛、纵向叩击痛及功能障碍等症状，而畸形、假关节活动及骨擦音是骨折的特征。骨折的急救非常重要，应争取时间抢救，保护受伤肢体，防止加重损伤和伤口感染，并尽快将伤员送至医院治疗。骨折的救护方法如下：

(1) 应了解受伤情况，对怀疑有骨折者，为慎重起见，可按骨折处理；对创伤性休克者，有条件者应给予止痛、镇静、保暖、输血、输液；对颅脑损伤合并昏迷者，需注意保持呼吸道通畅，防止窒息。

(2) 有创伤口者可用无菌敷料或清洁衣衫、手帕等加压包扎止血，防止伤口再次污染。

(3) 骨折合并四肢大血管出血者需用止血带止血。止血带最好用橡皮止血带或三角巾、绷带等代用品，不应使用电线、绳索等代替。止血带应松紧适度，间隔半小时至 1 小时应放松 3～5 分钟，以防止肢体坏死。

(4) 骨折本身并不可怕，重要的是应及时发现患者全身情况及合并损伤，如血管神经的损伤。四肢骨折病人其四肢均应临时固定（图 18-11）以减少疼痛，防止休克，同时又可减少断端在搬运过程中损伤组织、血管、神经等。如果现场没有特殊的固定夹板，则可以使用树枝、木板、木棍、扁担等。夹板上应垫上棉花、纸屑，防止压坏皮肤，并做到松紧适度，防止远端的肢体因固定过紧而缺血坏死。

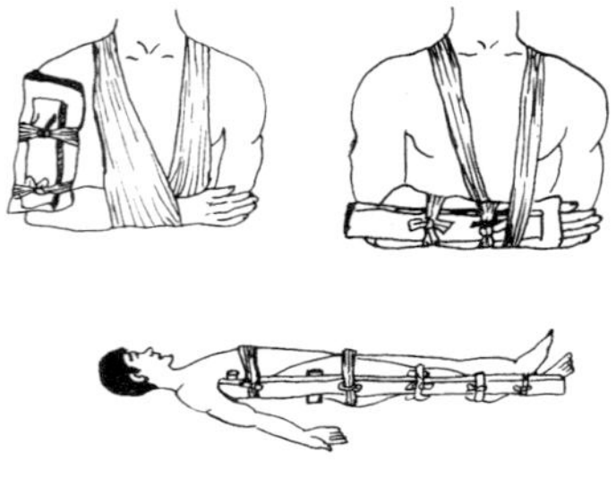

图 18-11

(5) 一般在运送病人的过程中应使其取仰卧位，例如，在搬动颈椎骨折病人时应由一人轻牵头部，使其保持与躯干长轴相一致，随之转动，防止颈部过伸、过屈和旋转，平卧后头颈两侧应用衣物等软物垫好（图 18-12）。

在搬动脊椎骨折病人时采用一人背起（图 18-13）或者一人抱肩、一人抱腿（图 18-14）的做法是错误的，应采取滚动式平托上木板（图 18-15、图 18-16），安置为俯卧位（图 18-17）。护送伤员途中的担架、车辆应平稳，以防颠簸加重损伤。

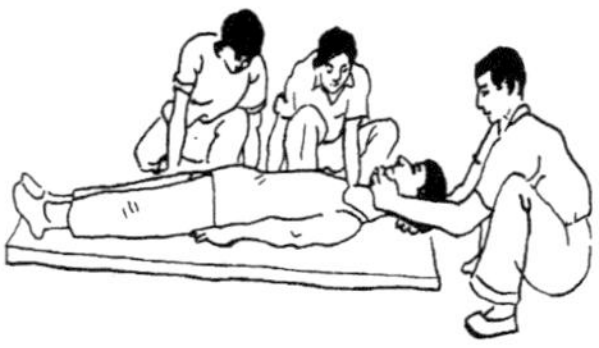

图 18-12

图 18-13

图 18-14

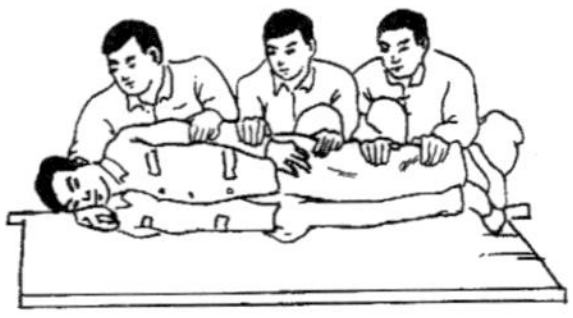

图 18-15

图 18-16

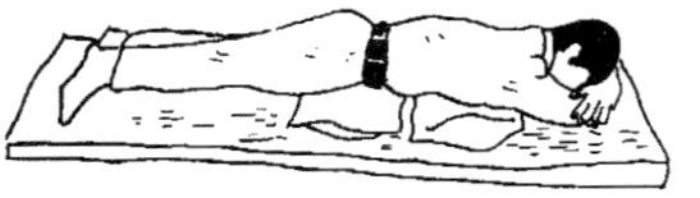

图 18-17

第三节 野外生存的装备器材

野外生存活动自从“军转民”以来，作为一种有益身心并有利于培养团队精神的群众性文体活动，更加强调如何在保障安全的前提下，利用现有的文明成就和科技成果，去接近大自然和探索未知的精彩世界。下面就常见的一些野外生存装备来逐一介绍。

一、背囊

背囊容量的大小与野外生存的天数有直接关系，一般不应小于 50 升。图 18-18 中所示的是美军原品 LC-2 军用背包，其容积为 49 升。其优点是采用外框架式结构，包与人体后背之间留有自然空隙，有利于人体背部散热，可调肩带和 S 腰带则使该包容易掌握平衡。外框架也方便加挂睡袋等物品，装背囊时应注意上重下轻、左右平衡、重点物品定点存放的基本方法。

图 18-18

二、攀岩装备

1. 绳索

纵横野外，最大的目的就是走前人没有走过的路，而有些地方根本就没有路，此时绳索（图 18-19）就显得极为重要。专用攀岩绳和锁扣当然是最好的选择，但价格偏高，而建筑工人使用的安全绳和锁扣则是物美价廉的代用品。一般登山绳索选取长度为 20 米左右的即可，因为登山不同于攀岩，超过 10 米的悬崖峭壁对于普通人来说就是“禁区”。

主锁是攀岩和速降中很关键的一个部件，它涉及到个人甚至团队的安全，是用来连接攀登的人员与各个连接确保点的主要工具（图 18-20）。

图 18-19

图 18-20

2. 上升器

上升器（图 18-21）是单绳技术中解决向上运动问题的器械，在攀登过程中则起到借力和保护的作用。上升器分为左式与右式两种，适于不同用手习惯的攀登者。上升器根据用途不同可分为手柄上升器、胸式上升器、脚踏式上升器及多用途上升器。

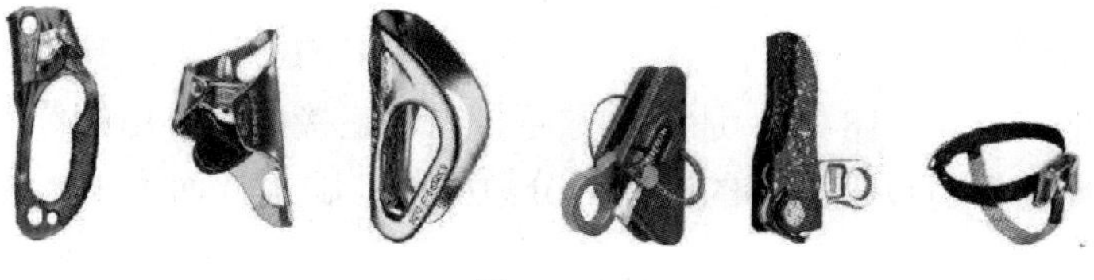

图 18-21

3. 下降器

在保护和下降过程中，可通过下降器（图 18-22）与保护绳之间产生的摩擦力来减小操作者所需的握力。

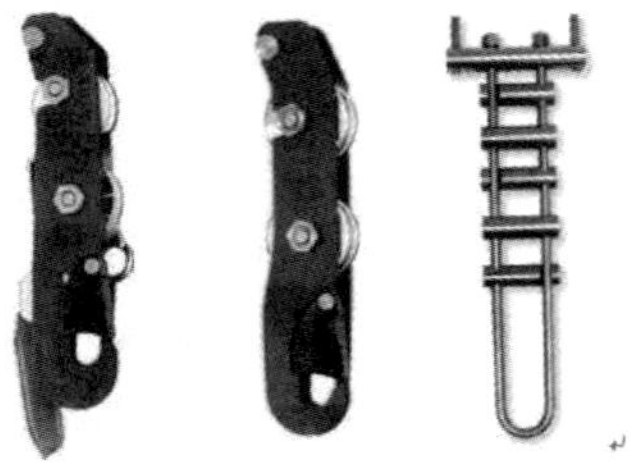

图 18-22

4. 八字环

各种类型的“八”字环如图 18-23 所示。

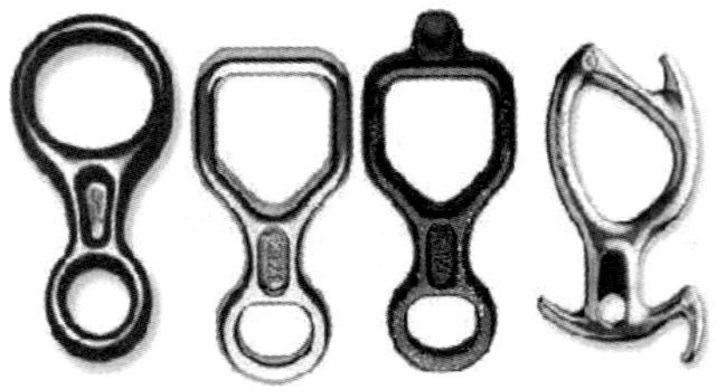

图 18-23

5. 快挂

快挂（图18-24）由两只勾环与一条绳组成，用来连接攀登绳与岩面上的确保点。将快挂挂入确保点后，可保护人员不会意外坠落。

6. 扁带

扁带（图 18-25）用以减小连接绳和身体以及受力物之间的压力，然后可与其他连接绳相连。

图 18-24

图 18-25

7. 安全衣（安全带）

安全衣（图 18-26、图 18-27）是为了方便与绳子连接，而不用把绳子直接绑在腰上，使人更加舒适、安全（可以把跌落的冲击力分散到腰、腿上，而不单集中于腰上）。

图 18-26

图 18-27

三、电筒及荧光棒

电筒的功用众所周知，野外生存用的电筒要求照射距离不小于50米，电池使用时间不小于5小时，电筒自身至少拥有30米的防水深度，并配有备用灯泡。图18-28所示的PETZL电筒不仅满足了上述要求，而且可以通过附件把电筒戴在头上，使夜行者的双手解放出来做其他的事情，十分方便。发光2小时以上的荧光棒可以作为辅助光源在野外使用。

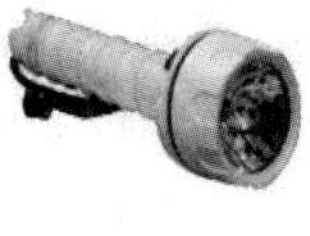
图18-28

四、指北针

目前，几乎每家军品店都有不同制式的指北针出售，小到可戴在手表上的充液式简易指北针，大到地质勘探用的水平式指北针。去野外探险，建议还是使用专用指北针为好。图18-29所示为军用65式指北针，其具有指向、测距、量角、地图比例尺测距等多种功能。其实指北针同相应的地图配合使用时作用最大，出发前应充分掌握指北针的使用方法。

图18-29

五、求生小型组合工具

美国莱则曼 WAVE 组合工具钳是野外作业的上佳选择。图18-30所示为“瑞士冠军”万用工具刀，它具有42项功能，被称为野外工作者的“百宝箱”，建议配合原厂的皮革刀套一起使用。因其尺寸不大，完全可以挂在腰间，以免野外急需使用组合工具时在背囊中翻来翻去。

图18-30

六、帐篷

在野外，帐篷（图18-31）的主要功能是防风、御寒、避免昆虫及小动物滋扰，保证使用者能够得到良好而充分的睡眠，对保持使用者的体力起着至关重要的作用。

图18-31

七、睡袋及防潮垫

睡袋因其内里填充材料的不同，可达到不同的保温效果。使用者应根据所要到达地区的气温来选择不同保温效果的睡袋。野外生存使用的睡袋至少要达到防潮、保温、透气、质量轻、体积小的基本功能要求。图18-32所示的羽绒睡袋除满足上述要求外，还有一个可拆下的内衬，方便清洁和使用。防潮垫一面涂有金属膜，除防潮外还有多种用途。

图18-32

八、生火工具

在野外生火的方法很多，比如把望远镜的凸透镜卸下，在阳光明媚的郊外，可以用它轻易地点燃报纸。野外用的生火工具主要是火柴和打火机。图 18-33 所示的火柴分别为野外防风火柴和野外防水火柴，其中防风火柴在使用时应捏住火柴的木杆部分，以免烧伤手指。防风打火机以其结构简单、性能可靠的特点深受行家们的喜爱。

图 18-33

九、水壶

有人做过测试，一个普通人在断粮的情况下大约可以存活 30 天，而在同时断水的情况下最多只可以存活 7 天，足见水对于野外生存者的重要性。一个普通人每天至少要消耗掉 2 升的饮用水，这是野外活动准备饮用水的基本依据。图 18-34 所示的水壶为铝合金制品，容量为 1.5 升，水壶下端配有一个铝合金的饭盒，大小刚好可以煮一袋方便面，十分实用。

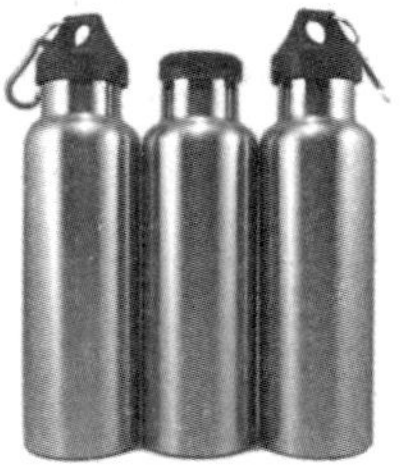
图 18-34

十、备用食品

野外活动时，应根据个人口味和具体行程设计好食品携带计划，这些食品不但要能果腹，还要提供野外活动所必需的热量，因为在野外随时可能发生意想不到的情况，为防万一，备用食品是必不可少的。图 18-35 所示的 90 压缩干粮由面粉、白砂糖、精炼油、葡萄糖粉、奶粉、精盐、人参皂甙等原料制成，净重 250 克，可提供 5248 千焦耳的热量。

图 18-35

以上是野外生存活动中常用的装备，其他还有雨具、急救包等物品。集齐上述常用的装备，除了少一支步枪以外，这些基本装备几乎可以同正规军队媲美。但是，这并不意味着可以在野外为所欲为，请牢记，人类是大自然的孩子，对大自然要时刻存有“敬畏”之心，爱护自然、尊重自然是保证野外生存活动顺利进行的基础。

第四节　野外危险的防护

野外活动过程中会遇到各种恶劣的自然现象，可能突然对人身安全产生威胁。因此，我们应尽可能地了解这些自然现象的发生及其表现特征，并对其进行防范。

一、雪崩的防护

雪崩是雪山地区经常发生的一种自然现象，它对高山探险的登山运动员具有极大的危害。雪崩多发生在大雪以后的 2～3 天内，在一天中则多发生于上午 10 时至下午 2 时之间。

防范雪崩应注意以下几点：

(1) 下雪期间或下雪后的第 2 天，不要靠近陡斜的坡面和雪堆，这时容易发生雪崩，大部分雪崩遇难都是在这样的情况下发生的，特别是大雪后尤为危险。

(2) 在行进时的具体路线选择上，要尽量避开雪崩区。若必须经过，则要做好充分准备，通过的时间要避开雪崩多发期，通过雪崩区时每人要系上雪崩飘带，人与人之间的距离应缩短，组与组的距离应拉长，后面的人要踏着开路者的足迹轻声、快速通过。

(3) 遭遇雪崩时，不要惊惶失措，首先要尽快甩脱背包，再将冰镐插入坡面并尽量握牢，以防止身体滚坠。

(4) 在雪山上行进时，遇上恶劣天气，应视作雪崩警报。

二、滚石的防护

一些经风化破碎的石块，在重力、风力等作用下，从山上滚落下来，称为滚石。滚石区的下部有大量堆积物，堆积物上部有滚石通过的痕迹，因此可根据下部堆积石块的状况辨别滚石发生时间的远近。若堆积石块的表面经风化后比较浑圆或长有低等植物时，则说明该处已有较长时间没发生滚石，是较稳定而安全的老滚石区。若堆积物棱角锐利，表面新鲜，则为比较危险的新滚石区。滚石多发生在没有植物覆盖的坡度较陡的地方，而且多发生于高温季节和每天的高温时段内。防范滚石的措施与防范雪崩类似。一旦遇上滚石，切忌乱跑，应沉着镇静，面向上方，注意滚石动向，待滚石靠近时再迅速躲闪，或利用附近的巨大石块躲避，如果是体积小、散碎性的滚石，则可将背包举到头上进行防护。

三、冰河裂缝的防护

冰河裂缝分为显式冰河裂缝和隐式冰河裂缝。隐式冰河裂缝不易被人识别。通过冰河裂缝区时，野外活动者必须结组行进，并由有经验的队员在前面开路。开路者要根据隐式冰河裂缝的特点进行识别，把隐式冰河裂缝上的覆盖物去掉，使其显露出来成为显式冰河裂缝，或设置其他标志，然后采取跨越、绕行或架设挂梯等措施通过。一旦有人陷入隐式冰河裂缝，陷入者应尽量甩掉背包和摆脱绳索的缠绕，结组中的其他队员要采取行进中的保护方法，迅速保护和抢救陷入者。

四、暴雨洪水的防护

在山区里，时常能遇到暴雨、洪水灾害的发生。在天降暴雨时，领队要根据雨势以及队员状态和行进路况，果断决定是继续前进还是及时避雨。当暴雨使能见度降低、行进困难时，要使用安全绳索与专用装备；避雨时要注意保暖、防雷击、防山洪。如果在营地遭遇暴雨，要根据周围地形和雨势情况，加固营帐，挖掘排水沟，分类包裹好行李物品，确保人身和财物安全。要轮流值班观察，一旦发现有山洪暴发、泥石流等危险时，应迅速收营并马上转移。

当持续降雨或下大暴雨时，应适时观察河水变化。由于暴雨下得很急，地表来不及吸收雨水，于是清澈的河水变得浑浊不清，雨水与河水夹杂着动土和岩石，迅速地形成山洪和泥石流，并会以很快的速度和强大的威力在数分钟内汇集汹涌直下，从而造成人身和财物的危险。因此，有经验的领队，应注意观察和及时判断，当下暴雨时，尽量不要走溪涧河道，不要在河道休息扎营，不要试图徒步涉渡河涧；要指挥队伍在山脊和高坡上行进；遇危险时要及时提醒队员使用安全绳索与专用装备。

五、泥石流和滑坡的防护

在地球引力的作用下，高山湖或冰川湖的湖岸有时会塌方或造成湖水泄漏，此时湖水就会夹杂着大量泥沙和石块呈泥浆状流泻下来，这就形成了泥石流。泥石流的来势不像雪崩那样迅猛，因此野外活动者在登山过程中遇到泥石流时要躲避它并不难。但要特别注意由于人在睡眠或休息时警惕性不高，要切记不要将宿营位置选在泥石流的通道上。

泥石流是一种以水、泥、石组成的特殊洪流。一般常由暴雨、冰雪融化等水源激发而形成。滑坡则是位于斜坡上的岩土体由于地震、下雨使地层松软等原因下滑而造成的。在重力作用下，岩土体沿一定的松软地带整体地向下滑动的现象俗称为“走山”。泥石流常突然暴发，没有什么先兆，其流速快且流量大，巨石泥沙沿着陡峭的山沟前推后拥，奔腾咆哮，倾泻而下，在很短时间内将大量泥沙冲出沟外。滑坡的发生则较缓慢，事先也会出现很多征兆。

1. 泥石流和滑坡产生的条件

泥石流和滑坡的产生必须同时具备三个条件：陡峭而易于集水、集物的地形地貌；丰富而松散的山体物质；短时间内有大量水源侵袭。在地形上具备山高沟深、地势陡峻，沟床纵坡降度大，流域形状便于水流汇集，下部呈漏斗状且为开阔的山前平原或河谷阶地。在地貌上多是山体破碎，植被生长不良，地表岩层易破碎、滑坡、崩塌。

2. 泥石流和滑坡发生时的防护

雨季来临时要设置观察预报人员，要特别注意山体的情况。如果出现上述征兆，或是连续降雨量达到 100 毫米以上，或是日降雨量达到 250 毫米以上，就应高度警惕泥石流、滑坡的发生，必要时要主动撤离危险区。

泥石流不仅能够流动，而且它的搬运、浮托的能力还非常大。因此，如果处在黏性泥石流之上，要设法向两边移动，但动作不能太猛，以免深陷其中，千万不能向上或向下跑。如果是稀性泥石流，则要迅猛地以有可攀援的大树或岩石为目标，斜向跑出，奔跑时要设法躲避石块的冲击。

滑坡的发生相对于泥石流来说较为迟缓，滑坡体也较为坚实。如提早发现，并且滑坡体垂直落差不是很大的话，也能设法跑出。

如果在泥石流中没有跑出，则要避免被石块砸伤。如果面临着被泥石流淹没的危险，则要努力给自己创造一定的呼吸空间，用手将头部保护起来，并用双臂和手将面部围成一个空间。

六、雷电的防护

雷电是高山区阴雨时常见的自然现象，它会给野外活动带来一定的危险。发生雷电时，可根据闪电和雷声传到的时间间隔和当时的风向，判断产生雷电云层的距离和方向，并根据此采取防范措施。应尽可能在雷电来到之前，把能导电的装备、器材放置到离人较远的地方（如金属边眼镜、皮带铁扣、登山杖等）。附近有雷电时，要停止使用通信器材。野外活动者最好进入帐篷内或较安全的地方躲避，或立即到附近的低洼地或稠密的灌木丛中去（但不能有积水），而不要躲在高大的树下，因大树常常引来落地雷，使人遭到雷击。避雷雨时，应把金属物品暂时存放到一个容易找到的地方，不要带在身上；可以寻找地势低的地方卧在地上，要避开裸露的山峰和山脊。

其实，雷电最好的防护场所就是洞穴、沟渠、峡谷或高大树丛下面的林间空地。不要在巨石下、悬崖下和山洞口躲避雷电，电流从这些地方通过时会产生电弧，击伤避雷者。如果山洞很深，则可以尽量躲在里面。不要靠近独立的大树、电线杆、古塔以及旷野中孤立的小屋等。当行进在水洼和淋湿的地方时，可踏在塑料布上或背包等绝缘物上，要穿上雨衣，防止身体淋湿。如果在空旷的山谷或草原上无法躲避，则可找低洼地尽量低姿势蹲下，双脚并拢，手放膝盖上，身体前屈团身。躲避雷电时，大家不要集中在一起，避免集体受灾。

如果有人被雷电击中，且还有生命迹象，要全力抢救。使患者平卧，宽衣解带；做人工呼吸和心脏复苏术；掐患者人中穴、十宣（十指尖）、涌泉、命门；然后尽快送往医院。

七、虫叮蛇咬及蜇伤的防治

1. 虫叮的防治

在野外露营和行军时，应注意防止蚊虫叮咬，因为很多自然疫源性疾病（如森林脑炎、出血热、登革热、野兔热、鼠疫等），主要是通过老鼠、野兔、蚊虫、牛虻等传染上的。因此，在野外行军或宿营时，应穿长袖衣和长裤，扎紧袖口、领口，在皮肤暴露部位涂抹些防蚊药，不要在潮湿的树阴处和草地上坐卧。

蜂类是很危险的昆虫。野外的蜂巢多筑于树上、灌木丛中、岩石下、竹林中或在地下打洞做巢。一般蜂类不会主动攻击人畜，攻击往往发生于蜂类受到有意或无意的干扰时，尤其蜂巢受到触动后，更易引起群蜂攻击。在野外活动时，要注意周围环境，仔细观察，以免触动蜂巢。有些胡蜂其巢筑于野外地下，走动时不要踏着蜂巢，更不要去捅蜂窝。一旦受蜂群攻击，不能站在原地用工具驱赶，否则蜂群会越聚越多，要设法奔跑并突然改变方向或骤然蹲下，再向回跑以甩掉蜂群；也可跳进水中潜伏一会，再设法脱离险地。

另外，在露营时还要注意蚂蟥。蚂蟥的危害很大且种类很多，我国就有 7 种。蚂蟥体长约 1～5 厘米，背部呈暗黄色，有黑色条纹。有生长在阴湿低凹林中草地的旱蚂蟥，也有生长在沼泽、池塘中的水蚂蟥，还有生长在山溪、泉水中的寄生蚂蟥。蚂蟥喜潮湿怕光，多在雨后夜间活动，通常在草上或地面上，也有爬在灌木上的。蚂蟥吸血量很大，可吸取相当于它体重 2～10 倍的血液。

由于蚂蟥的唾液有麻醉和抗凝血作用，在吸食人血时，人往往无感觉，而当其饱食离去时，人的伤口还会流血不止，常会造成感染、发炎和溃烂。因此，在丛林中活动要穿长裤，并将袜筒套在裤腿外面。休息时经常检查有无蚂蟥叮咬，宿营的地方选择在比较干燥且草不多的地点或将杂草割去，不喝有寄生蚂蟥的水。在露营或行进时，要注意查看有无蚂蟥爬到脚上，还可在鞋面上涂些肥皂、防蚊油，可防止蚂蟥等昆虫。防蚊油的有效时间有限，一般每隔 4 个小时应涂抹一次。此外，蚂蟥和蛇类对生蒜的气味也比较敏感，将大蒜汁涂抹在鞋袜和裤脚，也能起到驱避蚂蟥的功效。

遇到蚂蟥叮咬后，不要硬拔，可用手拍打或用肥皂液、盐水、烟油、酒精滴在其前吸盘处，或用燃烧着的香烟烫，让其自行脱落，然后压迫伤口止血，并用碘酒涂搽伤口，以防感染。

2. 蛇咬的防治

蛇类是十分危险而令人恐惧的动物。世界上已发现的毒蛇有 650 多种，我国有 50 多种，其中最毒的要属眼镜蛇、银环蛇、五步蛇、蝰蛇、蝮蛇、竹叶青蛇、眼镜王蛇、金环蛇、海蛇、烙铁头等 10 种，以前 4 种最为多见。除了眼镜王蛇外，其他蛇一般不主动攻击人。蛇的听觉和视觉较差，但蛇的感觉灵敏，对栖息处的地面或树枝的振动极为敏感，一旦遇到响动便会逃之夭夭。因此在行进时，可用手拿木棍“打草惊蛇”。通常蛇在不能及时躲避时便会蜷曲成一团，并将头弯在中央警惕地注视着发出声响或敌害晃动的方向。此时，人如果不注意而未发现它，或无意间踩着或触及它，它就会冲出来咬人。因此，在毒蛇出没的地区行进时应随时注意，以减少被咬的可能性。被蛇咬的部位一般有 70%以上是在足部，若穿着长裤和高腰登山鞋，则即使被咬也不会伤及肉体中毒。在野外露营时，在住地周围适当撒一些石灰粉，以防毒蛇侵入。睡前检查床铺，压好蚊帐，早晨起来检查鞋子，这样一般就可确保无事。

(1) 毒蛇和非毒蛇的区分。一旦被蛇咬伤，首先应分清是无毒蛇还是有毒蛇咬的，图 18-36 给出了不同种类蛇的咬痕。若伤口上有两个较大或较深的牙痕，则可判断为毒蛇咬伤。若皮肤上为无毒牙咬痕，或观察被咬者在 15～20 分钟内，无局部疼痛、肿胀、麻木和无力等症状，则可基本确定是无毒蛇咬伤，只需消毒、止血、包扎，若有条件再送附近医院注射破伤风即可。

图 18-36

(2) 被毒蛇咬伤的主要症状。毒蛇与无毒蛇的牙痕区别是毒蛇的牙痕中有较大的一对深痕，牙痕周围充血、水肿，或转向黑褐色。被毒蛇咬伤后可迅速出现头晕、目眩、眼睑下垂、胸闷、心悸、呼吸急促、畏寒、出冷汗、关节酸痛或抽搐等现象。

神经性毒蛇：使伤者伤口疼痛、局部肿胀、瞌睡、运动失调、眼睑下垂、瞳孔散大、局部无力、吞咽麻痹、口吃、流口水、恶心、呕吐、昏迷、呼吸困难甚至呼吸衰竭，伤者可能在 8～72 小时内死亡。

血循性毒蛇：使伤者伤口灼痛且局部肿胀扩散，伤口周围有紫斑、淤斑、起水泡，有浆状血由伤口渗出。伤者会出现皮肤或皮下组织坏死、发烧、恶心、呕吐、七窍出血、有血痰和血尿、血压降低、瞳孔缩小、抽筋等症状，被咬伤后 6～48 小时内可导致伤者死亡。

(3) 蛇咬伤的救治措施：被毒蛇咬伤后，要镇静，切不可惊慌失措和奔跑，应将伤口部位尽量放到最低位置，保持局部相对固定，以减缓蛇毒在人体内的扩散和吸收。立即找一根布带、长鞋带、柔软的绳子、布条或者就近拾取适用的植物茎、叶，在伤口上方约2～10厘米处（靠近心脏一端）结扎（图18-37），结扎的松紧程度以能阻断淋巴和静脉血的回流但又不影响动脉血流为宜。结扎的动作要迅速，最好在受伤后3～5分钟内完成。之后每隔15～20分钟放松1～2分钟，以免被扎肢体因缺血而坏死。结扎后，可用清水、冷开水加盐或肥皂水冲洗伤口表面的蛇毒。经过冲洗处理后，以毒牙牙痕为中心，用消毒后的刀片把伤口的皮肤切成十字形，再用两手挤压，用拔火罐的方法或用真空吸管将毒液吸出，或在伤口上覆盖4～5层纱布，用嘴隔着纱布吸吮，尽量将伤口内毒液吸出，要边吸边吐，每次都要用清水漱口，若口腔内有黏膜溃破等情况就绝不能用口吸，以免中毒。同时在伤口周围的皮肤上用小刀挑开如米粒大小的破口数处，这样可促使毒液外流，并防止创口闭塞，但注意不能刺得太深，否则会伤及血管；也可用几根火柴头集中放在伤口上方，点燃火柴以高温破坏蛋白毒素。

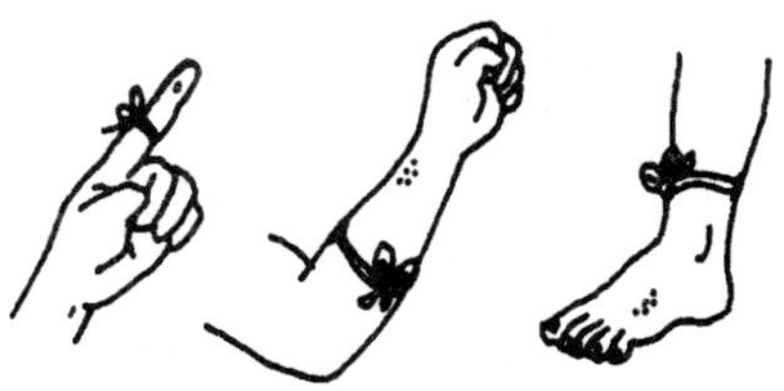

图18-37 被毒蛇咬伤后的结扎部位

同时要立即服用解毒蛇药如南通蛇片、贵得绳蛇片等，并将解蛇毒药粉涂抹在伤口的周围。在施用有效的蛇药30分钟之后，可去掉结扎。如无蛇药，可就地采用几种清热解毒的草药，如半边莲、芙蓉叶以及鱼腥草等，将其洗涤后，加少许食盐捣烂外敷。敷时不可封住伤口，以免妨碍毒液流出，并要保持药料新鲜，以防感染。其间要尽量减少伤者的行动，尽快与当地的“120 急救中心”联系，并迅速送往附近的医院救治（最好能将毒蛇打死一并送医院确定蛇毒的种类）。

(4) 蛇咬伤的预防。进入森林最好将头和手足等暴露部位穿戴护具，并对所进入的地区存在的蛇的种类有所了解，以采取相应的预防措施，并备有急救用具及蛇药。不要赤脚或穿凉鞋，要穿皮鞋或胶鞋，再加上质地结实的长裤，可提高安全性。毒蛇大多潜藏在石头或朽木下面以及洞穴中，不要突然把手伸向这样的地方。看到蛇以后也不要惊慌，应向蛇的左右或尾部躲避，或用其他物件吸引蛇的注意力，寻找机会对其进行打击。预备动作一定要慢要稳，出手要准、狠。打蛇打它的“三寸”或“七寸”部位。“三寸”是蛇骨连接较脆弱的地方，“七寸”是其心脏部位。刚打死的毒蛇或刚砍下来的蛇头，切勿用手去拿，即便看上去像死蛇，也不要突然用手去抓。因为有时蛇还活着并没有死，即使处于濒死状态，若突然用手去抓它，由于肌肉反射，也有可能被咬伤。蛇可以进攻的距离很有限（蝗蛇约50厘米），如果蛇不主动攻击，就不要攻击蛇（不要踩抓），静静地呆着，直至蛇离去。

在户外进行休息、宿营、洗脸等活动时，要先用棍棒敲打柴草，惊走毒蛇。青蛙多的草丛中，是蛇类经常出没的地方，在这些地方活动时要特别小心。另外，蛇怕辛辣的气味，如烟、酒、姜、蒜等，可在坐卧的地方播撒些。

3. 蜇伤防治

被蝎子、蜈蚣、黄蜂等毒虫蜇伤，伤口会红肿、疼痒，并伴有恶心、呕吐、头晕等症状。要先挤出毒液，然后用肥皂水、氨水、烟油、醋等涂擦伤口，或将马齿苋捣碎，冲服汁液，外敷渣滓；也可将蜗牛清洗干净后捣碎涂在伤口上。此外，蒜汁对蜈蚣咬伤也有一定的疗效。

第十九章

国家学生体质健康标准

第一节　《国家学生体质健康标准》的制定

一、我国学生体质健康评价制度的演变与发展

新中国成立以来，党和国家一直非常关心和重视广大学生的身体健康，原国家教委、原国家体委等有关部门从鼓励和推动学生积极参加体育锻炼和增强学生体质的目的出发，先后制定了《劳动卫国体育制度条例》《国家体育锻炼标准》《大学生体育合格标准》《中学生体育合格标准》《小学生体育合格标准》及初中毕业生升学体育考试办法等一系列制度，并于 2002 年开始在全国试行《学生体质健康标准》。这些制度的制定和实施，对于增强学生体质，促进我国学校体育工作具有积极作用，其突出地表现在以下三点：

(1) 对于贯彻落实《体育法》《全民健身计划》和《学生体育工作条例》，保证体育课教学，以及早操、课间操和课外活动的开展起到了重要的促进作用。

(2) 有利于学生按照要求参加体育锻炼，促进学生身体素质的发展和自觉参加体育活动行为习惯的养成。

(3) 通过这些标准的测试和评价，有效地促进了学校体育工作的展开，对于学校体育评价发挥了重要的作用，是学校体育总体评价的重要内容。

我国学生体质健康测量与评价制度的演变和发展，是与我国不同时期社会、经济、科技、文化和教育的发展水平相适应的，是与全国提高青少年的身体健康素质以及满足国家对受教育者的全面发展和人才培养战略的基本要求相一致的。新的《国家学生体质健康标准》是在新的历史条件下，根据社会发展的要求，面对新的情况、新的问题所采取的积极措施。《劳动卫国体育制度条例》《国家体育锻炼标准》《学生体质健康标准（试行方案）》等政策的制定、颁布和实施，促进了学生体质健康测量与评价制度的发展和完善，为新的《国家学生体质健康标准》的制定积累了丰富的经验，了解这些标准的演变和发展，以及当时的社会背景将有利于正确认识并实施新的《国家学生体质健康标准》。

1.《劳动卫国体育制度条例》

1958年国务院正式公布实施《劳动卫国体育制度条例》（简称《劳卫制》）及相关项目标准和测验规则，其第一条明确指出：《劳卫制》是国家根据社会主义建设事业需要，针对人民在体育锻炼上的基本要求而制定的，其目的在于鼓励人民积极参加体育锻炼，促进体育运动的广泛开展，提高运动技术水平，使人民身强力壮，意志坚强，更好地为社会主义建设和保卫祖国服务。《劳卫制》由预备级（少年级）、第一级和第二级共三个级别组成，在第一级和第二级中还按照性别差异根据某一年龄段中体能的发展设置了男女若干个年龄组。在项目设置上，除了提高身体素质和机能的锻炼项目以外，《劳卫制》还设置了诸如射击、手榴弹掷远、行军、学习一般国防知识等内容，反映了当时巩固国家政权和建设祖国的社会需要。《劳卫制》的推行，对学校体育教学工作产生了深刻的影响，促进了包括学生在内的群众体育运动的开展，对广大学生和成年人的体质健康起到了积极的作用。

2.《国家体育锻炼标准》

1975年5月，经国务院批准，国家体委公布了《国家体育锻炼标准》，要求在学校广泛实施，并于1982年与1990年又先后进行了修改，一直沿用至今。1995年开始施行的《中华人民共和国体育法》规定：学校必须实施《国家体育锻炼标准》，对学生在校期间每天用于体育活动的时间给予保证。

实施《国家体育锻炼标准》的目的是鼓励和推动人民群众，特别是青少年、儿童积极参加体育锻炼，以增强体质，提高运动技术水平，培养共产主义道德品质，更好地为社会主义现代化建设和保卫祖国服务。《国家体育锻炼标准》面对全体人群，分四个组别进行测验：儿童组，9～12岁，相当于小学3～6年级；少年乙组，13～15岁，相当于初中；少年甲组，16～18岁，相当于高中；成年组，19岁以上，相当于大学。其测试内容主要是对身体素质项目进行测验，共分五大类，与《劳卫制》相比，删除了射击、手榴弹掷远、行军、学习一般国防知识等内容。所选项目强调增强体质效果好，特点是少而精，既能促进身体全面发展，又简便易行，便于测试记录成绩，并适当兼顾为提高运动技术水平打基础。其主要由体育行政部门主管，具体实施时会同教育等有关部门进行，同时强调学校应当把体育锻炼标准的施行工作同体育课、课外体育活动紧密结合，并纳入学校工作计划。它的推行对促进全社会关注学校体育，督促学生积极地参加体育锻炼，保证学生身体正常发育和增强体质都起到了重要的作用。

3.《国家学生体质健康标准》

进入21世纪，我国的综合国力有了极大的提高，人民的生活水平发生了翻天覆地的变化，越来越多的中国人开始享受科学技术和现代文明所带来的便捷、舒适的现代生活。现代文明在带给人们充分的物质享受的同时，也给人们的健康带来了新的威胁。由于精神紧张、营养过剩、运动不足、环境污染等因素所引发的非传染性疾病在全球不断蔓延，处于“亚健康状态”的人群不断扩大。对于学生来说，升学压力大、睡眠不足正成为影响他们身心健康的重要因素。生活水平的普遍改善，热量、脂肪等摄入过多及食物结构的不尽合理，加之营养科学知识的宣传普及滞后，特别是沉重的课业压力使得学生余暇锻炼时间减少，导致了肥胖发生率的不断增加。2002年学生体质健康监测结果显示，学生形态发育水平继续提高，营养状况继续改善，握力水平有所提高，几种常见疾病（低血红蛋白、龋齿等）的患病率继续下降。同时反映肺脏功能的肺活量水平继续呈现下降趋势，超重及肥胖学生明显增多，这些已成为城市学生重要的健康问题。

2002 年 7 月，教育部和国家体育总局联合下发了《学生体质健康标准（试行方案）》，将其作为《国家体育锻炼标准》在学校的具体实施，并在第一条指出了它的目的和意义：贯彻《中共中央国务院关于深化教育改革全面推进素质教育的决定》提出的“学校教育要树立健康第一的指导思想，切实加强体育工作”的精神，促进学生积极参加体育锻炼，养成经常锻炼身体的习惯，提高自我保健能力和体质健康水平。

“健康体魄是青少年为祖国和人民服务的基本前提，是中华民族旺盛生命力的体现。”这是中共中央国务院在当前的历史条件下，从我国人才培养和可持续发展战略的高度出发对青少年学生提出的基本希望和要求，也为制定《国家学生体质健康标准》明确了方向。同时，青少年学生的全面发展以及增进健康的问题已成为全世界所关注的热门话题。《学生体质健康标准（试行方案）》根据学生的生长发育规律，将测试对象按照年级分组，小学一、二年级为一组，小学三、四年级为一组，小学五、六年级为一组，初中和高中每年级为一组，大学为一组。该标准从身体形态、身体机能、身体素质等方面综合评定学生的体质健康状况，在测试内容中，选择了与学生身体的发展及身体健康素质关系最为密切的一些要素作为测试的内容。例如，新增加了“身高标准体重”这一指标对学生身体进行评价，间接反映学生的营养状况，以引导学生及家长和全社会来关注少年儿童的身体形态和肥胖（或营养不良）状况。

在《学生体质健康标准（试行方案）》试行过程中，对于引导学生正确认识和了解自己的健康状况，有针对性地进行身体锻炼起到了非常积极的作用。但是随着时代的发展，人们对自身健康的要求越来越高，标准也需要不断发展完善，同时这些标准在实施过程中也难免出现一些这样或那样的问题。例如，由于《学生体质健康标准（试行方案）》中部分项目的评分标准较低，原本是想激发学生锻炼的兴趣和积极性，但有的学生却因为不需要过多努力就能合格，锻炼的积极性反而下降。此外，为了较准确地对学生进行测试并减轻教师负担，《学生体质健康标准（试行方案）》没有过多选用可用于锻炼的项目和内容，而只是提出通过体育课中丰富多彩的教学内容来促进学生积极锻炼，从而提高测试成绩，且部分学校对体育课教学内容缺乏明确的要求，这些在一定程度上也影响了学生的体质健康水平。2005 年全国学生体质与健康调研结果表明：学生形态发育继续提高，营养状况继续改善，低血红蛋白等常见病检出率继续下降，握力水平有所提高；同时也存在一些不可忽视的问题，包括肺活量水平继续呈下降趋势，速度、爆发力、力量、耐力等身体素质水平进一步下降，肥胖检出率继续上升，视力不良检出率仍然居高不下。为扭转这种不利局面，切实加强学校体育工作，改善学生体质健康水平，教育部和国家体育总局组织专家在广泛深入调查研究的基础上，于 2014 年对《国家学生体质健康标准》又进行了完善和修改。

二、《国家学生体质健康标准》实施说明

(1) 《国家学生体质健康标准》（以下简称《标准》）是国家学校教育工作的基础性指导文件和教育质量基本标准，是评价学生综合素质、评估学校工作和衡量各地教育发展的

重要依据，是《国家体育锻炼标准》在学校的具体实施，适用于全日制普通小学、初中、普通高中、中等职业学校、普通高等学校的学生。

(2) 本《标准》的修订坚持健康第一，落实《国家中长期教育改革和发展规划纲要（2010—2020年）》《国务院办公厅转发教育部等部门关于进一步加强学校体育工作若干意见的通知》（国办发〔2012〕53 号）和《教育部关于印发〈学生体质健康监测评价办法〉等三个文件的通知》（教体艺〔2014〕3 号）的有关要求，着重提高《标准》应用的信度、效度和区分度，着重强化其教育激励、反馈调整和引导锻炼的功能，着重提高其教育监测和绩效评价的支撑能力。

(3) 《标准》从身体形态、身体机能和身体素质等方面综合评定学生的体质健康水平，是促进学生体质健康发展、激励学生积极进行身体锻炼的教育手段，是国家学生发展核心素养体系和学业质量标准的重要组成部分，是学生体质健康的个体评价标准。

(4) 本标准将适用对象划分为以下组别：小学、初中、高中按每个年级为一组，其中小学为 6 组、初中为 3 组、高中为 3 组。大学一、二年级为一组，三、四年级为一组。

(5) 小学、初中、高中、大学各组别的测试指标均为必测指标。其中，身体形态类中的身高、体重，身体机能类中的肺活量，以及身体素质类中的 50 米跑、坐位体前屈为各年级学生的共性指标。

(6) 《标准》的学年总分由标准分与附加分之和构成，满分为 120 分。标准分由各单项指标得分与权重乘积之和组成，满分为 100 分。附加分根据实测成绩确定，即对成绩超过 100 分的加分指标进行加分（满分为 20 分），小学的加分指标为 1 分钟跳绳，加分幅度为 20 分；初中、高中和大学的加分指标为男生引体向上和 1000 米跑，女生 1 分钟仰卧起坐和 800 米跑，各指标加分幅度均为 10 分。

(7) 根据学生学年总分评定等级：90.0 分及以上的为优秀，80.0～89.9 分的为良好，60.0～79.9 分的为及格，59.9 分及以下的为不及格。

(8) 每个学生每学年评定一次，记入《〈国家学生体质健康标准〉登记卡》。特殊学制的学校，在填写登记卡时可以按规定和需求相应地增减栏目。学生毕业时的成绩和等级，按毕业当年学年总分的 50%与其他学年总分平均得分的 50%之和进行评定。

(9) 学生测试成绩评定达到良好及以上者，方可参加评优与评奖；成绩达到优秀者，方可获体育奖学分。测试成绩评定不及格者，在本学年度准予补测一次，补测仍不及格者，则学年成绩评定为不及格。普通高中、中等职业学校和普通高等学校的学生毕业时，《标准》测试成绩达不到 50 分者按结业或肄业处理。

(10) 学生因病或残疾可向学校提交暂缓或免予执行《标准》的申请，经医疗单位证明，体育教学部门核准，可暂缓或免予执行《标准》，并填写《免予执行<国家学生体质健康标准>申请表》，存入学生档案。确实丧失运动能力、被免予执行《标准》的残疾学生，仍可参加评优与评奖，毕业时成绩需注明免测。

(11) 各学校每学年开展覆盖本校各年级学生的《标准》测试工作，《标准》测试数据经当地教育行政部门按要求审核后，通过“中国学生体质健康网”上传至“国家学生体质健康标准数据管理系统”。测试和数据上传时间由教育行政部门确定。

(12) 《标准》由教育部负责解释。

第二节　《国家学生体质健康标准》中的大学生评价指标与分值

一、大学生单项指标与权重

大学生单项指标与权重见表 19-1。

表 19-1　单项指标与权重表

测试对象	单 项 指 标	权重 / %
大学各年级	体重指数（BMI）	15
	肺活量	15
	50 米跑	20
	坐位体前屈	10
	立定跳远	10
	引体向上（男）/1 分钟仰卧起坐（女）	10
	1000 米跑（男）/800 米跑（女）	20

注：体重指数（BMI）=体重（千克）/身高^2（米^2）。

二、大学生单项指标评分

1．单项指标评分

大学生单项指标评分见表 19-2～表 19-15。

表 19-2　男生体重指数（BMI）单项评分表　　单位：千克/米^2

等　级	单 项 得 分	大　学
正常	100	17.9～23.9
低体重	80	≤17.8
超重		24.0～27.9
肥胖	60	≥28.0

表 19-3　女生体重指数（BMI）单项评分表　　单位：千克/米^2

等　级	单 项 得 分	大　学
正常	100	17.2～23.9
低体重	80	≤17.1
超重		24.0～27.9
肥胖	60	≥28.0

表 19-4 男生肺活量单项评分表

单位：毫升

等 级	单项得分	大一、大二	大三、大四
优秀	100	5040	5140
	95	4920	5020
	90	4800	4900
良好	85	4550	4650
	80	4300	4400
及格	78	4180	4280
	76	4060	4160
	74	3940	4040
	72	3820	3920
	70	3700	3800
	68	3580	3680
	66	3460	3560
	64	3340	3440
	62	3220	3320
	60	3100	3200
不及格	50	2940	3030
	40	2780	2860
	30	2620	2690
	20	2460	2520
	10	2300	2350

表 19-5 女生肺活量单项评分表

单位：毫升

等 级	单项得分	大一、大二	大三、大四
优秀	100	3400	3450
	95	3350	3400
	90	3300	3350
良好	85	3150	3200
	80	3000	3050
及格	78	2900	2950
	76	2800	2850
	74	2700	2750
	72	2600	2650
	70	2500	2550
	68	2400	2450
	66	2300	2350
	64	2200	2250
	62	2100	2150
	60	2000	2050
不及格	50	1960	2010
	40	1920	1970
	30	1880	1930
	20	1840	1890
	10	1800	1850

表 19-6　男生 50 米跑单项评分表　　单位：秒

等　级	单项得分	大一、大二	大三、大四
优秀	100	6.7	6.6
	95	6.8	6.7
	90	6.9	6.8
良好	85	7.0	6.9
	80	7.1	7.0
及格	78	7.3	7.2
	76	7.5	7.4
	74	7.7	7.6
	72	7.9	7.8
	70	8.1	8.0
	68	8.3	8.2
	66	8.5	8.4
	64	8.7	8.6
	62	8.9	8.8
	60	9.1	9.0
不及格	50	9.3	9.2
	40	9.5	9.4
	30	9.7	9.6
	20	9.9	9.8
	10	10.1	10.0

表 19-7　女生 50 米跑单项评分表　　单位：秒

等　级	单项得分	大一、大二	大三、大四
优秀	100	7.5	7.4
	95	7.6	7.5
	90	7.7	7.6
良好	85	8.0	7.9
	80	8.3	8.2
及格	78	8.5	8.4
	76	8.7	8.6
	74	8.9	8.8
	72	9.1	9.0
	70	9.3	9.2
	68	9.5	9.4
	66	9.7	9.6
	64	9.9	9.8
	62	10.1	10.0
	60	10.3	10.2
不及格	50	10.5	10.4
	40	10.7	10.6
	30	10.9	10.8
	20	11.1	11.0
	10	11.3	11.2

表 19-8 男生坐位体前屈单项评分表 单位：厘米

等 级	单项得分	大一、大二	大三、大四
优秀	100	24.9	25.1
	95	23.1	23.3
	90	21.3	21.5
良好	85	19.5	19.9
	80	17.7	18.2
及格	78	16.3	16.8
	76	14.9	15.4
	74	13.5	14.0
	72	12.1	12.6
	70	10.7	11.2
	68	9.3	9.8
	66	7.9	8.4
	64	6.5	7.0
	62	5.1	5.6
	60	3.7	4.2
不及格	50	2.7	3.2
	40	1.7	2.2
	30	0.7	1.2
	20	−0.3	0.2
	10	−1.3	−0.8

表 19-9 女生坐位体前屈单项评分表 单位：厘米

等 级	单项得分	大一、大二	大三、大四
优秀	100	25.8	26.3
	95	24.0	24.4
	90	22.2	22.4
良好	85	20.6	21.0
	80	19.0	19.5
及格	78	17.7	18.2
	76	16.4	16.9
	74	15.1	15.6
	72	13.8	14.3
	70	12.5	13.0
	68	11.2	11.7
	66	9.9	10.4
	64	8.6	9.1
	62	7.3	7.8
	60	6.0	6.5
不及格	50	5.2	5.7
	40	4.4	4.9
	30	3.6	4.1
	20	2.8	3.3
	10	2.0	2.5

表 19-10　男生立定跳远单项评分表　　单位：厘米

等　级	单项得分	大一、大二	大三、大四
优秀	100	273	275
	95	268	270
	90	263	265
良好	85	256	258
	80	248	2.50
及格	78	244	246
	76	240	242
	74	236	238
	72	232	234
	70	228	230
	68	224	226
	66	220	222
	64	216	218
	62	212	214
	60	208	210
不及格	50	203	205
	40	198	200
	30	193	195
	20	188	190
	10	183	185

表 19-11　女生立定跳远单项评分表　　单位：厘米

等　级	单项得分	大一、大二	大三、大四
优秀	100	207	208
	95	201	202
	90	195	196
良好	85	188	189
	80	181	182
及格	78	178	179
	76	175	176
	74	172	173
	72	169	170
	70	166	167
	68	163	164
	66	160	161
	64	157	158
	62	154	155
	60	151	152
不及格	50	146	147
	40	141	142
	30	136	137
	20	131	132
	10	126	127

表 19-12　男生引体向上单项评分表　单位：次

等　级	单项得分	大一、大二	大三、大四
优秀	100	19	20
	95	18	19
	90	17	18
良好	85	16	17
	80	15	16
及格	78		
	76	14	15
	74		
	72	13	14
	70		
	68	12	13
	66		
	64	11	12
	62		
	60	10	11
不及格	50	9	10
	40	8	9
	30	7	8
	20	6	7
	10	5	6

表 19-13　女生 1 分钟仰卧起坐单项评分表　单位：次

等　级	单项得分	大一、大二	大三、大四
优秀	100	56	57
	95	54	55
	90	52	53
良好	85	49	50
	80	46	47
及格	78	44	45
	76	42	43
	74	40	41
	72	38	39
	70	36	37
	68	34	35
	66	32	33
	64	30	31
	62	28	29
	60	26	27
不及格	50	24	25
	40	22	23
	30	20	21
	20	18	19
	10	16	17

表 19-14　男生耐力跑单项评分表　　单位：分·秒

等　级	单项得分	大一、大二	大三、大四
优秀	100	3'17"	3'15"
	95	3'22"	3'20"
	90	3'27"	3'25"
良好	85	3'34"	3'32"
	80	3'42"	3'40"
及格	78	3'47"	3'45"
	76	3'52"	3'50"
	74	3'57"	3'55"
	72	4'02"	4'00"
	70	4'07"	4'05"
	68	4'12"	4'10"
	66	4'17"	4'15"
	64	4'22"	4'20"
	62	4'27"	4'25"
	60	4'32"	4'30"
不及格	50	4'52"	4'50"
	40	5'12"	5'10"
	30	5'32"	5'30"
	20	5'52"	5'50"
	10	6'12"	6'10"

表 19-15　女生耐力跑单项评分表　　单位：分·秒

等　级	单项得分	大一、大二	大三、大四
优秀	100	3'18"	3'16"
	95	3'24"	3'22"
	90	3'30"	3'28"
良好	85	3'37"	3'35"
	80	3'44"	3'42"
及格	78	3'49"	3'47"
	76	3'54"	3'52"
	74	3'59"	3'57"
	72	4'04"	4'02"
	70	4'09"	4'07"
	68	4'14"	4'12"
	66	4'19"	4'17"
	64	4'24"	4'22"
	62	4'29"	4'27"
	60	4'34"	4'32"
不及格	50	4'44"	4'42"
	40	4'54"	4'52"
	30	5'04"	5'02"
	20	5'14"	5'12"
	10	5'24"	5'22"

2．加分指标评分

大学生加分指标评分表见表 19-16～表 19-19。

表 19-16　男生引体向上评分表　　单位：次

加　分	大一、大二	大三、大四
10	10	10
9	9	9
8	8	8
7	7	7
6	6	6
5	5	5
4	4	4
3	3	3
2	2	2
1	1	1

表 19-17　女生 1 分钟仰卧起坐评分表　　单位：次

加分	大一、大二	大三、大四
10	13	13
9	12	12
8	11	11
7	10	10
6	9	9
5	8	8
4	7	7
3	6	6
2	4	4
1	2	2

表 19-18　男生 1000 米跑评分表　　单位：分•秒

加　分	大一、大二	大三、大四
10	−35"	−35"
9	−32"	−32"
8	−29"	−29"
7	−26"	−26"
6	−23"	−23"
5	−20"	−20"
4	−16"	−16"
3	−12"	−12"
2	−8"	−8"
1	−4"	−4"

表 19-19　女生 800 米跑评分表　　单位：分·秒

加　分	大一、大二	大三、大四
10	−50"	−50"
9	−45"	−45"
8	−40"	−40"
7	−35"	−35"
6	−30"	−30"
5	−25"	−25"
4	−20"	−20"
3	−15"	−15"
2	−10"	−10"
1	−5"	−5"

注：表 19-18 和表 19-19 中，1000 米跑、800 米跑均为低优指标，学生成绩低于单项评分 100 分后，以减少的秒数所对应的分数进行加分。

3.《国家学生体质健康标准》登记卡（大学样表）

《国家学生体质健康标准》登记卡（大学样表）见表 19-20，高等职业学校、高等专科学校参照本样表执行。

表 19-20　《国家学生体质健康标准》登记卡（大学样表）

学校＿＿＿＿＿＿＿＿

姓名		性别		学号	
院（系）		民族		出生日期	

单项指标	大一			大二			大三			大四			毕业成绩	
	成绩	得分	等级	成绩	得分	等级	成绩	得分	等级	成绩	得分	等级	得分	等级
体重指数（BMI）（千克/米²）														
肺活量（毫升）														
50 米跑（秒）														
坐位体前屈（厘米）														
立定跳远（厘米）														
引体向上（男）/ 1 分钟仰卧起坐（女）（次）														
1000 米跑（男）/ 800 米跑（女）（分·秒）														
标准分														

续表

加分指标	成绩	附加分	成绩	附加分	成绩	附加分	成绩	附加分		
引体向上（男）/1分钟仰卧起坐（女）（次）										
1000米跑（男）/800米跑（女）（分·秒）										
学年总分										
等级评定										
体育教师签字										
辅导员签字										

学校签章：　　　　年　　月　　日

4．免予执行《国家学生体质健康标准》申请表

免予执行《国家学生体质健康标准》的申请表见表19-21。

表19-21　免予执行《国家学生体质健康标准》申请表（样表）

姓名		性别		学号	
班级/院（系）		民族		出生日期	
原因	申请人： 年　月　日				
体育教师签字		家长签字			
学校体育部门意见	学校签章： 年　月　日				

注：中等职业学校及普通高等学校的学生，“家长签字”一栏由学生本人签字。

参考文献

[1] 全国体育学院教材委员会. 体育概论. 北京：人民体育出版社，2005.
[2] 陈雪红. 学校体育学. 北京：北京师范大学出版社，2009.
[3] 任海. 奥林匹克运动. 北京：人民体育出版社，2009.
[4] 栗庆山，高春梅. 大学生健康教育. 北京：国防工业出版社，2008.
[5] 常玲. 大学生健康知识教程. 北京：经济科学出版社，2011.
[6] 严铁毅. 大学生心身保健教程. 上海：上海交通大学出版社，2010.
[7] 文超. 田径运动高级教程. 北京：人民体育出版社，2003.
[8] 孙民治. 篮球运动教程. 北京：人民教育出版社，2007.
[9] 全国体育学院教材委员会. 现代足球. 北京：人民体育出版社，2007.
[10] 虞重干. 排球运动教程. 北京：人民体育出版社，2009.
[11] 许斌，张利公，韩明哲. 网球运动. 北京：高等教育出版社，2010.
[12] 柴松，王洪武. 大学生野外生存生活指南. 合肥：中国科技大学出版社，2008.
[13] 种加林. 跆拳道. 西安：陕西科学技术出版社，2007.
[14] 全国体育学院教材委员会. 武术. 北京：人民体育出版社，2008.
[15] 肖光来. 健美操. 北京：人民体育出版社，2004.
[16] 张清时. 体育舞蹈. 北京：北京体育大学出版社，1997.
[17] 张桂兰. 形体训练. 北京：国防工业出版社，2010.
[18] 杨国庆，王汉勋，殷恒婵. 大学体育教程. 北京：中国科学技术出版社，2006.
[19] 张丽，李静. 体育与健康教程. 西安：西安电子科技大学出版社，2007.
[20] 王德炜. 大学体育理论与技术教程. 西安：西安交通大学出版社，2008.
[21] 郝光安，等. 大学体育(系列)教程. 北京：人民体育出版社，2008.
[22] 体育项目竞赛规则汇编. 北京：人民体育出版社，2009.
[23] 卢元镇. 体育社会学. 北京：高等教育出版社，2006.
[24] 张又新，徐国营. 大学体育与健康. 西安：西北大学出版社，2006.
[25] 吕向明. 大学体育教程. 西安：西安电子科技大学出版社，2011.